Interkulturelle Empathie

Polnische Studien zur Germanistik,
Kulturwissenschaft und Linguistik

Herausgegeben von Norbert Honsza

Band 4

Theo Mechtenberg

Interkulturelle Empathie

Beiträge zur deutsch-polnischen
Verständigung

Bibliografische Information der Deutschen Nationalbibliothek
Die Deutsche Nationalbibliothek verzeichnet diese Publikation
in der Deutschen Nationalbibliografie; detaillierte bibliografische
Daten sind im Internet über http://dnb.d-nb.de abrufbar.

Gedruckt mit freundlicher Unterstützung der Stiftung
für deutsch-polnische Zusammenarbeit.

Umschlaggestaltung:
© Olaf Gloeckler, Atelier Platen, Friedberg

Gedruckt auf alterungsbeständigem,
säurefreiem Papier.

ISSN 2193-4142
ISBN 978-3-631-62722-8
© Peter Lang GmbH
Internationaler Verlag der Wissenschaften
Frankfurt am Main 2013
Alle Rechte vorbehalten.
Peter Lang Edition ist ein Imprint der Peter Lang GmbH.

Peter Lang – Frankfurt am Main · Bern · Bruxelles · New York ·
Oxford · Warszawa · Wien

Das Werk einschließlich aller seiner Teile ist urheberrechtlich
geschützt. Jede Verwertung außerhalb der engen Grenzen des
Urheberrechtsgesetzes ist ohne Zustimmung des Verlages
unzulässig und strafbar. Das gilt insbesondere für
Vervielfältigungen, Übersetzungen, Mikroverfilmungen und die
Einspeicherung und Verarbeitung in elektronischen Systemen.

Dieses Buch erscheint in der Peter Lang Edition
und wurde vor Erscheinen peer reviewed.

www.peterlang.com

Inhalt

Einleitung ... 7

I. Polen, Deutschland, Europa ... 11
Reformation, Reform und Toleranz in Polen ... 11
20 Jahre deutsch-polnischer Nachbarschaftsvertrag
– Ein Rückblick auf zwei Jahrzehnte deutsch-polnischer Beziehungen – ... 19
Wie europäisch ist Polen? ... 35
Der EU-Beitritt der mitteleuropäischen Länder als Konflikt zwischen
Modernisierung und Identität ... 46

II. Nation, Kirche, Katholizismus ... 61
Die Ikone der Schwarzen Madonna. Kulturelle Verwurzelung
und nationale Bedeutung ... 61
Polens katholische Kirche und die Demokratie ... 73
Zur Lage der katholischen Kirche in Polen nach den
Parlamentswahlen 2011 ... 88

III. Der Versöhnungsdienst der Kirchen ... 99
Die Bedeutung des Briefwechsels polnischer und deutscher
Bischöfe von 1965 ... 99
Polenkontakte der katholischen Kirche in der DDR ... 118
Zum Stand der deutsch-polnischen Beziehungen im Rahmen
der katholischen Kirche ... 137

IV. Das polnisch-jüdische Verhältnis ... 161
Deutsche, Polen, Antisemitismus ... 161
Die polnisch-jüdischen Beziehungen – Reinigung des Gedächtnisses ... 182

V. Lebensbilder ... 207
Anna Morawska – ein verpflichtendes Lebensbild
deutsch-polnischer Verständigung ... 207
Mieczysław Pszon – vom Nationaldemokraten zum Freund
der Deutschen ... 220
Józef Tischner – keine Furcht vor der Freiheit ... 238
Marek Edelman (1922 – 2009) ... 253

VI. Literarische Betrachtungen 261
    Gekreuzigt hätten sie nicht 261
    Das innere, geisterfüllte Wort – zum dramatischen Werk
    von Karol Wojtyła 264
    Tadeusz Różewicz – ein Lyriker in der Krisenzeit 273
    Tadeusz Różewicz – im Gedenken an Dietrich Bonhoeffer 288

VII. Quellennachweis 297

Einleitung

Als im Sommer 1980 die Arbeiter der Danziger Leninwerft nach anfänglichen Lohnforderungen ihren Betrieb besetzten und ihr Streik nunmehr mit dem Verlangen nach einer unabhängigen Gewerkschaft sowie nach von den kommunistischen Machthabern verweigerten weiteren Freiheitsrechten einen das System erschütternden politischen Charakter gewann, da versahen sie ihre Forderungen mit einer religiösen Symbolik. Bilder der Madonna von Tschenstochau, der Königin Polens, und des „polnischen" Papstes hingen am geschlossenen Werktor; auf dem Werftgelände feierten Priester Gottesdienste und nahmen Arbeitern die Beichte ab; religiös-patriotische Lieder erklangen, und am Ende unterzeichnete Lech Wałęsa die mit der Regierungsdelegation getroffenen Vereinbarungen mit einem überdimensionalen Stift mit dem Bildnis Johannes Pauls II.

Angesichts dieses ungewöhnlichen Szenariums rieben sich westliche Journalisten die Augen und zeigten sich höchst irritiert. Eine dem System abgerungene freie Gewerkschaft als religiöse Manifestation? Das passte nicht in die eigene, mit einer areligiösen, wenn nicht antikirchlichen Tradition verbundene Gewerkschaftsauffassung. Mit dem Unverständnis verband sich denn auch Misstrauen gegenüber einer möglicherweise kirchlich gesteuerten Konterrevolution, eine Vorstellung, die denn auch, von kommunistischen Hardlinern propagiert, und im Westen ihre Befürworter fand.

Dabei hätte man wissen können – und etliche Kommentatoren haben dies auch gewusst und zum Ausdruck gebracht -, dass es in Polen eine religiös-nationale Tradition des Widerstandes gegen Fremdherrschaft gibt, die ihre Ausprägung in den gut zwei Jahrhunderten der Aufteilung des Landes unter Österreich, Preußen und Russland gefunden hat, immer abrufbar, wenn die politische Situation die Auflehnung gegen ungerechte Gewalt verlangt.

Das Beispiel zeigt, dass eine auf Unverständnis basierende Fremdheit nur überwunden wird, wenn der Andere und das Andere aus den ihnen eigenen Bedingtheiten erfasst werden und auf diese Weise Verständnis gewonnen wird. Dies gilt ganz allgemein – in der interpersonalen Kommunikation wie in der Begegnung unterschiedlicher Kulturen. Wird diese Sichtweise missachtet, der Andere und das Andere lediglich als fremd erfahren, am Eigenen gemessen und auf diese Weise abgewertet, dann sind Missverständnisse und Schlimmeres unvermeidlich.

Ein in dieser Hinsicht typisches Beispiel bietet das Stereotyp „polnische Wirtschaft". Der Posener Germanist Hubert Orłowski zeigt in seiner umfangreichen Monographie gleichen Titels[1], dass die dem Stereotyp immanenten Ele-

---

1 H. Orłowski, „Polnische Wirtschaft". Zum deutschen Polendiskurs der Neuzeit, Wiesbaden 1996.

mente der Unordnung, der Verschwendung, der Ineffektivität und mangelnder Hygiene das exakte Gegenbild zum eigenen deutschen Selbstverständnisses kennzeichnen. Die Konsequenz sei ein Jahrhunderte währendes antidialogisches deutsch-polnisches Verhältnis, eine dem polnischen Nachbarn gegenüber ausgeprägte Arroganz sowie eine Rechtfertigung, in Polen für Ordnung zu sorgen, ein Argument, das 1939 mit dem Überfall auf das polnische Nachbarland Verwendung gefunden habe. Dass gegenwärtig, zumal in der jungen Generation, das Stereotyp kaum mehr begegnet und von der 'polnischen Wirtschaft' angesichts der ökonomischen Entwicklung in Polen mit Anerkennung und Respekt gesprochen wird, verdankt sich einer grundsätzlich anderen Wahrnehmung und kann als erfreulicher Indikator für die Verbesserung unserer durch die Geschichte belasteten Beziehungen angesehen werden. Damit dies in Zukunft auch so bleibt, ist eine beiderseitige, sich auch in Krisen bewährende Verständigungsbereitschaft erforderlich, eine „kulturelle Empathie".

Wenn ich für meinen Sammelband „interkulturelle Empathie" als Titel gewählt habe, dann ist damit der Anspruch verbunden, dass die ausgewählten Beiträge von dem Prinzip bestimmt sind, Vorurteile jeglicher Art auszuschließen, sich in die Mentalität unseres polnischen Nachbarn einzufühlen, seine Andersartigkeit und mögliche Fremdheit aus seinem geschichtlich vermittelten Selbstverständnis zu erfassen und für den deutschen Leser begreifbar zu machen. Dies gilt in besonderer Weise für den gegenüber westlichen Ländern andersartigen polnischen Geschichtsverlauf, für das Phänomen und die Bedeutung der katholischen Kirche Polens, für Polens Europaverständnis und seine Zugehörigkeit zu Mitteleuropa sowie für die auch nach dem Epochenjahr 1989 von Belastungen nicht freien deutsch-polnischen Beziehungen– alles Themenkomplexe der beiden ersten Teile dieses Bandes.

In den deutsch-polnischen Nachkriegsbeziehungen spielt der Versöhnungsdienst der Kirchen eine herausragende Rolle. Er ging mit der Ost-Denkschrift der EKD und dem Briefwechsel polnischer und deutscher Bischöfe am Ende des Zweiten Vatikanums dem politischen Verständigungsprozess voraus und bildet seine bleibende Grundlage. Neben einer ausführlichen Darstellung der Wirkungsgeschichte dieser kirchlichen Versönungsinitiative kommen in Teil III dieses Bandes auch das Polenengagement kirchlicher Basisgruppen in der DDR sowie Formen zwischenkirchlicher Zusammenarbeit im Rahmen der katholischen Kirche der Bundesrepublik und Polens zur Sprache.

Für die Darstellung des polnisch-jüdischen Verhältnisses (Teil IV) ist eine Erfahrung ausschlaggebend, die ich vor etlichen Jahren auf einer an einer deutschen Universität stattgefundenen Konferenz gemacht habe, auf der neben Deutschen und Polen auch jüdische Teilnehmer vertreten waren. Auf diesem im wesentlichen deutschen Forum kam es zu einem Eklat, als von den anwesenden

Juden den Polen gegenüber der Vorwurf des Antisemitismus erhoben und ihnen eine Mitschuld am Holocaust unterstellt wurde, was diese tief verletzt hatte, während die deutschen Anwesenden die Rolle bloßer Zuschauer einnahmen. Dieser polnisch-jüdische Streit hat mich damals tief getroffen, fand er doch in dem Land statt, das für den Holocaust die alleinige Verantwortung trägt. Mir wurde in jener Stunde vor Augen geführt, dass es unter Deutschen einen Mangel an Reflexion gibt. Dieser betrifft die Tatsache einer Schuld der Deutschen nicht nur an der Ermordung von Millionen Juden in Auschwitz und anderen polnischen Orten, sondern auch an der dadurch bedingten Belastung des polnisch-jüdischen Verhältnisses – eine Einsicht, die meine Überlegungen zum sogenannten „polnischen" Antisemitismus bestimmt.

Was die Auswahl der „Lebensbilder" betrifft (Teil V), so sind diese – mit Ausnahme von Marek Edelman – durch die persönliche Bekanntschaft mit Józef Tischner, dessen „Polski kszałt dialogu" ich ins Deutsche übersetzt habe, sowie durch meine Freundschaft mit Anna Morawska und Mieczysław Pszon bestimmt, denen besondere Verdienste um die deutsch-polnische Versöhnung zukommen.

Die abschließenden „literarischen Betrachtungen" (Teil VI) ergänzen die vorangegangene Thematik, bieten aber auch, zumal durch Tadeusz Różewicz, eine eigene Perspektive interkultureller Empathie.

Diese Beiträge bilden eine Auswahl von Texten, die in einem Zeitraum von mehreren Jahrzehnten entstanden sind und für diesen Band leicht überarbeitet wurden.

I. Polen, Deutschland, Europa

Reformation, Reform und Toleranz in Polen[2]

Polen zählt zu den wenigen katholischen Ländern mit einer zahlenmäßig geringen religiösen Minderheit. Doch war dies nicht immer so. In der Mitte des 16. Jahrhunderts war der Einfluss der Reformation in weiten Kreisen der gesellschaftstragenden Schicht der Schlachta, des polnischen Landadels, äußerst stark, wenngleich dies heute im allgemeinen Bewusstsein kaum mehr präsent ist. Die Reformation blieb in Polen Episode. Die Frage nach dem Warum ist nicht nur historisch von Interesse. Sie deckt zugleich bis heute nachwirkende Züge des polnischen Katholizismus auf und besitzt darüber hinaus eine gewisse ökumenische Relevanz. Für die Tatsache, dass die Reformation in Polen nicht von Bestand war, lassen sich drei Hauptgründe anführen:

- die katholische Reform, die zur Konsolidierung der katholischen Kräfte führte und als deren eigentliches Haupt Kardinal Stanislaus Hosius (1504-1579) anzusehen ist;
- das vorwiegend politisch begründete Arrangement der Schlachta mit der religiösen Neuerung;
- das treue Festhalten des Volkes am überlieferten Glauben.

Die katholische Reform

Die kirchliche Lage am Vorabend der Reformation war im Abendland wenig erfreulich. Polen macht hier keine Ausnahme. Viele Priester und Bischöfe verlangten nach einer wie auch immer verstandenen Reform und begünstigten anfänglich die Reformation.

1562 kam es zu einer ernsten kirchlichen Krise, als Jakub Uchański (1502-1581) gegen den Widerstand Roms polnischer Primas wurde und um den Preis einer von Rom losgelösten Nationalkirche die unter starkem reformatorischem Einfluss stehende Schlachta für sich zu gewinnen suchte. Allein den Bemühungen des Nuntius Johannes Commendone (1523-1584) und dem persönlichen Einsatz von Kardinal Hosius ist es zu verdanken, dass ein Schisma vermieden wurde.

---

2 Die folgenden Ausführungen stützen sich im Wesentlichen auf den Aufsatz von A. Szulczyński, Reformacja a dzieje kościoła w Polsce (Reformation und die Geschichte der Kirche in Polen), Więź 3/1976.

Die Bedeutung, die Kardinal Hosius in den Auseinandersetzungen um die Reform zukommt, ist kaum zu überschätzen. Wie sein großer Gegenspieler, der Reformator Jan Łaski (1499-1560), kommt auch er aus dem Erasmuskreis der Krakauer Akademie. Persönlich von tiefer Frömmigkeit, dazu humanistisch hoch gebildet, erwies sich Kardinal Hosius als ein kluger und hartnäckiger Taktiker im Kampf gegen die Reformation. Seine *Confessio fidei catholicae Christiana*, eine Art Katechismus, wurde in fast alle europäischen Sprachen übersetzt und erlebte noch zu Lebzeiten ihres Autors 30 Auflagen. Kardinal Hosius war es auch, der als erster die Jesuiten nach Polen bat und der 1564 die Anerkennung der tridentinischen Beschlüsse bei König Sigismund II. August (1520-1572) durchsetzte.

Diese wenigen Hinweise zeigen bereits deutlich das typische Muster von Gegenreformation und eigener Reformbemühung, wie es auch aus anderen Ländern bekannt und in den einschlägigen Kirchengeschichten detailliert dargestellt ist. Es ist kein polnisches Spezifikum und bedarf ungeachtet seiner großen Bedeutung bezüglich unserer Fragestellung keiner langatmigen Erörterung.

Konjunkturelles Verhalten der Schlachta

Eine polnische Besonderheit dagegen ist die Einstellung der Schlachta zur Reformation. Hier fehlen die Parallelen zu anderen Ländern, was eine detailliertere Problemdarstellung nötig macht. Zunächst ist zu sagen, dass die Reformation zeitlich mit dem Bestreben der Schlachta zusammenfiel, im polnischen Staat die Führungsrolle zu übernehmen. Im Unterschied zu anderen Ländern Europas ist die polnische Renaissance mit einer merklichen Schwächung der politischen Zentralgewalt verbunden, wobei das entstehende Vakuum durch die Schlachta ausgefüllt wurde, die als sesshafter Landadel aus dem Verfall des mittelalterlichen Rittertums gestärkt hervorging. Mit rund einer halben Million Adeliger stellte sie auch zahlenmäßig ein bedeutendes Gewicht dar.

Zudem verfügte die Schlachta in den 20er und 30er Jahren des 16. Jahrhunderts bereits über ein klares politisches Programm und genügend Kraft, ihren Forderungen Nachdruck zu verleihen. Diese umfassten u.a. folgende Punkte: Herausgabe der den Magnaten zur Nutzung gegebenen Krongüter, Kodifikation des Rechts, Beschränkung der geistlichen und königlichen Gerichtsbarkeit, enge Verbindung der Krone mit Litauen, Schaffung einer Nationalkirche.

Diese Forderungen waren darauf gerichtet, die Vormachtstellung des Königs und der Magnaten sowie der Kirche zu beseitigen; um sie durchzusetzen, waren der Schlachta die religiösen Neuerungen willkommen. Auf dem Hintergrund dieser politischen Absicht wird auch verständlich, warum der polnische Landadel in seiner überwiegenden Mehrheit nicht der Lehre Martin Luthers (1483-1546), sondern der des Johannes Calvin (1504-1564) zuneigte; Luthers Konzeption eines landesherrlichen Kirchenregiments stand der politischen Emanzipationsbewegung der Schlachta hindernd im Wege. In den 40er und 50er Jahren des Reformationsjahrhunderts wächst die Zahl der Neugläubigen unter den Landadeligen rapide an. Auf dem Sejm des Jahres 1558 waren die Protestanten schon weit in der Überzahl. Doch schwerer wiegt noch, dass ihr politisches Programm von der gesamten Schlachta unterstützt wurde, also auch von den Adeligen, die dem katholischen Glauben treu geblieben waren.

Für die Annahme der neuen Lehre seitens der Masse der Schlachta waren somit politische Motive ausschlaggebend. Von einer Konversion im eigentlichen Sinne kann hier kaum die Rede sein. Dies zeigt sich im Übrigen auch darin, dass mit dem Calvinismus keineswegs auch die Prädestinationslehre und der moralische Rigorismus Calvins, immerhin die reformatorischen Kernpunkte, übernommen wurden. Sie spielten jedenfalls weder im religiösen Bewusstsein noch in der religiösen Praxis der Schlachta eine nennenswerte Rolle. Kein Wunder also, dass sie sich in dem Augenblick wieder vom Calvinismus löste, als mit Erreichung ihrer politischen Ziele die Motivation zur Annahme der Neuerung fortfiel. Der Prozess der Rückkehr zum Katholizismus war bereits gegen Ende des 16. Jahrhunderts abgeschlossen. Bis zu diesem Zeitpunkt hatte die Schlachta folgende Punkte durchgesetzt: 1562/63 wurde auf dem Sejm zu Piotrków die teilweise Beseitigung der Krongüter und eine Reorganisation des Fiskus entsprechend den Vorstellungen der Schlachta beschlossen. Zudem wurde die staatliche Vollstreckung des Kirchenbanns aufgehoben, eine Entscheidung, die insofern ihre Bedeutung hatte, als den Dissidenten immer noch eine mögliche Anklage wegen Apostasie drohte, solange die Rechtsbasis dafür bestand. 1569 wurde die Realunion der Krone mit Litauen vollzogen, 1573 erhielt die Schlachta das Recht, den König in direkter Wahl zu benennen.

Die Verfassung, auf die Stephan Báthory (1533-1586) als erster polnischer König im Jahre 1576 den Eid ablegte, enthielt eine Bestimmung, nach der die Schlachta berechtigt war, dem König den Gehorsam zu verweigern und die ihr damit eine Hegemonie garantierte.

1578 wurde im Kronland, 1581 in Litauen die Institution oberster Gerichte geschaffen, in denen die Schlachta eine absolute Mehrheit nach Sitz und Stimme besaß. König und Klerus mussten die oberste Gerichtsbarkeit an die Schlachta abtreten. Zudem durften ganz allgemein in Rechtsangelegenheiten, die allein die Schlachta betrafen, nur die Deputierten der Schlachta befinden.

Diese kurze Zusammenstellung zeigt, dass die Schlachta in wenigen Jahren ihre politischen Ziele im Wesentlichen realisieren konnte. Der Calvinismus hatte dabei eine gewisse ideologische und taktische Funktion erfüllt, war nun aber nicht mehr notwendig. Zudem war jede Art von Repressalien wirtschaftlicher oder politischer Art bei einer eventuellen Rückkehr zum Katholizismus ausgeschlossen. Mit den 70er und 80er Jahren des 16. Jahrhunderts setzte dann eine massenweise Abkehr vom Protestantismus und die Rückkehr zur katholischen Kirche ein, ein Vorgang, der wohl durch die katholische Reformbewegung mit bedingt war, dessen eigentliche Ursachen jedoch nicht im religiösen, sondern im politischen Bereich zu suchen sind.

Die Treue des katholischen Volkes

Katholische Reform und konjunkturelles Verhalten der Schlachta in Glaubensfragen erklären allein noch nicht, warum die Reformation in Polen Episode blieb. Ein dritter wesentlicher Grund war die Treue des katholischen Volkes. Obgleich von Seiten der protestantischen Schlachta auf die Massen der Bauern Druck ausgeübt wurde, hielten diese doch unverbrüchlich am alten Glauben fest. Ihnen blieb der Protestantismus in jeder seiner Erscheinungsformen fremd.

Nicht anders als im übrigen Europa war die Lage der Bauern in Polen des 16. Jahrhunderts hart. Die schnelle wirtschaftliche Entwicklung der im Besitz der Schlachta befindlichen Güter ging auf ihre Kosten; sie wurden durch Fronarbeit ausgebeutet. Ohne Frage hätte es die Schlachta, soweit sie die religiöse Neuerung begünstigte, gern gesehen, wenn das Prinzip *cuius regio eius religio* in einer ihnen gemäßen Interpretation auch in Polen zur Geltung gekommen wäre und sie in den Stand versetzt hätte, den Bauern als ihren Untertanen die Annahme des neuen Glaubens aufzuzwingen und so aus deren noch größeren Abhängigkeit weitere wirtschaftliche Vorteile zu ziehen. Doch alle Bemühungen dieser Art schlugen fehl; das Volk war durch nichts zu bewegen, vom überlieferten Glauben zu lassen. Dabei lag durchaus die Möglichkeit nahe, dass – wie andernorts – auch in Polen die Bauern in der Reformation eine Hoffnung für sich hätten sehen können; nicht zwar im Calvinismus, wohl aber in der Form des polnischen Arianismus, der eine Veränderung der bestehenden Verhältnisse verkündete und als Quelle des Lebensunterhalts Besitz und Fronarbeit ausschloss. Doch auch hier lag die Praxis weit entfernt von der Predigt. Von einzelnen Ausnahmen abgesehen, hielt auch der arianische Teil der Schlachta die Bauern unter der Fron, nicht anders als der übrige Landadel, ob katholisch, ob protestantisch.

Es stellt sich die Frage, worin diese Immunität des polnischen Volkes religiösen Neuerungen gegenüber begründet war. Auszugehen ist hier von dem Faktum, dass eine standes- und klassenmäßige Spaltung der Gesellschaft ihre kulturellen und religiösen Implikationen hat. Der jeweilige soziokulturelle Typus ändert sich von Stand zu Stand, von Klasse zu Klasse. Für die polnischen

Bauern jener Zeit war der religiöse Typus an die Dorfkultur gebunden und fand im überlieferten Brauchtum nach dem Rhythmus der Zeiten und Feste des Kirchenjahres seinen Ausdruck. Das Muster einer bestimmten religiösen Praxis war somit vorgegeben und wurde nicht hinterfragt. Gerade ihr fragloser Vollzug verlieh dem Leben des einzelnen im Rahmen seiner sozialen Gruppe Ordnung und Sinn. An diffizilen Glaubensfragen dagegen war das Volk nicht interessiert. Man glaubte *in cumulo*, was die Kirche lehrte. Um Dogmen kümmerte man sich schon deswegen nicht, weil man von ihnen im günstigsten Falle nur eine äußerst schwache Vorstellung hatte. Die Hinwendung ihrer Herren zur neuen Lehre betraf die Bauern nur insofern, als sich ihre Leiden dadurch noch vermehrten; doch zu leiden, waren sie ohnehin gewohnt. Und auch ihrer Herren Rückkehr zum katholischen Glauben tangierte sie nicht. Weder die Reformation noch die katholische Reform waren stark genug, die klassenmäßige Spaltung der Gesellschaft aufzuheben. Herr und Knecht lebten – unbeschadet ihrer Konfessionszugehörigkeit – auch religiös in verschiedenen Welten.

Religiöse Toleranz in der Epoche der Reformation

Zu diesen drei Hauptgründen für den episodenhaften Charakter der Reformation in Polen kommt noch ein vierter, der – wenngleich mehr indirekt – in gleicher Richtung wirksam wurde und den schließlichen Sieg des Katholizismus in Polen mit entschied: die religiöse Toleranz.

Die religiöse Toleranz gehört zu den Phänomenen, die den besonderen Stolz der polnischen Nation ausmachen. Immer wieder findet man in der Literatur Hinweise darauf, dass die Tradition religiöser Toleranz in Polen bis ins Mittelalter zurückreicht und in den übrigen europäischen Staaten ohne Parallele sei.

In der Tat ist der polnische Staat seit den Tagen Kasimirs des Großen (1333-1370) durch einen gewissen religiösen Pluralismus gekennzeichnet. Vor der Reformation waren Orthodoxe und Monophysiten (Armenier) ihre Nutznießer; daneben die Juden, deren Gemeinden sich aufgrund königlicher Privilegien einer weitgehenden Autonomie erfreuten, und das zu einer Zeit, als man die Juden in anderen Teilen Europas mitleidlos verfolgte und vertrieb.

In der ersten Hälfte des 15. Jahrhunderts fanden dann Hussiten in Polen eine neue Heimat. Die Bewegung breitete sich aus, brach aber bald in sich zusammen. Immerhin gingen aus ihr die Böhmischen Brüder hervor, die sich über die Reformationszeit hinaus hielten und zu den Unterzeichnern der Übereinkunft von Sandomir (1570) und der Konföderation von Warschau (1573) zählen. In all den Jahren blieb freilich der Katholizismus das vorherrschende Bekenntnis, das – zumal für eine politische Karriere – durchaus gesellschaftliche Vorteile bot, was für russische Adelige beispielsweise oft Grund genug war, die Konfession zu wechseln. Dieser Hinweis stellt allerdings die traditionelle religiöse Toleranz nicht in Frage, grenzt sie aber gegenüber der Gewissens- und Glaubensfreiheit im neuzeitlichen Verständnis ab. Für das mittelalterliche Denken jedenfalls war religiöse Toleranz keine Selbstverständlichkeit; ganz im Gegenteil. Als z. B. die polnischen Vertreter auf dem Konzil von Konstanz meinten, auch die Heiden hätten das Recht auf eigene und souveräne Staaten, und den Christen stünde es nicht frei, sie durch das Schwert zu bekehren, roch diese Ansicht in den Nasen der übrigen Konzilsväter doch sehr nach Häresie. Die Tradition religiöser Toleranz schuf somit für die Reformation in Polen eine andere Ausgangsposition als wir sie in den übrigen von der Reformation betroffenen Ländern vorfinden. In Polen gab es somit bereits ein erprobtes Modell für das friedliche Zusammenleben konfessionsverschiedener gesellschaftlicher Gruppen. Hinzu kommt ein weiteres: Während in den westeuropäischen Ländern – besonders in Deutschland und Frankreich – die Reformation zu einer inneren Polarisierung zweier rivalisierender Bekenntnisse führte, kam es durch die Mehrzahl von Konfessionen in Polen – Lutheraner, Reformierte, Böhmische Brüder, Arianer (Antitrinitarier bzw. Unitarier) und Katholiken – eher zu einer wechselseitigen Relativierung und Neutralisierung religiös unterschiedlicher Standpunkte. Zudem muss daran erinnert werden, dass die Schlachta als die politisch entscheidende Schicht der damaligen polnischen Gesellschaft zwar – bei einer calvinistischen Mehrheit – in verschiedene reformatorische Bekenntnisse gespalten, in Verfolgung ihrer politischen Ziele jedoch – selbst mit den Katholiken – solidarisch war, was die Praxis religiöser Toleranz natürlich begünstigte.

Die durch die Tradition vorgegebene und aufgrund der aktuellen Interessenlage der Schlachta naheliegende religiöse Toleranz erleichterte das Zustandekommen der Konföderation von Warschau (1513), die in ihrer Akte die Gleichberechtigung aller christlichen Bekenntnisse festlegte und den Grundsatz einer weitgehenden Bekenntnisfreiheit formulierte, wie sie in Westeuropa erst Jahrhunderte später durch die Aufklärung möglich wurde – und das vorerst mehr in der Theorie als in der Praxis.

Einschränkend ist allerdings zu sagen, dass das Prinzip der Bekenntnisfreiheit – wie andere Privilegien auch – allein die Schlachta betraf. Von der politischen Gleichberechtigung waren die Mitglieder niederer Stände ausgeschlossen, doch nicht wegen ihrer religiösen Überzeugung, sondern einfach aufgrund der Tatsache, dass sie dem Adel nicht zugehörten.

Die Reformation blieb für Polen eine Episode, doch ihre Frucht war eine Vertiefung und Ausweitung der traditionellen Toleranz zur christlichen Bekenntnisfreiheit; und das unbeschadet der Tatsache, dass ihr Postulat und ihre Praxis wenig mit dem Evangelium und den Menschenrechten zu tun hatten, wohl aber viel mit Gruppeninteresse und Solidarität, mit gesellschaftlichem Indifferentismus und politischem Opportunismus. Diese Feststellung ist nicht nur abwertend gemeint, hatte doch die hier angesprochene Relativierung von Glaubensstreitigkeiten durchaus ihr Gutes. Sie verhinderte einen religiösen Rigorismus und Fanatismus, die den Bruder in Christus seines abweichenden Bekenntnisses wegen verteufeln und die Gesellschaft in ihren Grundlagen hätten zerstören können. Bezeichnend ist in diesem Zusammenhang der von Stephan Báthory überlieferte Satz, er sei „nicht König über die Gewissen, sondern über die Völker." Mit der religiösen Toleranz und der Bekenntnisfreiheit als Alternative zur Polarisierung religiöser Gegensätze hat Polen einen Weg beschritten, der das Land und die Gesellschaft vor jener schrecklichen Verwüstung bewahrte, die anderen europäischen Ländern – materiell und geistig – nicht erspart blieb.

Nachwirkungen für den heutigen Katholizismus

Damit ergibt sich die Frage nach einer möglichen Nachwirkung der polnischen Reformationszeit für den heutigen polnischen Katholizismus. Grundsätzlich lässt sich sagen, dass die Tatsache eines zeitlich begrenzten Einflusses der Reformation in Polen sowie die dafür ausschlaggebenden Motive und Gründe einer entscheidenden Weichenstellung gleichkommen, durch die der geschichtliche Weg des polnischen Katholizismus in eine andere Richtung gelenkt wurde als in die jener Länder, in denen die Reformation revolutionäre Veränderungen bewirkte. Der geistige Weg Europas von der Reformation zur Aufklärung (und darüber hinaus) steht unter der Prämisse der Reformation. Für Polen fehlt sie, und so treten auch bestimmte spätere Phänomene dieser Entwicklung – z.B. Antiklerikalismus, Religionskritik, atheistischer Humanismus, europäischer Nihilismus – kaum merklich in Erscheinung; dort aber, wo sich das permanente europäische Krisenbewusstsein äußert, liegt westlicher Import vor.

Hiermit steht in Zusammenhang, dass der polnische Katholizismus durch die Reformation nicht in die Lage versetzt wurde, die eigene Glaubensauffassung anderen Konfessionen gegenüber permanent begründen und verteidigen zu müssen. Schon die Reformation als solche zeigt in Polen einen auffälligen Mangel an Interesse für die eigentlichen Glaubensfragen. Die theologischen Streitfragen – die Frage nach dem gerechten Gott und jene nach der Prädestination – spielten selbst in reformatorischen Kreisen eine untergeordnete Rolle. So war die Reformation für Polen eigentlich keine theologische Provokation; schon gar nicht im Sinne einer ständigen Herausforderung, wie sie etwa für die deutsche Theologie – auf evangelischer wie auf katholischer Seite – bis in die Gegenwart hinein typisch ist. Von einer polnischen Theologie wird man im vergleichbaren

Sinn kaum sprechen können, und wenn, dann denkt man dabei weniger an die Anstrengung der Vernunft zur geistigen Durchdringung der Glaubenswahrheiten, nicht an Überlegungen, Glaubensunterschiede haarfein herauszuarbeiten oder – im Zeitalter der Ökumene – in einer neuen Synthese aufzuheben, man denkt vielmehr das polnische Attribut als Spezifikum einer Theologie, die aufgrund nationaler Geschichte ihre eigene Note besitzt. So erklärt sich die unter Bischöfen und Klerus auch heute noch verbreitete Zurückhaltung gegenüber westlicher Theologie; um deren Andersartigkeit ihrer historischen und soziologischen Bedingtheiten man in Polen sehr wohl weiß.

Die Schlachta, die in der Reformationszeit von so entscheidender Bedeutung war, hat politisch längst ausgespielt. Schon aus diesem Grund ist Vorsicht geboten, aus dem damaligen Verhalten des Landadels für den Katholizismus von heute irgendwelche Schlüsse zu ziehen. Doch ist es immerhin auffällig, dass etwa ein theologisches Interesse innerhalb der Schicht polnischer Intelligenz, die historisch die Nachfolge der Schlachta antrat, höchst selten anzutreffen ist, dafür aber eine mit solcher Indifferenz verbundene religiöse und weltanschauliche Toleranz. Der religiöse und geistige Pluralismus wird als geschichtliches Erbe verstanden, das es zu wahren gilt und von dem bis in die Hirtenbriefe polnischer Bischöfe die Rede ist, wenn diese etwa die Gewissens- und Glaubensfreiheit bedroht sehen und sich zu ihrem Anwalt machen.

Was die Masse des polnischen Volkes betrifft, so steht diese trotz sich mehrender Säkularisierungstendenzen auch heute noch treu zur überlieferten religiösen Tradition, zumal dort, wo der soziokulturelle Typ dörflicher Religiosität im Laufe der Jahrhunderte wenig Veränderung erfahren hat. Soziologische Untersuchungen, wie sie etwa vor Jahren in Nowa Huta durchgeführt wurden, zeigen zudem, dass dieser Typ auch bei einer Verpflanzung in eine industrielle Umwelt beibehalten wurde und – zunächst wenigstens – funktioniert. Die weiter zielende Frage, welche Probleme sich für die polnische Volkskirche – der Begriff hat auf dem hier beschriebenen Hintergrund seinen zutreffenden Sinn – bei fortschreitender Auflösung dörflicher Strukturen und zunehmender Verstädterung ergeben, muss hier unbeantwortet bleiben.

Ökumenische Konsequenzen

Bleibt am Ende noch die Frage, welche ökumenischen Konsequenzen sich möglicherweise aus der Tatsache ziehen lassen, dass die Reformation in Polen Episode blieb. Der theologische Beitrag zur Ökumene dürfte nach dem Gesagten gering sein. Einer praktischen Ökumene stehen bestimmte Schwierigkeiten im Wege: das Missverhältnis zwischen einer starken katholischen Kirche und der verschwindend kleinen Gruppe christlicher Minoritätskirchen. Bei solcher Disproportion ist ein partnerschaftliches Verhältnis nicht leicht realisierbar. So versteht es sich, dass die Ökumene innerhalb der katholischen Kirche lange Zeit – auch noch nach dem Kriege – nicht als Problem empfunden wurde; die kleinen christlichen Gemeinschaften lagen einfach nicht im Blickfeld der Großkirche. Umgekehrt hatten diese christlichen Minoritätskirchen ihre besonderen Identitätsprobleme und waren eher an Abgrenzung gegenüber dem „großen Bruder" als an einem engen Kontakt mit ihm interessiert. Wenn heute auch in Polen ökumenische Begegnungen trotz dieser Schwierigkeiten selbstverständlich geworden sind, und zwar auf allen Ebenen, von der Gemeinde bis zum Episkopat, dann ist dies im Wesentlichen einem Anstoß von außen zu verdanken: dem Einfluss der ökumenischen Weltbewegung und des Weltrates der Kirchen, dem II. Vatikanum sowie den Begegnungen mit ökumenischen Gruppen aus dem Ausland, hier vor allem mit den vielen kleinen Gruppen der „Aktion Sühnezeichen".

Der Übergang von einem ökumenischen Desinteresse zu einer, wenn auch nicht emphatischen, so doch mehr und mehr selbstverständlichen ökumenischen Grundhaltung vollzog sich zumal nach dem europäischen Umbruch 1989/90 in relativ kurzer Zeit. Dies war möglich, weil nicht erst durch langwierige Bewusstseinsprozesse eine Fülle von Vorurteilen abgebaut werden musste, bis man zu der Einsicht kam, dass trotz einer Verschiedenartigkeit der Bekenntnisse der Glaube an den einen und selben Gott gemeinsam ist. Dieses Bewusstsein ist durch die Reformation in Polen nicht getrübt worden. Es bildete neben der erwähnten keineswegs nur negativ zu wertenden Indifferenz in Glaubensfragen die Grundlage für das Prinzip der Bekenntnisfreiheit. So trägt die Reformation durch die geschichtliche Vermittlung religiöser Toleranz auch für einen neuen Ansatz ökumenischer Begegnung in Polen ihre Frucht.

20 Jahre deutsch-polnischer Nachbarschaftsvertrag – Ein Rückblick auf zwei Jahrzehnte deutsch-polnischer Beziehungen –

Am 17. Juni 1991 unterzeichneten in Bonn Premier Jan Bielecki und Bundeskanzler Helmut Kohl sowie die Außenminister Hans-Dietrich Genscher und Krzysztof Skubiszewski (1926-2010) den deutsch-polnischen Vertrag über „gute Nachbarschaft und freundschaftliche Zusammenarbeit". Die insgesamt 38 Artikel umfassen ein breites Spektrum politischer, wirtschaftlicher und kultureller Beziehungen, die fortan auf der Basis von Konsultation und Kooperation geregelt werden sollen und die Grundlage für eine Fülle von Einzelverträgen bilden. Die Laufzeit des Vertrages ist auf zehn Jahre festgelegt, verlängert sich aber automatisch um jeweils weitere fünf Jahre. Dass der Vertrag nunmehr 20 Jahre Bestand hat, kann als Beweis dafür gelten, dass er in den zwei Jahrzehnten angesichts des nicht immer konfliktfreien Wechselspiels der Beziehungen seine Bewährungsprobe bestanden hat.

In der Präambel bekunden beide Seiten, „die leidvollen Kapitel der Vergangenheit abzuschließen" und an die „guten Traditionen" im geschichtlichen Zusammenleben beider Völker anzuknüpfen. Dabei stellen sie die bilateralen Beziehungen betont in einen übergreifenden europäischen Rahmen und erteilen damit allen nationalen Alleingängen und nationalistischen Bestrebungen, die in der Vergangenheit das beiderseitige Verhältnis so tragisch belastet haben, eine Absage.

Der Vertrag – eine Frucht des europäischen Umbruchs

Der deutsch-polnische Nachbarschafts- und Freundschaftsvertrag ist eine Konsequenz des 1989 von Polen ausgehenden europäischen Umbruchs. Mit dem Ende des kommunistischen Systems und dem Übergang zu einem demokratischen Rechtsstaat unter der vom einstigen Dissidenten Tadeusz Mazowiecki angeführten Regierung verband sich die Hoffnung auf eine Neuordnung der deutsch-polnischen Beziehungen sowie die Aussicht auf eine „Rückkehr nach Europa", um so die Jahrzehnte lange Hegemonie der Sowjetunion zu beenden.

Auch auf deutscher Seite verlangten die Ereignisse der Jahre 1989/90 eine Neuregelung des Verhältnisses zu Polen. Nach dem von den Bürgern erzwungenen Ende der SED-Herrschaft und dem Beitritt der DDR zum Geltungsbereich der Bundesrepublik erforderten die deutsch-polnischen Beziehungen anstelle des Warschauer Vertrages von 1970 eine neue Rechtsgrundlage. Der von Bundeskanzler Willy Brandt (1913-1992) und Ministerpräsident Józef Cyrankiewicz (1911-1989) am 7. Dezember 1970 unterzeichnete Vertrag „über die Grundlagen der Normalisierung ihrer gegenseitigen Beziehungen" war im Rahmen der Entspannungspolitik sowie der auf einen „Wandel durch Annäherung" zielenden „neuen Ostpolitik" der Bundesregierung damals von hoher Bedeutung und entsprach mit der Anerkennung der polnischen Westgrenze (Art. I) sowie aufgrund der Perspektive einer engeren Zusammenarbeit, zumal auf wirtschaftlichem Gebiet, polnischem Interesse. Allerdings ließ der Vertrag wegen des unüberbrückbaren Systemgegensatzes wenig Raum, die gegenseitigen Beziehungen im Sinne freundschaftlicher Nachbarschaft weiter auszubauen. Zudem stand der Vertrag nach Rechtsauffassung der Bundesregierung unter dem Vorbehalt einer künftigen Friedensregelung für Gesamtdeutschland, was konkret bedeutete, dass nach vollzogener Wiedervereinigung – auch ohne formellen Friedensvertrag – ein neuer Grenzvertrag abgeschlossen werden musste. Diese vertragliche Grenzbestätigung nach vollzogener deutscher Einheit erfolgte am 14. November 1990 und machte den Weg frei für den Vertrag über „gute Nachbarschaft und freundschaftliche Zusammenarbeit".

Politische Verständigung basiert auf Versöhnung

Während der deutsch-polnische Grundlagenvertrag nach zwei Jahrzehnten durch den Nachbarschaftsvertrag von 1991 abgelöst wurde, ist ein anderes Ereignis, nämlich der Kniefall von Bundeskanzler Willy Brandt vor dem Warschauer Ghettodenkmal, von bleibender Bedeutung. Diese spontane, außerprotokollarische Demutsgeste am Tag des Vertragsabschlusses bildet die eigentliche Grundlage einer Normalisierung der deutsch-polnischen Beziehungen. Sie ist gleichsam die politische Antwort auf den Versöhnungsbrief der polnischen Bischöfe von 1965 sowie eine notwendige Ergänzung der damaligen Entgegnung der deutschen Bischöfe. Denn mit seinem Kniefall hat Willy Brandt deutlich gemacht, dass eingedenk der belasteten deutsch-polnischen Vergangenheit eine politische Verständigung der moralischen Grundlage einer Versöhnung bedarf, um auf Dauer Bestand zu haben. An diesen unlöslichen Zusammenhang erinnert die Würdigung, welche die Präsidenten beider Länder, Bronisław Komorowski und Christian Wulff, in Warschau am 7. Dezember 2010, 40 Jahre nach Brandts Kniefall, diesem Ereignis zuteil werden ließen. Und auf der am gleichen Tag von der Friedrich-Ebert-Stiftung im Warschauer Königsschloss veranstalteten Konferenz „Europa – Kontinent der Versöhnung?" war es denn auch weniger der Vertrag als solcher als viel mehr jener Kniefall als Symbol der Versöhnung, der in seiner Bedeutung für das deutsch-polnische Verhältnis sowie für eine dauerhafte europäische Friedensordnung hervorgehoben wurde. Jener Akt ist zwar in seiner Einzigartigkeit nicht wiederholbar, jedoch ein mahnender Wegweiser, dass Versöhnung die bleibende Grundlage der politischen Beziehungen unserer beiden Völker bildet. Dieser Zusammenhang fand denn auch am 12. November 1989 zeitgleich zum Fall der Berliner Mauer während der Kreisauer Versöhnungsmesse im Austausch des liturgischen Friedenswunsches zwischen Bundeskanzler Helmut Kohl und Premier Tadeusz Mazowiecki seinen Ausdruck. Auch in den Folgejahren fehlte es nicht an symbolischen Gesten guter Nachbarschaft. So wurde der damalige Außenminister Władysław Bartoszewski eingeladen, am 28. April 1995 aus Anlass des 50.Jahrestages des Kriegsendes vor dem

Deutschen Bundestag zu sprechen. Angesichts dessen, dass dieses jährliche Gedenken für die deutsche Gedächtniskultur einen hohen Stellenwert besitzt, war es von großer Bedeutung, dass erstmals ein Pole, der den Zweiten Weltkrieg erlebt hat und im KZ Auschwitz inhaftiert war, eine viel beachtete Rede hielt. Ein Jahr zuvor hatte Bundespräsident Roman Herzog auf Einladung seines polnischen Amtskollegen Lech Wałęsa am 1. August 1994, am 50. Jahrestag des Warschauer Aufstandes, vor Ort die Gedenkrede halten dürfen. Immer wieder bot in den 1990er Jahren die Erinnerung an den Zweiten Weltkrieg Gelegenheit zu einem deutsch-polnischen Gedenken auf höchster politischer Ebene. Am 1. September 1999 waren es die Präsidenten Johannes Rau (1931-2006) und Aleksander Kwaśniewski, die gemeinsam auf der Danziger Westerplatte des Kriegsausbruchs vor 60 Jahren gedachten. Fast zur gleichen Zeit besuchten Bundeskanzler Gerhard Schröder und Premier Jerzy Buzek den bei Warschau gelegenen Ehrenfriedhof Palmiry, wo Hunderte von Deutschen ermordete Polen ihre letzte Ruhe fanden. Der Symbolwert solcher Staatsakte kann nicht hoch genug veranschlagt werden, zeigen sie doch, dass trotz tödlicher Feindschaft Versöhnung möglich ist. Derlei Zeichen verpflichten allerdings zu einer entsprechenden Politik wechselseitiger Verständigung und Interessenwahrung, zu welcher der Partnerschaftsvertrag die Grundlage bildet.

Die Lösung der Minderheitenfrage

Die politische Führung im kommunistischen Polen hatte konsequent die Existenz einer deutschen Minderheit geleugnet und die sich deutsch fühlenden Oberschlesier einem starken Polonisierungsdruck ausgesetzt. So war es der deutschen Seite in den Verhandlungen zum Grundlagenvertrag von 1970 lediglich gelungen, eine generelle Ausreisemöglichkeit für polnische Staatsbürger deutscher Volkszugehörigkeit zu erwirken. Im Vertrag fehlt zwar diese Zusicherung, doch in einer ihm beigefügten „Information"' verpflichtete sich die polnische Regierung, dem Wunsch der Bundesregierung zu entsprechen, was in der Folge zu einem beachtlichen Zustrom deutscher Spätaussiedler führte.

Es versteht sich daher, dass die Minderheitenfrage in den Verhandlungen über den Nachbarschaftsvertrag von 1991 neu aufgegriffen wurde. Ihr Gewicht lässt sich daran ermessen, dass sie im Vertrag mit den umfangreichen und sehr detaillierten Artikeln 20-22 den weitaus größten Raum einnimmt. Während die polnische Seite die lange geleugnete Existenz einer deutschen Minderheit anerkennt und ihr die ihr zukommenden Rechte garantiert, verpflichtet sich die deutsche Seite, „Personen deutscher Staatsangehörigkeit in der Bundesrepublik

Deutschland, die polnischer Abstammung sind oder die sich zur polnischen Sprache, Kultur oder Tradition bekennen", die gleichen Rechte zu gewähren, wie sie der Vertrag der deutschen Minderheit garantiert. Ergänzend erklärt die Bundesrepublik im dem Vertrag beigefügten Briefwechsel, dass Personen polnischer Abstammung, „die durch die Bestimmungen des Artikels 20 Absatz 1 nicht erfaßt werden", also solche, die keine deutsche Staatsangehörigkeit besitzen, gleichfalls die in den Artikeln 20 und 21 verankerten Rechte und Möglichkeiten in Anspruch nehmen können. Bezüglich der deutschen Minderheit erklärt die polnische Seite einschränkend, dass sie „derzeit keine Möglichkeit (sieht)", ihr die „Zulassung offizieller topographischer Bezeichnungen [...] in deutscher Sprache" zu ermöglichen.

Trotz der umfangreichen Rechtsgarantien zeigten sich weder die in der Bundesrepublik lebenden Polen, noch die deutsche Minderheit in Polen mit den vertraglichen Vereinbarungen voll zufrieden. Die polnische Seite bemängelt bis heute, dass ihr der Status einer Minderheit versagt wurde, der ihr nach Auffassung der Bundesrepublik nicht zukommt, weil es sich bei den in Deutschland lebenden Polen nicht um eine autochthone Gruppe in einem traditionellen Siedlungsgebiet handle. Bislang scheiterten alle ihre Versuche, die Bundesrepublik zur Anerkennung ihres Minderheitenstatus zu bewegen. Sie verfügen zudem aufgrund ihrer lokalen Zerstreuung und organisatorischen Zersplitterung über keine geeignete Dachorganisation. Damit fehlt ihnen zur Wahrung ihrer Interessen das politische Gewicht, das ihnen angesichts der schätzungsweise weit über eine Million in der Bundesrepublik lebender Polen eigentlich zukommen würde.

Die deutsche Minderheit ihrerseits hielt sich nicht an die im Briefwechsel festgelegte Einschränkung. So tauchten bald in einigen von Deutschen mehrheitlich bewohnten Orten in Oberschlesien bislang versteckte Denkmäler wieder auf, und neben den polnischen Ortsbezeichnungen wurden deutsche Namensschilder angebracht. Diese Eigenmächtigkeit führte zeitweise zu örtlichen Spannungen und Attacken in der polnischen Presse. Dass die Situation nicht eskalierte, ist nicht zuletzt das Verdienst des Oppelner Bischofs Alfons Nossol. Selbst zweisprachig und bereits zur kommunistischen Zeit ein Förderer der deutschen Minderheit, verstand er es mit seiner persönlichen Autorität und pastoralen Klugheit, die Gemüter zu beruhigen und ein relativ konfliktfreies Zusammenleben der unterschiedlichen ethnischen Gruppe in seinem Bistum sicherzustellen. Neben zahlreichen anderen Ehrungen wurde ihm 2010 in Würdigung seiner Verdienste um die deutsch-polnische Versöhnung sowie für die in Europa beispielhafte Integration von Minderheiten der Deutsche Nationalpreis verliehen.

Die bedeutsame Wiederentdeckung des deutschen Kulturerbes

Artikel 28.1 des Partnerschaftsvertrages enthält die Verpflichtung, „bei der Erhaltung und Pflege des europäischen Kulturerbes" zusammenzuarbeiten und „sich für die Denkmalpflege" einzusetzen. Die Bedeutung dieser Absprache kann man nur ermessen, wenn man sich die Situation in den 1945 von den Deutschen durch Flucht und Zwangsausweisung verlassenen Gebieten, den Zustrom der aus ihrer Heimat vertriebenen Ostpolen sowie die Integrationspolitik des kommunistischen Regimes vor Augen hält. Die Ankömmlinge aus dem Osten kamen in ein ihnen fremdes Land. Sie taten sich schwer, Wurzel zu schlagen. Die Politik der „Wiedergewonnenen Gebiete" negierte die Jahrhunderte deutscher Besiedlung und Kultur. Nicht nur die Namen der Ortschaften wurden polnisch, auch das, was an kulturellen Gütern vorhanden war, wurde im Sinne einer Polonisierung umgedeutet, dem Verfall preisgegeben oder einfach liquidiert. Damit war die polnische Bevölkerung in den ehemals deutschen Gebieten dazu verurteilt, gleichsam in einem geschichtslosen Raum zu leben, dazu in der von der Propaganda geschürten Angst vor einer möglichen Rückkehr der Deutschen. Unter diesen Voraussetzungen konnte sich schwerlich ein Gefühl von Heimat und regionaler Identität herausbilden.

Mit dem Epochenjahr 1989 änderte sich diese Situation grundlegend. Der neue demokratische, sich Europa öffnende polnische Staat setzte der Geschichtsfälschung vergangener Jahrzehnte ein Ende. Damit begann in den ehemals deutschen Gebieten ein Prozess der Wiederentdeckung des deutschen Kulturerbes.[3]

Dieser Prozess war von doppelter Relevanz: Zum einen begünstigte er die Versöhnung der deutschen Vertriebenen mit dem Schicksal ihres Heimatverlustes, zum anderen erleichterte er den jetzigen polnischen Bewohnern die heimatliche Verwurzelung und prägte entscheidend ihre lokale und regionale Identität.

Die gleichfalls durch den Partnerschaftsvertrag geschaffenen Reiseerleichterungen ermöglichten es, dass viele Vertriebene nicht nur ihre einstige Heimat nach Jahrzehnten wieder aufsuchten, sondern auch, dass sie sich für die Rettung vom Verfall bedrohter Kulturgüter ihres Heimatortes einsetzten. Es entwickelten sich auf lokaler Ebene Formen deutsch-polnischer Zusammenarbeit, Städtepartnerschaften wurden ins Leben gerufen und persönliche Freundschaften geschlossen. Auf diese Weise wurde die einst verlorene Heimat auf einer geistigen Ebene wiedergewonnen, ohne sie in Besitz zu nehmen. Unterstützt wurde diese Entwicklung durch die 1991 gegründete Stif-

---

3 Vgl. die umfassende Untersuchung des von Zbigniew Mazur herausgegebenen Sammelbandes „Das deutsche Kulturerbe in den polnischen West- und Nordgebieten", Wiesbaden 2003.

tung für deutsch-polnische Zusammenarbeit, durch die der Polen in der Gierek-Ära gewährte Milliardenkredit zu einem Fonds umgewidmet wurde, der u. a. dazu dient, Projekte zur Rettung des deutschen Kulturerbes finanziell zu fördern. Aus diesen Mitteln wurde beispielsweise das völlig verfallene Gut der Familie von Moltke in dem schlesischen Dorf Kreisau/Krzyżowa zu einer Bildungsstätte für Europäische Verständigung umgestaltet und damit einem Zweck zugeführt, der mit den Vorstellungen der Widerstandsgruppe des „Kreisauer Kreises" von einem Nachkriegsdeutschland in Einklang steht. Freya von Moltke (1911-2010), die Witwe ihres von den Nazis hingerichteten Mannes, kommentierte diese Entwicklung einmal mit den Worten: „Wie gut, dass Kreisau heute polnisch ist, das nimmt es doch sofort heraus aus einer möglichen deutschen Enge und macht es von Vornherein zu einem europäischen Ort."

Wer heute die Ende des Zweiten Weltkriegs als „Festung Breslau" fast völlig zerstörte niederschlesische Metropole besucht, erlebt nicht nur eine wie ein Phönix aus der Asche wieder erstandene Stadt, er erkennt auch in dem jetzigen Wrocław das einstige Breslau. Und dies nicht nur an den historisch getreu restaurierten Fassaden der den Markt umgebenden Bürgerhäuser. In den Buchläden findet er in reichlicher Zahl Werke zur Geschichte Breslaus und Niederschlesiens sowie liebevoll gestaltete Bildbände, die dem Betrachter die versunkene Welt früherer Zeiten vor Augen führen. Die Universität mit ihrer germanistischen Fakultät organisierte in den letzten 20 Jahren zahlreiche wissenschaftliche Symposien mit internationaler Beteiligung, auf denen Forschungsarbeiten zum „Kulturraum Schlesien"[4] vorgestellt und diskutiert wurden. An Stelle der Geschichtsvergessenheit der kommunistischen Nachkriegsperiode ist eine regionale Gedächtniskultur getreten, die als eine neue niederschlesische Identität der jetzigen polnischen Bevölkerung gelten kann.

Die Entwicklung in den letzten zwei Jahrzehnten, in denen die verdrängte deutsche Vergangenheit der polnischen West- und Nordgebiete wieder entdeckt, ihr kulturelles Erbe gepflegt und Teil einer regionalen Identität wurde, war verbunden mit einem regen Austausch dieses Grenzlandes mit den benachbarten deutschen Bundesländern. Die mit dem Vertrag über „gute Nachbarschaft und freundschaftliche Zusammenarbeit" verbundenen Erwartungen wurden so in den polnischen Grenzregionen auf besondere Weise erfüllt. Es verwundert daher nicht, dass nach allen Untersuchungen der deutsche Nachbar Sympathiewerte erhält, die deutlich über dem Landesdurchschnitt liegen.

---

4 So der Titel eines von Walter Engel und Norbert Honsza 2001 herausgegebenen Sammelbandes.

Deutsch-polnische Interessengemeinschaft im europäischen Kontext

Erstmals sprach, noch vor Abschluss des Vertrages, der polnische Außenminister Krzysztof Skubiszewski am 22. Februar 1990, wenige Tage vor dem Ende der 2+4-Gespräche, auf dem deutsch-polnischen Forum von einer „deutschpolnischen Interessengemeinschaft" und prägte damit einen Begriff, der sich in den Folgejahren einer gewissen Konjunktur erfreuen konnte. Dabei ist zu bedenken, dass die deutsch-polnische Interessengemeinschaft gemäß des Partnerschaftsvertrages in einem europäischen Zusammenhang zu sehen ist. Bereits in der Präambel betonen die Vertragspartner die Bedeutung, welche „die politische und wirtschaftliche Heranführung der Republik Polen an die Europäische Gemeinschaft für die künftigen Beziehungen der beiden Staaten" hat. Der Vertrag belässt es nicht bei diesen Absichtserklärungen. In Art. 8 werden Handlungsziele formuliert. Als ersten Schritt auf dem Weg zu einer Vollmitgliedschaft in der EG findet der Abschluss eines Assoziierungsabkommens Erwähnung, wobei sich die Bundesrepublik verpflichtet, Polen auf dem Weg in die Europäische Gemeinschaft „im Rahmen ihrer Möglichkeiten nach Kräften" zu fördern (Art. 8, 2). Und den Artikel abschließend heißt es: „Die Bundesrepublik steht positiv zur Perspektive eines Beitritts der Republik Polen zur Europäischen Gemeinschaft, sobald die Voraussetzungen dafür gegeben sind." (Art. 8, 3)

Die Bundesregierung ist in all den Jahren im polnischen wie im eigenen Interesse ihrer aus dem Vertrag resultierenden Verpflichtung nachgekommen und hat sich als eine Befürworterin der Aufnahme Polens in die europäischen Institutionen erwiesen. So kam es unter der Regierung Kohl zu einer Vielzahl von Abkommen zur Förderung bilateraler Zusammenarbeit in den unterschiedlichsten Bereichen. Auch sie trugen dazu bei, Polen an die Europäische Gemeinschaft heranzuführen. Zumal auf dem Hintergrund der Erfahrungen, die Polen im Zweiten Weltkrieg mit deutschen Soldaten machen musste, verdient die Kooperation im militärischen Bereich eine besondere Hervorhebung. Sie wurde 1993 zwischen den Verteidigungsministern beider Seiten vereinbart und führte Polen – im Rahmen der seit 1994 von der NATO konzipierten „Partnerschaft für den Frieden" – an die NATO heran. So wurde Polen nicht zuletzt durch diese militärische Zusammenarbeit auf die im März 1999 erfolgte Aufnahme des Landes in die NATO vorbereitet, womit ein wichtiges, wenn nicht gar das wichtigste Desiderat Polens auf dem Weg nach Europa erfüllt war – die Befriedigung seines Sicherheitsinteresses.

Dass sich die deutsche Regierung auch in schwierigen Phasen als ein Anwalt polnischer Interessen erwies, zeigte sich im Dezember 2000 auf dem EU-Gipfel in Nizza. Das unter französischem Vorsitz mehr schlecht als recht vorbereitete Treffen wird nicht als Ruhmesblatt in die Geschichte der Europäischen Union eingehen. Auf diesem Gipfel, für den zwei Tage veranschlagt waren, der aber sechs Tage und fünf Nächte dauerte, wurde – bei Abwesenheit der zehn Beitrittskandidaten in einer Weise um die Stimmenverteilung gefeilscht, dass Beobachter das Gipfeltreffen als eine Mischung aus Demagogie und Demographie kommentierten.

Immerhin lässt sich Nizza als Bewährung der deutsch-polnischen Interessengemeinschaft verbuchen, trat doch Bundeskanzler Gerhard Schröder gegen Präsident Jacques Chirac als Befürworter polnischer Interessen auf. Nach Chirac sollte Polen zwei Stimmen weniger als Spanien erhalten, obwohl die Bevölkerungszahl beider Länder ungefähr gleich ist. Doch Schröder bestand darauf, dass beide Staaten je 27 Stimmen erhielten, zwei weniger als die „großen Vier". Dafür trat die Bundesrepublik als das weitaus bevölkerungsreichste Land der Union von ihrem ursprünglichen Anspruch auf eine höhere Stimmenzahl zurück und gab sich, wie Frankreich, gleichfalls mit 29 Stimmen zufrieden. Zu erinnern ist gleichfalls an die durchaus kritische letzte Phase der Beitrittsverhandlungen vor der Aufnahme Polens in die Europäische Union, als die Bundesregierung mit der Zusage der Erhöhung der Subventionen für die polnische Landwirtschaft um immerhin 1 Milliarde € die damalige Blockadehaltung der polnischen Seite zu überwinden vermochte. Am 13. Dezember 2002 legten die Regierungschefs der fünfzehn Mitgliedstaaten auf dem Kopenhagener Gipfel den Aufnahmetermin der zehn Beitrittskandidaten, darunter als größtes Land Polen, auf den 1. Mai 2004 fest. Damit war das wesentliche Ziel der deutsch-polnischen Interessengemeinschaft erreicht.

Auch sonst erwies sich die deutsche Politik als durchaus polenfreundlich. So griff die Koalitionsregierung aus SPD und Grüne nach ihrem Wahlsieg von 1998 eine von polnischer Seite seit vielen Jahren erhobene Forderung nach Entschädigung von NS-Zwangsarbeitern auf und entsprach ihr mit der Schaffung der Bundesstiftung „Erinnerung, Verantwortung, Zukunft", die unter Beteiligung der deutschen Wirtschaft die Zahlungen ermöglichte. Auf diese Weise wurde zugleich die Öffentlichkeit für das den Zwangsarbeitern im Zweiten Weltkrieg zugefügte Unrecht sensibilisiert – ein für die deutsch-polnische Versöhnung bedeutsamer Beitrag.

Irakkrieg, Zentrum gegen Vertreibungen, Preußische Treuhand

Während für das erste Jahrzehnt des Vertrages über „gute Nachbarschaft und freundschaftliche Zusammenarbeit" eine uneingeschränkt positive Bilanz gezogen werden kann, zeigten sich mit Beginn des neuen Jahrtausends einige Unstimmigkeiten in den deutsch-polnischen Beziehungen, welche die Interessengemeinschaft in Frage stellten und den Partnerschaftsvertrag einer Belastungsprobe aussetzten. Beide Seiten hatten es versäumt, sich neue gemeinsame Ziele zu setzen, nachdem sich die Dynamik der deutsch-polnischen Interessengemeinschaft mit der EU-Aufnahme Polens weitgehend erschöpft hatte. So wurde das dem Vertrag zugrunde liegende Prinzip von Konsultation und Kooperation in seiner Bedeutung präventiver Konfliktbewältigung nicht ausreichend beachtet.

1. Die Auswirkung des Irakkriegs auf die deutsch-polnischen Beziehungen

Noch vor Ausbruch des Irakkriegs hatte in Polen die von Kanzler Gerhard Schröder im Bundestagswahlkampf 2002 gemachte Aussage für Irritationen gesorgt, Deutschland würde sich selbst bei einem UN-Mandat nicht an einem Krieg gegen den Irak beteiligen. Die polnische Presse kommentierte diese Äußerung als Anzeichen eines „deutschen Sonderweges". Sie beklagte die damit eingetretene Verschlechterung der deutsch-amerikanischen Beziehungen und die daraus möglicherweise für Europa resultierenden negativen Folgen. In deutschen Medien sprach man dagegen – in Hinblick auf die baldige Aufnahme Polens in die Europäische Union – vom „Trojanischen Pferd amerikanischer Interessen".

Statt zu einer Beilegung des Konflikts kam es mit dem von Tony Blair initiierten und auch von Polen unterzeichneten „Brief der Acht" zu einer weiteren Belastung deutsch-polnischer Beziehungen. Diese Solidaritätserklärung für die amerikanische Position in der Irakkrise sowie die Bereitschaft Polens, sich an der Seite der USA am Irakkrieg zu beteiligen, stieß in Berlin auf schärfste Kritik. Man befürchtete eine den europäischen Interessen widerstrebende Allianz Polens mit den USA. Diese Befürchtung erhielt durch die unglückliche Äußerung des amerikanischen Verteidigungsministers Donald Rumsfeld von einem „alten" und einem „neuen" Europa neue Nahrung. Sie weckte das Gespenst einer Spaltung Europas, und dies ausgerechnet zum Zeitpunkt der Erweiterung der Europäischen Union um zehn neue Mitglieder.

In Deutschland hätte man vielleicht für die Position Polens mehr Verständnis aufbringen und das historisch bedingte starke Sicherheitsbedürfnis des Landes in Rechnung stellen sollen, dessen Befriedigung man sich jenseits der Oder traditionell von einer Bindung an die USA erhofft. In Polen führte der Konflikt immerhin zu der Erkenntnis, dass man gegen das Image ankämpfen müsse, den Amerikanern auf dem Kontinent als Trojanisches Pferd zu dienen. Es komme vielmehr darauf an, ein ausgesprochen proeuropäischer Verbündeter der USA und ein äußerst proamerikanisches Mitglied der EU zu sein. Mit dieser Grundeinstellung stimmt Polen mit der transatlantischen Orientierung gesamteuropäischer Politik überein, wenngleich angesichts konkreter Herausforderungen die Interpretation dieser Devise, wie im Irakkrieg geschehen, durchaus unterschiedlich sein kann.

2. Der Streit um ein „Zentrum gegen Vertreibungen"

Die in den 90er Jahren des vergangenen Jahrhunderts von deutschen und polnischen Staatsmännern gemeinsam gepflegte Erinnerung an den Zweiten Weltkrieg hätte es nahe gelegt, sich über die Art und Weise eines Gedenkens an das Leid der deutschen Flüchtlinge und Vertriebenen zu verständigen. Dies ist leider nicht geschehen. So kam es, nachdem Anfang 2000 die Initiative des Bundes der Vertriebenen (BdV) zur Errichtung eines „Zentrums gegen Vertreibungen" bekannt wurde, zu einem sich über Jahre hinziehenden Konflikt. Nicht nur wenig deutschfreundlich eingestellte polnische Politiker und Journalisten empörten sich, auch höchst angesehene Freunde Deutschlands, wie etwa Władysław Bartoszewski, übten scharfe Kritik, und dies aus einer tiefen Enttäuschung darüber, die deutsch-polnische Versöhnung könne als Teil ihres Lebenswerkes Schaden nehmen, falls alte Wunden wieder aufbrechen. Ein „Zentrum gegen Vertreibungen" nach der Konzeption sowie in der Trägerschaft des BdV dürfte zudem kaum mit der im ersten Satz der Präambel des Nachbarschaftsvertrages zum Ausdruck gebrachten Absicht in Einklang stehen, „die leidvollen Kapitel der Vergangenheit abzuschließen und entschlossen an die guten Traditionen und das freundschaftliche Zusammenleben in der jahrhundertelangen Geschichte Deutschlands und Polens anzuknüpfen."

Fragt man nach den Gründen für die scharfe Ablehnung der BdV-Initiative, dann bieten sich drei Antworten an: die Trägerschaft des BdV, eine geschichtspolitische Instrumentalisierung des „Zentrums" sowie – in Zusammenhang damit – eine Verschiebung der deutschen Gedächtniskultur von einem Täter- zu einem Opferbewusstsein.

Das Vorhaben des BdV erscheint schon deswegen inakzeptabel – und dies nicht nur aus polnischer Sicht – , weil seine Verbandspolitik in all den Jahren alles andere als polenfreundlich war und keineswegs dem Geist des Nachbarschaftsvertrages entsprach. Nicht nur dass wenig schmeichelhafte Äußerungen der Vorsitzenden die polnischen Gemüter immer wieder erregten, Erika Steinbach hat auch gegen den Grenzvertrag vom 14. November 1990 gestimmt, der schließlich eine Grundlage für den Vertrag vom 17. Juni 1991 bildet.

Ein weiterer Grund für die Ablehnung des „Zentrums" ist die polnische Befürchtung, es könne geschichtspolitisch instrumentalisiert werden. Die Initiative, so die Vermutung, diene nicht nur dazu, dem Leiden der Flüchtlinge und Vertriebenen durch die Errichtung eines „Zentrums" Respekt zu zollen, sondern solle für die Forderung nach Entschädigung und Eigentumsrückgabe in Anspruch genommen werden. Schließlich registrierte man in Polen zu Beginn des neuen Jahrtausends einen mit der Verschiebung des Täter- zu einem Opferbewusstsein verbundenen Wandel in der deutschen Gedächtniskultur: Damals brach über fünfzig Jahre nach Kriegsende mit einem Male die Erinnerung an die Opfer alliierter Luftangriffe sowie an die Vertreibung der Deutschen aus dem Osten gleichsam explosionsartig aus und fand in zahlreichen Fernsehdokumentationen, Buchveröffentlichungen und Zeitschriftenbeiträgen ihren Niederschlag. Janusz Reiter, Deutschlandexperte und Botschafter seines Landes in Berlin, kommentierte diese Entwicklung mit den Worten: „Die Deutschen verstehen die Polen nicht mehr, und die Polen vertrauen den Deutschen nicht mehr."[5]

Es hat nicht an Versuchen gefehlt, den Streit um das vom BdV geplante „Zentrum" beizulegen. So betonten 2003 die Präsidenten beider Länder, Johannes Rau und Aleksander Kwaśniewski, bei ihrer Danziger Begegnung, dass jede Nation das Recht habe, ihrer Opfer zu gedenken, doch dürfe ein solches Gedenken nicht dazu missbraucht werden, durch gegenseitiges Aufrechnen und durch Ansprüche auf Entschädigung und Eigentumsrückgabe Unfrieden zu stiften. Die von Angela Merkel geführte schwarz-rote Koalitionsregierung beschloss 2005, mit der Schaffung eines die polnischen Bedenken berücksichtigenden „Sichtbaren Zeichens" die Initiative des BdV ihrerseits aufzugreifen. Es dauerte bis 2008, ehe mit dem Regierungsantritt von Donald Tusk nach vorhergehenden Verhandlungen zwischen Staatskulturminister Bernd Naumann und Staatssekretär Władysław Bartoszewski die polnische Regierung ihren Widerstand gegen das Projekt aufgab. Dass damit allerdings nicht sämtliche Schwierigkeiten ausgeräumt sind, zeigen die Konflikte innerhalb der zur Umsetzung des Regierungsbeschlusses gegründeten unabhängigen Stiftung „Flucht, Vertreibung, Versöhnung". Zunächst gab es bei ihr den Konflikt um Erika Steinbach, die am Ende zwar auf den von ihr beanspruchten Sitz im Stiftungsrat verzichtete, dies allerdings um den Preis eines Kompromisses, der dem BdV drei Sitze sichert, ohne dass eine solche Benennung durch ein Veto der Bundesregierung verhindert werden könnte. Damit waren weitere Konflikte absehbar. Zudem führten äußerst gegensätzliche Positionen deutscher Wissenschaftler im wissenschaftlichen Beirat dazu, dass namhafte tschechische und polnische Historiker aus dem Gremium ausschieden, weil sie eine gedeihliche Zusammenarbeit für unmöglich erachteten.

---

5 „Die Deutschen verstehen die Polen nicht mehr, und die Polen vertrauen den Deutschen nicht mehr." In: Dialog. Deutsch-polnisches Magazin, Nr. 65, 2003/2004, S. 49.

3. Auseinandersetzung um die Preußische Treuhand

Es spricht einiges für die zumal von polnischer Seite geäußerte Vermutung, der BdV habe mit seinem Bemühen um ein „Zentrum gegen Vertreibungen" nicht zuletzt das Ziel verfolgt, für die Ansprüche der Vertriebenen auf ihr in Polen zurück gelassenes Hab und Gut den Boden zu bereiten. Jedenfalls wurde mit Beginn des neuen Jahrtausends auf Initiative der Landsmannschaft Ostpreußen eine „Preußische Treuhand" gegründet. Nach ihrer Auffassung stellt die Weigerung, das „konfiszierte" Eigentum zurück zu geben, eine Menschenrechtsverletzung dar. Zudem beruft sie sich ausgerechnet auf den deutsch-polnischen Nachbarschafts- und Freundschaftsvertrag, zu dem beide Seiten in dem beigefügten Briefwechsel erklärten, dass sich der Vertrag „nicht mit Vermögensfragen" befasst. Die Preußische Treuhand interpretiert dies dahin gehend, die Vermögensfragen seien demnach offen und bedürften – natürlich im Sinne der Ansprüche der Vertriebenen – einer abschließenden Klärung.

Obgleich die von Gerhard Schröder wie auch die von Angela Merkel geführte Bundesregierung unmissverständlich gegenüber Polen erklärt hatte, die Initiative der Preußischen Treuhand nicht zu unterstützen, sich selbst einige Vertriebenenorganisationen von ihr distanzierten und Rechtsexperten sie als chancenlos einstuften, löste sie doch in unserem Nachbarland scharfe, ja empörte Reaktionen aus. Als die Preußische Treuhand ihre Absicht bekundete, die Vertriebenenansprüche vor dem Straßburger Gerichtshof für Menschenrechte einzuklagen, verabschiedete der polnische Sejm am 10. September 2004 nach einer äußerst emotional geführten Debatte fast einstimmig eine Resolution, in der die damals von den Postkommunisten angeführte Regierung aufgefordert wurde, mit der Bundesregierung über eine Entschädigung für die im Zweiten Weltkrieg erlittenen materiellen Schäden zu verhandeln. Dem stand zwar der am 23. August 1953 seitens der polnischen Regierung ausgesprochene Verzicht auf Reparationen entgegen, doch Jarosław Kaczyński, Chef der national-konservativen Partei „Recht und Gerechtigkeit" (PiS), argumentierte, der damalige Beschluss sei nicht rechtskräftig, weil er nicht von einer souveränen Regierung getroffen, sondern auf Druck der Sowjetunion zustande gekommen sei. Sein bei einem Flugzeugabsturz ums Leben gekommene Zwillingsbruder Lech (1949-2010), zu jener Zeit Warschauer Stadtpräsident, ließ schon einmal vorsorglich die Warschau betreffende Schadenssumme errechnen. Derlei Forderungen wurden durch eine vom national-konservativem Lager ins Leben gerufene „Polnische Treuhand" propagandistisch unterstützt, die sich sogar für eine Neuverhandlung des deutsch-polnischen Nachbarschaftsvertrages aussprach.

Inzwischen haben sich die Gemüter wieder beruhigt. Ein von der polnischen Regierung in Auftrag gegebenes Gutachten kam zu dem Schluss, dass es für derlei Schadensansprüche keine Rechtsgrundlage gebe. Und die „Preußische Treuhand" erlitt vor dem Europäischen Gerichtshof eine Niederlage, als dieser am 7. Oktober 2008 eine im Dezember 2006 von 22 Beschwerdeführern eingereichte Klage abwies.

Eine Phase politischer Abkühlung

Die dargelegten Belastungen in den deutsch-polnischen Beziehungen trugen das Ihre dazu bei, dass im Herbst 2005 die wenig deutschfreundliche nationalkonservative Partei „Recht und Gerechtigkeit" (PiS) als Siegerin aus den Parlamentswahlen hervor ging und mit Lech Kaczyński auch das Präsidentenamt besetzen konnte. Erschwerend kam noch hinzu, dass sich fast zeitgleich mit den Wahlen Bundeskanzler Gerhard Schröder und der russische Präsident Władysław Putin über den Bau einer Ostsee-pipeline verständigten, ohne dass dieses Projekt mit Polen besprochen worden wäre. Nicht allein die politische Rechte sah in diesem Vorgehen eine mit einer ehrlichen Partnerschaft und mit dem Geist des Vertrages von 1991 unvereinbare Geringschätzung Polens und seiner Interessen. Die zwischen Deutschland und Russland vereinbarte, Polen umgehende Gaszufuhr weckte denn auch die im polnischen kollektiven Bewusstsein tief verankerte Angst vor einer deutsch-russischen Verständigung auf Kosten Polens. Dies brachte Monate später Radosław Sikorski, Verteidigungsminister der von „Recht und Gerechtigkeit" (PiS) geführten Koalitionsregierung, auf drastische Weise zum Ausdruck, indem er den Ostsee-pipeline-Vertrag mit dem kurz vor dem Überfall auf Polen abgeschlossenen Hitler-Stalin-Pakt verglich.

Von einer deutsch-polnischen Interessengemeinschaft konnte jedenfalls mit Übernahme der Regierungsverantwortung und der Präsidentschaft durch „Recht und Gerechtigkeit" (PiS) keine Rede sein. Die neue Regierung maß denn auch dem deutsch-polnischen Verhältnis eine nur geringe Bedeutung bei. Ihre negative deutschlandpolitische Einstellung war nur vordergründig durch die Konflikte um Erika Steinbach, das von ihr angestrebte „Zentrum gegen Vertreibungen" und die Rückgabeforderungen der „Preußischen Treuhand" bedingt. Der tiefere Grund lag in der von der national-konservativen Rechten vertretene Konzeption einer „IV. Republik" und der mit ihr verbundenen fundamentalen Kritik an der bisherigen politischen Entwicklung seit dem Epochenjahr 1989. Nicht nur dass nach Auffassung von „Recht und Gerechtigkeit" (PiS) kein radikaler Bruch mit der kommunistischen Führungselite erfolgt und das Erbe der „Solidarność" verspielt worden sei, auch die angebliche deutsch-polnische Interessengemeinschaft sei in Wahrheit ein Ausdruck der Schwäche und eine Preisgabe polnischer Interessen gewesen. Jarosław Kaczyński charakterisierte sogar die Deutschlandpolitik seiner Vorgängerregierungen – und dies in einem ausgesprochen negativen Sinn – als „Versöhnungspolitik" und rührte damit an das Fundament des Nachbarschafts- und Freundschaftsvertrages. Während auf der diplomatischen Ebene die deutsch-polnischen Beziehungen stagnierten, trugen die Medien beiderseits der Oder das Ihre zu einer deutsch-polnischen Eiszeit bei. Die deutsche Regierung war in dieser Phase bemüht, kein Öl ins Feuer zu gießen. Sie hoffte auf bessere Zeiten, die denn auch nach den vorgezogenen Wahlen vom Oktober 2007 mit dem Sieg der liberalkonservativen „Bürgerplattform" (PO) und dem Regierungsantritt von Donald Tusk anbrach, der im Wahljahr 2005 von den Kaczyński-Brüdern wegen seiner Deutschfreundlichkeit scharf attackiert worden und damals im Kampf um das Präsidentenamt Lech Kaczyński unterlegen war.

Rückkehr zur Normalität

Donald Tusk weiß sich der von Helmut Kohl und Tadeusz Mazowiecki vorgezeichneten Linie einer Politik auf der Basis der Versöhnung verpflichtet, die indes bestehende Probleme nicht ausspart, aber bemüht ist, sie einvernehmlich zu lösen. Neben der Beilegung des jahrelangen Streits um ein „Zentrum gegen Vertreibungen" konnte auch der Konflikt um die Ostsee-pipeline entschärft werden. Berlin versicherte Warschau gegenüber, künftig polnische Interessen bei den deutsch-russischen Beziehungen besser zu berücksichtigen. Zudem unterstützt die Bundesregierung den berechtigten Wunsch Polens nach Energiesicherheit, die eine allzu große Abhängigkeit von Russland verbiete und eine gemeinsame Energiepolitik der EU erfordere. Damit entsprachen die deutsch-polnischen Beziehungen 20 Jahre nach Abschluss des Vertrages vom 17. Juni 1991 der mit ihm verbundenen Hoffnung auf gute Nachbarschaft und freundschaftliche Zusammenarbeit, und dies zu einem Zeitpunkt, an dem Polen für ein halbes Jahr die Ratspräsidentschaft der Europäischen Union übernahm.

Von der Abneigung zur Zuwendung

Wesentliches Anliegen des 1991 abgeschlossenen Nachbarschafts- und Freundschaftsvertrages ist es, Initiativen wechselseitigen Kennenlernens zu unterstützen, bestehende Vorurteile zu überwinden und zu einem besseren Verständnis des jeweils anderen beizutragen. Diesem Anliegen dient u. a. Art. 30, in dem die Vertragsparteien betonen, ein „besonders großes Gewicht auf möglichst umfassende Kontakte und ein enges Zusammenwirken der deutschen und polnischen Jugend" legen zu wollen. Zu diesem Zweck errichteten sie zeitgleich mit dem Abschluss des Vertrages das Deutsch-Polnische Jugendwerk, das bis heute Zigtausenden junger Deutschen und Polen persönliche Begegnungen ermöglicht hat.

Fragt man rückblickend, ob im deutsch-polnischen Diskurs das vom Nachbarschaftsvertrag intendierte Ziel erreicht wurde, die Einschätzung des jeweils anderen zu verbessern, dann fällt die Antwort positiv aus. Dabei ist zu bedenken, dass immer noch die Bürde der Vergangenheit schwer auf den beiderseitigen Beziehungen lastet. Während das Deutschenbild der Polen durch die preußische Germanisierungspolitik in der Zeit der Teilungen sowie – und dies vor allem – durch die leidvolle Erfahrung im Zweiten Weltkrieg negativ bestimmt ist, wurde das Polenbild der Deutschen im 19. Jahrhundert durch die Vorstellung zivilisatorischer Rückständigkeit geprägt und fand in dem langlebigen Stereotyp der „Polnischen Wirtschaft" seinen Ausdruck.[6] Dieses lässt sich bis in die am 2. September 1991 vom „Spiegel" veröffentlichte Emnid-Umfrage nachweisen, nach der die Befragten ihren polnischen Nachbarn Eigenschaften wie „faul" und „disziplinlos" zuschrieben, die als integrale Bestandteile der „Polnischen Wirtschaft" gelten und das Gegenstück zum eigenen Selbstverständnis bilden.

Zu diesen im kollektiven Bewusstsein verankerten wechselseitigen Vorstellungen kamen 1991 diesseits wie jenseits der Oder aktuelle Befürchtungen hinzu. So äußerten 85% der Polen Ängste vor einer durch die Wiedervereinigung politisch wie wirtschaftlich gestärkten Bundesrepublik, und in Deutschland wuchs, zumal in Hinsicht auf den zu erwartenden EU-Beitritt Polens, die Sorge vor dem Zustrom billiger Arbeitskräfte, und dies mit der Folge erhöhter Arbeitslosigkeit und eines Lohndumpings. Weder das eine, noch das andere sollte sich erfüllen. Anstelle der 20 Jahre zurück liegenden polnischen Ängste sehen heute 75% der Polen in einer politisch und wirtschaftlich starken Bundesrepublik keinen Nachteil, sondern einen Vorteil für Polen.

Unter Berufung auf Untersuchungen des polnischen Zentrums zur Erforschung der öffentlichen Meinung (COBS) verweist Prof. Janusz A. Majcherek darauf, dass seit 1991 die „Abneigung gegenüber den Deutschen stetig" gesunken sei. Hätten „noch vor zwanzig Jahren [...] mehr als die Hälfte der Polen ihre Abneigung" erklärt, so seien es heute „nur noch 28 Prozent. In derselben Zeit stieg die Sympathie für die Deutschen von 23 Prozent auf 39 Prozent."[7] Aller-

---

6   Vgl. hierzu die umfassende Untersuchung des Posener Germanisten H. Orłowski, „Polnische Wirtschaft", a. a. O.
7   J. A. Majcherek, Polen im internationalen Kontext, in Ost-West. Europäische Perspektiven, 1/2011, S. 31.

dings zeigen die Ergebnisse auch eine gewisse Anfälligkeit für aktuelle politische Einflüsse. So fielen die Sympathiewerte gegenüber Deutschen im Wahljahr 2007 um drei Punkte auf 30% und schnellten dann nach der Wahl von Donald Tusk auf 38% (2008) bzw. 39% (2010) empor. Damit liegen sie aber immer noch weit hinter Werten für Italiener (52%), Franzosen (51%) und Briten (50%) sowie für die slawischen Nachbarn (Tschechen, 53%; Slowaken, 51%).[8] Es gibt also noch reichlich Luft nach oben.

Das Jahr 2011 bot in Erinnerung an den Abschluss des Nachbarschafts- und Freundschaftsvertrages von vor 20 Jahren den Anlass zu zahlreichen Jubiläumsveranstaltungen, auf denen bezüglich der deutsch-polnischen Beziehungen zu Recht eine positive Bilanz gezogen wurde. Der Vertrag von 1991 hat jedenfalls seine Bewährungsprobe bestanden und dürfte auch in Zukunft das Fundament für gute Nachbarschaft und freundschaftliche Zusammenarbeit unserer Völker bilden.

Wie europäisch ist Polen?

Ein Westeuropäer mag wohl so fragen. Aber was besagt diese Frage? Was sagt sie aus über den, der sie stellt? Eine Unsicherheit in der Beurteilung unseres nahe-fernen Nachbarn jenseits von Oder und Neiße? Dass Polen zu Europa gehört, wird er kaum verneinen wollen. Die Brisanz der Fragestellung liegt in dem „Wie". Zu vermuten ist, dass einer, der so fragt, von seiner westlich geprägten Vorstellung ausgeht und sie zum Maßstab der Beurteilung macht. Die Konsequenz wird sein, dass er Polen auf seiner Europaskala weit unterhalb der Position seines Landes einen bescheidenen Platz einräumt, also kaum als gleichwertigen Partner akzeptiert. Wenn dem so ist, dann deckt die Frage, wie europäisch Polen ist, vor allem den arroganten Anspruch des Westlers auf, bestimmen zu können, was europäisch ist. Über Jahrzehnte wussten sich die Westeuropäer ganz selbstverständlich im Besitz dieser Definitionsmacht, was schon daran zu ersehen ist, dass sie einschränkungslos von Europa sprachen, wo im Grunde nur Westeuropa gemeint war.

Wie europäisch ist Polen? Beginnen wir zur Illustration mit einer sicher nicht alltäglichen Erfahrung, die der polnische Kunsthistoriker Andrzej Tomaszewski (1934-2010) vor Jahren in Berlin gemacht hat. Nach seinem auf einer internationalen Konferenz gehaltenen Referat über den Wiederaufbau des Warschauer Königsschlosses bat ihn ein Journalist um seine Visitenkarte. Weil Tomaszewski keine zur Hand hatte, schrieb er seine Adresse auf ein Notizblatt und

---

8 CBOS BS/12/20110, Stosunek Polaków do innych narodów, www.cbos.pl.

überreichte es dem Bittsteller. Und der bedankte sich mit den Worten: „Wie freundlich Ihrerseits, dass Sie mir all dies in lateinischen Buchstaben aufgeschrieben haben."[9]

Polen – ein Trojanisches Pferd amerikanischer Interessen?

Eine solche Begebenheit verdient kaum mehr als ein verständnisloses Kopfschütteln. Weit ernster wird die Frage, wie europäisch Polen ist, wenn auf höchster politischer Ebene Zweifel an der Europatreue Polens geäußert werden, wie dies in der Irakkrise der Fall war. Als Polen den „Brief der Acht" unterzeichnet und sich damit gemeinsam mit Großbritannien und Spanien an die Seite der Amerikaner gestellt hatte, erlaubte sich die französische Verteidigungsministerin bei ihrem Warschaubesuch eine öffentliche Zurechtweisung ganz in der Manier ihres Präsidenten Chirac, der allen, die sich in der Irakfrage gegen die Position Frankreichs und der Bundesrepublik ausgesprochen hatten, Europaunreife bescheinigte. Da wäre wohl zurückzufragen, wie europäisch Frankreich ist, das offenbar seine Interessen mit denen Europas gleichzusetzen beliebt.

Übersehen wurde damals in der Phase einer unglücklichen Spaltung Europas, dass sich Polen höchst ungern vor die Wahl gestellt sah, sich für oder gegen die USA zu entscheiden. Jan Kułakowski, Polens EU-Verhandlungsführer, berichtet, dass er in jenen Tagen immer wieder gefragt wurde: „Seid ihr für Amerika oder für Europa." Seine Antwort: „Das ist, als müssten wir uns zwischen Vater und Mutter entscheiden."[10]

In westlichen Medien erschien damals Polen in der Rolle eines Trojanischen Pferdes amerikanischer Interessen. Ein wenig stimmiges Bild, es sei denn, man würde den Amerikanern die Absicht unterstellen, über die polnische Hintertür Europa zu erobern. Jedenfalls wollte man mit diesem Vergleich die Polen als unzuverlässliche Europäer vorführen – und das kurz vor ihrem EU-Beitritt. Wodurch allerdings die polnische Position in der Irakkrise tatsächlich motiviert war, das schien nicht zu interessieren. Zum besseren Verständnis hätte es nur der Erinnerung an das Jahr 1939 bedurft, als sich Polen nach dem deutschen Überfall von den verbündeten Franzosen und Engländern allein gelassen sah. Damals musste man schmerzlich erleben, dass die Beistandspakte mit den beiden europäischen Verbündeten nur einen optionalen Charakter besaßen und im Augenblick der Not faktisch wirkungslos blieben. Diese Erfah-

---

9   A. Tomszewski, Kulturelle Zusammenarbeit zwischen Deutschland und Polen, in: T. Tomala (Hg.), Polen Deutschland heute und morgen, Warschau 2003, S. 133ff.
10 G. T. Ash, Freie Welt. Europa, Amerika und die Chance der Krise, München 2004, S. 110.

rung haftet tief im polnischen Nationalbewusstsein. Daher auch die Sorge der polnischen Politiker, Europa könne sich sicherheitspolitisch von den USA abkoppeln. Sie war mit ausschlaggebend für die Entscheidung, sich in der Irakfrage an die Seite der Weltmacht USA zu stellen. Diese proamerikanische Haltung deswegen als „antieuropäisch" zu interpretieren, geht an der Sache vorbei. Polen liegt vielmehr an einem bestmöglichen Einklang europäischer und amerikanischer Interessen und nicht an einer machtpolitischen Profilierung Europas auf Kosten der USA.

Grundzüge des polnischen Europaverständnisses

Unwissen, Fehleinschätzung und Zweifel bezüglich der Einstellung Polens zu Europa bewirken, dass sich Polen immer wieder genötigt sehen, sich ihrerseits gegenüber dem Westen als Europäer zu erklären. So war es in der Phase des Kalten Krieges, als so mancher Westeuropäer Polen undifferenziert dem „Ostblock" zurechnete, ohne dem krisenreichen Spannungsverhältnis zwischen nationaler Tradition und kommunistischem System besondere Bedeutung beizumessen. Aufschlussreich ist in diesem Zusammenhang der Versöhnungsbrief der polnischen Bischöfe an ihre deutschen Amtsbrüder aus dem Jahr 1965, am Ende des Zweiten Vatikanischen Konzils. In ihm klärten sie die deutschen Bischöfe seitenlang über den Gang der polnischen Geschichte auf, um ihnen vor Augen zu führen, dass Polen seit einem Jahrtausend zum westlichen Kulturkreis gehört. Dafür hatten sie nach ihrer Rückkehr aus Rom einen harten Kirchenkampf zu bestehen, sahen doch die kommunistischen Machthaber – und zwar durchaus zu Recht – in diesem Geschichtsverständnis eine Negation des Status quo und das Verlangen, aus dem Polen aufgezwungenen östlichen Bündnissystem auszubrechen. Und als dieser Ausbruch endlich gelungen war, sah es Tadeusz Mazowiecki, der als prominenter Dissident und erster postkommunistischer Premier im August 1989 die Regierungsgeschäfte übernommen hatte, als seine Aufgabe an, den westlichen Politikern klar zu machen, dass Polen zum Westen gehört und was man in Polen unter Europa versteht. In seiner am 30. Januar 1990 vor dem Europarat gehaltenen Rede[11] sagte er u. a.: „Immer war Europa der Bezugspunkt für die Antwort auf die Frage nach unserer Identität." Das bedeutet, dass Mazowiecki für sein Land eine in der Geschichte tief verwurzelte, europäisch geprägte nationale Identität in Anspruch nimmt. Wie europäisch Polen ist, das haben seine Menschen über Jahrhunderte durch die Verteidigung Europas und seiner Werte hinlänglich bewiesen, ohne dass Europa dies Polen in gebührender Weise vergolten hätte,

---

11 Aktuelle ostinformationen. Zeitschrift des Gesamteuropäischen Studienwerks, 3-4 1990, Vlotho, S. 1-7.

woraus sich – wie Mazowiecki wörtlich sagte – Polens „Vorwurf gegen Europa" erklärt – „wegen des Einverständnisses mit Jalta, mit der Teilung Europas, mit unserem Verbleib jenseits des Eisernen Vorhangs."

Mazowiecki fragt, was denn Polen „Europa zu bringen" habe. Dabei verschweigt er nicht die eigene Schwäche – die wirtschaftliche Krise, die erst im Aufbau befindlichen demokratischen Strukturen. Doch es ist eine Schwäche, die – wie er sagt – aus der „schrecklichen Pression totalitären Drucks" resultiert. Diese Schwäche zeigt zugleich Polens Stärke, denn – so Mazowiecki – „wir haben ihn ausgehalten". Wodurch? Durch „Werte", die zur europäischen Norm zählen. Und für einen Westeuropäer nicht unbedingt nachvollziehbar nennt er in diesem Zusammenhang als erstes „Religion und Kirche", um dann einzelne Grundwerte aufzuzählen: „Verbundenheit mit Demokratie und Pluralismus, mit den Menschenrechten und den bürgerlichen Freiheiten, mit der Idee der Solidarität." Für diese Werte habe man einen „hohen Preis" gezahlt, der den „Bewohnern des Westens" erspart geblieben sei und den Mazowiecki ihnen ganz bewusst in Erinnerung ruft. Was Polen in Europa einbringe, sei der „Glaube an Europa".

Es fällt auf, dass in der Rede von Mazowiecki die Ökonomie eine untergeordnete Rolle spielt. Europa ist für ihn primär eine auf Werten basierende kulturelle Gemeinschaft, der sich die Ökonomie ein- und unterzuordnen hat. So betont der polnische Premier, Europa dürfe „kein in sich geschlossenes Integrationsbündnis schaffen [...], in dem politische Mauern durch ökonomische ersetzt würden." Der europäische Kontinent solle nicht zu einer Festung werden, die ihren Besitzstand gegenüber der sog. „Dritten Welt" verteidigt. Mazowiecki sprach auch die ökonomischen Unterschiede zwischen der Europäischen Gemeinschaft und den postsozialistischen Staaten an und forderte, dass man nach Beseitigung der „Mauer zwischen dem freien und dem unfreien Europa" nun „den Graben zwischen dem armen und dem reichen Europa auffüllen müsse", wolle man ein „gemeinsames Haus" Europa errichten.

Europa als Bezugspunkt polnischer Identität

Wie europäisch ist Polen? Greifen wir zur weiteren Verdeutlichung die für unsere Fragestellung wohl zentrale Aussage der Straßburger Rede von Mazowiecki heraus: „Immer war Europa der Bezugspunkt für die Antwort auf die Frage nach unserer Identität." Wie ist diese Aussage zu verstehen? Hält sie einer geschichtlichen Überprüfung stand?

Die Grundentscheidung für Polens Ort in Europa fällt im Jahr 966, als der Piastenfürst Mieszko I.(922/45-992) nach römischem Ritus die Taufe empfing.

Sie bildete den Ausgangspunkt eines mit dem Gnesener Besuch Ottos III. (980-1002) im Jahr 1000 abgeschlossenen Prozesses der Staatswerdung Polens. Seit dieser Zeit gehören Land und Nation zum westlichen, sich gegenüber dem byzantinischen Osten abgrenzenden Kulturkreis, allerdings verbunden mit einer östlichen Randlage, die zum einen die Gefahr in sich birgt, europäisch peripher zu werden und die zum anderen Polen auf die Rolle eines östlichen europäischen Schutzwalls festlegte. Beides hat das polnische Nationalbewusstsein über Jahrhunderte tief geprägt.

Das gesamte Mittelalter hindurch gehörte Polen ganz selbstverständlich zu der sich als *christianitas* verstehenden westeuropäischen Völkergemeinschaft. Doch seit dem 16. Jahrhundert vollzog sich unter dieser Oberfläche eine wachsende Entfremdung. Zwei Westeuropa prägende Entwicklungen, die Reformation und die Aufklärung, erreichten Polen nur in einer sehr abgeschwächten Form, ohne die von der Schlachta dominierte Adelsrepublik merklich zu erschüttern. Während Polen einerseits von den westeuropäischen Umwälzungen weitgehend verschont blieb, erfuhr das Land andererseits nicht die durch sie ausgelösten Modernisierungsschübe. Stanisław Konarski (1700-1773), ein der polnischen Aufklärung zuzurechnender Intellektueller, fasste die Entfremdung Polens vom westlichen Europa 1760 in die Worte: „Wie weit entfernt steht Polen! Wohin sind andere Länder schon geeilt! Polen erst im fünfzehnten Jahrhundert. Ganz Europa beendet schon das achtzehnte."[12]

Es folgte die über ein Jahrhundert währende Zeit der Polnischen Teilungen. Die polnische Nation erlebte sie als tiefen Schock und als Verrat Europas. Polens Verhältnis zu Europa musste nun neu definiert werden, wobei gleichzeitig die Verlusterfahrung zu kompensieren war. Aufschlussreich ist in diesem Zusammenhang ein Text von Adam Mickiewicz (1798-1855) aus seinen „Büchern der polnischen Nation und der polnischen Pilgerschaft" (1832). Er setzt darin Polens Schicksal in Analogie zu Jesu Tod, zu seinem Abstieg in das Reich des Todes und zu seiner Auferstehung:

„Die polnische Nation wurde gemartert und ins Grab gelegt, worauf die Könige riefen: Getötet und bestattet haben wir die Freiheit. Doch ihr Rufen war Dummheit. Mit ihrem letzten Verbrechen ward das Maß ihrer Untaten voll, und ihre Macht endete, da ihr Jubel am größten.

Denn die polnische Nation starb nicht. Zwar liegt ihr Leib im Grab, doch ihre Seele erstand von der Erde, das heißt sie entwich aus dem öffentlichen Leben, hin in den Abgrund, in das verborgene Leben der unter Unfreiheit leidenden Völker in der Heimat und außerhalb ihrer – um ihre Leiden zu schauen.

---

12   P. O. Loew, Polen denkt Europa, Frankfurt 2004, S. 14.

Doch am dritten Tag kehrt die Seele in den Leib zurück und die Nation ersteht von den Toten und befreit alle Völker Europas aus der Knechtschaft."
Modifiziert wirkt Mickiewicz' romantischer Messianismus bis heute in dem Bewusstsein nach, dass Polen die in Westeuropa verratenen europäischen Werte unter Opfern bewahrt hat und daher gegenüber dem westlichen Werteverfall eine Mission zu erfüllen hat.

Eine andere Antwort auf die Erschütterung der Teilungen als die der Romantiker fanden die Positivisten. Ihr Programm der „organischen Arbeit" knüpfte an die Reformbemühungen des ausgehenden 18. Jahrhunderts an. Ihnen ging es darum, den zivilisatorischen Abstand zu Westeuropa zu überwinden, also um einen Prozess der Europäisierung durch Modernisierung. Auch diese Tradition lässt sich in Modifizierung als Gegenstück zur Tradition der Romantik in einer positiven Einstellung zu den Transformationsprozessen und zum EU-Beitritt des Landes in der heutigen polnischen Gesellschaft nachweisen.

Die Polnischen Teilungen sollten nicht die letzte mit Europa verbundene Erschütterung nationaler Identität bleiben. Tiefer noch als jene hinterließ der Zweite Weltkrieg seine schmerzlichen Spuren. Die Frage nach dem europäischen Bezug nationaler Identität verschärfte sich. Ließ sich nach all den Gräueln, nach den erfahrenen Demütigungen, nach den ungeheuren Verlusten an Menschen und materiellen Werten, nach dem Holocaust, überhaupt noch sinnvoll von einem „Europa", seiner Einheit und seinen Werten, sprechen? Kurz vor Ende des Krieges schrieb Chefredakteur Jerzy Turowicz (1912-1999) im katholischen Krakauer Wochenblatt „Tygodnik Powszechny": „Europa, Europa. Was ist bloß Europa? Hat dieser Begriff heute einen eindeutigen Inhalt? Gibt es einen gemeinsamen Nenner, auf den man solche unterschiedlichen kulturellen und politischen Erscheinungen bringen könnte, wie wir sie heute im geographischen Raum Europa sehen? [...] Europa, das war irgendwann, früher."[13]

Die dann von den Siegermächten verfügte Neuordnung Europas war nicht dazu angetan, Polens Identität durch einen positiven Bezug zu Europa neu zu definieren. Was blieb, war der – auch von Mazowiecki in seiner Straßburger Rede zum Ausdruck gebrachte – „Vorwurf gegen Europa wegen des Einverständnisses mit Jalta, mit der Teilung Europas, mit unserem Verbleib hinter dem Eisernen Vorhang." Die Tradition des Verrats Europas an Polen ließ den Diskurs um Polens Platz in Europa verstummen, ehe er in den 1970er/80er Jahren durch die Opposition neu belebt wurde. Und es blieb nicht bei bloßen Überlegungen. Im Oktober 1978 wählten die Kardinäle in Rom den Krakauer Metropoliten Karol Wojtyła (1920-2005) zum Papst – ein Akt, durch den Polen ins weltpolitische Rampenlicht rückte und der die Hoffnung auf einen tief greifenden

---

13   Ebd. S. 40.

Wandel im Land weckte. Sie sollte sich – wenn auch nur für 16 Monate – durch die gewaltige Befreiungsbewegung der „Solidarność" erfüllen. Der Versuch, der westlichen Strategie eines „Wandels durch Annäherung" durch eine „Annäherung durch Wandel" zu begegnen, scheiterte zwar durch General Jaruzelskis Selbstintervention am 13. Dezember 1981, doch die einmal geweckte Hoffnung, von Johannes Paul II. genährt, erstarb nicht. In den Kirchen fand man allenthalben die „Solidarność"-Gräber – ein auf Mickiewicz' romantischen Messianismus verweisendes Symbol einer Analogie zwischen Tod, Abstieg Jesu ins Totenreich und seiner Auferstehung mit dem Schicksal des polnischen Volkes: Der „dritte Tag" wird kommen, „und die Nation ersteht von den Toten und befreit alle Völker Europas aus der Knechtschaft."

Doch nicht nur die romantische, auch die an der „organischen Arbeit" orientierte positivistische Version nationaler Befreiung fand nach Verhängung des Kriegsrecht eine Wiederbelebung, wobei sich beide Traditionen, die romantische und die positivistische, zu einem Geflecht verknüpften. Angesichts des westeuropäischen Einigungsprozesses erkannte man – ähnlich wie im 18. Jahrhundert – die Gefahr, von Westeuropa zivilisatorisch abgehängt zu werden. Man suchte daher nach Möglichkeiten einer Annäherung an den Westen und sah in dieser, der offiziellen kommunistischen Doktrin widerstreitenden Umorientierung die einzige Alternative zur sowjetischen Dominanz. Unter der Frage „Liegt Polen in Europa?" schrieb Jan Józef Lipski (1926-1991) 1988 im sog. „zweiten Umlauf": „Die Option für Westeuropa als größeres Vaterland [...] ist heute für Polen [...] eine Art von ideologischer Selbstverteidigung angesichts der Befürchtungen, die eigene Identität zu verlieren."[14] Ausdruck dieses Selbstverständnisses war der in der Endphase kommunistischer Herrschaft geprägte Slogan „powrót do Europy" – Rückkehr nach Europa. Es handelte sich um einen Protestbegriff gegen die Hegemonie der UdSSR, gegen die der eigenen Tradition widersprechende Zugehörigkeit zum kommunistischen Machtsystem, um das Verlangen, politisch, kulturell und geistig zum Westen zurückzukehren, von dem man sich auf ungerechte und gewaltsame Weise getrennt fühlte. 1989 machten dann die halbfreien Juniwahlen den Weg zur „Rückkehr Polens nach Europa" frei. Nach einer langen, dornenvollen Phase politischer, gesellschaftlicher und ökonomischer Transformationen fand sie mit dem Beitritt Polens zur Europäischen Union am 1. Mai 2004 ihr Ende.

Doch die Einstellung zu dieser Entwicklung ist in der polnischen Gesellschaft nicht einhellig. Das Verhältnis zwischen nationaler Identität und Europäizität wird – auch in Nachwirkung der angedeuteten Traditionen – unterschiedlich bestimmt. In Polen gibt es ein beachtliches Reservoir an EU-Skeptikern und

---

14 Ebd. S. 45.

EU-Gegnern. Es umfasst vor allem die Arbeitslosen, die sich als Transformationsverlierer verstehen und die vom EU-Beitritt Polens wenig Gutes für sich verbuchen konnten. Ihre Enttäuschung sitzt tief, zumal vor allem sie es waren, denen als Arbeiter und einstige Akteure der „Solidarność" in den Großbetrieben, Gruben und Werften die „Wende" zu verdanken ist. Sie waren die ersten, die durch Schließung oder Umstrukturierung ihrer Betriebe arbeitslos wurden. Die von ihnen erkämpfte politische Freiheit ebnete so paradoxerweise zu ihrem Ungunsten den Weg zur kapitalistischen Marktwirtschaft ohne die Arbeitsplatzgarantie des einstigen Systems. Aus ihrer Sicht kommt die eingetretene Entwicklung einem Verrat der durchaus als europäisch verstandenen Ideale der „Solidarność" gleich: „Millionen Menschen fanden sich im Namen von Würde und Gerechtigkeit und nicht von Kapitalismus und undurchsichtigen Mechanismen einer repräsentativen Demokratie unter diesem Banner zusammen. Die Prosa des Marktes sowie die Parteipolitik mussten besonders jene enttäuschen, für die das Selbstverwaltungsprogramm der Solidarność mehr war als lediglich eine Taktik in der Auseinandersetzung mit dem Kommunismus. Das Phänomen dieser Bewegung bestand im Glauben an neue Formen gesellschaftlicher Selbstorganisation – vom Zwang des Staates freier Gemeinschaften. Je höher die Messlatte der Erwartungen war, umso größer nun die Enttäuschung durch die Prosa der Dritten Republik. [...] Es fällt schwer, Parteipolitik und Marktkonkurrenz zu akzeptieren, wenn man auf sie aus der Höhe des Mythos der Solidarność herab blickt."[15]

Vornehmlich aus der breiten Gesellschaftsschicht frustrierter Transformationsverlierer rekrutierte sich die Wählerschaft der von der nationalkonservativen Partei „Recht und Gerechtigkeit" (PiS) angeführten kurzlebigen und europaskeptischen Koalitionsregierung (2006-2007). Vor allem die in der Tradition der Nationaldemokratie, der sog. Endecja der Zwischenkriegszeit stehende „Liga Polnischer Familien" tat sich mit europafeindlichen Ausfällen hervor. Ganz auf der Linie von Roman Dmowski (1864-1939), dem Vordenker und Gegenspieler von Józef Piłsudski (1867-1935) vertrat sie die Auffassung eines ethnisch möglichst homogenen Polen, eine Europkonzeption, die nach dem Ersten Weltkrieg im Trend der Zeit lag und – zumal für Ostmittel- und Südosteuropa – mit der Bildung kleiner Nationalstaaten als Modell einer Neuordnung Europas nach dem Zerfall der Donaumonarchie diente. Als Grundlage für den polnischen Nationalstaat sollte – nach Dmowski – der über Jahrhunderte vermittelte traditionelle katholische Glaube dienen. Die Konsequenz dieser

---

15 J. Lewandowski, Stracona Dekada? Teraz Polska po PRL (Ein verlorenes Jahrzehnt? Das heutige Polen nach der Volksrepublik), www.rzeczpospolita.pl/plus_minus, 31. 08./1. 09. 2002.

Doktrin war eine negative Grundeinstellung nationalen und religiösen Minderheiten gegenüber, ein überzogenes Selbstverständnis von der Größe der eigenen Nation sowie eine antiwestliche, vor allem antideutsche Haltung. Die aufgeführten Elemente fanden sich denn auch, nur wenig modifiziert, in der „Liga Polnischer Familien" wieder. Aus ihnen ergab sich folgerichtig eine Ablehnung des polnischen EU-Beitritts. Man befürchtete den Verlust nationaler Identität und staatlicher Souveränität sowie eine für Polen gefährliche deutsche Dominanz. Die Einstellung der polnischen Nationalkatholiken ist jedoch nicht mit der der katholischen Kirche gleichzusetzen, wenngleich ihr Einfluss bis in Teile der Hierarchie hinein reicht.

Die Europäische Union – eine Wertegemeinschaft?

Wie europäisch ist Polen? Greifen wir noch einmal auf Mazowieckis Straßburger Rede zurück. Sein Verständnis von Europa ist vor allem das einer Wertegemeinschaft. Dem entspricht durchaus das Selbstverständnis der Union, so wie es in der Grundrechte-Charta formuliert ist. Aber stimmt die Theorie mit der Praxis überein? Tritt nicht das Bewusstsein von einer Wertegemeinschaft gegenüber den ökonomischen Interessen in den Hintergrund? Und besteht nicht ein tief greifender Dissens in der Begründung und Interpretation der Grundwerte? Etwa beim Lebensschutz, im Verständnis von Ehe und Familie, bei der Gentechnologie? Zeigt sich hier nicht eine Tendenz, sich auf den geringsten gemeinsamen Nenner zu einigen? Droht nicht eine Ökonomisierung aller Lebensbereiche? Ist nicht nach Überwindung des Kommunismus in Europa anstelle des theoretischen ein praktischer Materialismus getreten?

Derlei Fragen werden in Polen äußerst ernst genommen, wobei die warnende Stimme Johannes Pauls II. besonderes Gehör findet. So erklärte er 1991 in einer vor Politikern in Warschau gehaltenen Ansprache: „Die Polen können entweder der Konsumgesellschaft beitreten, um, wenn es klappt, den letzten Platz in ihr einzunehmen, bevor sie endgültig ihre Tore vor den Neuankömmlingen schließt, oder sie können zur Wiederentdeckung einer großen, tiefen und authentischen europäischen Tradition beitragen und dabei Europa eine Verbindung zwischen freier Marktwirtschaft und Solidarität anbieten."[16]

Auch Polens Bischöfe sehen – übrigens gemeinsam mit den politischen Kräften des Landes bis weit in das linke Lager hinein – in dem sich vereinigenden Europa primär eine auf gemeinsame Werte basierende Gemeinschaft. Sie berufen sich dabei – wie beispielsweise in ihrem Hirtenwort vor dem Referendum über den Beitritt Polens zu EU – auf die vom Christentum inspirierten Vä-

---

16 Hier zitiert nach A. Smolar, 1989 – Geschichte und Gedächtnis, Transit 20, S. 29.

ter der Europäischen Gemeinschaft Alcide de Gasperi (!881-1954), Robert Schuman (1910-1956) und Konrad Adenauer (1876-1967). Sie wissen sehr genau um die Gefahren einer zumal in Westeuropa fortschreitenden Säkularisierung, vor deren Einfluss sich Polen, selbst wenn man es wollte, nicht einfach abschotten kann. Sie rufen daher dazu auf, die Herausforderung anzunehmen und das eigene national-religiöse Erbe nicht einfach nur schützend zu bewahren, sondern – wenn möglich – mit den anderen Völkern des Kontinents zu teilen. Dass sich hier ein weites Feld einer geistigen Auseinandersetzung auftut, hat das gescheiterte polnische Bemühen um die Aufnahme einer *invocatio Dei* als Letztbegründung unverzichtbarer menschlicher Werte in der Präambel der letztlich gescheiterten Europäischen Verfassung gezeigt. Hier stoßen unterschiedliche europäische Traditionen aufeinander. Während etwa für Frankreich mit seiner laizistischen, durch die religionskritische Aufklärung bestimmte Tradition die Erwähnung des Christentums sowie eine *invocatio Dei* inakzeptabel sind und man dort in den Grundwerten ein gegen die Kirchen erkämpftes Gut der Aufklärung sieht, sind sie aufgrund der geschichtlichen Erfahrung Polens eng mit dem christlichen Glauben und der schützenden Kraft der Kirche verbunden.

Polens Verdienst am europäischen Umbruch – schon vergessen?

Wie europäisch ist Polen? Mazowiecki – wir erinnern uns – spricht von dem „hohen Preis", den Polen für die europäischen Werte gezahlt hat, während er den Westeuropäern erspart geblieben ist. Damit verweist er auch auf die über vier Jahrzehnte kommunistischer Herrschaft, unter der eben jene Werte unterdrückt und zugleich in harter Auseinandersetzung mit dem System bewahrt wurden. So wurde unter Opfern am Ende die europäische Wende herbeigeführt, und zwar nicht gewaltsam, sondern durch den konsequenten Einsatz für die Menschenrechte, für Pluralismus, Freiheit und Solidarität. Doch es scheint, dass dieses historische Verdienst Polens, das die Osterweiterung der Europäischen Union erst ermöglichte, im europäischen Bewusstsein kaum noch präsent ist. In dieser Hinsicht bezeichnend waren 1999 die Berliner Feiern zum zehnten Jahrestag der deutschen Wiedervereinigung. Ehrengäste waren der damalige Präsident der USA, George Bush, sowie Michail Gorbatschow, nicht aber Lech Wałęsa. Im Zentrum stand das Gedenken an den Fall der Mauer, der den Weg zur Einheit Deutschlands eröffnete. Das Hauptverdienst an der europäischen Wende wurde den Entscheidungsträgern der beiden Supermächte zugesprochen. Dass diese Entwicklung allerdings erst durch die polnischen Ereignisse, durch das Vorspiel der 16 Monate Solidarność, durch die Verhandlungen am Runden Tisch zwischen der Opposition und den noch regierenden

Kommunisten, durch die halbfreien Wahlen vom 4. Juni 1989 und die Regierungsbildung unter Tadeusz Mazowieki möglich wurde – das alles trat in den Hintergrund. Und die Polen zeigten sich nicht ohne Grund enttäuscht und verletzt.

Polen hat sich damals bemüht, dieser Tendenz des Vergessens entgegenzuwirken, und in Berlin die Ausstellung „Von der Solidarność bis zur Wiedervereinigung Deutschlands" organisiert. Nach Janusz Reiter, dem früheren polnischen Botschafter in Deutschland, war die Ausstellung „ein Versuch, den Deutschen eine Interpretation der Geschichte anzubieten, in der Polen den ihm gebührenden Platz einnimmt. Dahinter stand einerseits die Befürchtung, dass wir im europäischen Bewusstsein an den Rand gedrängt zu werden drohten, andererseits die Überzeugung, die Nichtwürdigung unserer historischen Verdienste werde in Polen Bitterkeit hervorrufen und könne zu einer Krise führen."[17] Der Versuch, zu einer die deutschen und polnischen Erinnerungen verbindenden Gedächtniskultur zu gelangen, fand damals kaum Beachtung, und dies nicht zuletzt aufgrund der zu jener Zeit herrschenden Kontroverse um ein „Zentrum gegen Vertreibungen" sowie angesichts der Aktivitäten der „Preußischen Treuhand". Resignierend stellte Janusz Reiter fest: „Die Deutschen verstehen die Polen nicht mehr und die Polen vertrauen den Deutschen nicht mehr."[18] Unverständnis auf der einen, Misstrauen auf der anderen Seite.

Wie europäisch ist Polen? Die Antwort auf diese Frage ist – wie die Überlegung gezeigt haben dürfte – recht facettenreich. Bei redlichem Bemühen, Polen in seiner Europaauffassung zu verstehen, sehen wir Westeuropäer uns am Ende selbst der Frage nach unserer Europafähigkeit konfrontiert. Wie steht es etwa um unsere Bereitschaft, uns mit der Aufnahme Polens und der übrigen Drittländer deren Europaverständnis zu öffnen? Sind wir bereit und fähig, von der Vorstellung Abschied zu nehmen, es wäre damit getan, unser Europaverständnis lediglich nach Osten hin zu erweitern? Sicher ist die Frage nach Europa nicht gänzlich neu zu stellen, wohl aber sollte das Gespräch über Europa, über seine unterschiedlichen Traditionen und seine gemeinsame Zukunft, unter Beteiligung der mittelosteuropäischen Mitglieder belebt und intensiviert werden und damit zu einer weiteren Europäisierung unseres Kontinents beitragen.

---

17 „Die Deutschen verstehen die Polen nicht mehr, und die Polen vertrauen den Deutschen nicht mehr", in: Dialog 65-2003/2004, S. 49.
18 Ebd.

Der EU-Beitritt der mitteleuropäischen Länder als Konflikt zwischen Modernisierung und Identität[19]

Sich im Zusammenhang des bevor stehenden EU-Beitritts mitteleuropäischer Länder auf die Frage eines möglichen Konflikts zwischen Modernisierung und Identität einzulassen, erscheint eher abwegig. Stehen nicht ganz andere Konflikte im Vordergrund? Etwa das Problem, wie die Osterweiterung der Europäischen Union erreicht werden kann, ohne ihren bislang gewonnenen Zusammenhang leichtfertig aufs Spiel zu setzen. Oder: Können überhaupt von den beitrittswilligen Ländern die ihnen auferlegten Verpflichtungen erfüllt werden? Verfügen sie bereits über eine stabile Demokratie sowie eine funktionsfähige Marktwirtschaft? Sind sie in der Lage, dem Wettbewerbsdruck innerhalb der Gemeinschaft standzuhalten? Anders gesagt: Sind die mitteleuropäischen Länder auf die harten Realitäten des europäischen Binnenmarktes vorbereitet? Und kann sich die EU überhaupt eine Osterweiterung leisten? Muss sie sich nicht zunächst selbst durch eine innere Reform auf diesen Schritt vorbereiten, also ihre internen Probleme lösen, wie es das erklärte Ziel der Regierungskonferenzen ist? Und kommt es da angesichts der recht unterschiedlichen, ja teilweise gegensätzlichen Interessenlage der Mitgliedstaaten überhaupt zu einer Einigung? Zu vertretbaren, die Aufnahme mitteleuropäischer Staaten ermöglichenden Kompromissen bei der Verwirklichung der dritten Stufe der Wirtschafts- und Währungsunion, bei der Stimmenverteilung im Ministerrat, bei einer Neuregelung der Agrar- und Strukturpolitik, bei der Umverteilung der Kosten? Diese und ähnliche konfliktreiche Fragen sind es, die die gegenwärtige Diskussion um eine Osterweiterung der EU bestimmen. Überlegungen zu einem sie erschwerenden Konflikt zwischen Modernisierung und Identität treten demgegenüber in den Hintergrund und werden durch die Probleme praktischer Politik überlagert. Und doch lohnt es sich, ihnen Aufmerksamkeit zu schenken.

Eine semantische Verschiebung: „Osterweiterung" statt „Zurück nach Europa"

Beginnen wir mit einer semantischen Verschiebung, wie sie in den Jahren kurz vor und nach dem politischen Umbruch in Mitteleuropa zu beobachten war: Gegen Ende der 1980er Jahre gab es in den mitteleuropäischen Ländern eine Diskussion, die in der Parole „Zurück nach Europa" ihren Ausdruck fand. So lautete

---

19 Der vor dem EU-Beitritt der mitteleuropäischen Länder verfasste Beitrag wurde ohne inhaltliche Überarbeitung in den Sammelband aufgenommen, um die bis heute nachwirkende Frage um Modernität und Identität in Erinnerung zu rufen.

die Devise der damaligen Opposition in Polen, in Ungarn, in der Tschechoslowakei – und ihr Echo reichte bis nach Rumänien und Bulgarien. Laslo F. Földeny, ein ungarischer Intellektueller, schrieb drei Jahre nach der Wende in einem „Die Unteilbarkeit der Freiheit" betitelten Aufsatz die Sätze: „'Zurück nach Europa' – ich kenne keine andere Wendung in der ungarischen Sprache, die in den vergangenen drei Jahren öfter verwendet worden wäre, abgesehen vielleicht von der Aufforderung: 'weg vom Osten', das heißt weg von einer Region, die anscheinend nichts mit Europa gemeinsam hat."[20]

Nicht anders war es in Polen. Ich erinnere mich an ein Internationales Symposion, an dem ich im Juni 1989, kurz vor den halbfreien polnischen Parlamentswahlen, in Krakau teilgenommen habe. Es ging um eine Analyse der Situation in den damals noch sozialistischen Ländern Mitteleuropas, um ihre sich mit der Erosion der kommunistischen Regime sich abzeichnende Perspektive und Chance. Auch auf dieser Tagung lautete das Motto: „Zurück nach Europa". Zunächst verstanden als Protestbegriff gegen die Hegemonie der Sowjetunion über den mitteleuropäischen Raum. Ein Motto der Befreiung also. Eine Forderung, die auf eine Revision der Nachkriegsordnung hinauslief, auf eine Überwindung der Spaltung Europas. Ein Begriff, unter dem diese Völker ihre Zugehörigkeit zum westlichen Europa anmeldeten, von dem sie ohne eigene Schuld, wohl aber durch westliche Mitschuld, amputiert worden waren, wobei hintergründig auch eine in diesen Ländern seit Jahrhunderten lebendige Tradition eines „Verrats Europas" an seinen östlichen Randstaaten durchaus spürbar war. „Zurück nach Europa" – das war die Forderung, ein den mitteleuropäischen Ländern mit der Jalta-Ordnung angetanes Unrecht wiedergutzumachen.

Doch die Parole „Zurück nach Europa" ist seit Jahren verstummt. Stattdessen spricht man von der „Osterweiterung der EU". Es liegt nahe, diese semantische Verschiebung als in der Sache begründet anzusehen. Schließlich hat mit dem Zusammenbruch des Sowjetimperiums die Hegemonie der UdSSR über Mitteleuropa ihr Ende gefunden. Der Weg „zurück nach Europa" ist mit der Wende der Jahre 1989/90 frei geworden. So erscheint die Osterweiterung der EU als logische Folge des Aufrufs: „Zurück nach Europa". Was anders könnte auch gemeint sein, als dass die vom westeuropäischen Integrationsprozess über mehr als vier Jahrzehnte ausgeschlossenen und kommunistischer Herrschaft unterstellten Völker nun endlich vollberechtigte Mitglieder der Europäischen Gemeinschaft werden.

---

20 neue literatur, Zeitschrift für Querverbindungen, Bukarest, 2/93, S. 67.

Ein unterschiedliches Europaverständnis

Und doch lässt sich fragen, ob das beiden Termini zugrunde liegende Europaverständnis deckungsgleich ist. Was wird, wenn das, was man in Mitteleuropa unter „Europa" versteht, für eine Osterweiterung der EU keine oder nur geringe Relevanz besitzt? Wenn hier ein latenter Konflikt vorliegt, der mit einer Aufnahme in die EU nicht gelöst, sondern möglicherweise verschärft wird?

Um diese Problematik zu verdeutlichen, soll im Folgenden das mitteleuropäische Europaverständnis skizziert werden. Nehmen wir als erstes einen Auszug aus der Rede von Tadeusz Mazowiecki, dem ersten postsozialistischen Ministerpräsidenten Polens, vor dem Europarat, gehalten am 30. Januar 1990[21]:
„Immer war Europa der Bezugspunkt für die Antwort auf die Frage nach unserer Identität. Ein Europa, als dessen Verteidiger sich die Polen empfanden, das sie liebten. Durch drei Jahrhunderte war in Polen die Ideologie einer 'Vormauer des Christentums' lebendig – also einer Vormauer Europas. Europa ist somit im polnischen Bewusstsein als Wert präsent, für den es sich zu leben lohnt, aber für den man mitunter auch sterben muss. Diesem Europa gegenüber gab es auch Vorwürfe, Groll, und diese Einstellung bestimmt unser kollektives Bewusstsein bis auf den heutigen Tag. Doch wir sehen weiterhin in Europa einen Wert, das Vaterland der Freiheit und des Rechts – und wir identifizieren uns weiterhin stark mit Europa. Weiterhin haben wir unsere Vorwürfe gegen Europa – wegen des Einverständnisses mit Jalta, mit der Teilung Europas, mit unserem Verbleib jenseits des Eisernen Vorhangs."

Die Straßburger Rede des polnischen Minsterpräsidenten verfolgte das Ziel, den Westeuropäern das polnische Europaverständnis nahezubringen. Unüberhörbar seine Anspielung auf den Verrat Europas. An anderer Stelle spricht er in diesem Zusammenhang davon, dass „Rückkehr nach Europa" den gegenwärtigen Prozess nur unzureichend kennzeichnet und man „von einer Wiedergeburt Europas reden" müsse, „das im Grunde seit den Beschlüssen von Jalta aufgehört hatte zu existieren." Er fragt sodann, was Polen neben seiner „Schwäche" auch an „Stärke" in die europäische Gemeinschaft einzubringen habe. Als Antwort verweist er auf die Erfahrungen unter dem totalitären System, auf die Kräfte, die es ermöglichten, diese Zeit zu überstehen.

Mazowiecki spricht in diesem Zusammenhang von „Preis" und „Norm", Begriffe, denen in Westeuropa über ihren ökonomischen und bürokratischen Geltungsbereich hinaus kaum noch eine Bedeutung zukommt. Undenkbar, dass sich ein westlicher Politiker vor dem Europarat in vergleichbarer Weise äußern würde. In den von Mazowiecki gewählten Formulierungen kommt ein gegen-

---

21 Aktuelle ostinformationen, a. a. O.

über dem Westen anderes Europaverständnis zum Ausdruck – anders aufgrund geschichtlicher Erfahrungen, anders im Grundverständnis. Weniger an Institutionen als vielmehr an Werten orientiert. Europa wird gleichsam zu einem Aggregat von Werten – Demokratie, Menschenrechte, bürgerliche Freiheit, Solidarität. Doch ihre gesellschaftliche Institutionalisierung ist eher gering.

Preisgabe der kulturellen Identität Mitteleuropas?

Was Tadeusz Mazowiecki als Sprecher seines Landes vor dem Europarat ausführte, lässt sich *mutatis mutandis* auf den gesamten mitteleuropäischen Raum übertragen. Es handelt sich um eine Region vergleichbarer geschichtlicher Erfahrungen, ein zwischen Osten und Westen gelegener Streifen überwiegend kleiner Völker mit erheblichen Verlusterfahrungen und einer verzögerten Modernisierung. Besonders deutlich thematisiert dies Czesław Miłosz (1911-2004) in seinem Essay „Unser Europa" (1986), in dem er die Geschichtsverbundenheit als besonderes Spezifikum der Mitteleuropäer hervorhebt, einschließlich der Erinnerung an die erlittenen Verluste – an den Holocaust, an die verlorene östliche Heimat. Milan Kundera spricht aus tschechischer Sicht von der „Tragödie Mitteleuropas" (1986), so der Titel eines Aufsatzes, und er sieht sie vornehmlich in der Zerstörung eines traditionell vorgegebenen interkulturellen Raums durch den Prozess der Sowjetisierung.

Aber bringt der Westen dieser in mancherlei Hinsicht belasteten Geschichte Mitteleuropas die gebührende Aufmerksamkeit entgegen? Findet sie bei einer Aufnahme dieser Länder in die Europäische Gemeinschaft Verständnis und Berücksichtigung? Der bereits zitierte Ungar Földeny schreibt: „Unbestritten befinden wir uns im Vergleich zum Westen ständig im Verzug; aber ist das nicht deshalb so, weil die hiesige Region einen beispiellosen – ich meine für den Westen, unbegreiflichen – Entzug erlebte und noch erlebt? Vorenthalten wurden ihr nicht einfach die westlichen Güter, sondern ein menschenwürdiges Leben überhaupt, was auch durch die Anbindung an noch so viele Kabelfernsehkanäle nicht auszugleichen ist. Mit so etwas wie negativem Stolz könnte ich sagen, dieser Teil Europas hat in den zurückliegenden Jahrzehnten ein solches Kapital an Leid und Demütigungen angehäuft, daß dieses sich an Größe mit dem westlichen, handgreiflichen Kapital durchaus messen kann. Dennoch ist beides nicht konvertierbar, so sehr wir uns das – als Paradebeispiel des Vergessens und Verdrängens – hier wie da wünschen: keine Seite vermag den 'Schatz' der anderen Seite real zu beurteilen."[22]

Und an anderer Stelle seines Aufsatzes heißt es: „Die mit Idealismus markierte Demagogie der Losungen 'Zurück nach Europa', 'Anschluß an Europa'

---

22 neue literatur, Zeitschrift für Querverbindungen, a. a. O., S. 67.

oder 'Wege nach Europa' suggeriert ungewollt auch, daß das, was wir im östlichen Teil des Kontinents durchgemacht haben, nicht zu Europa gehört, daß unser Leiden nicht ein Teil und schon gar nicht eine Wurzel der europäischen Kultur ist, daß alles, was der Osten durchzustehen hatte, mit Europa weniger zu tun hat als etwa das amerikanische McDonald's, mit dessen Geschmack auf der Zunge der danach Hungernde sich angeblich als Europäer fühlen darf. Es sieht so aus, als wolle der Westen mit seiner Aufgeklärtheit und dem, was dahintersteckt: seiner unaufhaltbaren, technischen Expansion, alles in Staub und Asche verwandeln, was unfähig ist, sich zu assimilieren oder was ihm widerstehen will. Er ist nicht neugierig auf spezifisches Wissen und auf Erfahrungen, die dem Leid entsprungen sind; lieber stellt er sich denen, die ohnehin keine andere Wahl haben, als sich ihm anzupassen, narzißtisch als Beispiel hin."[23]

Das ist sehr zugespitzt formuliert. Aber damit ist auch der Finger auf eine offene Wunde gelegt. Es geht um nichts Geringeres als um die Einheit Europas. Diese Einheit war in der Geschichte nie spannungsfrei. Sie war in der Vergangenheit vor allem durch die verschiedensten Ausprägungen eines aggressiven Nationalismus bedroht. Dieser Gefahr wird gegenwärtig durch den Abbau eines rein nationalstaatlichen Denkens und einer zunehmenden Integration begegnet. Aus westeuropäischer Sicht ist diese Gefahr allerdings mit dem Blick auf Mitteleuropa – zumal nach den Erfahrungen in Ex-Jugoslawien – noch keineswegs aus der Welt geschafft, und die Osterweiterung der EU soll ihr nicht zuletzt entgegenwirken. Dabei ist zu bedenken, dass der Nationalismus in der einen oder anderen Form immer aus einer Art Geschichtsbemächtigung resultiert, indem eine Nation den Europa nur im Ganzen zukommenden Universalismus für sich reklamiert, sich anderen Nationen gegenüber nicht nur abgrenzt, sondern sie dominieren möchte. Doch es gibt nicht nur die Form einer nationalistischen Inanspruchnahme des europäischen Universalismus. Worauf die antiwestlichen Äußerungen von Földeny abzielen, ist die Sorge, der gesamteuropäische, Mitteleuropa einschließende Universalismus könne westeuropäisch usurpiert werden, so dass ein EU-Beitritt dieser Länder mit der Preisgabe eigener Identität erkauft werde. Diese Sorge basiert auf der Vermutung, dass das, was Mitteleuropa, zumal unter dem Aspekt seines kulturellen Selbstverständnisses, in die Gemeinschaft einbringt, bei dieser keine Akzeptanz finden könnte.

Földeny endet seinen Aufsatz mit der Bemerkung: „Die westliche Hälfte Europas ist bestrebt, sich selbst auch im Osten zu entdecken, und der Osten unterläßt nichts, um als Spiegel zu dienen. Im Entstehen begriffen ist ein neues System der Verdrängung, wie auch das Bild, das der Westen von sich selbst bietet, höchst einseitig ist. Es schadet nicht, wenn die, die in der Mitte und in der östlichen Hälfte

---

23   Ebd., S. 68.

Europas leben, auf der Hut sind. Es will so scheinen, als möchte das Haus Europa sich seine Fundamente durch den Ausschluß eines Teils seiner selbst schaffen. Geht man von seiner Effektivität aus, wird es ihm wohl gelingen. Und geht man von dem jahrhundertealten Schicksal unserer östlichen Region aus, dürfen wir nicht überrascht sein, wenn wir eines Tages feststellen müssen, wieder einmal eitle Hoffnungen gehegt zu haben: weil wir nämlich versuchen, in einer anderen Welt Wurzel zu schlagen, indem wir unsere Wurzeln verdrängen. Und dann können wir, die wir das Haus Europa suchen, sagen: Wir sitzen wieder auf der Straße."[24]

Integration – um welchen Preis?

Aus diesen Sätzen spricht die Furcht, im Zuge einer Osterweiterung der EU fremdbestimmt zu werden und einen Identitätsverlust zu erleiden. Auf dem Mitteleuropa eigenen Erfahrungshintergrund erscheint eine solche Befürchtung durchaus verständlich. Schließlich haben die Völker dort über vier Jahrzehnte unter einem sowjetischen Integrationssystem gelebt und unter hohem Einsatz ihre kulturelle Identität zu wahren versucht. Nun mag man durchaus zu Recht einwenden, dass beide Integrationssysteme, das westliche und das östliche, miteinander nicht vergleichbar sind. Aber hat dieser Hinweis die genügende Überzeugungskraft? Daran kann gezweifelt werden, wenn man bei Földeny liest: „Der Westen ist zweifellos immer stärker und effektiver gewesen als der Osten; aber 'europäischer' ist er deswegen noch nicht. Im Gegenteil: die europäische Tradition der multinationalen Einheit scheint gerade durch die westlichen Integrationsversuche gefährdet – als ob die homogene Welt der gesichts- und traditionslosen Effektivität und Produktivität imstande wäre, auch die mit jedem Nationalismus einhergehende Gefahr des Chauvinismus abzuwehren. Bisher waren die osteuropäischen Staaten dazu verurteilt, kleine Sternchen in der sowjetischen Flagge zu sein; wenn sie jetzt Richtung Westen blicken, haben sie die einzelnen unterschiedlichen Staaten als winzige gelbe Sterne auf blauem Feld vor Augen, ebenso einheitlich, ununterscheidbar und geometrisch schön verteilt wie die Sternsymbole der sogenannten Staaten der amerikanischen Flagge."[25]

Auch wenn sich gegen diese Argumentation manches einwenden lässt, so sollte ein Westeuropäer dennoch ihr gegenüber Verständnis aufbringen. Es ist ja durchaus einsichtig, dass jene Völker, die ihre Unabhängigkeit und Freiheit einer Desintegration des kommunistischen Systems verdanken und die nun dabei sind, die in dieser Zeit erlittenen Identitätsverluste aufzuarbeiten, gegenüber einer neuerlichen Integration, mag sie sich von der vorhergehenden auch noch so unterschei-

---

24 Ebd., S. 72.
25 Ebd., S. 71.

den, ihre Vorbehalte haben. Wenn solche Bedenken angesichts der angestrebten Vertiefung der EU selbst im bereits weitgehend integrierten Westeuropa laut werden, wie die Referenden in Dänemark und Frankreich sowie die ablehnende Entscheidung der Schweizer und Norweger gezeigt haben, dann sollte man sich über vergleichbare Tendenzen in Mitteleuropa nicht allzu sehr wundern. Und diese dürften untergründig selbst dann vorhanden sein, wenn sich – wie alle Umfragen belegen – die mitteleuropäischen Länder klar für einen EU-Beitritt aussprechen.

Worauf es in dieser Situation ankommt, ist ein ost-westlicher Europa-Diskurs, der nicht auf die durch eine Osterweiterung der EU vorgegebenen politischen und ökonomischen Problemfelder beschränkt bleibt, sondern das der Einheit der Gemeinschaft zugrunde liegende Europaverständnis stärker thematisiert und auch kritische Stimmen aus Mitteleuropa dabei zu Wort kommen lässt. Eine dieser Stimmen gehört dem ersten nachkommunistischen Kulturminister Rumäniens, Andrei Plesu. In einem Interview aus dem Jahr 1993 äußerte er sich wie folgt: „Vergessen Sie nicht, daß wir über Jahre von der Ideologie des proletarischen Internationalismus hysterisiert worden sind, und nachdem man uns immerzu gesagt hatte, daß wir nicht zählen, sondern die große Gemeinde zählt, in der wir aufzugehen haben, ist es jetzt etwas schwierig, wenn man plötzlich von uns fordert, eine andere Art Internationalismus zu pflegen, den Internationalismus der Europäischen Gemeinschaft. Wir befinden uns in einem anderen historischen Moment, in einer Etappe unserer inneren Entwicklung. Wir brauchen eine bestimmte Zeit zum Nachholen. Wir brauchen Zeit, um unser Gesicht, unsere eigene Identität wiederzufinden, ohne die wir nicht wissen, wer sich wo integriert. Hinzu kommt, daß die europäische Integration und die Frage des einheitlichen Europa, wovon man heute sehr viel redet, nuancierter betrachtet werden müßten, denn es besteht die Gefahr, daß die nötige Einheit mit Einförmigkeit verwechselt wird. In den letzten Jahren schon ist es so gewesen, daß man bestimmte Teile Madrids, bestimmte Stadtteile in Frankfurt, in Paris durchwandern konnte, ohne daran genau zu merken, in welchem Teil Europas man sich befand. Es gibt einen Angriff auf das Spezifische, der als Nebeneffekt der europäischen Einheit auftreten kann. Und noch etwas: Eine gültige Vereinigung, die nicht zur Eintönigkeit führen soll, muß einem Grundsatz, einem Prinzip verpflichtet sein. Die Dinge hingegen, die im Allgemeinen zur Sprache kommen, wenn – in Maastricht oder wo auch immer – die europäische Einigung erörtert wird, sind unmittelbar praktischer Natur, die Wirtschaft, den Handel betreffende Dinge. Und das ist sicherlich wichtig. Doch es genügt nicht, um ein einiges Europa zu schaffen. Es gab wohl einmal ein einiges Europa, als christliches Europa, im Mittelalter. Damals bestand in der Tat eine geistige Homogenität dieses Territoriums, die ist mittlerweile jedoch in den Hintergrund getreten. Und wenn man heute Europa wiederherstellen will und als Einheitsprinzip die Währung nimmt – so ist das zu wenig. Es reicht nicht, und ich fürchte, die Sache ist zum Scheitern verurteilt oder dazu, daß man oberflächliche Lösungen wählt und dadurch nur die kleineren Gemeinschaften irritiert, die es nicht hinnehmen können, in einem europäischen Esperanto unterzugehen."[26]

Verzögerte Modernisierung

Das gegenüber dem Westen anders geartete mitteleuropäische Europaverständnis hat seine in die Geschichte weit zurückreichenden Ursachen. Durch seine Randlage bedingt hat Mitteleuropa bestimmte westeuropäische Entwicklungen gar nicht oder doch sehr abgeschwächt und verspätet nachvollzogen. Bei aller Unterschiedlichkeit der für diese Region in den letzten zwei Jahrhunderten charakteristischen Rahmenbedingungen gilt, was Witold Gombrowicz (1904-1964), der neben Czesław Miłosz bedeutendste polnische Exilautor, Anfang der 1960er Jahren über seine Heimat als Zwischenland zwischen Ost und West geschrieben hat. Wie Gombrowicz charakterisiert auch der Gegenwartsschriftsteller Tomasz Łubieński Polen als ein Land, in dem die Entwicklungen der westlichen Welt nur abgeschwächt wirksam geworden seien. Wörtlich schreibt er: „Die Aufteilung Europas in den Osten und in den Westen fand letztendlich auf Kosten derjenigen Staaten statt, die man [...] als mitteleuropäisch bezeichnet [...]."[27]

Diese Feststellung besagt, dass der Bruch zwischen West- und Mitteleuropa tiefer reicht als die mit dem Ende der kommunistischen Herrschaftssysteme überwundene politisch-ideologische Spaltung Europas. Die aus tief greifenden Krisen hervorgegangenen westeuropäischen Modernisierungsschübe, die zur Ausprägung moderner Gesellschaften geführt haben, sind in vergleichbarer Form in der mitteleuropäischen Randzone nicht zu verzeichnen. Wenn man den westeuropäischen Modernisierungsprozess mit der französischen Revolution und der Aufklärung gegen Ende des 18. Jahrhunderts ansetzt, ein Prozess, aus dem – mit dem Bürgertum als tragende Schicht – sowohl die ökonomische Entwicklung als auch das moderne Staatswesen hervorgingen, dann geschah dies zu einem Zeitpunkt, als die mitteleuropäischen Völker noch einen integralen Bestandteil der Donaumonarchie bildeten und Polen, der größte Staat dieser Region, unter Österreich, Preußen und Russland aufgeteilt, von der Landkarte Europas verschwunden war.

In einem Beitrag „Polens 'Mittellage' in Europa"[28] verweist der polnische Publizist und Deutschlandexperte Adam Krzeminski darauf, dass gegenwärtig

---

26 Ebd., S. 49.
27 T, Łubieński, Porachunki sumienia (Abrechnung des Gewissens), Warschau 1994, S. 23. Hier zitiert nach H. Orłowski, „Polnische Wirtschaft". Zum deutschen Polendiskurs der Neuzeit, Wiesbaden 1996, S. 307.
28 Dialog, Deutsch-polnisches Magazin, 2/1996, S. 14f.

„das Durchdenken der 'alternativen Geschichte' ziemlich in Mode" sei. So hätten polnische Historiker aus Anlass des 200. Jahrestages der dritten, also endgültigen Teilung Polens von 1795 – ein Datum im Übrigen, das in Westeuropa keinerlei Aufmerksamkeit fand – darüber nachgedacht, was aus Polen geworden wäre, hätte man damals klüger paktiert und die Eigenstaatlichkeit über das 19. Jahrhundert hinaus gerettet. Anstatt sich in blutigen Aufständen zu verzehren, hätte die Energie der politischen Klasse Polens „in die Modernisierung der polnischen Gesellschaft investiert" werden können. Es wäre dann mit Sicherheit ein anderes Polen entstanden – mit Anschluss an die westeuropäische Entwicklung, doch ohne die polnische Romantik, die Hochblüte polnischer Kultur, ein Polen also mit stark veränderter Identität.

Mit derlei Überlegungen lässt sich selbstverständlich die Geschichte nicht korrigieren, doch gänzlich unnütz sind sie nicht. Sie schärfen den Blick für die geschichtlichen Zusammenhänge, für die Ursachen der verzögerten Modernisierung Mitteleuropas sowie für die stark kulturell und national geprägten Identitäten dieser Region. Dabei ist mit in Rechnung zu stellen, dass die kommunistischen Systeme in Mitteleuropa mit dem Anspruch angetreten waren, den Verzug an Modernisierung mit dem Aufbau einer sozialistischen Gesellschaft aufzuholen und den Westen darin sogar zu überholen – wobei die Menschen vor allem die Kosten dieses gigantischen und letztlich gescheiterten Versuchs zu spüren bekamen. Nach solcher Erfahrung mag durchaus eine latente Skepsis gegenüber den nunmehr vom „siegreichen Kapitalismus" ausgehenden Modernisierungsbestrebungen vorhanden sein, zumal es vor allem die Postkommunisten sind, die für diese neue Modernisierung den Führungsanspruch anmelden.

Damit soll jedoch keineswegs suggeriert werden, Mitteleuropa sei gut beraten, die sich mit dem EU-Beitritt bietende Chance zur Modernisierung auszuschlagen. Eine solche Konsequenz wäre absurd. Es geht vielmehr darum, sich im Bewusstsein eines Konflikts zwischen Modernisierung und Identität auf das Wagnis Europa einzulassen. Dieses Wagnis dürfte indes umso besser gelingen, je größer das Verständnis und der Respekt gegenüber der stark kulturell und national geprägten Identität der Mitteleuropäer ist.

Zurück-gebliebenes Mitteleuropa?

Hier ist allerdings der Zweifel erlaubt, ob Westeuropa das erforderliche Verständnis und den gebührenden Respekt gegenüber Mitteleuropa aufbringt. Das öffentliche Interesse an den östlichen Randstaaten Europas ist gering, die Kenntnis ihrer Sprachen und Geschichte unterentwickelt, die aktuelle Entwicklung wenig bekannt. Schwerer wiegt noch die Perspektive, aus der traditionell vom Westen her auf Mitteleuropa geblickt wird. Wer nämlich aus der Position eigener Modernisierung die östlichen Randstaaten wertet, wird vor allem ihre „Rückständigkeit" registrieren, wie dies bei dem traditionellen Stereotyp „Polnische Wirtschaft" der Fall war und teilweise heute noch der Fall ist. Die für sich beanspruchte Modernität und die ihr zugeordneten bürgerlichen Tugenden wie Fleiß, Sparsamkeit und Effektivität bestimmen dann das Urteil über die Mittel- wie Südeuropäer, die in angeblicher Ermangelung eben dieser Tugenden als rückständig angesehen werden. Soll die Osterweiterung der EU zu der erhofften Gemeinschaft europäischer Völker führen, dann darf die faktische ökonomische Überlegenheit des Westens nicht gegen, sondern sollte für die Mitteleuropäer genutzt werden. Zudem gilt es zu beachten, dass der Kern des Einigungsprozesses nicht allein in der Überwindung der wirtschaftlichen Disparität besteht, so wichtig diese ökonomische und sozial relevante Zielsetzung auch sein mag. Man weiß sehr wohl in Mitteleuropa, dass man in dieser Hinsicht gegenüber dem Westen „im Verzug" ist, doch gerade dieses Wissen macht gegenüber westlicher Arroganz außerordentlich sensibel. Wie sehr wirtschaftliche Entwicklung und sozialer Fortschritt für diese Region wünschenswert sind und von den Mitteleuropäern durch die Aufnahme in die EU auch erhofft werden – als „rückständig" versteht man sich dort dennoch nicht und will aus westlicher Sicht auch nicht in dieser Weise verstanden werden. Mag die Betonung eigener kultureller Identität angesichts verzögerter Modernisierung auch eine kompensatorische Funktion besitzen, so ist diese dennoch als Mitgift zu achten, welche die mitteleuropäischen Völker in die europäische Gemeinschaft einbringen. Der Respekt vor ihren kulturellen Leistungen, vor ihrer leidvollen Geschichte, vor ihrer, wenngleich nicht spannungsfreien Interkulturalität erscheint als unabdingbare Voraussetzung ehrlicher Partnerschaft und einer möglichen, auch den Westen bereichernden Synthese zwischen Modernität und Identität.

Modernisierung und Identität als innerer Konflikt mitteleuropäischer Staaten

In den bisherigen Überlegungen wurde der Konflikt zwischen Modernisierung und Identität auf der Grundlage eines zwischen West- und Mitteleuropa unterschiedlichen Europaverständnisses angesprochen, dessen Ursachen weit in die Geschichte zurückreichen und die – sollten sie unaufgeklärt bleiben – den gesamteuropäischen Einigungsprozess von innen her gefährden könnten. Die sich aus dieser Analyse ergebende Konsequenz verlangt die Intensivierung eines dem wechselseitigen Verständnis dienenden west-östlichen Europadiskurses.

Der Konflikt betrifft aber nicht nur die Beziehungen zwischen Mittel- und Westeuropa. Er ist – und dies vor allem – ein Konflikt innerhalb der mitteleuropäischen Länder selbst, die – jedes auf seine Art – durch die nach der politischen Wende der Jahre 1989/90 einsetzenden Transformations- und Modernisierungsprozesse in ihrer Identität betroffen sind. Abgesehen davon, dass einige postsozialistische Staaten Mitteleuropas in den vergangenen Jahren in Annäherung an westeuropäische Standards auf wirtschaftlichem wie politischem Gebiet beachtliche Fortschritte erzielt haben, die durchaus geeignet sind, die ihnen aus westlicher Sicht zugesprochene „Rückständigkeit" Lügen zu strafen, verdienen Bemühungen der geistigen Eliten Beachtung, den für ihr Land spezifischen Konflikt zwischen Modernisierung und Identität zu thematisieren und Lösungen anzustreben. Um unter diesem Aspekt ein vollständiges Bild der Lage in Mitteleuropa zu gewinnen, müssten die einzelnen Länder gesondert untersucht und miteinander in Vergleich gesetzt werden. Da dies im Rahmen dieser Überlegung nicht leistbar ist, begnügen wir uns mit dem polnischen Beispiel.

Das Beispiel Polen

Wenngleich der polnische Katholizismus trotz seiner traditionell großen Bedeutung für das nationale Selbstverständnis keineswegs die Breite der öffentlichen Diskussion um den Konflikt zwischen Modernisierung und Identität abdeckt, so sollen doch die folgenden Überlegungen auf ihn beschränkt bleiben. Und dies aus drei Gründen: Erstens tritt dieser Konflikt in seinem Bereich mit besonderer Schärfe zum Vorschein; zweitens zeigen sich gerade aufgrund dieser inneren Auseinandersetzung interessante Lösungsansätze; drittens soll dem aufgrund selektiver Wahrnehmung im Westen verbreiteten Vorurteil entgegengewirkt werden, die Kirche bilde das eigentliche Hindernis auf dem Wege Polens in die Europäische Union.

Auf den ersten Blick scheint in der Tat vieles dafür zu sprechen, dass sich Polens Kirche notwendigen Modernisierungsbestrebungen in den Weg stellt. So zielte die Argumentation der Bischöfe Anfang der 1990er Jahre darauf ab, unter Berufung auf das Selbstverständnis einer katholischen Nation bestimmte, der katholischen Moral und der kirchlichen Sendung entsprechende Forderungen politisch durchzusetzen. Der Konflikt um das von der Kirche gewünschte radikale Verbot des Schwangerschaftsabbruchs sowie die Einführung eines schulischen Religionsunterrichts an den gesetzlichen Instanzen vorbei sind dafür die meist zitierten Beispiele. Aufgrund dieser und anderer Erscheinungen geriet Polens Kirche in den Verdacht, einen katholischen Glaubensstaat anzustreben – und dies entgegen wiederholter Versicherungen, dies nicht zu wollen und die demokratische Ordnung zu bejahen.

1. Der Liberalismus – das neue Feindbild

Nach der politischen Wende trat für Kreise des polnischen Klerus und christlich-nationale Gruppierungen anstelle des einstigen Kommunismus als neues Feindbild der Liberalismus. Da man in ihm – übrigens nicht zu Unrecht – die geistige Grundlage der Modernisierungsprozesse sieht, erwächst aus der neuen Frontbildung ihnen gegenüber eine bis zur Ablehnung reichende Skepsis. Nur – damit ist das Spektrum innerkatholischer Auseinandersetzung keineswegs abgedeckt. Bei allen Vorbehalten hat die in den Konflikt involvierte offizielle Kirche angesichts drohender Verwestlichung nicht zum Rückzug in die belagerte Festung geblasen, sondern deutlich erklärt, Polens Bemühungen um eine Aufnahme in die EU trotz gewisser Befürchtungen „bezüglich der Achtung vor der Identität Polens in diesem Prozess" unterstützen zu wollen.[29]

Die Frage ist allerdings, wie der Identität Polens die nötige Achtung verliehen werden kann und was überhaupt die Identität Polens ist. Sicher nicht der statische Zustand einer Kirche, die litaneiartig ihre Einheit mit der Nation und die christlichen Werte beschwört und alles, was diese nur zu gefährden scheint, mit dem Bann belegt – jene katholischen Kreise eingeschlossen, die sich um eine differenzierte Sicht der Probleme bemühen. Man braucht nur den katholischen Rundfunksender „Radio Maryja" einzuschalten oder sich in einzelne Kirchenzeitungen zu vertiefen, um einen Eindruck davon zu gewinnen, mit welch aggressiver Sprache hier gegen sämtliche wirklichen und vermeintlichen, inneren und äußeren „liberalen" Feinde von Kirche und Nation vorgegangen wird.

Es ist auch nicht mit einem trotzigen Aufbegehren nach Art des polnischen Militärbischofs getan der am polnischen Unabhängigkeitstag wortstark dazu aufrief, Polen solle mit aufrechtem Gang und mit seiner kulturell reichen Geschichte im Gepäck „auf Europa zumarschieren", um die „polnischen Traditionen und Werte in eine größere, die europäische Gemeinschaft" einzubringen.[30] Solche Aufrufe sind wenig dienlich und klingen eher wie das Pfeifen im Walde.

---

29 Nach einer Informationsreise, die den Sekretär der Polnischen Bischofskonferenz, Bischof Tadeusz Pieronek, mit ranghohen westlichen Europadiplomaten zusammengeführt hatte, äußerte er sich nach seiner Rückkehr positiv zu einem möglichen polnischen EU-Beitritt. Der Bischof erklärte weiter: „Wir wollen uns in diesem Europa finden, doch eingedenk dessen, dass es im Erbe europäischer Kultur ein polnisches 'Spezifikum' gibt, das insbesondere die Treue zu den Wurzeln europäischer Kultur betrifft." Vgl. Tygodnik Powszechny 37/94.

30 Vgl. Frankfurter Allgemeine Zeitung vom 13. November 1996, S. 9.

2. Sachgerechte Auseinandersetzung mit dem Liberalismus

Um den Konflikt zwischen Modernisierung und Identität einer Lösung näher zu bringen, muss bei seinem Kern angesetzt werden. Und hier gibt es bei aller innerpolnischen Polarisierung einen Konsens: Der Kern des Konflikts liegt in der mit dem Ende des Kommunismus gewonnenen Freiheit. Was alle ersehnten, erscheint nun vielen gefährlich. Nicht nur innerhalb der Kirche besteht die Sorge, der Freiheit nicht gewachsen zu sein: Sie verschafft dem Einzelnen die Möglichkeit, sich den bislang anerkannten Autoritäten, den überlieferten Normen, den Handlungsmustern nationaler Tradition zu entziehen. Und die Modernisierung selbst steht unter dem Stern der Freiheit – als freie Marktwirtschaft, als liberale Demokratie. Doch statt Verdammung ist eine ehrliche Auseinandersetzung gefordert.

Zumindest entspricht dies der Auffassung eines Teils katholischer Intellektueller um die Krakauer Wochenzeitung „Tygodnik Powszechny". Vor allem der über Polens Grenzen hinaus bekannte Philosoph und Theologe Józef Tischner (1931-2000) als auch der Dominikaner Maciej Zięba mühten sich um eine Klärung der mit dem Liberalismus zusammenhängenden Probleme.

Um überhaupt den Weg zu einer fruchtbaren Auseinandersetzung mit dem Liberalismus zu ebnen, betreibt Zięba eine doppelte, den christlichen Glauben wie den Liberalismus betreffende Entideologisierung. Für die jahrhundertelange Frontstellung zwischen Kirche und Liberalismus sei eine beiderseitige Ideologisierung bestimmend gewesen: So habe der neuzeitliche Liberalismus die Freiheit zum einzigen Dogma erhoben und damit ein alle Bereiche des Lebens durchdringendes liberales Klima geschaffen. Die moderne Kultur verliere dadurch ihre traditionellen Werte und werde ihrer tiefsten geistigen Gehalte beraubt. In der liberalen Demokratie seien zwar mit der Gleichheit der Bürger, dem Schutz individueller Freiheit und Toleranz bedeutende Ziele verwirklicht worden, doch habe der Liberalismus nunmehr seinen Zenit überschritten und zeige destruktive Tendenzen. Unter den Bedingungen eines totalen bzw. ideologisierten Liberalismus werde beispielsweise eine Debatte über die öffentliche Moral (die es ja nicht mehr gibt) unmöglich, und der eigentliche moralische Diskurs werde in der liberalen Demokratie zu einem politischen, d. h. sein Ausgang hänge ausschließlich von der Zahl der Verfechter der jeweiligen Konzeption ab. Dies führe dazu, ohne nach der Moralität zu fragen, die eigenen Interessen rechtlich abzusichern. Dadurch spalte sich die Gesellschaft in verschiedene Interessengruppen, die nur noch die Einschränkung ihrer Privilegien für unmoralisch halten würden.

Doch nicht nur der Liberalismus, auch der Glaube könne einer Ideologisierung unterliegen. Mit dieser – für Polen höchst aktuellen – Problematik hat sich

I. Polen, Deutschland, Europa 59

vor allem Prof. Tischner auseinandergesetzt. Er registriert in Teilen des polnischen Katholizismus eine Anfälligkeit für einen – nun christlich gewendeten – Totalitarismus, der unter dem Anspruch absoluter Wahrheit die Freiheit unterdrücke. Unter Anspielung auf die Argumentation bestimmter nationalkatholischer Kreise schreibt er voller Ironie: „Wenn früher die Götzen die Stelle Gottes einnahmen, dann lasst uns doch heute versuchen, das umzukehren, was umgekehrt wurde. Schmeißen wir die Götzen hinaus, um Platz für Gott zu schaffen. Nach einem solchen Wandel wird schon alles anders werden: dann wird die heidnische Politik zur christlichen und auf den Trümmern des heidnischen Staates entsteht ein christlicher Staat. Muss es heute nicht die Pflicht der Gläubigen sein, einen solchen Wandel herbeizuführen?"[31]

Maciej Zięba nennt diese Denkweise „Fundamentalismus" und stellt sie einem liberalen „Fundamentalismus" gegenüber. Es verstehe sich, dass bei solcher Gegenüberstellung von absoluter „Wahrheit" und absoluter „Freiheit" lediglich ein Schlagabtausch, doch kein Dialog möglich ist.

Um den aber gehe es. Dazu ist es nach Zięba erforderlich, den Liberalismus – und mit ihm die Modernisierungsprozesse – differenziert zu werten und für eine kritische Reflexion Verbündete zu suchen, die sich im Übrigen bis in die Reihen der Liberalen finden ließen. Die Kritik beginnt mit der Einsicht, dass es nicht *den* Liberalismus, sondern verschiedene Liberalismen gibt. Es gelte, ihre Totalisierung und Einseitigkeiten von dem zu unterscheiden, was lediglich ein Ausdruck unumkehrbarer Wandlungsprozesse in der westlichen Kultur sei – Prozesse im Übrigen, die weniger die Identität von Nation und Religion bedrohen würden, als vielmehr ihre ideologisierten und institutionalisierten Formen, wie sie sich im Laufe der Jahrhunderte herausgebildet haben. Es gebe genügend Beweise dafür, dass derartige Prozesse auch in der Vergangenheit nicht zu einem Identitätsverlust, sondern zu einem Einstellungswandel geführt haben. Man denke nur an die seitens der Kirche unter manchen Geburtswehen vollzogene grundsätzliche Bejahung des freien Marktes, der Demokratie oder der Religionsfreiheit – alles Erscheinungsweisen eines „Modernismus". Dies lasse auch für die Gegenwart hoffen, dass der Konflikt zwischen Modernisierung und Identität eine Lösung findet – vorausgesetzt, die Kirche nehme ihre traditionelle Rolle als Anwalt der Nation unter den veränderten gesellschaftspolitischen Verhältnissen wahr und trete – und zwar um der Freiheit willen – mit den säkularen Kräften und Strömungen in einen kritischen Dialog. Ihre Aufgabe in den gegenwärtigen Modernisierungsprozessen sollte es sein, auf einer metapolitischen Ebene zu agieren und als moralische Autorität die für den notwendigen gesellschaftlichen Zusammenhalt unverzichtbaren Werten zu vermitteln, die der liberale Staat

---
31 Vgl. Tygodnik Powszechny 13/93.

ebenso wenig wie ein europäischer Staatenverbund aus sich heraus erzeugen könne, ohne die aber beide letztlich keinen Bestand hätten.

Das polnische Beispiel ist wegen der Sonderrolle der Kirche auf Mitteleuropa insgesamt nicht einfach übertragbar. In den anderen mitteleuropäischen Ländern ist die Bedeutung der Kirchen für eine vermittelnde Lösung im Konflikt zwischen Modernisierung und nationaler Identität ungleich schwächer. Doch entscheidend ist, dass sich jene geistig-kulturellen Kräfte herausbilden, die – jenseits der politischen Machtkämpfe – ein Reflexionspotential darstellen, das in der Lage ist, die Modernisierungsprozesse kritisch zu begleiten und einer durch den Primat des *homo oeconomicus* möglicherweise bedingten kulturellen Entfremdung entgegen zu wirken.

II. Nation, Kirche, Katholizismus

Die Ikone der Schwarzen Madonna. Kulturelle Verwurzelung und nationale Bedeutung

Es war eine Art Schlüsselerlebnis, das mir 1962 auf meiner ersten Reise nach Polen zuteil wurde. Am Vormittag hatte ich das ehemalige KZ Auschwitz besucht, hatte das Tor mit der zynischen Inschrift „Arbeit macht frei" durchschritten, hatte die Unmengen namengezeichneter Koffer, die Berge von Schuhwerk, Brillen und Haarbüschel gesehen – letzte Zeugen der ermordeten Opfer. Ich hatte mich in die ausgelegten Dokumente vertieft und war von der menschenverachtenden Sprache der „Herrenmenschen" zutiefst betroffen. Ich war nach Birkenau zur Rampe und zu den gesprengten Gaskammern und Krematorien hinausgefahren. Nach Stunden verließ ich das Lager mit der quälenden Frage, wie im deutschen Volk ein solcher rassistischer Vernichtungswille die Oberhand gewinnen und Auschwitz ermöglichen konnte.

Anschließend fuhr ich auf direktem Wege nach Tschenstochau, wo ich am 25. August, am Vorabend des Festes der Schwarzen Madonna, eintraf. Ich war beeindruckt von den vielen Pilgergruppen, die nach tagelangen Fußmärschen betend und singend vor der festungsgleichen Klosteranlage eintrafen. Ich erlebte das Gedränge in der Gnadenkapelle, stand zum ersten Mal vor der Ikone. Ich hörte die Predigt des Primas am folgenden Tag, die mir mein polnischer Begleiter übersetzte und in der nicht vom Glauben der Kirche, sondern zu meiner Überraschung vom Glauben der Nation die Rede war. Mich verwirrten die Gemälde von Schlachten unter dem Schutz der Madonna und die Fahnen aus Kriegen und Aufständen, die über Jahrhunderte der Madonna als Votivgaben verehrt worden waren. Dieses Ineinander von religiösen und nationalen Motiven war für mich faszinierend und befremdend zugleich.

Dieser Tag, der Auschwitz und Tschenstochau verband, hatte mich nachdenklich gemacht, und ich fragte mich: Wäre Auschwitz möglich gewesen, hätte es in unserem Volk eine Tschenstochau vergleichbare Symbiose von Religion und Nation gegeben?

Die Anfänge der Verehrung der Madonna von Tschenstochau

Die Ikone kam in einer Zeit nach Polen, als das Land nach dem Ende der Piastendynastie (1370) für sechzehn Jahre eng mit dem ungarischen Imperium unter Ludwig I. aus dem Hause Anjou (1326-1382) verbunden war, ehe 1386 durch die Verheiratung seiner Tochter Jadwiga (1374-1399) mit Władysław II. (1362-1434) die knapp zweihundertjährige Herrschaft der Jagiellonen ihren Anfang nahm. In dieser Zwischenzeit gründeten die Pauliner von Ungarn aus auf der Jasna Góra, dem Hellen Berg, ihr Kloster, dem Ladislaus von Oppeln (1326/32-1401), einst Statthalter von Ruthenien, 1382 die von dort stammende Ikone übergab.

Ihr Urbild, das bei der Eroberung Konstantinopels durch die Türken (1453) zerstört wurde, befand sich seit Beginn des 5. Jahrhunderts in Byzanz, und zwar im Stadtteil *ton hedegon*. Daher nannte man es „Hodegetria", also Wegführerin, eine sowohl für das theologische Verständnis als auch für die nationale Bedeutung der Tschenstochauer Madonna durchaus passende Bezeichnung: Maria mit ihrem auf ihrem linken Arm thronenden Sohn, wobei ihre rechte Hand auf ihn verweist. Und – in nationaler Deutung – Maria als Wegführerin durch die Geschichte des polnischen Volkes.

Die erste Beschreibung der Schwarzen Madonna verdanken wir Jan Długosz (1412-1480). In seinem *Liber beneficiorum* betont er die „Kunstfertigkeit" des Bildes und den „sanften Gesichtsausdruck" der Madonna. Wer immer das Bild in Andacht anschaue, werde „von einer besonderen Frömmigkeit durchdrungen, gleichsam als betrachte er eine lebende Person."[32]

Ein besonders eindrucksvolles, die Stimmung des Betrachters und die nationale Bedeutung der Ikone wiedergebendes Gedicht mit dem Titel „Nachts, wenn ich das Bild betrachte" stammt aus der Feder des 1993 verstorbenen Priesters, Kunsthistorikers und Dichters Janusz St. Pasierb (1929-1993):

> Wenn ich Dich schaue im blendenden Glanz kalt flammender Brillanten
> – wie warm Dein gebräuntes Gesicht und die Hände
> – Du bist dunkel und schön
> Dein Gesicht Weizenfeld und Krustenbrot
> nicht Weihrauchduft nur Harz und Honig
> von Deinem Thron genommen sieht man Kerben und Schatten im seitlichen Licht
> kriegverwüstetes Land zeitgezeichnet
> Schild der die Schläge auf sich zog
> – von fern und nah betrachtet ein Erinnern an das Vaterland
> ultraviolett leuchtest Du wie grüne Wintersaat
> einer Frühlingswiese gleich
> freudenreiches schmerzhaftes glorreiches Geheimnis
> unser Heute und Gestern
> Byzanz Anjou Oppeln Jagiellonen Polen
> im Frieden in Kriegen
> in Ost und West wie die Sonne

---

32   J. St. Pasierb, J. Zamek, K. Szafraniec, Die Kunstschätze des Klosters Jasna Góra, Leipzig 1977, S. 6.

gedunkelt von unseren Gebeten
ruhig
und geduldig Dein Hören
unermüdlich Dein Weg durch Heimat und Zerstreuung
Ursache unserer Treue
Morgenstern
letztes Licht
Land das den Himmel gebiert
die Frucht
Deines Leibes
unser LEBEN
Jesus[33]

Die Jasna Góra entwickelte sich bald zu einem europäischen Wallfahrtsort. In einem lateinisch abgefassten Gedicht erwähnt Gregor von Sambor (1525-1573) Pilger aus nicht weniger als 20 Völkern und Volksstämmen, neben Polen und Litauern auch Moskauer, Slowenen, Ungarn und Deutsche:

> Es eilt das Volk von überall, aus allen Winden,
> Welch' große Macht will es an diesem Orte finden?
> Soweit das Auge reicht, der Blick zu welchen Seiten,
> Das Volk steigt hoch den Berg zu allen Zeiten!
> Man sieht sie dicht bei dicht die große Pilgermenge,
> Gleich einem Bienenschwarm des Volkes arg Gedränge.
> Mit Betern angefüllt das heilige Gebäude,
> Und wer im Jammer kam – der kehret heim in Freude.

Der Text zeigt noch nichts von der nationalen Bedeutung der Ikone. Diese hat sich erst in späterer Zeit aus der Erfahrung nationaler Bedrohung herausgebildet. Zwei Ereignisse waren es, die diese Entwicklung förderten: Der Überfall auf das Kloster mit der Schändung des Bildes im Jahr 1430 sowie – und dies vor allem – der Schwedeneinfall und die Belagerung des Klosters im Jahr 1655.

Die Wangenwunde

Bei dem Raubüberfall auf das Kloster wurde die Ikone zerschlagen und musste gründlich restauriert werden. Dazu wurde sie an den Krakauer Königshof gebracht. Die dortigen Restauratoren setzten die Teilstücke wieder zusammen, doch an den Schnittstellen zerfloss ihnen immer wieder die Farbe. Als sie nach vielen Fehlversuchen endlich eine Methode zur Haftung der Farben gefunden hatten, machten sie die Schändung des Bildes durch zwei lang gezogene Striche

---

[33] Die in diesem Aufsatz verzeichneten lyrischen Texte wurden von mir aus dem Polnischen übersetzt.

auf der rechten Wange der Madonna kenntlich und veränderten damit die Ikonographie. Das ursprünglich in vollkommener Schönheit gemalte Antlitz bot nun mit der „Wangenwunde" die Möglichkeit, sich in seinem persönlichen Schmerz sowie im Leiden der Nation mit der Madonna zu identifizieren. In der ihr gewidmeten Lyrik begegnet daher immer wieder das Motiv der Wangenwunde. So auch bei Maria Pawlikowska-Jasnorzewska (1891-1945) in ihrem Gedicht „Schwarzes Porträt":

> Ebenholzfarbene Madonna, mit zwei Striemen langen!
> Zu schön Dein Oval unbestritten.
> Für uns, Allschöne, glühen Deine Wangen,
> hassvoll zerschnitten ---

Rettung aus der Sintflut

Wie unterschiedlich die Schicksale der Nationen auch sein mögen, kein Volk entgeht in seiner Geschichte Zeiten der Erschütterung und des Niedergangs. Wie der Untergang mancher Kulturen zeigt, ist das Bleiben in der Geschichte keine Selbstverständlichkeit. So halten die Völker in ihrer Misere Ausschau nach Rettung. Für das polnische Volk liegt sie, der Erfahrung Israels ähnlich, in der Einheit von Glaube und Nation. Nur auf diesem Hintergrund wird die Bedeutung des Nationalheiligtums der Schwarzen Madonna auf der Jasna Góra verständlich.

Mitte des 17. Jahrhunderts geriet die Adelsrepublik in arge Bedrängnis. Durch verlustreiche Kämpfe mit Russen und Kosaken ohnehin geschwächt, brach der Widerstand schnell zusammen, als der Schwedenkönig Karl X. Gustav (1622-1660) in Polen einfiel. Nur die Klosterfeste auf der Jasna Góra hielt unter dem heldenmütigen Prior Augustyn Kordecki (1603-1673) dem Ansturm der Schweden und ihrer Belagerung stand. Am Heiligabend 1655 zogen sie schließlich ab, und durch das Beispiel der Klostermönche und der kleinen Schar ihrer Mitstreiter ermutigt, erhob man sich allenthalben im Land und rettete Polen aus dieser „Sintflut", wie Henryk Sienkiewicz (1846-1916) zwei Jahrhunderte später seinen dem Schwedeneinfall gewidmeten Roman betitelte.

Die erfolgreiche Verteidigung des Klosters schrieb man dem Schutz der Madonna zu. Die Legende besagt, sie habe die Geschosse der schwedischen Kanonen fehlgeleitet. Wie dem auch gewesen sein mag – Jan Kazimierz (1609-1672), der damalige König der polnischen Krone, rief am 1. April 1656, verbunden mit sozialen Gelübden, die in der Ikone präsente Madonna zur Königin Polens aus. Dieser Akt war mehr als eine fromme Floskel. Durch ihn wurde Maria zur obersten Autorität Polens erklärt. So heißt es etwa in der Konstitution des Sejm aus dem Jahr 1764: „Die Republik ist ihrer Heiligsten Königin, der Jungfrau Maria, in dem durch Wunder berühmten Bild von Tschenstochau für immer ergeben." Wer auch immer in Polen das Sagen haben mag, eigene oder fremde Herrscher, kommunistische oder demokratische Regierungen, sie alle stehen unter dem Zepter der Königin Polens. Das mag für das aufgeklärte westliche Denken unverständlich sein, in Polen ist dies indes eine auf geschichtlicher Erfahrung basierende Realität.

Die Zeit der Teilungen und der Romantik

Die Ereignisse von 1655/56 begründeten die nationale Funktion des Nationalheiligtums der Schwarzen Madonna: Rettung in der Misere, Widerstand gegen äußere und innere Feinde, Verteidigung der religiösen und nationalen Werte. Damit wurde ein in der Stunde der Not abrufbarer religiös-nationaler Typus geschaffen. So besann man sich in der zweiten Hälfte des 18. Jahrhunderts angesichts der wachsenden Gefahr, von fremden Mächten unterjocht zu werden, auf das rettende Wunder in der Zeit der „Sintflut". Unter Führung des späteren Helden der amerikanischen Befreiungskriege, Kazimierz Puławski (1745-1779), kämpfte die Konföderation von Bar gegen die Übermacht der zaristischen Truppen. Ihren Kampf weihte sie ihrer Königin:

> Preis sei Dir Herrin, dieses Landes Mantel,
> Der Republik in ihrer bitt'ren Schmach!
> Hab' acht auf Deiner Diener Weg und Wandel,
> Die für Dich leiden Tod und Ungemach.

1771 zogen sich die Konföderierten, auf eine Wiederholung des Wunders von 1655 hoffend, in die Klosterfest auf der Jasna Góra zurück. Doch das Wunder von einst wiederholte sich nicht. Sie mussten kapitulieren.

Gebrochen war der Widerstand der Waffen, doch nicht der der Herzen. Mit dem Verlust der Eigenstaatlichkeit in der langen Phase der polnischen Teilungen (1795-1918) kam es zu einer intensiven Identifikation der unter Fremdherrschaft leidenden Nation mit ihrer Königin. Die Jasna Góra wurde zum Symbol des Überlebenswillens der Nation, ihrer Befreiung, der Bewahrung ihrer Werte sowie ihrer inneren Einheit bei äußerer Zerrissenheit. Aus allen drei Teilungsgebieten strömten die Pilger herbei und beteten um ein Ende der Unfreiheit. Die Teilungsmächte wussten um diese Kraft und wirkten ihr entgegen. 1792 wurde von preußischen Truppen ein ganzer Pilgerzug niedergemacht. Und der Zar befahl, das Bild der Schwarzen Madonna, der „ersten Revolutionärin", aus den Häusern zu entfernen, weil es die Idee der Unabhängigkeit Polens beschwöre.

Paradoxerweise verband sich mit dieser Zeit politischen Niedergangs die Hochblüte polnischer Kultur. Die Romantik brachte mit Cyprian Norwid (1821-

1883), Juliusz Słowacki (1809-1849) und Adam Mickiewicz (1798-1855) drei Dichter von Weltrang hervor, die in der Verbindung von Glaube und Freiheit ihren Beitrag für die für Polen typische Symbiose von Religion und Nation leisteten. Jeder von ihnen bereicherte auf seine Weise eine auf Polens Königin bezogene, das Schicksal der Nation deutende Marienlyrik. So endet beispielsweise Norwids mehrstrophige Litanei „Zur allerseligsten Jungfrau" mit den Worten:

> Land, dem Leibrock Deines Sohnes gleich verteilt,
> Zerrissen, in alle Winde enteilt,
> Volk, geboren in tränenloser Zeit,
> Mit Un-Mündigen schon beginnt dein Leid,
> Qual ohne Ende, über die Maßen:
> „Warum, mein Gott, hast du mich verlassen!"
> Volk – einst war ein großes Reich dein eigen,
> nun ohne Grab, wo die Adler weinen...
> Mutter gute, du Polens Königin,
>   Bitte für uns...

Zwar haben die Polen unter der Fahne mit dem Bild der Madonna, wenn auch vergeblich, in zwei Aufständen gegen die russische Unterdrückung um ihre Freiheit gekämpft, doch entscheidend dafür, dass nach 120 Jahren der Teilungen des Landes 1918 die Eigenstaatlichkeit zurückgewonnen werden konnte, war das Faktum, dass die Nation diese Zeit – im Ganzen gesehen – in ihrer geistig-moralischen Substanz überstanden hatte. Dafür spricht auch die überraschende Entdeckung, dass in der der Madonna gewidmeten patriotischen Dichtung trotz aller erfahrenen Leiden Motive von Hass und Feindschaft gänzlich fehlen. So bittet Zygmunt Krasiński (1812-1859), der Verfasser der „Ungöttlichen Komödie", in seinem als „Gebet" betitelten Gedicht „Inmitten der Stürme von Jammer und Leid / ... nicht in Bitterkeit / dass unsere Feinde in Unheil fallen", sondern lediglich darum, „einen stillen Hafen" zu finden, „weit von ihnen fort."

Nationale Identifikation mit dem Bild der Madonna über Konfessionsgrenzen hinaus

Als König Jan Kazimierz am 1. April 1656 Maria in ihrem Tschenstochauer Gnadenbild zur Königin der polnischen Krone ausrief, war die Nation keineswegs religiös homogen. Zwischen Ost und West gelegen, war Polen ein Zwischenland zweier Kulturen – der römischen und der byzantinischen. Katholiken und Orthodoxe lebten neben- und miteinander. Jede Seite wahrte ihre Traditionen, wobei man bemüht war, die Wertschätzung des Eigenen mit dem Respekt gegenüber dem Anderen zu verbinden. Und die Offenheit füreinander förderte eine wechselseitige Befruchtung.

Nur auf diesem kulturellen Hintergrund konnte die Schwarze Madonna als Königin der polnischen Krone Akzeptanz finden. Die Ikone ist schließlich selbst ein Symbol der Verbundenheit beider Traditionen. Byzantinischen Ursprungs, stand sie den Orthodoxen nahe, und die slawischen Katholiken übernahmen das sich vom westlichen Denken abhebende östliche Ikonenverständnis, wonach das heilige Bild die dargestellte Person präsentiert und der betende Betrachter am göttlichen Mysterium teil hat.

Die Romantik hat die vorgegebene kulturelle Verwurzelung der Ikone noch verstärkt. So wundert es nicht, dass selbst Dichter, die sonst der Kirche fern standen, mit ihrer Poesie die Marienlyrik bereichert und dadurch der Madonna ihren Respekt erwiesen haben. Einige spätere Texte sprechen sogar von einer Verbundenheit der Nichtglaubenden mit Polens Königin. So findet sich in einem Gedicht von Jan Lechoń (1899-1956) die Zeile:

> An Dich glauben selbst jene, die sonst an nichts glauben.

Und die zeitweise Sekretärin von Józef Piłsudski (1867-1935), Kazimierza Iłłakowiczówna (1892-1983), dichtet in ihrem „Lied zur kämpfenden Gottesmutter":

> In Deinem Namen sind wir beisammen,
> die Glauben – und die keinen haben.

Zweiter Weltkrieg und Okkupation

Mit der langen Epoche der Teilungen des Landes war der geschichtliche Leidensweg des polnischen Volkes noch nicht zuende. Nach einer zwanzigjährigen Friedenszeit begann im September 1939 mit dem Überfall deutscher Truppen und dem Einmarsch der Roten Armee eine jahrelange Schreckenszeit deutscher und sowjetischer Okkupation.

Aus diesen Jahren gibt es zahlreiche lyrische Texte, in denen sich die Dichter in ihrer eigenen Not und der ihres Volkes an die Madonna mit der Wangenwunde wenden und aus ihrer Ergebenheit an Polens Königin Kraft und Trost schöpfen. In dem bereits erwähnten „Lied zur kämpfenden Gottesmutter" macht sich Kazimierza Iłłakowiczówna zum Sprachrohr derer, die „aus Kerkern" ihr „Leidgedicht" hinausschreien „aus Sibiriens Sklavenland", und sie schaut, wie sich „tief über der Toten Hand" das „pulverschwarze Gesicht" niederbeugt. Weiter heißt es:

> Es beten die Wunden der Soldaten
> zu Deines Antlitzes Schrammen.
> Kugelgefesselt, säbelzerschlagen
> stehen die tapferen Mannen
> vor Dir im Glanz Deiner Wunden Licht
> und fürchten sich nicht.

Das Lied endet mit der Bitte:

> Und ihnen allen, Du Herrin verletzt
> gib den Himmel zuletzt.

Konstanty Ildefons Gałczyński (1905-1953), der selbst Jahre in einem deutschen Kriegsgefangenenlager verbracht hat, beschreibt diese Situation in seinem Gedicht „Muttergottes der Lager". Es ist die Muttergottes selbst, der er seine Sprache verleiht, die nächstens durchs Lager geht, den Häftlingen die Hände auflegt, ihnen „zärtlich und stark" Mut zuspricht, um ihre Sorgen weiß und sie vor den Thron ihres Sohnes trägt:

> Ich weiß um all die Schmerzen – bin bei euch bis zum guten Ende,
> ein Leuchten über Verzweiflung, eine Spur in Frost und Schnee.
> Aber auch Palme und Kreuz – für jene, die tapfer leiden! -
> Wie ein Regen auf Blumen – fallen meine Hände auf euch ...

Der 1909 in Wilna geborene Zdzisław Broncel (1909-1998) geht in seiner strophenreichen „Lauretanischen Litanei" von einer Idylle voller Bilder von Vogelgesang, Morgentau, Hirtenflöte und Erntekranz aus, um sie dann mit der grausamen Realität zu konfrontieren:

> Königin toten Gebeins, der Verbrannten,
> Durch Rauch geschickt zu den himmlischen Bergen,
> Königin aller in Waggons Verbannten,
> Einem Kohlenzug gleich mit schwarzen Särgen,
> Gnade der Gehenkten, Trost der Entmannten,
> Oh Scham aller Frauen, entblößt von Schergen,
> Des Mannes Begehren euch nicht mehr berührt
> - Du Königin aller Frauen unverführt,
>   – Bitte für uns!

Auch diese Verse, in welch grausamen Bildern sie auch die in den Kriegsjahren erfahrene Entwürdigung der Opfer beschreiben, sind frei von jedem Anklang an Hass auf die Täter.

Intensivierung des Marienkults in der Zeit kommunistischer Herrschaft

Die Schreckensjahre des Krieges und der Okkupation waren von der Hoffnung erfüllt, dass – wie es in dem „Gebet" von Krasiński heißt – das Herz „kein Zittern und Zagen" mehr kennt, „kein stilles Fragen / Wann die wilden, plötzlichen Gäste kommen, / Die sich ihr Recht auf das Unrecht genommen!"

    Diese Hoffnung sollte sich nicht erfüllen. Mit dem Ende des Zweiten Weltkriegs brach für Polen eine Zeit erneuter Unterdrückung an. Das Land geriet unter die Hegemonie der Sowjetunion und erhielt ein im Widerspruch zur nationalen Tradition stehendes politisch-ideologisches System. Wie in der Epoche der Teilungen und der Okkupation wurde die Kirche wiederum zum schützenden Hort nationaler Identität. Und erneut wurde die Jasna Góra, der Thronsitz der Madonna, zum Fels in der Brandung.

Um die Freiheit der Kirche vor staatlicher Unterwerfung zu bewahren, hatte Primas Stefan Wyszyński (1901-1981) sein *non possumus* gesprochen und war dafür 1953 verhaftet worden. In geschichtlicher Rückbesinnung auf den Schwedeneinfall im 17. Jahrhundert deutete er die für die Kirche und die Nation entstandene bedrohliche Situation als neuerliche „Sintflut". Wie damals, so galt es auch jetzt, sich aus ihr mit Hilfe der Madonna zu retten. Also erarbeitete der Primas ein auf die Jasna Góra orientiertes Pastoralprogramm. Dieses sah für den 26. August 1956, dem Fest der Madonna von Tschenstochau, vor, die 300 Jahre zuvor abgelegten nationalen Gelübde zu erneuern. Dann sollte im darauf folgenden Jahr das Millennium der Taufe Polens durch eine Große Novene vorbereitet werden. Neun Jahre lang sollte eine Kopie der Ikone jede einzelne Pfarrei im Lande besuchen und das Versprechen der Gläubigen entgegen nehmen, sich für die Freiheit der Kirche und des Vaterlandes der Herrschaft Mariens zu unterwerfen.

Am 26. August 1956 versammelten sich im Nationalheiligtum auf der Jasna Góra rund eine Million Pilger und erneuerten vor dem Gnadenbild und dem leeren Stuhl des sich in Haft befindlichen Primas die Gelübde der Nation: „Königin von Polen! ... Wir versprechen alles in unserer Macht Stehende zu tun, damit Polen dein wirkliches Königreich und das deines Sohnes wird, in unserem persönlichen, beruflichen und sozialen Leben völlig deiner Herrschaft unterworfen."

Zwei Monate später kam Primas Wyszyński im Zusammenhang mit dem „Polnischen Oktober" wieder frei. Bald darauf machte er sich auf den Weg nach Rom, um seinen Kardinalshut in Empfang zu nehmen und bei dieser Gelegenheit die für den Besuch der Pfarreien vorgesehene Kopie der Ikone vom Papst weihen zu lassen. Mit der Eröffnung der Großen Novene am 26. August 1957 begann dann die Pilgerschaft der Madonna durch ganz Polen:

Rastlos pilgernd von Ort zu Ort
Ist Dein Kommen heute, Königin.
Dir gebührt dafür mit Herz und Sinn
unser Dankeswort.
Ohne Krone, ohne kostbares Gewand,
Ohne Zepter in Deiner Hand,
ganz menschlich willst Du uns erscheinen,
ganz nah bei uns verweilen.

Nach verschiedentlichen behördlichen Störungen wurde die Ikone am 2. September 1966, schon im Jahr des Millenniums, auf dem Weg in die Diözese Kattowitz förmlich verhaftet und, von einer Polizeieskorte begleitet, ins Paulinerkloster zurückgebracht. Nunmehr setzte Polens Königin ihren Weg in einem leeren Rahmen fort. Diese neun Jahre und das anschließende Millennium waren eine religiöse Manifestation, die das kommunistische System zu erschüttern drohte.

Noch ein weiteres Mal bedienten sich Polens Bischöfe des Instruments einer auf die Jasna Góra ausgerichteten Massenpastoral. 1976 riefen sie in einem Hirtenwort[34] zu einer sechsjährigen Vorbereitung auf den 600. Jahrestag der Präsenz des Gnadenbildes im Jahr 1982 auf. In diese Zeit fiel die Wahl des „polnischen" Papstes. Acht Monate nach seiner Wahl begab sich Johannes Paul II. (1920-2005) auf seine erste Pilgerreise in seine Heimat. Am 2. Pfingsttag des Jahres 1979 betonte der Papst in seiner Predigt in Tschenstochau die enge Verbundenheit der polnischen Geschichte mit der Gottesmutter auf der Jasna Góra: „Wollen wir erfahren, wie diese Geschichte in den Herzen der Polen widerhallt, dann müssen wir hierher kommen. Dann müssen wir das Ohr an diesen Ort halten. Dann müssen wir auf das Echo des gesamten Lebens der Nation im Herzen ihrer Mutter und Königin lauschen!" In Erinnerung an diese Pilgerfahrt dichtete Jerzy Zagórski (1907-1984) geradezu prophetisch in Anrufung der Madonna:

> Weite die Herzen – nicht um Grenzen zu weiten,
> Weite die Herzen – um Hände zu reichen,
> Wecke uns aus dem Schlaf der Geschichte.
> Gib den Litauern, Russen, Ukrainern einen freien Atem,
> Den Weißrussen Würde, den Völkern des Kaukasus
> Hochgemuten Geist, den Tschechen – Vaterschaft im Glauben,
> Unserem Volk – Geist des Gebets und Sorge um die Brüder,
> Den Slowaken eine reiche Zukunft, den Ungarn
> Festigung der Freundschaft ... und allen Ungenannten
> Des Segens Überfülle in der Kraft Deines Bildes.

Solidarność im Zeichen der Madonna

Als die in der Danziger Leninwerft streikenden Arbeiter im August 1980 die Gewerkschaft „Solidarność" gründeten, hing wie selbstverständlich neben dem Bild Johannes Pauls II. auch das der Schwarzen Madonna am geschlossenen Werktor. Und als der Primas am 26. August eine Predigt hielt, die im Fernsehen durch Auslassungen in entstellter Form gesendet und die von den Arbeitern als

---

34 Vgl. den Abdruck dieses Hirtenbriefes in Orientierung 13/1976, S. 140-143.

Aufforderung zur Beendigung ihres Streiks verstanden wurde, antworteten sie durch ein Spruchband mit der Aufschrift „Die Madonna streikt!" Damit beriefen sie sich auf die noch über dem Primas stehende Autorität der Königin Polens. Nach Anerkennung der Gewerkschaft begab sich Lech Wałęsa mit einer Delegation zur Jasna Góra, um die „Solidarność" der Gottesmutter zu weihen und diese gewerkschaftliche Freiheitsbewegung unter ihren Schutz zu stellen.

Auch die sechzehn Monate „Solidarność" fanden ihren lyrischen Niederschlag. So beschreibt der junge Paulinermöch Jan Pach am 1. September 1980 in seinem „Gebet zur Mutter des Erwachens" die vor aller Welt offenbar gewordene „Wandlung der Herzen" der Madonna zu, sieht in Maria gleichsam einen „Schwamm", der das geschichtliche „Los" des polnischen Volkes aufsaugt, sowie die „Wiege für Leben und Freiheit". Er ruft sie an als

Schwester der Enterbten
der gegen den Strom Schwimmenden
der Gestrandeten mit dem Mut zu einem Neubeginn.

Und er sieht sie

wandernd durch Werften Fabriken und Städte
mit dem Siegel der Wunden.

Das „Gebet" endet mit der Bitte:

Dunkelwangige Hüterin der Würde
rette uns vor gesichtslosen Freunden
und vor uns selbst.

Dysfunktionalität des tradierten Deutungsmusters nach erreichter Freiheit?

Die letzte Bitte aus dem „Gebet" von Jan Pach hat mit dem Ende kommunistischer Herrschaft, der demokratischen Entwicklung und der mit ihr verbundenen Herausbildung einer pluralistischen Gesellschaft eine vom Autor nicht vorhersehbare und von ihm selbst offensichtlich nicht geteilte Aktualität gewonnen. Der langjährige im Zeichen Mariens geführte Kampf um die Freiheit von Glaube und Nation hatte nunmehr sein Ziel erreicht. Doch wie sollte man jetzt mit dem tradierten religiös-nationalen Deutungsmuster der Ikone der Schwarzen Madonna umgehen? War es nicht aufgrund der veränderten Situation dysfunktional geworden? Oder blieb es vielmehr angesichts sich neu abzeichnender vermeintlicher und wirklicher Gefahren eines westlichen, die nationale Identität bedrohenden Säkularismus weiterhin aktuell? Während ein sich herausbildender offener Katholizismus die nach 1989 eingetretene Entwicklung weniger als Gefährdung, sondern mehr als eine chancenreiche Herausforderung wertete, sahen in ihr Kreise eines geschlossenen Katholizismus gleichsam eine neue „Sintflut", der mit dem gleichen tradierten Deutungsmuster zu begegnen sei. Anstelle der einstigen Feinde von Glaube und Nation – der Fremdherrschaft unter den drei Teilungsmächten, der NS-Schreckensherrschaft während der fast fünfjährigen Okkupation sowie des über vierzig Jahre andauernden Kirchenkampfes mit dem atheistischen System kommunistischer Prägung – gerieten nun innergesellschaftliche und innerkirchliche Feinde ins Visier. Vor allem Radio „Maryja" und einige mit dem Sender eng verbundene Kirchenzeitungen waren in deutlicher Anknüpfung an die Nationaldemokraten der Zwischenkriegszeit bestrebt, das Modell einer Einheit von katholischem Glauben und polnischer Nation unter Berufung auf Maria, Polens Königin, auf die weltanschaulich, ethnisch und politisch plurale Gesellschaft zu übertragen. Die Folge waren eine bedenkliche Politisierung polnischer Mariologie sowie eine Verschärfung der innerkirchlichen Auseinandersetzung, in der die national-katholischen Gruppierungen in scharfer Form gegen die Vertreter eines offenen Katholizismus polemisierten und ihnen ihr Katholischsein förmlich absprachen. Es ließen sich manche Zitate aus auf Jasna Góra gehaltenen Wallfahrtspredigten, auch solche von Bischöfen, anführen, in denen im Namen Mariens gegen vermeintliche Feinde der Kirche, gegen den sogenannten Liberalismus und gegen eine die nationale Identität Polens angeblich gefährdende Mitgliedschaft in der Europäischen Union zu Felde gezogen wurde. So sah beispielsweise der erwähnte Paulinermönch Jan Pach, nunmehr als Walfahrtsprediger, in den Parlamentswahlen von 1991 keine bloße Abstimmung über politische Programme und Reformrichtungen, sondern er verstand diese Wahl geradezu „als Entscheidung entweder für Christus und seine, die polnische Geschichte gestaltende Wahrheit oder für die Diener Satans, die sich zu einer Welt ohne Gott bekennen, fern jeder christlichen Moral."[35] Und Parlamentarier segnete er während ihrer Wallfahrt am Fest Mariä Lichtmess mit den Worten: „Maria, die Mutter und Königin, schütze euch mit ihrem Mantel und einer Weihekerze vor dem Rudel der Wölfe – besonders vor denen im Schafspelz, die sich für fortschrittliche Katholiken halten."[36]

Die mit derlei Interpretationsmustern geführte Auseinandersetzung hält bis heute an. Angesichts dieser Situation scheint die Bitte um Rettung „vor uns selbst" höchst dringlich, will man nicht Gefahr laufen, dass die Jasna Góra, statt weiterhin der Einheit zu dienen, zu einem Ort der Zwietracht wird. Um dieser Gefahr wirksam zu begegnen, bedarf es einer der veränderten Situation ange-

---

35 J. Pach, Wybrać Jezusa, nie Barabasza (Jesus wählen, nicht Barabbas), Niedziela v. 13. 10. 1991.
36 Drs., Wierni Maryi (Treu zu Maria), ebd. v. 14. 02. 1993.

passten Pastoral und Verkündigung, und dies auch in Bezug auf „Polens Königin". So könnte in Analogie zu dem zitierten Text von Gregor von Sambor die Jasna Góra zu einem Wallfahrtsort von europäischer Dimension werden und über eine nationale Fixierung hinaus eine stärkere universale Ausrichtung finden. Und als noch uneingelöstes Pfand der Versöhnung könnte – eingedenk der ostkirchlichen Herkunft der Ikone – Tschenstochau zu einem ökumenischen Zentrum werden, das sich der Einheit mit den Ostkirchen verpflichtet weiß.

Polens katholische Kirche und die Demokratie

„Gott, erhalte uns die Kommunisten"

Dieser Satz, halb im Ernst, halb im Scherz gesprochen, stammt aus dem Munde eines polnischen Bischofs, mit dem ich in den 1960er Jahren ein Gespräch über die kirchliche Situation in seinem Land führte. Es war die Zeit der Großen Novene in Vorbereitung auf das Millennium der „Taufe Polens" im Jahr 966. Eine Kopie des Gnadenbildes der Schwarzen Madonna zog von Pfarrei zu Pfarrei, wurde mit Triumphbögen als Königin Polens empfangen, der das Versprechen galt, sich in ihren Dienst zu stellen „für die Freiheit der Kirche und des Vaterlandes". Dem hatten Staat und Partei mit ihrer „Jahrtausendfeier polnischer Staatlichkeit" kaum etwas entgegen zu setzen. Nicht die kommunistische Partei, sondern die Kirche erwies sich als Repräsentantin der Nation. Während in den anderen kommunistisch regierten Ländern Mittel- und Osteuropas die Kirchen empfindliche Verluste zu verzeichnen hatten und sich einer zunehmenden Atheisierung der Gesellschaft gegenüber sahen, ging Polens Kirche aus dem Jahrzehnte währenden Kirchenkampf gestärkt hervor.

Die Krönung dieser Entwicklung war der 16. Oktober 1978 mit der Wahl des Krakauer Metropoliten Karol Wojtyła (1920-2005) zum Papst. Ich habe damals vor Ort den Enthusiasmus erleben dürfen, der angesichts dieser Entscheidung die gesamte Nation erfasst hatte. Es war atmosphärisch zu spüren, dass mit ihr für Polen und über Polens Grenzen hinaus eine neue Zeit angebrochen war. Dieser Endruck verstärkte sich noch durch die erste Pilgerreise Johannes Pauls II. in seine Heimat im Juni 1979: Die Nation erlebte sich in der Einheit mit „ihrem" Papst. Und der verwies in seinen Ansprachen immer wieder auf die tiefe christliche Verwurzelung der polnischen Nation. Seine Predigt auf dem Warschauer Siegesplatz beschloss er mit der Anrufung des Heiligen Geistes zur Erneuerung der Erde. „Dieser Erde".

Die Erneuerung ließ nicht lange auf sich warten. Ein Jahr später erschütterten Streiks das Land. Die Arbeiter kämpften um höhere Löhne, doch bald auch um Freiheitsrechte. Am Werktor der Danziger Leninwerft hingen die Bilder der Schwarzen Madonna und des Papstes. „Solidarność" wurde gegründet und kämpfte um Anerkennung als freie Gewerkschaft. Die ausgehandelten Vereinbarungen zwischen ihr und der Regierung unterzeichnete Lech Wałęsa mit einem überdimensionalen Stift mit dem Bildnis des Papstes. Und als nach 16 Monaten der General mit der dunklen Brille am 13. Dezember 1981 das Kriegsrecht verhängte, die Aktivisten der „Solidarność" zu Tausenden hinter Gitter brachte, da sah man in den Kirchen der Grablegung Jesu nach empfundene „Solidarność"-Gräber, verbunden mit der Sehnsucht nach einem neuen Ostern. In dieser Hoffnung bestärkte Johannes Paul II. die Nation auf seiner 1983 unternommenen Reise in das unter der Gewalt leidende Land. Am Ende musste das System vor der „Solidarność" kapitulieren, sich mit ihren aus der Haft entlassenen Vertretern unter Vermittlung der Kirche an einen Tisch setzen und den Weg für eine neue Zukunft frei machen.

Schwierige kirchliche Selbstfindung in der pluralistisch-demokratischen Gesellschaft

Angesichts dieser Vorgeschichte konnte sich Polens Kirche 1989, im Jahr des Umbruchs, mit einem gewissen Triumphalismus als Überwinderin des kommunistischen Systems verstehen. Aber wie sollte sie sich auf die neue Situation einstellen? Welche Rolle für sich in einer pluralistisch-demokratischen Gesellschaft beanspruchen? Würde sie in der Lage sein, die in der Auseinandersetzung mit dem kommunistischen System herausgebildete Denkweise einer Konfrontation zwischen „wir" und „sie" zu überwinden? Oder würde sie nach wirklichen oder vermeintlich neuen Feinden Ausschau halten und sich damit gesellschaftliche und innerkirchliche Konflikte einhandeln? Würde sie es an Offenheit und Dialogbereitschaft gegenüber der säkularen Gesellschaft fehlen lassen, in einer Festungsmentalität verharren und sich damit letztlich ins gesellschaftliche Abseits manövrieren? Es zeigte sich, dass sich Polens Kirche mit einer eindeutigen Beantwortung solcher Grundsatzfragen in den Folgejahren schwer tat. Die Meinungen über die Präsenz der Kirche in der säkularen Gesellschaft gingen innerhalb Hierarchie und Klerus wie unter den Gläubigen weit auseinander.

Entsprechend waren die 1990er Jahre für Polens Kirche äußerst spannungsreich. Wenngleich der Episkopat den Aufbau einer freiheitlich-demokratischen Gesellschaft durchaus begrüßte, so hielt er doch am traditionellen Muster einer Symbiose von Kirche und Nation fest, übertrug dieses Modell auf die neuen Verhältnisse und versuchte auf diese Weise, die gesellschaftliche Entwicklung in seinem Sinn zu bestimmen. So erreichte die Kirchenführung die Einführung eines schulischen Religionsunterrichts am Parlament vorbei und handelte sich damit den Vorwurf ein, die demokratische Grundordnung zu missachten. Sie drängte auf ein absolutes Abtreibungsverbot und musste erfahren, dass sich dafür in der doch katholischen Nation keine Mehrheit fand. Sie verlangte eine für die Medien verbindliche gesetzliche Verankerung „christlicher Werte", was ihr als ein auf die Einschränkung der Meinungsfreiheit zielender politischer Machtanspruch ausgelegt wurde. Schließlich machte sie die Einstellung zur „christlichen Identität der Nation sowie zu einem Staatsaufbau auf dem Wertefundament des Evangeliums" zum Kriterium beim Urnengang zu den Parlamentswahlen.[37] Noch deutlicher äußerte sich Józef Michalik, der damalige Sekretär der Polnischen Bischofskonferenz: „Katholiken haben die Pflicht, für einen Katholiken zu stimmen."[38] Dies bedeutete nicht mehr und nicht weniger als eine Politisierung katholischen Glaubens. Sie führte zu einer jahrelangen öffentlichen Debatte, in der nicht nur antiklerikale Kräfte der Kirche ein Streben nach Theokratie vorwarfen, sondern auch innerhalb der Kirche Stimmen laut wurden, die den von der Kirche nach 1989 eingeschlagenen Weg mit Sorge verfolgten.

Die Analogie zur Zwischenkriegszeit

An Persönlichkeiten, die innerhalb wie außerhalb der Kirche gegenüber dem vom Episkopat eingeschlagenen Weg warnend ihre Stimme erhoben, hat es nicht gefehlt. Unter ihnen auch solche, die – wie mehrfach der Nobelpreisträger Czesław Miłosz (1911-2004)- auf die fatale Analogie zur Zwischenkriegszeit verwiesen. Zum 85. Geburtstag von Jerzy Turowicz (1920-1999), dem Chefredakteur der katholischen Krakauer Wochenzeitung „Tygodnik Powszechny", dem vor allem das Verdienst einer kritischen Auseinandersetzung mit der Politisierung der Kirche zukommt, hat Miłosz erneut auf den analogen Charakter dieser wenig bewussten polnischen Geschichte aufmerksam gemacht. „Niemand will heute daran erinnern, was der polnische Katholizismus in den zwanzig Jahren der Zwischenkriegszeit und besonders in den letzten Jahren vor dem Krieg war. Ihm zufolge muss man sagen: die polnische Seele ist *naturaliter endeciana*?"[39]

---

37 Słowo Pasterskie Biskupów Polskich o zadaniach katolików wobec wyborów do parlamentu (Hirtenwort der polnischen Bischöfe zu den Aufgaben der Katholiken bezüglich der Parlamentswahlen), in: Pismo Okólne v. 16.-22. September 1991.

38 Wybory do parlamentu sprawdzianem dojrzałości i sumienia narodu (Die Parlamentswahlen – eine Prüfung der Reife und des Gewissens der Nation), in: Niedziela v. 17. Oktober 1991.

39 Vgl. Tygodnik Powszechny, apokryf 12/1997, S. 4. Miłosz hat bereits 1991 in der „Gazeta Wyborcza" sowie in der Zeitschrift „Transit" davor gewarnt, auf Modelle der Zwischenkriegszeit zurückzugreifen, und „den Staat zum Instrument der Kirche zu machen,

Wer sich unter dem Aspekt einer Politisierung der Kirche mit den zwei Jahrzehnten polnischer Geschichte zwischen 1918 und 1939 befasst, dem wird kaum die Analogie zur Nach-Wende-Phase entgehen. Die Nationaldemokratie, die sogenannte Endejca, war damals eine starke politische Kraft und genoss das Wohlwollen von Hierarchie und Klerus. In ihren Parteiprogrammen räumte sie der katholischen Kirche in dem im Vergleich zu heute weit weniger homogenen katholischen Land nicht nur eine privilegierte Stellung ein; die Partei strebte vielmehr danach, wie es in ihrem Programm von 1925 heißt, „dem Katholizismus einen realen Einfluß auf das staatliche Leben und den Lauf der öffentlichen Angelegenheiten in Polen zu geben."[40] Und in der programmatischen Schrift „Kirche, Nation und Staat" des Mitbegründers und Theoretikers der Nationaldemokratie, Roman Dmowski (1864-1939), steht zu lesen: „Der polnische Staat ist ein katholischer Staat. Er ist es nicht nur deshalb, weil die überwiegende Mehrheit seiner Bevölkerung katholisch ist, und er ist nicht katholisch in dem einen oder anderen Prozentsatz. Von unserem Standpunkt aus ist er katholisch in der vollen Bedeutung dieses Begriffs, weil unser Staat ein Nationalstaat ist und unser Volk ein katholisches Volk ist."[41]

Auch wenn es aus dem Jahr 1928 eine zitierfähige Äußerung aus dem Munde von Kardinalprimas August Hlond (1881-1948) gibt, wonach eine zu eifrige Befassung mit der laufenden Politik den Interessen der Kirche nicht dienlich sei, so hat diese doch kaum etwas zur politischen Zurückhaltung bewirkt und kann nicht über die damalige von der Kirche betriebene Politisierung hinwegtäuschen. Eine der bedauerlichsten Konsequenzen dieser politischen Praxis, für die es auch im Nach-Wende-Polen nicht an Analogien fehlt, war der für die Nationaldemokratie typische, politisch sowie ökonomisch motivierte und auch von der Kirche teilweise mitgetragene Antisemitismus jener Jahre.

Auseinandersetzung um Liberalismus und Integralismus

Der Rückgriff auf die Zwischenkriegszeit mag zwar manche Erscheinung der Nach-Wende-Zeit erklären, reicht aber nicht aus, um den Weg der Kirche in den 1990er Jahren insgesamt zu werten. Wer die jahrelangen innerkirchlichen Auseinandersetzungen verfolgt, der wird immer wieder darauf stoßen, dass es in ih-

---

wenn es um höchste ethische Werte geht." Der damit auf die Gewissen ausgeübte Zwang führe zu einer verbreiteten Angst der Menschen vor ihren Seelsorgern und würde sich nach allen Erfahrungen letztlich auch für die Kirche als Schaden erweisen.

40 U. Caumanns, Die polnischen Jesuiten, der Przegląd Powszechny und der politische Katholizismus in der Zweiten Republik, Dortmund 1996, S. 165.

41 Ebd., S. 166.

rem Kern um die Freiheit geht. Sie bildet offenbar für die polnische Kirche nach der politischen Wende die eigentliche Herausforderung. Mit der gesellschaftlichen Pluralisierung zeigt sich auch eine zunehmende Individualisierung des religiösen Lebens, so dass die in der Vergangenheit praktizierten religiös-nationalen Identifikationsmuster kollektiver Zustimmung an Kraft einbüßen. Zudem werden die negativen Begleiterscheinungen der mit dem Ende des Kommunismus gewonnenen – westlichen – Freiheit stark empfunden, was verständlicherweise Abwehrreaktionen hervorruft. Doch gerade die Angst vor der Freiheit könnte Polens Kirche in die Krise führen, da sie den Menschen letztlich um die Möglichkeit bringt, aus der Kraft eben dieser Freiheit allen Anfechtungen zu widerstehen.

Auf diesem Erfahrungshintergrund wird in den katholischen Medien Polens um den „Liberalismus" erbittert gefochten. Während die Richtung eines offenen Katholizismus um den „Tygodnik Powszechny" für eine differenzierte Sicht des Liberalismus eintritt, dabei auch geschichtliche Versäumnisse und Fehler seitens der Kirche einräumt und sich für ein Freiheitsverständnis ausspricht, das neben seiner christlichen Verwurzelung auch den säkularen Freiheitsbewegungen den ihnen gebührenden Platz zugesteht, operiert ein geschlossener Katholizismus, wie er in zahlreichen Kirchenzeitungen sowie in dem katholischen Rundfunksender Radio „Maryja" seinen Niederschlag findet, mit dem Feindbild eines „Demoliberalismus", der an die Stelle des früheren Kommunismus getreten sei, so dass das Jahr 1989 eigentlich keine Wende markiere, sondern lediglich den Übergang zu einem kirchenfeindlichen Totalitarismus unter anderem Vorzeichen.

In der ersten, wirklich gründlichen Analyse der Entwicklung der polnischen Kirche nach dem Kommunismus widmet denn auch Jarosław Gowin dem Liberalismus ein umfangreiches Kapitel unter der Überschrift „Liberalismus oder was die Kirche tatsächlich bedroht". Er verweist unter anderem darauf, dass das Verhältnis der katholischen Kirche zum Liberalismus in der Geschichte entgegen dem Anschein nicht ganz so einseitig war. Neben wechselseitiger Rivalisierung und Verurteilung habe es auch – wenngleich unter der Decke – einen die Verdienste des Gegners anerkennenden Dialog gegeben. „Im postkommunistischen Polen machten beide Erscheinungen von sich reden, allerdings mit unterschiedlicher Intensität. Während innerhalb der Kirche eine schmale, wenn auch meinungsbildende Minderheit die Haltung des Dialogs repräsentierte, wurde die Feindschaft gegenüber dem Liberalismus zu einem der Wegweiser auf dem Pfad, den die vorherrschende Strömung der hierarchischen Kirche beschritt."[42] Zumindest bei dieser gesellschaftlichen Minderheit registriert Gowin eine Annäherung zwischen Christentum und Liberalismus. Den Schlüssel dazu sieht er

---

42 J. Gowin, Kościół po Komunizmie (Kirche nach dem Kommunismus), Krakau 1995, S.179.

interessanterweise in dem ein halbes Jahrhundert zurückliegenden beiderseitigen Versagen vor dem Totalitarismus. „Schließlich vollzog sich im Herzen des christlichen Westens der Holocaust. Unfähigkeit und Autoritätsverlust trieben die Völker Europas in die Arme einer totalitären 'Revolution des Nihilismus'. Diese Erfahrung sensibilisierte für die Brüchigkeit liberaler Institutionen sowie für die Ratlosigkeit der Religion angesichts des Bösen. Eben dieses Bewusstsein führte zu einer allmählichen Annäherung zwischen Christen und Liberalen, die in Polen nach 1989 so deutliche Formen annahm."[43]

Gowin betont zudem die Bedeutung, die einem (für die „Freiheitsunion" charakteristischen) Zusammengehen von Christen und Liberalen für die Transformationsprozesse zukommt, denn der polnische Katholizismus dürfe nicht „zu einem gefährlichen Asyl für die traditionellen Gegner der Modernisierung werden"[44]

In einem inneren Bezug zum Für und Wider des Liberalismus steht die Auseinandersetzung um den Integralismus im Sinne einer Dominanz der Kirche über das gesellschaftliche Leben. Auch hier stießen in der Vergangenheit die Gegensätze hart aufeinander. Integralistische Tendenzen besaßen innerhalb des Episkopats die Oberhand, unterstützt von der Mehrzahl katholischer Kirchenzeitungen und – natürlich – von Radio „Maryja". Während sie – ohne den Begriff im Munde zu führen – im Integralismus eine Garantie für das Überdauern der Kirche in einer Zeit gesellschaftlichen Umbruchs sahen, verstanden die Vertreter eines offenen Katholizismus jegliche Unterordnung weltlicher Institutionen unter die Vormundschaft der Kirche als eine ihrer größten Gefährdungen. „Der katholische Integralist, der in Verteidigung von Glaube und Kirche auf die Welt, den Staat, die Anders- und Nichtglaubenden einschlägt, trifft natürlich nicht diese, sondern uns, die Kirche, die Werte, die wir verteidigen wollen. [...] Das posttotalitäre Polen verteidigt sich selbst vor unserem Integralismus, und dank der demokratischen Rechte verteidigt es die religiösen und nicht religiösen Minderheiten vor ihm."[45] Am Phänomen des Integralismus wird die Politisierung der Kirche am deutlichsten, da letztlich hinter ihm eine Denkweise des Herrschens und Beherrschtwerdens steckt, die in einem tiefen Widerspruch zum Evangelium steht und von der Kirche mit einem Glaubwürdigkeitsverlust teuer bezahlt wird.

Der von einem geschlossenen Katholizismus vertretene Integralismus ist stark antiliberal und nationalistisch geprägt. Um die „polnische" Identität zu wahren, fordert er eine Abgrenzung gegenüber der modernen westlichen Welt und den Aufbau einer alternativen Zivilisation, deren Stunde dann schlagen

---

43 Ebd., S. 214.
44 Ebd.
45 M. Czajkowski, Nie ten Kościół, nie ta Polska? (Nicht diese Kirche, nicht dieses Polen?), in: Tygodnik Powszechny 30/1997, S. 10.

wird, wenn die westliche Welt ihrer Selbstzerstörung anheimfällt. Bei der Bewertung gesellschaftspolitischer Prozesse greift dieser Integralismus mit Vorliebe auf die Kategorien von „gut" und „böse" zurück, worin sich neben einem aus kommunistischen Zeiten überkommenen dualen Denken ein gewisser Manichäismus verrät. So wundert es nicht, dass sich in Polen Gruppen organisieren – und dies auch unter der jungen Intelligenz -, die das Zweite Vatikanum für einen Unglücksfall halten, die in der Religionsfreiheit im Sinne einer rechtlichen Gleichstellung aller Kirchen und Bekenntnisse eine Häresie sehen und die sich auch sonst den Ideen der Piusbrüder verbunden fühlen.

Angesichts dieses Befundes stellt sich die Frage, ob es überhaupt nach dem Ende des kommunistischen Systems Anzeichen für eine Trendwende gibt, die Polens Kirche in ein ruhigeres Fahrwasser leitet, oder ob ihr bei zunehmender Politisierung eine Zerreißprobe droht. Dieser Frage soll im Folgenden unter Bezugnahme auf konkrete Ereignisse des Jahres 1997 nachgegangen werden.

Polen erlebte 1997 ein äußerst ereignisreiches Jahr: Am 16. April konnte Präsident Aleksander Kwaśniewski den zur Abstimmung in einem Referendum freigegebenen Text der neuen Verfassung nach Jahren einer zum Teil erbitterten Auseinandersetzung, an der auch die Kirche ihren Anteil hatte, allen polnischen Familien ins Haus schicken. Nach dem Amsterdamer EU-Gipfel vom 16./17. Juni erhielt Polen neben Ungarn, Tschechien, Slowenien, Estland und Zypern die Einladung zur Europäischen Union. Auch wenn sich die Aufnahmeverhandlungen bis über das Jahr 2000 erstrecken sollten, so war damit doch eine Grundentscheidung gefallen, auf die sich Kirche und Gesellschaft in den nächsten Jahren einzustellen hatten. Gleiches gilt für die Aufnahme Polens – neben Tschechien und Ungarn – in die Nato, die gegen den Widerstand Russlands auf dem Madrider Nato-Gipfel am 8. Juli beschlossen wurde. Am 21. September fanden sodann in Polen Parlaments- und Senatswahlen statt, die zur Ablösung der aus dem Linksbündnis (SLD) und der Bauernpartei (PSL) bestehenden Regierung führten und eine Koalition aus der „Wahlaktion Solidarność" (AWS) und der „Freiheitsunion" (UW) an die Macht brachte. 1997 war aber auch das Jahr der fünften Pilgerreise Johannes Pauls II. (1920-2005) in seine Heimat, der angesichts der politischen Situation im Lande eine besondere Bedeutung beigemessen wurde und von der – wie zu zeigen sein wird – ein Impuls ausging, der für Polens Kirche auf eine Trendwende abzielte.

Der Streit um die polnische Verfassung

Wer die nach Jahren der Kontroverse bei knapp 43% Wahlbeteiligung mit nicht ganz 53% an Ja-Stimmen angenommene polnische Verfassung unvoreingenommen liest, dürfte kaum verstehen, warum sie innerhalb der Kirche so heiß umstritten war. Man wird beim besten Willen im Text nichts finden können, was einem katholischen Glaubens- und Moralverständnis widersprechen würde. Die Ursachen für die Ablehnung der Konstitution durch weite Teile des polnischen Katholizismus liegen nicht in der Sache selbst, sondern sind eher psychologischer Natur: Zu tief saß das Misstrauen, die von den Postkommunisten geführte Regierung und der von ihr dominierte Sejm könne mittels der Verfassung die Rechte der Kirche beschränken, dem Atheismus Vorschub leisten und dazu noch Polen um seine Unabhängigkeit bringen. Dabei wurde geflissentlich übersehen, dass die Verfassung keineswegs das alleinige Werk der Postkommunisten war, sondern das Ergebnis zäher Verhandlungen, bei denen die Postkommunisten Entgegenkommen zeigen mussten und auch zeigten, denn die Konstitution konnte nur mit einer Zweidrittelmehrheit verabschiedet werden, also mit Stimmen aus dem Lager der Opposition, zumal der „Freiheitsunion", der politischen Heimat vieler „offener" Katholiken. Und durch Vermittlung von Tadeusz Mazowiecki, Polens erstem Ministerpräsidenten nach der Wende, findet sich bei genauerem Lesen auch die Handschrift des Episkopats wieder. Dieser hatte im Vorfeld des Referendums eine eher zwiespältige Haltung eingenommen. Während Primas Józef Glemp (1929-2013) sich dahingehend äußerte, die Vorlage „ist kein schlechter Text, doch in manchen Punkten gibt es Doppeldeutigkeiten"[46], gab die Bischofskonferenz offiziell die Empfehlung heraus, bei Stimmabgabe dem eigenen Gewissen zu folgen. Von Radio „Maryja" und von manchen Kanzeln herab wurde dies aber dahingehend interpretiert, dem christlichen Gewissen zu folgen und die Verfassung abzulehnen. In einzelnen Pfarreien lagen Flugblätter aus, die mit groben Vorwürfen gegenüber Liberalismus und Atheismus gespickt waren und vor Verfälschungen des Verfassungstextes nicht zurückschreckten.

Die neue Konstitution, die nun die noch aus der stalinistischen Zeit stammende und nach der Wende lediglich modifizierte Verfassung abgelöst hat, enthält in ihrer Präambel nicht die von der Kirche gewünschte *Invocatio Dei*. Sie versteht die polnische Nation als eine Gemeinschaft sowohl von Bürgern, „die an Gott als Quelle der Wahrheit, der Gerechtigkeit, des Guten und des Schönen glauben, als auch von solchen, die diesen Glauben nicht teilen, wohl aber diese universalen Werte aus anderen Quellen schöpfen." Es fehlt in der Verfassung auch nicht der Hinweis auf die „im christlichen Erbe der Nation und in allgemein menschlichen Werten verwurzelte Kultur." Alles Formulierungen, denen man den Kompromiss anmerkt, wie er nicht anders möglich war, steht doch die Verfassung für die Nation im Ganzen. Was die Position der katholischen Kirche betrifft, so geht die Verfassung in Art. 25 von der Gleichstellung aller Religi-

---

46 Tygodnik Powszechny 21/1997, S. 2.

onsgemeinschaften aus. Es heißt dort lapidar: „Kirchen und andere Bekenntnisgemeinschaften sind gleichberechtigt." Die Neutralität der öffentlichen Organe in Fragen religiöser, weltanschaulicher und philosophischer Überzeugungen ist festgeschrieben, die Beziehungen zwischen dem Staat und den Religionsgemeinschaften regeln sich unter Wahrung ihrer Autonomie und wechselseitigen Unabhängigkeit – wobei der vom Zweiten Vatikanischen Konzil verwendete Begriff der „Autonomie" den Einfluss der Kirche verrät, die den aus der kommunistischen Vergangenheit belasteten Terminus der „Trennung von Staat und Kirche" strikt abgelehnt hatte. Weitere Regelungen sollen für die katholische Kirche durch Abschluss eines Konkordats, für die anderen Religionsgemeinschaften durch gesetzliche Vereinbarungen mit dem Ministerrat getroffen werden. Nach vierjähriger Verzögerungstaktik durch das von den Postkommunisten dominierte Parlament hat der Sejm nach einem Regierungswechsel am 8. Januar 1998 mit der Koalitionsmehrheit aus der „Wahlaktion Solidarność" und der „Freiheitsunion" sowie mit den Stimmen der Bauernpartei das Konkordat ratifiziert. Staatspräsident Aleksander Kwaśniewski hatte bereits im Jahr davor seine Bereitschaft bekundet, im Falle der Ratifizierung das Konkordat zu unterzeichnen. Dies tat er am 24. Januar 1998.

Bezüglich der Stellung der Kirche in Staat und Gesellschaft hat die Verfassung nunmehr für Klarheit gesorgt. Jeder Versuch, einen katholischen Bekenntnisstaat anzustreben, wäre verfassungswidrig. Das weiß auch der Episkopat. Doch innerhalb des polnischen Katholizismus sind die integralistischen Strömungen noch keineswegs verebbt.

Johannes Paul II. gegen eine Politisierung der Religion

Welche Wirkung konnte angesichts der kirchlichen Situation in Polen von der fünften Pilgerreise Johannes Pauls II. (1997) in seine Heimat ausgehen? Ihr Anlass war der Internationale Eucharistische Kongress in Breslau. Die Erwartungen waren hoch gespannt. Würde der Papst auf die innerkirchlichen Konflikte eingehen? Sie schlichten, Partei ergreifen? Würde er – und sei es nur durch Andeutungen und Zwischentöne – die bevorstehenden Wahlen beeinflussen? Wer würde am Ende aus dieser Papstvisite Kapital schlagen?

Wer einen politischen Papst erwartet hatte, wurde enttäuscht. Im Zentrum seiner Botschaft stand die Freiheit. In seiner Predigt zum Abschluss des Eucharistischen Kongresses zitierte er Galater 5,1: „ Zur Freiheit hat uns Christus befreit!" Und er führte aus: „Das Thema des Internationalen Eucharistischen Kongresses in Breslau ist die Freiheit. Besonders hier, in diesem Teil Europas, der über viele Jahre schmerzlich die Unfreiheit des nazistischen und kommunistischen Totalitarismus erfahren hat, besitzt die Freiheit einen besonderen Geschmack. Schon das Wort ‚Freiheit' lässt hier die Herzen höher schlagen. Dies sicher deswegen, weil man in den vergangenen Jahrzehnten für sie einen hohen Preis zahlen musste."[47]

Allerdings brauche die Freiheit eine moralische Ordnung. Johannes Paul II. stellte die Frage, ob man eine Freiheitsordnung ohne, ja gegen Christus errichten könne und brachte sie mit den von einer liberalen Ideologie inspirierten Konzeptionen von Demokratie in Bezug. „Man bemüht sich heute, dem Menschen und der ganzen Gesellschaft einzureden, Gott sei ein Hindernis auf dem Weg zur vollen Freiheit, die Kirche sei ein Feind der Freiheit, sie verstehe die Freiheit nicht, sie fürchte sie. Hier liegt eine unerhörte Begriffsverwirrung vor. Denn die Kirche hört nicht auf, in der Welt Verkünderin des Evangeliums der Freiheit zu sein!"[48]

Es gab noch weitere Akzente: durch die Sprache des Papstes, die sich jeder Verurteilung enthielt und im deutlichen Gegensatz zu den aggressiven Tonlagen mancher Kirchenblätter und zumal von Radio „Maryja" stand; durch das Treffen mit den Präsidenten der Nachbarstaaten Polens, mit Ausnahme des weißrussischen, am Grab des heiligen Adalbert in Gnesen im Sinne einer Ost und West umspannenden europäischen Einheit; durch seine ökumenischen Worte und Gesten als Einladung der christlichen Kirche zu einer über die bloße Toleranz hinausgehenden Einheit und einer auch Juden und Muslime einbeziehenden menschlichen Gemeinschaft.

In seinem Fazit erhob Polens wohl prominentester (und damit auch besonders angefeindeter) Vertreter eines offenen Katholizismus, Professor Józef Tischner (1931-2000), diese Pilgerreise des Papstes förmlich in den Rang eines „Wendepunktes in der Geschichte der polnischen Kirche und des polnischen Katholizismus." Johannes Paul II. habe manche „gegenwärtigen Tendenzen im polnischen Katholizismus für nichtig erklärt", indem er gezeigt habe, „dass sie keiner Erwähnung wert sind." Bezüglich der verbreiteten Politisierung schreibt Tischner: „Diese Pilgerreise bringt jegliche Sehnsucht nach einem Bekenntnisstaat um ihre Wurzel. Dazu überließ der Papst die Probleme der Politik ihrem eigenen Lauf – und zeigte damit, dass dieser Bereich des Lebens so wichtig nicht ist. Dass es viel fundamentalere Bereiche gibt (wenngleich diese, selbstverständlich, indirekt auf die Politik Einfluss nehmen)."[49]

Von besonderer Bedeutung für eine Trendwende der polnischen Kirche ist der nach seiner Pilgerreise an den Episkopat gerichtete Brief des Papstes, der denn auch unmittelbar danach von der Bischofskonferenz beraten wurde. In ihm heißt es mit Blick auf die Politisierung der Kirche und ihre Stellung in Staat und Gesellschaft unzweideutig: „Bezüglich der konkreten Probleme und Aufgaben

---

47 Tygodnik Powszechny 25/1997, S. 9.
48 Tygodnik Powszechny 23/1997, S. 5.
49 Tygodnik Powszechny 25/1997, S. 9.

möchte ich auf die Notwendigkeit verweisen, dass die Laien ihre Verantwortung in der Kirche wahrnehmen. Das betrifft die Sphären des Lebens, in denen die Laien im eigenen Namen, doch als gläubige Glieder der Kirche das politische Denken, das wirtschaftliche Leben und die Kultur in Einklang mit den Prinzipien des Evangeliums verwirklichen. Darin muss man sie zweifellos unterstützen, darf ihnen aber ihre Verantwortung nicht abnehmen. Die Kirche muss frei sein in der Verkündigung des Evangeliums. [...] Diese Freiheit genügt ihr. Sie sucht keine speziellen Privilegien und will sie auch nicht."[50]

Kirchliche Zurückhaltung bei den Herbstwahlen

Ein erstes Indiz, ob und inwieweit Polens Kirche von einer Politisierung nach dem Papstbesuch Abschied genommen hat, bildeten die im Jahr des Papstbesuchs stattgefundenen Parlaments- und Senatswahlen sowie die sich daran anschließende Regierungsbildung. Noch zur voran gegangenen Präsidentschaftswahl hatten Polens Bischöfe mit ihrem Hirtenwort vom 26. August 1995, wenn auch ohne Namensnennung, so doch deutlich Partei ergriffen. „In Sorge um die Nation" – so der Titel der Botschaft – warnten Polens Hirten vor den Postkommunisten, die in der Vergangenheit das Land ruiniert hätten und nun wieder nach der Macht strebten: „Sie geben keine Garantie," – heißt es dann wörtlich – „dass sie anders regieren können als damals, als sie die Nation in die Armut und den Staat in eine dramatische Verschuldung trieben."[51] Die Gläubigen wurden sodann moralisch verpflichtet, für einen Präsidenten zu stimmen, der „die historische, kulturelle und christliche Kontinuität der Nation garantiert." Genutzt hat es nichts: Nicht Lech Wałęsa, sondern der Postkommunist Aleksander Kwaśniewski ging siegreich aus den Präsidentschaftswahlen hervor.

Diesmal enthielt sich die Bischofskonferenz jeglicher Wahlbeeinflussung. Und auch die einzelnen Ordinarien übten politische Enthaltsamkeit. Lediglich einem Oberhirten konnten die Medien eine vor Wallfahrern in Tschenstochau geäußerte Wahlempfehlung für die „Wahlaktion Solidarność" nachweisen, die allerdings durch Radio „Maryja" eine landesweite Verbreitung fand.

Wie ernst es nunmehr dem polnischen Episkopat mit einer Entpolitisierung der Kirche offenbar war, zeigt folgender Vorgang: Die für die katholische Erziehung zuständige Bischofskommission hatte als Protest gegen den Versuch des Sejms, die Katechese in den Vorschulen zu unterbinden und Benotungen des Religionsunterrichts abzuschaffen, ein „pastorales Wort" vorbereitet. Darin fand sich der Satz: „Kein Katholik kann jemandem seine Stimme geben oder ihn anderweitig unter-

---

50 Ebd. S. 3.
51 Tygodnik Powszechny 45//1997, S. 2.

stützen, der sich für die Liquidierung der Glaubensunterweisung in den Vorschulen oder für die Abschaffung der Religionszensuren ausspricht." Dieser Satz wurde durch Intervention der Bischofskonferenz zurückgezogen, die durch ihren Sekretär erklären ließ, es habe sich bei diesem Pastoralwort lediglich um ein Projekt gehandelt. Die seitens der Bischofskonferenz freigegebene offizielle Textversion enthielt denn auch diesen Passus nicht mehr – was freilich viele Geistliche nicht daran hinderte, während des Gottesdienstes die ältere Fassung zu verlesen.

Wie zu sehen ist, bestimmte die neuerliche politische Zurückhaltung des Episkopats nicht unbedingt die gesamtkirchliche Marschrichtung. So lief auch der Versuch der Hierarchie ins Leere, Radio „Maryja" von jeglicher Wahleinmischung zurückzuhalten. Der Sender machte trotz einer Intervention mehrerer Bischöfe für bestimmte, namentlich genannte Kandidaten der „Wahlaktion Solidarność" Propaganda und schaffte es, dass auf hinteren Listenplätzen platzierte Kandidaten den Sprung ins Parlament schafften. Radio „Maryja" verfügte auf diese Weise gleichsam über eine Fraktion von 30 Abgeordneten im Parlament.

Aus den Wahlen ging die „Wahlaktion Solidarność" (AWS), die verschiedene, der Mitte wie dem rechten Flügel zuzurechnende Kräfte umfasst, mit nicht ganz 34% der Stimmen als Sieger hervor. Es folgten: das linke Bündnis der Postkommunisten (SLD) mit gut 27% und die „Freiheitsunion" (UW) mit 13%. Der Wahlausgang ließ nur die Möglichkeit einer Koalitionsregierung zu – was wiederum für reichlich innerkirchlichen Zwist sorgte. Radio „Maryja" machte mobil, um eine Koalition der von diesem Sender massiv unterstützten AWS mit der „Freiheitsunion" (UW) zu verhindern, auf die man sich bereits seit Jahren eingeschossen hatte, handelt es sich hier doch um eine Union zwischen „offenen" Katholiken und Liberalen. Doch Marian Krzaklewski, der Vorsitzende der AWS, setzte in den eigenen Reihen die Koalition mit der UW durch. Ministerpräsident wurde der evangelische Christ Prof. Jerzy Buzek (AWS), Außenminister als Vertreter der „Freiheitsunion" Prof. Bronisław Geremek (1932-2008), Sohn eines Warschauer Rabbiners, bekannt durch sein Engagement für die „Solidarność", das ihm in den 1980er Jahren eine zweimalige Haft eintrug. Die dreieinhalb jährige Regierungszeit dieser Koalition war durch permanente Querelen gekennzeichnet, an denen sie schließlich im Sommer 2000 zerbrach.

Der Fall des Prälaten Henryk Jankowski (1936-2010)

Diese Regierungsbildung war somit nicht nach dem Geschmack katholischer Nationalisten. Einer ihrer prominentesten Vertreter war der Danziger Prälat Henryk Jankowski, einst Beichtvater von Lech Wałęsa. Seine Verdienste an der Seite der „Solidarność" stehen außer Zweifel. Doch die Zeiten hatten sich geändert, und der ungebrochene Kampfeswille dieses Prälaten richtete sich nach der politischen Wende gegen alles, was nicht in sein beschränktes katholischnationalistisches Weltbild passte. Er wurde für die Politisierung der Kirche zu einer Art Galionsfigur. Bereits in der Vergangenheit machte er durch skandalöse Äußerungen und Aktionen von sich reden. 1995 war er von seinem Ordinarius, Erzbischof Tadeusz Gocłowski, einer schlimmen Entgleisung wegen schon einmal verwarnt worden. Jankowski hatte in einer Predigt den Davidstern in einen inneren Zusammenhang mit den Symbolen des Nationalsozialismus und des Kommunismus, mit Hakenkreuz sowie mit Hammer und Sichel, gebracht. Sein Ordinarius stellte damals für den Wiederholungsfall ernste Konsequenzen in Aussicht und forderte vom Pfarrer der Brigittenkirche, sich zukünftig in seinen Predigten politischer Akzente zu enthalten.

Angesichts der Schwere dieses Vergehens erscheint dem Beobachter die Reaktion des Danziger Erzbischofs mehr als maßvoll. Prälat Jankowski jedenfalls nahm sie nicht sonderlich ernst, denn wenig später ließ er sich zu der Äußerung hinreißen: „Eine jüdische Minderheit in unserer Regierung ist inakzeptabel." Und er wurde noch deutlicher, indem er den Außenminister beim Namen nannte, ihm seine angeblich im Fernsehen demonstrierte „Arroganz" vorwarf und ihm rundheraus den Anspruch auf sein hohes Amt bestritt. Diesmal belegte Erzbischof Gocłowski seinen Pfarrer mit einem einjährigen Predigtverbot, wobei er – unverständlicherweise – Prälat Jankowski vom Vorwurf des Antisemitismus frei sprach und seine Äußerungen als rein politisch qualifizierte. Diese Einschätzung teilte auch Primas Glemp, der obendrein die guten Eigenschaften des Prälaten hervorhob, der Kirche und Vaterland liebe, vielleicht etwas anders als andere, und große Vorzüge besitze.

Prälat Jankowski zeigte sich im Übrigen von der Maßregelung seines Ordinarius wenig beeindruckt. Aus Rom ließ er verlauten, er sei „Priester und Patriot in voller Bedeutung dieses Wortes. Ich meine, dass ich das, was die ganze polnische Nation denkt, laut ausgesprochen habe. Und nicht durch ein Versehen, sondern aus Überzeugung."[52] Der Prälat stand in der Tat nicht allein. Außer dem Komitee, das sich zur Wahrung der kirchlichen Rechte von Prälat Jankowski im Umfeld seiner Pfarrei gebildet hatte, durfte er der stillen oder auch weniger stillen Zustimmung aller katholischen Integralisten und Nationalisten sicher sein.

Andererseits erscheint denen, die für einen offenen Katholizismus des Dialogs einstehen, die Maßregelung des Prälaten als reichlich gelinde. Zumal das Bemühen, seine Äußerung als lediglich politisch und nicht antisemitisch hinzustellen, stieß auf entschiedenen Widerspruch. In einem mehrspaltigen Aufsatz

---

52 Tygodnik Powszechny 46/1997, S. 2

wandte sich das ehemalige Mitglied der bischöflichen Kommission für den Dialog mit dem Judentum, der Jesuit Stanisław Musiał (1938-2004), gegen die im Falle Jankowski erkennbare Tendenz, „die Sünde des Antisemitismus zu bagatellisieren."[53]

Radio „Maryja" außer Kontrolle?

Im Verlauf dieser Überlegungen war bereits mehrfach von Radio „Maryja" die Rede. Es handelt sich um die stärkste, von Thorn aus sendende katholische Rundfunkstation. Ihr Direktor ist der Redemptoristenpater Tadeusz Rydzyk, dem man ein charismatisches Talent nachsagt, das er allerdings leider nur zu oft demagogisch missbraucht.

Über Radio „Maryja" lässt sich manches Gute sagen: Übertragung von Gebeten, Andachten und Gottesdiensten, Organisation von Pilgerfahrten im In- und Ausland, karitative Initiativen wie der Spendenaufruf für die Opfer der Flutkatastrophe von 1997. Dieser Teil der Aktivitäten mag 80% des Programms umfassen. Die restlichen 20% verdienen allerdings eine kritische Betrachtung, dienen sie doch auf erschreckende Weise einer Politisierung der Kirche im Ungeist eines national geprägten kirchlichen Integralismus. Dabei ist Pater Rydzyk in den Methoden wenig zimperlich. Als beispielsweise der Sejmabgeordnete Władysław Frasyniuk, in den 1980er Jahren eine der Führungspersönlichkeiten von „Solidarność", für eine Liberalisierung des Abtreibungsverbots eintrat, rief Radio „Maryja" seine Hörer dazu auf, die Mutter anzurufen und sie aufzufordern, für die Bekehrung ihres Sohnes zu beten. Es gehört wenig Phantasie dazu, sich vorzustellen, welchem Telefonterror die arme Frau ausgesetzt war. Bezeichnend auch der Gebrauch einer äußerst aggressiven Sprache. Dazu eine Kostprobe: Im Zusammenhang mit der Debatte um die Legalisierung von im Übrigen rechtlich sehr eingeschränkten Abtreibungen fuhr der Sender, ungeachtet der sehr unterschiedlichen Standpunkte und Begründungen, gegen alle ihre Befürworter schwerstes Geschütz auf, indem er anregte, Frauen, die sich für die Möglichkeit von Abtreibungen aussprechen, die Köpfe kahl zu scheren und sie somit als Verräterinnen der Nation zu brandmarken.

Die massive Einmischung des Senders bei den Parlaments- und Senatswahlen wurde schon erwähnt. Mit einer gewissen Sorge betrachtete man in Polen die Möglichkeit, die „Fraktion" von Radio „Maryja" könne bei bestimmten Entscheidungen der Koalitionsregierung ihre Zustimmung verweigern und eine Regierungskrise heraufbeschwören, was denn auch der Fall war. Ein willkommener Anlass war der angestrebte EU-Beitritt Polens, der von Radio „Maryja" heftig bekämpft wurde.

---

53 St. Musiał, Czarne jest czarne (Schwarz ist schwarz) in: Tygodnik Powszechny 46/1997, S. 1, 4.

II. Nation, Kirche, Katholizismus 87

Als eine vom Primas geleitete, hochrangige Bischofsdelegation von einem Informationsbesuch aus Brüssel zurückkehrte und die Bereitschaft der Kirche bekundete, zur Integration Polens in die EU beizutragen, wurde kein Mitglied der Delegation zu einem Gespräch in die Sendezentrale eingeladen, stattdessen aber ein Vortrag mit der Tendenz ausgestrahlt, der EU-Beitritt würde für Polen den Ruin bedeuten. In den ersten Jahren nach der Wende konnte sich Radio „Maryja" der Unterstützung des Episkopats sicher sein, lag er doch auf der Linie der damals von der Hierarchie verfolgten Strategie. Als dann die Konflikte um eine Politisierung der Kirche zunahmen, haben die Bischöfe allzu lange zu den Attacken des Senders geschwiegen. Nun schien es schwierig, ihn unter Kontrolle zu bekommen.

Dass der Versuch dazu unmittelbar nach dem Papstbesuch erfolgte, ist kein Zufall. In dem bereits zitierten Brief Johann Pauls II. an den polnischen Episkopat findet sich ein aufschlussreicher Absatz über die katholischen Medien: „Bei Berücksichtigung der Kompetenz der Diözesanbischöfe ist die Bischofskonferenz für die Gesamtheit der Glaubensvermittlung auf ihrem Gebiet verantwortlich, ohne Rücksicht darauf, ob ihre Vermittler Diözesangeistliche, Ordensleute oder Laien sind. Präsenz der Kirche in den Medien ist eine Notwendigkeit. Durch ihre Vermittlung nämlich tritt die Kirche mit der Welt in einen Dialog, und mit ihrer Hilfe lässt sich das menschliche Gewissen formen. Wir müssen mit dem die Welt erreichen, was die Kirche an besten Angeboten zur Verfügung hat: mit der Achtung vor der Würde der menschlichen Person und mit der Sensibilisierung für die Verantwortung vor Gott." Wohl unter dem Einfluss dieser Worte trat der Sekretär der Bischofskonferenz wenige Tage nach dem Papstbesuch mit der Erklärung an die Öffentlichkeit, es sei notwendig, „die mit Radio Marjya verbundenen Probleme in Ordnung zu bringen. Radio Maryja hat sich der kirchlichen Kontrolle entzogen." Der Ankündigung des Sekretärs folgte ein Brief des Primas an den Provinzial der Redemptoristen mit der Aufforderung, „sich um die personelle Zusammensetzung von Radio Maryja zu kümmern, damit aus menschlicher Überlastung keine Fehler entstehen" – ein bei aller diplomatischen Verpackung doch deutlicher Hinweis, Pater Rydzyk zu beurlauben. Es lohnt sich, weitere Zitate dieses Briefes zur Kenntnis zu nehmen: „Es wäre nicht gut, wenn man aus Grundsätzen des Evangeliums eine Peitsche flechten würde, um mit ihr auf die Gegner einzuschlagen. Damit versperrt man sich den Weg zur Bekehrung der Irrenden." Und: „Man darf nicht die Überzeugung verbreiten, wir würden jetzt die schwierigsten Zeiten durchleben. Die politische und gesellschaftliche Freiheit ist eine Herausforderung zu guten Taten. [...] Wenn es um das Wohl geht, dann ist der Grundsatz 'Wer nicht mit uns ist, der ist gegen uns' kein Prinzip des Evangeliums." Den Ernst der Lage verdeutlicht die Reaktion des Provinzials: „Mit freundlichen Grüßen in Christus" ließ er den Primas wissen, er stehe „in brüderlicher Solidarität zu unserem Mitbruder Tadeusz Rydzyk." Michał Okoński endet seinen diesem kirchlichen „Störsender" gewidmeten

Beitrag mit einer Frage, die auch die meine ist: „Ein charismatischer Führer, der über ein mächtiges Medium, Kapital und fanatische Anhänger verfügt – das kommt der Beschreibung einer Sekte gleich. Ob wohl in der polnischen Kirche ein innerer Klärungsprozess in Gang kommt, nachdem Papst und Primas nacheinander die Anhänger von Rydzyk 'enttäuscht' haben?"[54]

Zur Lage der katholischen Kirche in Polen nach den Parlamentswahlen 2011

Am 9. November 2011 erhielt der Marianerpater Adam Boniecki, langjähriger Chefredakteur der für ihren offenen Katholizismus bekannten Krakauer Wochenzeitung „Tygodnik Powszechny", ein Schreiben seines Provinzials mit der Auflage, sich außerhalb des „Tygodnik Powszechny" nicht mehr medial zu äußern. Boniecki, selbst einst über Jahre Ordensgeneral, kam aufgrund seines Gehorsamsgelübdes dem ihm auferlegten Verbot widerspruchslos nach. Doch damit war die Angelegenheit keineswegs bereinigt. Der Provinzial hatte einen Stein ins Wasser geworfen und damit in der inner- wie außerkirchlichen Öffentlichkeit Wellen des Unverständnisses, ja der Empörung hervorgerufen. Ganz ohne Zutun des Betroffenen solidarisierten sich mit ihm in den verschiedensten Foren des Internet tausende Gläubige und der Kirche fern stehende Bürger. Hacker blockierten zeitweise das Internet des Provinzials. Der Gemaßregelte erhielt eine Unzahl an Briefen und Mails. In ihrem Zentrum – so Boniecki – „stehe nicht er selbst, sondern der Glaube der Verfasser sowie Fragen voller Besorgnis nach dem Glauben sowie nach der Kirche: Wie diese sich darstelle und nach welcher sie sich sehnen."[55]

Dass diese Protestwelle höchste kirchliche Kreise erfasst hat, zeigt die Aussage des emeritierten polnischen Primas und langjährigen Verantwortlichen für den Dialog mit dem Judentum, Erzbischof Henryk Muszyński. In einem im Internet veröffentlichten Interview bedauert er diesen Vorgang. Strittige Fragen müssten „durch Gespräch und Dialog, nicht aber durch radikale Maßnahmen entschieden werden." Er spricht Adam Boniecki seine Hochachtung aus und erinnert daran, „dass er dort ist, wo andere nicht sein wollen, eine Brücke zwischen den einen und den anderen." Innerhalb der polnischen Kirche erfülle er eine ungemein wichtige Rolle. Und mit einem insgeheimen Hinweis auf Pater

---

54 Zum Ganzen vgl. M. Okoński. Alleluja i dokąd? (Alleluja und wohin?), in: Tygodnik Powszechny 50/1997, S. 1.
55 A. Boniecki, Nie poprzestać na tym, co zwykle (Sich nicht mit dem Gewöhnlichen zufrieden geben), in: Tygodnik Powszechny vom 20. November 2011, S. 2.

Tadeusz Rydzyk, den Direktor von Radio „Maryja" und seinem Medienimperium, fügt er hinzu: „Wenn man schon gewisse Schritte unternimmt, dann muss man die gleichen Kriterien denen gegenüber anwenden, die – sagen wir – eine mehr offene Kirche repräsentieren, wie gegenüber jenen, die einer mehr geschlossenen Kirche den Vorzug geben."[56]

Verschärfter Antiklerikalismus nach den jüngsten Parlamentswahlen

Die gegen Pater Boniecki verhängte Sanktion fällt kaum zufällig in die Zeit kurz nach den Parlamentswahlen vom 9. Oktober 2011. Damals gewann die erklärtermaßen antiklerikale „Bewegung Palikot" aus dem Stand mit 10,01 % der Stimmen und 41 Abgeordneten einen von niemandem für möglich gehaltenen Wahlerfolg. Ihr Gründer, Janusz Marian Palikot, ist eine reichlich schillernde Persönlichkeit: Absolvent eines Philosophiestudiums an der Katholischen Universität Lublin (KUL), zeitweise Gast in der Mönchsrepublik auf dem Berg Athos, Multimillionär als Produzent von Alkoholika, ab 2005 Sejmabgeordneter der „Bürgerplattform" (PO), bekannt durch seine gegen die Kaczyński-Zwillinge gerichteten skandalösen Äußerungen und happenings, die ihn schließlich für seine Partei untragbar machten.

Den Anstoß zu einer eigenen „Bewegung" boten ihm nach eigener Angabe die Ereignisse nach dem 4. April 2010, dem Tag des Absturzes der Präsidentenmaschine. Die feierliche Beisetzung des Präsidentenpaares in der den Königen und Nationalhelden vorbehaltenen Krypta des Wawel unter der Assistenz höchster Kirchenvertreter fand in der Bevölkerung keine ungeteilte Zustimmung. Es regte sich Widerstand gegen eine als übermäßig empfundene Präsenz der Kirche bei nationalen Staatsakten. Zu einem öffentlichen Konflikt kam es dann, als nach Ablauf der offiziellen Trauerphase eine „Recht und Gerechtigkeit" (PiS) nahe stehende Gruppe selbst ernannter „Verteidiger des Kreuzes" und „wahrer Patrioten" der Übertragung eines als Ausdruck unmittelbarer Trauer vor dem Präsidentenpalast errichteten Holzkreuzes in eine nahe gelegene Kirche widersetzten. Erschwerend kam hinzu, dass diese Gruppe aus Enttäuschung über die verlorene Präsidentschaftswahl von Jarosław Kaczyński das Kreuz politisch gegen den gewählten Präsidenten Bronisław Komorowski missbrauchten. Als Gegenreaktion zu dieser national-katholischen Demonstration kam es zu antiklerikalen Protesten zumeist jugendlicher Bürger. Diese Kräfte sammelte Palikot in der auf ihn zugeschnit-

---

56 http://www.klubtygodnika.pl/2011/dialog_który_prowadzi_do_prawdy (Dialog, der zur Wahrheit führt)/7/

tenen „Bewegung" und verlieh ihr mit dem Einzug ins Parlament politisches Gewicht.

Das für Polens Kirche beunruhigende Faktum ist nicht der Antiklerikalismus als solcher. Der hat in Polen eine bis in die Zwischenkriegszeit zurückreichende Tradition. Doch durch den Kirchenkampf des kommunistischen Systems wurde er kompromittiert, so dass der von Teilen des postkommunistischen „Linksbündnisses" (SLD) vertretene Antiklerikalismus der Nachwendezeit in der Gesellschaft nur einen relativ geringen Widerhall fand. Dass mit der „Bewegung Palikot" nunmehr in Polen ein neuer, mit den Postkommunisten in keinem Zusammenhang stehender Antiklerikalismus präsent ist, der sich auf die Generation der 18- bis 25jährigen stützt, die immerhin durch die Kirche eine religiöse Formung erhalten hat, gibt reichlich Anlass zu einer kirchlichen Selbstkritik. So stellt sich die Frage, ob die bisherige Form schulischer Katechese einer Prüfung stand hält. Jedenfalls ist es kontraproduktiv, wenn – um ein Beispiel zu nennen – Pater Rydzyk den Wahlerfolg der „Bewegung Palikot" mit den Worten kommentiert: „Sodomisten zogen in den Sejm ein."

Ein Kreuz im Sejm?

Die erste Initiative von Palikot nach der Wahl bestand darin, in einem Schreiben an den Sejmmarschall die Entfernung des Kreuzes aus dem Plenarsaal zu fordern. Im Falle einer Ablehnung seiner Forderung kündigte er an, die Angelegenheit vor das Verfassungsgericht zu bringen. Werde seine Eingabe auch dort abgelehnt, sei er entschlossen, Klage beim Europäischen Gerichtshof für Menschenrechte zu erheben. Damit war, wie so oft in Polen, ein neuerlicher Streit um das Kreuz entbrannt. In dieser Auseinandersetzung nahm Adam Boniecki nicht die offenbar von ihm erwartete und von der Hierarchie wie von den kirchlichen Medien vertretene kämpferische Haltung ein. Auf die ihm am Ende eines Fernsehinterviews gestellte Frage, ob das Kreuz im Sejm hängen solle oder nicht, hatte er mit einem Ja und Nein geantwortet. Beide Möglichkeiten seien berechtigt. Er hatte sich damit, wie ihm unterstellt wurde, keineswegs für die Entfernung des nun einmal im Sejm hängenden Kreuzes ausgesprochen. Das Bleiben des Kreuzes wünscht, wie Umfragen ergaben, im Übrigen eine deutliche Mehrheit der Polen.

Zum Verständnis der Problematik ist es wichtig zu wissen, dass das Kreuz 1997, im Jahr der Verabschiedung der neuen Verfassung und der von der „Wahlaktion Solidarność" (AWS) gewonnen Parlamentswahlen, von zwei Abgeordneten in einer Nacht-und-Nebel-Aktion, also ohne einen förmlichen Parlamentsbeschluss, angebracht wurde. Hinter dem Streit um das

Kreuz im Sejm steht somit die Frage nach dem Verhältnis der Kirche zur Demokratie: Ist sie in ihrer gesellschaftlichen Wirksamkeit an demokratische Spielregeln gebunden oder nicht? Wäre ein lediglich mit dem Staatswappen ausgestatteter Plenarsaal bereits ein Affront gegen die Kirche? Und sollte nicht umgekehrt die Minderheit nicht katholischer Abgeordneter das Kreuz als Symbol der religiös-nationalen Tradition Polens tolerieren? Statt gleich im Kampf um das Kreuz die Waffen zu schmieden sollte man sich diesen Fragen im gesellschaftlichen Dialog stellen. Dies war jedenfalls die der Kurzantwort von Pater Boniecki zugrunde liegende Intention. Man muss es daher schon bösartig nennen, wenn ihm von national-katholischer Seite unterstellt wurde, er habe mehr Empathie für die Gegner der Kirche als für die Kirche selbst und sage genau das, was die ihn fragenden Journalisten hören möchten.

Inzwischen ist durch eine von der Regierung in Auftrag gegebene Expertise geklärt, dass das Kreuz seinen Ort im Sejm haben darf. Die Autoren des Gutachtens verweisen auf den Sejmbeschluss vom 3. Dezember 2009, in dem – als Reaktion auf ein Urteil des Straßburger Gerichtshofes für Menschenrechte – festgestellt wurde, dass das „Kreuz nicht nur ein religiöses Symbol ist und ein Zeichen der Liebe Gottes zu den Menschen, sondern in der öffentlichen Sphäre an die Bereitschaft zur Hingabe für den Nächsten erinnert und die auf der Achtung vor der Würde eines jeden Menschen und seiner Rechte basierenden Werte zum Ausdruck bringt." Weiter heißt es in dem von 78% der Abgeordneten gefassten Beschluss, dass „sowohl der einzelne als auch die Gemeinschaft das Recht haben, ihre eigene religiöse und kulturelle Identität auszudrücken, die nicht auf die Privatsphäre beschränkt ist." Der Beschluss besage zwar nicht, dass ein Kreuz im Sejm hängen muss, verbiete aber, das bereits hängende Kreuz zu beseitigen.[57]

Der Konflikt um „Nergal"

Adam Bonieckis Zurückhaltung im Streit um das Kreuz im Sejm war nicht der einzige Grund für seine Disziplinierung. So kam es im Herbst 2011 zu einer Auseinandersetzung um den Sänger und Gitarristen Adam Michał Darski alias „Nergal" und seiner Black-Death-Metal-Band „Behemoth", bei der Boniecki gleichfalls keine kämpferische Position einnahm. Bereits die Namen „Nergal" und „Behemoth" sind Programm: „Nergal" als eine der Unterwelt zugeordnete babylonische Gottheit, „Behemoth" als das dem Leviathan entgegengesetzte Landungeheuer aus der jüdischen Mythologie. Die geistesgeschichtliche Rezep-

---

57 A. Zoll, Powinien zostać (Soll bleiben), in: Tygodnik Powszechny vom 8. Januar 2012.

tion von „Behemoth" reicht über Thomas Hobbes bis in die Moderne als eine Herrschaft der Rechtlosigkeit.[58]

„Nergal" hatte bereits 2007 Aufsehen erregt und Empörung ausgelöst, als er während eines Konzerts die Bibel zerriss und die Fetzen mit unflätigen Bemerkungen ins Publikum warf. Auch sonst sind seine Texte mit antikirchlichen und antichristlichen Ausfällen gespickt. Der Konflikt um ihn brach dann in voller Härte aus, als der als Musikexperte geschätzte Darski in die Jury der beliebten Musiksendung „The Voice of Poland" berufen wurde. Die Empörung kirchlicher Kreise nahm noch an Heftigkeit zu, als der Prozess gegen Darski wegen Verletzung religiöser Gefühle unter Hinweis auf die künstlerische Freiheit mit einem Freispruch endete. So legte Bischof Wiesław Mehring, im Episkopat zuständig für Fragen der Kultur und der Verteidigung des kulturellen Erbes, beim Chef des polnischen Fernsehens Protest gegen die öffentliche Unterstützung von „Antiwerten" durch die Berufung von „Nergal" ein. Ähnlich reagierte Erzbischof Sławoj Leszek Głódź: Ein „praktizierender Satanist", der „Christentum und Religion verabscheut", habe im öffentlichen Fernsehen nichts zu suchen. In dieser Auseinandersetzung sprach sich Boniecki gleichfalls für eine kirchliche Stellungnahme aus, hielt aber die Empörung für übertrieben. Dies wurde ihm in einem offenen Brief von Bischof Mehring als Unterstützung für „Nergal" sowie als Verstoß gegen das Prinzip des *sentire cum ecclesia* ausgelegt.

Auf den offenen Brief von Bischof Mehring gab Boniecki seinerseits zu bedenken: „Jene, die nicht mit uns sind, sind nicht unbedingt menschlicher Eigenschaften beraubt, ihre Motive nicht unbedingt vom Teufel inspiriert, ihre Vorbehalte gegen die Leute der Kirche nicht unbedingt böswillig ausgedacht, ihre Fragen nicht unbedingt uns gestellte Fallen, sondern sie können aus einer echten Sorge um das Wohl des Menschen und der Gesellschaft resultieren."[59]

Damit bleibt Boniecki seiner Linie eines offenen, selbstkritischen, dialogbereiten Katholizismus selbst in einer Situation treu, die eine deutliche Ablehnung kirchenfeindlicher Aktionen nahe legt. Doch im Konflikt um „Nergal" geht es letztlich weder um Polemik, noch um ein bloßes Festhalten an einem offenen Katholizismus. „Nergal" und seine Gruppe sind schließlich nur ein Symptom für die tiefe Kluft zwischen Kirche und Kunst. Das war vor nicht langer Zeit noch anders. Es sei nur an die 80er Jahre des vorigen Jahrhunderts erinnert, als die Kirche ihre Räume für die auf staatlichen Druck aus der Öffentlichkeit verdrängten Künstler öffnete, wenngleich damals hinter der martyrologischen und

---

58 F. Neumann, Behemoth. Struktur und Praxis des Nationalsozialismus 1933-1944, Frankfurt 2004, Tb Fischer.
59 A. Sporniak, Rozmowa pozorowana (Simuliertes Gespräch), in: Tygodnik Powszechny vom 13. November 2011, S. 16.

oppositionellen Aussage der Werke ihr künstlerischer Wert zurück trat. Und auch noch in den 1990er Jahren war die religiöse Dimension in den Werken polnischer Künstler durchaus präsent. Allerdings war diese Zeit, was den Dialog mit der Kunst betrifft, eine Zeit vertaner Chancen. Zwar bestimmte die Erfahrung des *sacrum* auch damals die Kunst, dies allerdings in Form einer Auseinandersetzung mit der Religion, was zur Folge hatte, dass diese Werke auf den Betrachter eine provozierende Wirkung ausübten und – zumal von nationalkatholischen Kräften – als blasphemisch eingestuft und zum Teil aggressiv bekämpft wurden.[60] Die Konsequenz war eine zunehmende Entfremdung zwischen Kirche und Kunst, so dass heute religiöse Bezüge in der Kunst kaum mehr vorkommen oder – wie im Falle „Nergal" – einen ausgesprochen antichristlichen Charakter besitzen. Es dürfte der „polnischen" Kirche angesichts dieses Befundes schwer fallen, mit der Kunst wieder in einen produktiven Dialog zu kommen, falls dies überhaupt noch gewollt ist. Wenn nicht, dann stellt sich aber die Frage, welche lang- oder gar mittelfristigen Folgen der Verlust des *sacrum* in der Kunst für das katholische Polen haben wird.

Der Vorsitzende der Polnischen Bischofskonferenz zur Lage der Kirche

In dieser kritischen Gemengelage liegt mit dem auf einem Interview mit zwei katholischen Journalisten beruhenden „Rapport über den Stand des Glaubens in Polen"[61] von Erzbischof Józef Michalik, dem Vorsitzenden der Polnischen Bischofskonferenz, erstmals eine die aktuelle Situation der polnischen Kirche betreffende Diagnose eines prominenten Hierarchen vor. Der Titel ist allerdings irreführend, denn über das Glaubensverständnis polnischer Katholiken, über ihr Glaubenswissen, ihre selektive Glaubensaneignung (mit Ausnahme moralischer Fragen), über ihren Glaubensverlust erfährt der Leser nichts Substantielles. Nicht dem Glauben als solchem, sondern der Situation der Kirche gilt das Interesse der Interviewer wie des Erzbischofs.

Die Weichen dazu sind im einleitenden Kapitel gestellt: Polens Kirche habe die Jahrzehnte des Kommunismus aufgrund dreier Elemente relativ unbeschadet überlebt – mit Hilfe der religiös-nationalen Tradition, der engen Verbundenheit zwischen Klerus und Volk sowie durch die Stärke der Familien. Während die Tradition auch in die Zeit der gewonnenen Freiheit fort wirke und die Verbin-

---

60 A. Sabor, Religion in der polnischen Kunst: Die vertane Chance, Deutsches Polen Institut (Hg.), Jahrbuch Polen 2009. Religion, Wiesbaden 2009., S. 72.
61 J. Michalik, Raport o stanie wiary w Polsce (Rapport über den Stand des Glaubens), Radom 2011, S. 219.

dung zwischen Klerus und Volk nach wie vor eng sei, habe die Familie ihren Ort der Glaubensvermittlung, der Lebensformung und der Wahrung der Werte eingebüßt. Ihre Krise bildet daher für den Erzbischof das Grundproblem. (8) Immer wieder nimmt er auf den Verfall der Familie Bezug, um Negativerscheinungen innerhalb der Kirche zu erklären. (20)

Indem Erzbischof Michalik die Ursache allen Übels in der Auflösung traditioneller Familienstrukturen sieht, erspart er sich die Frage nach einer Glaubenskrise. So sagt er im Zusammenhang mit einem deutlichen Rückgang der Priesterberufe: „Die Hauptursache des Rückgangs der Berufungen ist meiner Meinung nach nicht eine Krise des Glaubens, der Religiosität, nicht einmal der Demographie, sondern die Situation in den Familien." (29)

Das Bild, das der Erzbischof von seiner Kirche entwirft, ist – vergleicht man es mit den westlichen Schwesterkirchen – durchaus positiv. So erklärten sich 96% der Polen als Katholiken. Am sonntäglichen Gottesdienst würden, bei deutlichen Unterschieden zwischen Stadt und Land, immerhin 41 % der Gläubigen teilnehmen, was allerdings gegenüber 1980 einen Rückgang von 10% bedeutet. Besonders unter der Jugend wie auch unter den jungen Frauen wächst die Distanz zur Kirche. Auch an Priestern bestehe vorerst kein Mangel; nach der Zählung von 2009 waren es 24 455 Diözesan- und 5 687 Ordensgeistliche. Dieser Befund macht es verständlich, dass die Laien auf die kirchlichen Strukturen und Entscheidungen kaum Einfluss nehmen können. So setzt sich denn auch Erzbischof Michalik gegenüber dem westlichen Europa ab, wo er mit einer „Klerikalisierung der Laien" und einer „Laisierung des Klerus" eine „Vermischung der Charismen" ausmacht. (99)

Trotz einer im Ganzen positiven Bilanz versagt sich der Erzbischof jeden Triumphalismus. So kommen gewisse Negativphänomene zur Sprache wie der Amtsverzicht von Priestern, Alkoholismus unter Geistlichen, Missbrauchfälle, denen gegenüber es keine Toleranz geben dürfe, sowie Homosexualität unter Klerikern, ohne dass diese Erscheinungen allerdings in ihrer Häufigkeit belegt würden. Besondere Erwähnung verdient in diesem Zusammenhang die Meinung des Erzbischofs, Priester, die Kinder in die Welt setzen, sollten ihr Amt aufgeben, um den Kindern Vater sein zu können.

Diese binnenkirchliche Sicht des Interviewbandes wird ergänzt durch die Ansicht des Vorsitzenden der Bischofskonferenz zu den Bereichen Medien und Politik. Was die weltlichen Medien betrifft, so wird bereits in der Kapitelüberschrift suggeriert, dass ihre Berichte über die Kirche einem „Zerrspiegel" gleichen. (121) Es gebe zwar auch über die Kirche wohlwollend berichtende Journalisten, „doch könne man nicht die Augen vor der Tatsache verschließen, dass es weiterhin gegen die Kirche feindlich eingestellte Medien gibt, voller Aggressivität und Geringschätzung des Christentums." (125) Dieser Feststellung kann man

II. Nation, Kirche, Katholizismus

zwar in Kenntnis der polnischen Medienlandschaft durchaus zustimmen, freilich unter dem Vorbehalte, dass darunter nicht eine verbreitete zwar kritische, aber keineswegs feindliche Berichterstattung fällt, die der Erzbischof nicht eigens unterscheidet, sondern offenbar den kirchenfeindlichen Medien zurechnet.

Gleichsam als Gegenpol zu den „Zerrspiegel"-Medien erscheint das Medienimperium von Pater Rydzyk, als dessen Fürsprecher Erzbischof Michalik immer schon galt. Angesichts der Aggressivität, mit welcher der Direktor von Radio „Maryja" gegen vermeintliche und wirkliche Kirchenfeinde sowie gegen innerkirchliche Gegner vorgeht, ganz zu schweigen von den antisemitischen Ausfällen des Senders, die immer wieder zu Protesten im In- und Ausland geführt haben, verwundert es den Leser doch, wie leichthin der Erzbischof über diese „gelegentlichen Entgleisungen" hinweg geht, die der „entschieden positiven Bilanz" keinen Abbruch täten. (127) Dagegen macht der Vorsitzende der Bischofskonferenz aus seiner Ablehnung des „Tygodnik Powszechny" kein Hehl. Die kirchenkritische Funktion, welche die angesehene Krakauer katholische Wochenzeitung bei kirchlichen Auseinandersetzungen in der Tat erfüllt, wird vom Erzbischof als mangelnde kirchliche Loyalität wahrgenommen und der Redaktion unterstellt, „für die Wahrheit blind zu sein, wenn sie gegen ihre ideologischen Vorurteile verstößt." (132)

Diese Sicht der Dinge ist von einem Gegensatz zu einem „offenen Katholizismus" bestimmt, wie er vom „Tygodnik Powszechny" vertreten wird. Der habe in der Vergangenheit durchaus seine Verdienste gehabt, habe sich aber heute überlebt und sei zudem diskreditiert, weil er sich – worauf Erzbischof Michalik ausdrücklich verweist – in der Auseinandersetzung um einen Antisemitismus in Polen dazu habe verleiten lassen, sich an der durch die Bücher von Jan Tomasz Gross[62] provozierten „Kampagne zur Demütigung der Polen" zu beteiligen. (131) Deutlicher kann kaum einem selbstkritischen, sich auf Dialog und Argumentation einlassenden „offenen Katholizismus" eine Absage erteilt werden.

Eine solche Denkweise ist stark konfrontativ und lässt wenig Raum für Kompromisse. So ist denn auch das Kapitel über das Verhältnis der Kirche zum Staat vom Konflikt zwischen Natur- und Staatsrecht bestimmt. In diesem Kontext unterstellt Erzbischof Michalik dem gegenwärtig von Donald Tusk und seiner Bürgerplattform (PO) regierten Staat „totalitäre Tendenzen". Er „versuche, sich nicht nur der Bereiche des Naturrechts zu bemächtigen, sondern zugleich auf die Freiheit unseres Gewissens Einfluss zu nehmen." (138) Dass es in einer

---

62 J. T. Gross, Sąsiedzi. Historia zagłady żydowskiego miasteczka (Nachbarn. Die Geschichte des Pogroms eines jüdischen Städtchens), Sejny 2000; drs. Strach. Antysemityzm w Polsce tuż po wojnie (Antisemitismus in Polen gleich nach dem Krieg), Krakau 2006.

pluralistischen Gesellschaft, und eine solche ist auch Polen, unmöglich ist, etwa in der Abtreibungsfrage sowie neuestens bezüglich der Zulässigkeit künstlicher Befruchtung auf demokratischem Weg das Naturrecht eins zu eins in staatliches Recht umzusetzen und es daher – auch im Interesse der Kirche – im Sinne des geringeren Übels um Kompromisse gehen muss, wird vom Vorsitzenden der Bischofskonferenz nicht erwogen. Als politisches Vorbild dient ihm ausgerechnet der für die Missachtung demokratischer Prinzipien von der Europäischen Union gerügte ungarische Premier „Viktor Orbán, der seine Politik auf starke moralische Fundamente stützt", wobei der Erzbischof zusätzlich betont, dass „wir ein solches Zeugnis von Grundsatztreue brauchen." (150)

Wenngleich es sich bei dem Glaubensrapport von Erzbischof Michalik nicht um eine offizielle Stellungnahme, sondern um seine persönliche Meinung handelt, so dürfte aber doch seine Sicht der Dinge vom Großteil des Klerus geteilt werden.

Abendrot einer offenen Kirche?

Der innerkirchliche Konflikt um Adam Boniecki, den ehemaligen Chefredakteur des „Tygodnik Powszechny", ist ein deutliches Zeichen einer Abkehr von einer offenen Kirche, die über den eigenen Tellerrand hinaus zu schauen vermag und zu einem Dialog mit Nichtglaubenden bereit ist. Bestätigt wird diese Tendenz durch Erzbischof Józef Michalik, der in seinem Glaubensrapport, wie bereits gesagt, einen offenen Katholizismus als überlebt betrachtet. Dabei gibt es innerhalb des Polnischen Episkopats eine eigene Kommission für den Dialog mit Nichtglaubenden, deren gegenwärtiger Vorsitzender ausgerechnet Bischof Wiesław Mehring ist, der sich im Konflikt um Adam Boniecki besonders hervor getan hat. Noch 1988 hatte diese Kommission ein Symposion „Nichtglaubende und Kirche" veranstaltet, an dem so prominente Persönlichkeiten wie Adam Michnik, Marek Edelman (1919-2009) und Bronisław Geremek (1932-2008) sowie neben Kurienkardinal Paul Poupard, dem damaligen Präsidenten des römischen Sekretarias für den Dialog mit Nichtglaubenden, drei polnische Bischöfe teilnahmen. Als 2001 ein ähnliches Symposion statt fand, war das Interesse seitens der Nichtglaubenden wie der Kirche nur mäßig.

Auch als in Krakau in Anlehnung an das interreligiöse Assisi-Treffen vom Oktober 2011 einen Monat später eine Veranstaltung „Assisi-Echo" statt fand, an dem Vertreter christlicher wie nichtchristlicher Religionen teilnahmen, war der Zuspruch gering. Und nicht nur das. In einem offenen Brief an den Krakauer Kardinal Stanisław Dziwisz protestierten traditionalistische Katholiken gegen diese Zusammenkunft. Sie sahen in ihr eine „Quelle des Indifferentismus und religiösen Relativismus, die in letzter Konsequenz zum Verlust des Glaubens führen."[63]

Eine derartige radikale Ablehnung außerkirchlicher religiöser Kontakte entspricht gewiss nicht der offiziellen Linie der „polnischen" Kirche. Aber sie spiegelt doch in extremer Form die Grundposition einer Kirche, die sich darauf beschränkt, die Herde der Gläubigen zusammen zu halten, und diekaum Anstalten zeigt, den verlorenen Schafen nach zu gehen. Man kann ihr nicht vorwerfen, sich um die eigenen Schafe zu wenig zu kümmern. Ganz im Gegenteil. Bischöfe und Priester mühen sich redlich ab, ihren pastoralen Pflichten gerecht zu werden und die Herde mit den nötigen Heilsmitteln zu versorgen. Und wenn von außen Gefahr droht, dann gehen Polens Hirten entschlossen und kämpferisch dagegen an. Die Statistiken belegen, dass diese den Evangelien entnommene Bildwirklichkeit von Hirt und Herde auf 60% polnischer Katholiken zutrifft. Das ist zwar die Mehrheit, doch die übrigen 40% haben sich von der Herde emanzipiert; sie verstehen sich als mündige Christen oder stehen mit der Kirche in einer nur losen Verbindung bzw. haben sich gänzlich von ihr abgewandt. Sie sind längst vom Prozess einer Säkularisierung eingeholt worden, den Erzbischof Michalik für Polens Kirche leugnet: Die nach dem Ende des Kommunismus vorhergesagten Prognosen „eines schnellen Triumphes der Idee des Laizismus und der Säkularisierung" hätten sich „Gott sei Dank nicht bewahrheitet." Es fehle zwar nicht „an Krankheiten und Wunden, doch sie sind nicht dort vorhanden, wo man sie ausgemacht hat."[64] Seine Sicht der Dinge dürfte damit zu tun haben, dass für ihn als Erzbischof von Przemyśl im östlichen Polen die Einflüsse säkularer Lebensformen noch nicht so spürbar sind.

Anders verhält es sich in den Großstädten. So spricht etwa der Warschauer Metropolit, Kardinal Kazimierz Nycz, von einer „schleichenden Laisierung", die im sozialen Umfeld eine „galoppierende Form" angenommen habe. Als erster und bislang einziger Bischof sieht er im katholischen Polen geradezu ein Missionsland: „In Polen haben wir uns leider zu spät bewusst gemacht, dass wir eine missionarische Kirche sein müssen, weil neben uns Menschen leben, die aus unterschiedlichen Gründen Christus nicht kennen, die Kirche nicht kennen oder nur von außen wahrnehmen – sie gehen somit nicht zur Kirche, sie brauchen Missionare."[65] Und zum letztjährigen Advent schrieb er in einem Brief an seinen Diözesanklerus: „Der Prozess eines Exodus aus der Kirche vollzieht sich im ganzen Land, insbesondere in den Großstädten. Es scheint, dass wir zu lange bei

---

63 http://rebelyga.pl/forum/wątek/39629.
64 J. Michalik, Raport o stanie wiary w Polsce, a. a. O., S. 7f.
65 Interview mit Erzbischof Kazimierz Nycz, Misjonarz w metropoli (Missionar in der Metropole), in: Tygodnik Powszechny vom 2. Juli 2009.

der Vorstellung geblieben sind, dass das Haus der Kirche 95% der Polen umfasst. Daher versuchen wir, so weit wie möglich, alle mit unterschiedslosen pastoralen Programmen zu erreichen. Dagegen bedarf ein bedeutender Teil unserer Gesellschaft einer ersten Evangelisierung."[66] Doch dazu sei der Klerus nicht ausreichend vorbereitet.

Soll dieses Defizit behoben werden, dann darf es Polens Kirche nicht dabei belassen, sich so gut es geht gegen säkulare Tendenzen abzuschirmen, die Reihen geschlossen zu halten und ihren wirklichen wie vermeintlichen Feinden den Kampf anzusagen. Um jene zu erreichen, die – aus welchen Gründen auch immer – in Distanz zur Kirche leben, braucht es Menschen, die auf sie zugehen, die hören, was diese zu sagen haben, die ihre Argumente ernst nehmen und die auf dieser Basis fähig sind, mit ihnen ins Gespräch zu kommen, selbst mit Nichtglaubenden. Eben über diese Fähigkeit verfügt der ehemalige Chefredakteur des „Tygodnik Powszechny". Adam Boniecki hat stets in seinen Artikeln und Fernsehbeiträgen eine vermittelnde Position zwischen *sacrum* und *profanum* eingenommen und war damit auch für Menschen außerhalb der Kirche ein begehrter Dialogpartner. Dass ausgerechnet er, der wie kaum ein anderer eine offene Kirche verkörpert, um diese Wirksamkeit willen gerügt wurde, ist für die Zukunft der „polnischen" Kirche alles andere als ein Hoffnungszeichen.

---

66 A. Boniecki, 2012: między sacrum a profanum (Zwischen sacrum und profanum), Tygodnik Powszechny vom 1. Januar 2012, S. 2.

III. Der Versöhnungsdienst der Kirchen

Die Bedeutung des Briefwechsels polnischer und deutscher Bischöfe von 1965

In seinem 1981 zunächst im Untergrund, wenig später in der Pariser „Kultura" erschienenen Essay „Zwei Vaterländer – zwei Patriotismen" bezeichnet der polnische Literaturwissenschaftler und mehrfach inhaftierte Dissident Jan Józef Lipski (1926-1991) den im Geiste der Versöhnung verfassten polnischen Bischofsbrief von 1965 als „die mutigste und weitestblickendste Tat der polnischen Nachkriegsgeschichte". Er begründet diese Einschätzung damit, dass trotz aller schrecklichen Belastungen des deutsch-polnischen Verhältnisses durch die im Zweiten Weltkrieg in Polen und an Polen verübten Verbrechen der Tag der Vergebung kommen musste, um auf diese Weise der Verpflichtung „christlicher Ethik" gerecht zu werden und die Zugehörigkeit zur „westeuropäischen Zivilisation" unter Beweis zu stellen. Eben diese Aufgabe habe, „da das Volk geknechtet war", die Kirche als „höchste unabhängige moralische Autorität" übernommen. Lipski spannt den Bogen vom polnischen Bischofsbrief bis zu der Ende der 1970er Jahre in Kreisen der mitteleuropäischen, nicht nur polnischen Opposition aufkommenden Devise einer „Rückkehr nach Europa", indem er schreibt: „Als eine Nation, die sich dem westlichen Mittelmeer-Kulturkreis zugehörig fühlt, träumen wir von einer Rückkehr in unser größeres Vaterland Europa. Daher die Notwendigkeit einer Aussöhnung mit den Deutschen, die schon in diesem Europa sind und darin bleiben werden."

Dass ihre Versöhnungsbotschaft ein mutiger und ein für die Zukunft der deutsch-polnischen Beziehungen höchst bedeutsamer Schritt war, dürfte den polnischen Bischöfen durchaus bewusst gewesen sein. Schließlich enthielt sie jene geschichtsmächtigen Elemente, die in späteren Jahren ihre Wirksamkeit erweisen sollten, so dass Lipskis Wertung keineswegs aus der Luft gegriffen ist, sondern durchaus als fundiert erscheint. Angesichts der spannungsvollen und konfliktreichen Dynamik, die von dieser Initiative ausging, dürfte es auch Jahrzehnte nach diesem denkwürdigen Briefwechsel interessant sein, den Gang der Ereignisse nachzuzeichnen, um sich der Richtigkeit der von Lipski vorgenommenen Wertung zu vergewissern.

Spannungen im Vorfeld des Briefwechsels

Wer heute der Meinung sein sollte, 20 Jahre nach Kriegsende wäre die Zeit für eine deutsch-polnische Versöhnung überfällig gewesen, der irrt. Die Wunden des Krieges waren keineswegs vernarbt und die gesellschaftlichen Voraussetzungen für eine deutsch-polnische Versöhnung noch kaum gegeben. Um die erforderlichen Voraussetzungen zu schaffen, bedurfte es einer überzeugenden Initiative, und wer wäre dazu berufener gewesen als die Kirchen beider Völker? Doch ausgerechnet im Vorfeld des Briefwechsels war es zu einer Verstimmung gekommen. In Polen feierten Staat und Partei 1965 in Großveranstaltungen die „Rückkehr der West- und Nordgebiete zum Mutterland" nach dem Ende des Zweiten Weltkriegs. Die Kirche wollte dieses Feld nicht der kommunistischen Propaganda allein überlassen und gedachte ihrerseits der 20 Jahre zurückliegenden Übernahme der kirchlichen Administration in den Oder-Neiße-Gebieten. Dazu hatte die polnische Bischofskonferenz einen eigenen Hirtenbrief verfasst, der am 23. Juni in den Kirchen zur Verlesung kam. Für den 1. September, den Tag des Überfalls auf Polen, hatte Primas Stefan Wyszyński (1901-1981) seine Mitbischöfe nach Breslau eingeladen, um in der schlesischen Metropole am Vorabend des Millenniums daran zu erinnern, dass mit der nach dem Zweiten Weltkrieg vollzogenen kirchlichen Neuordnung der Zustand wieder hergestellt wurde, der im Jahr 1000 grundgelegt worden war.

In katholischen Kreisen der Bundesrepublik riefen die kirchlichen Feiern „lebhafte Emotionen" hervor und wurden mit Missfallen zur Kenntnis genommen.[67] Einige Passagen in der Predigt des Primas klangen in manchen westdeutschen Ohren, zumal in denen der Vertriebenen und ihrer Seelsorger, höchst ärgerlich, so etwa die Aussage: „Wir warteten und warteten bis diese Gebiete endlich zum Mutterland zurückkehrten, mit dem sie nun endgültig verbunden sind." Die Erinnerung an die innerkirchlichen Vorgänge in den Oder-Neiße-Gebieten konnten kaum gegensätzlicher sein. Was die polnische Seite als „Rückkehr" verstand, war in den Augen der deutschen Katholiken, auch der Bischöfe, ein Akt des Unrechts. So jedenfalls interpretierten sie das Vorgehen von Kardinal August Hlond (1881-1948) in den Augusttagen des Jahres 1945. Unter Berufung auf die ihm erteilten außerordentlichen päpstlichen Vollmachten *in tutto il territorio polacco*, also für das gesamte polnische Territorium, hatte er damals die in den Oder-Neiße-Gebieten residierenden deutschen Ordinarien zum Amtsverzicht genötigt und damit – so die deutsche Auffassung – seine Kompetenz über-

---

67 Vgl. z. B. A. Micewski, Stefan Kardinal Wyszyński. Primas von Polen, Mainz/München 1990, S. 236.

schritten, weil seine Bevollmächtigung nicht die lediglich „polnischer Verwaltung" unterstellten deutschen Gebiete betroffen hätte.[68]
Der Konflikt um die von der polnischen Kirche initiierten Gedenkfeiern überschattete denn auch die im Vorfeld des Briefwechsels in Rom des zu Ende gehenden Konzils geführten beiderseitigen Gespräche. So äußerte Kardinal Julius Döpfner (1913-1976) dem Primas gegenüber seine Sorge vor einem sich innerhalb der polnischen Kirche verbreitenden Nationalismus, der eine beiderseitige Verständigung sehr erschweren würde. Wyszyński fühlte sich seinerseits missverstanden, da er sich nicht von nationalistischen, sondern von pastoralen Motiven leiten lasse und sehr wohl wisse, was in der gegebenen Situation für die Kirche in Polen gut sei.

Zur Vorgeschichte des Briefwechsels[69]

Die Vorgeschichte des Briefwechsels reicht bis in das Jahr 1957 zurück, als es auf Initiative von Julius Döpfner, dem damaligen Berliner Bischof, in Rom zu einer ersten Begegnung mit dem polnischen Primas kam. Wie sich Kardinal Wyszyński 1966 erinnert, sei es Döpfner darum gegangen, ihm gegenüber „die Psyche, Mentalität und Einstellung der neuen Deutschen zu verdeutlichen, die sich – relata refero – (vielleicht nicht in ihrer Gesamtheit, wohl aber in ihrem nachdenklichen Teil) dessen schämen, was in Polen, besonders während der letzten Okkupationsjahre, passiert ist." Ein Jahr später trafen beide wiederum in Rom zusammen. Diesmal habe Döpfner im Auftrag der „Regierung in Bonn", dem polnischen Primas zu verstehen gegeben, „dass es ihr nicht um eine Grenzrevision gehe, sondern um eine andere Gestaltung des deutsch-polnischen Verhältnisses in der Zukunft." Wyszyński habe auf diese Botschaft „reserviert, vorsichtig" reagiert. Während des Zweiten Vatikanischen Konzils trafen sich beide Kardinäle häufiger. Zum Treffen am 25. Februar 1962 hatte der Primas eingeladen. Es stand ganz im Zeichen der von Döpfner am 16. Oktober 1960, dem Fest der heiligen Hedwig, gehaltenen Berliner Predigt. Damals hatte Bischof Döpfner mit dem Blick auf die deutsch-polnischen Beziehungen erklärt, das deutsche Volk könne „nach allem, was in seinem Namen geschehen ist, den Frieden nur unter sehr hohen Opfern erlangen." Ohne ausdrücklichen Bezug zur Oder-

---

68 Vgl. z. B. F. Scholz, Zwischen Staatsräson und Evangelium. Kardinal Hlond und die Tragödie der ostdeutschen Diözesen, Frankfurt/Main 1988.
69 Die folgenden Überlegungen entnehme ich der Darstellung von Peter Raina, Kardynał Wyszyński. Orędzie Biskupów a Reakcja Władz (Die Botschaft der Bischöfe und die Reaktion der Behörden), Warschau 1995, S. 5-11. Raina beruft sich seinerseits auf ein unveröffentlichtes Manuskript von Wyszyński aus dem Jahr 1996.

Neiße-Grenze sagte er: „Für die Zukunft ist die Gemeinschaft der Völker und Staaten wichtiger als Grenzfragen."[70] Wyszyński wertete diese Predigt als einen bedeutsamen Schritt hin zu einem beiderseitigen Dialog, äußerte allerdings gleichzeitig sein Befremden über Konrad Adenauers (1876-1967) Düsseldorfer Rede vom 10. Juli 1960 vor der Landsmannschaft Ostpreußen, in der der deutsche Bundeskanzler den Anspruch auf das Selbstbstimmungsrecht der Ostpreußen betont hatte. Kardinal Döpfner habe indes dem Primas versichert, „dass niemand in Deutschland an einen Krieg gegen Polen denke." Die Grenzfrage sei jedoch in Deutschland, insbesondere innerhalb der Landsmannschaften, emotional aufgeladen. Daher stehe auch die Kirche vor keiner leichten Aufgabe. Es brauche „auf beiden Seiten viel Geduld. Doch die Zeit arbeite für Polen." Zu diesem Zusammentreffen enthält das Tagebuch des Primas folgende Notiz: „Der Grundgedanke von Kardinal D ist: Er spricht häufig mit Adenauer. Er ist der Auffassung, dass für Westdeutschland nicht ein Grenzrevisionismus im Zentrum des Interesses stehe, sondern eine neue Form der Zusammenarbeit zwischen Polen und Deutschland."

Kardinal Döpfner hat bei weiteren Begegnungen seine Einschätzung bekräftigt und immer wieder darauf verwiesen, dass die Zeit für Polen arbeite. Eine erste Frucht dieser beiderseitigen Annäherung ist die auf Initiative der deutschen Bischöfe zurückgehende, in der zweiten Sitzungsperiode getroffene Vereinbarung, sich gemeinsam um eine Seligsprechung von Pater Maximilian Kolbe zu bemühen. Der entsprechende, dem Papst zugeleitete Text wurde denn auch gemeinsam redigiert. Der Austausch der Versöhnungsbotschaften am Ende des Konzils ist gleichsam die Krönung dieser Entwicklung.

Die Feier des polnischen Millenniums zwingt zur Versöhnung

Die bevorstehende Tausend-Jahr-Feier der Taufe Polens, an der auf Wunsch des polnischen Episkopats die Weltkirche teilhaben sollte, bot den konkreten Anlass für die polnische Versöhnungsbotschaft. In 56 Schreiben waren bereits weltweit die Bischofskonferenzen eingeladen worden. Auch Papst Paul VI. (1897-1978) hatte sein Kommen zugesagt. Es war klar, dass der unmittelbare deutsche Nachbar nicht übergangen werden konnte, doch verlangten die zwischen beiden Nationen bestehenden Probleme ein gesondertes Vorgehen. Dazu wurde Erzbischof Bolesław Kominek (1903-1974) um einen entsprechenden Vorschlag gebeten. Angesichts der unterschiedlichen politischen Verhältnisse in der Bundesrepublik und in der DDR soll er für getrennte Briefe plädiert haben. Dafür ausschlaggebend dürfte wohl vor allem die bereits 1950 erfolgte Anerkennung der Oder-

---

70 Deutschland und Polen. Kirche im Dienst der Versöhnung, Bonn 1996, S. 58.

Neiße-Grenze durch die Regierung der DDR gewesen sein. Auch soll Kominek eine ausführliche Stellungnahme zu der am 1. Oktober 1965 veröffentlichten EKD-Ostdenkschrift „Die Lage der Vertriebenen und das Verhältnis des deutschen Volkes zu seinen östlichen Nachbarn" angeregt haben. Komineks Vorschläge hätten jedoch deutscherseits keine Zustimmung gefunden. Man habe die Einheit der Kirche in Deutschland nicht durch die Übernahme der Zwei-Staaten-Theorie in Frage stellen wollen, und die evangelische Ostdenkschrift sollte lediglich im polnischen Brief Berücksichtigung finden.[71] Nach dieser grundsätzlichen Klärung erstellte Erzbischof Kominek in Absprache mit Bischof Zygmunt Choromański (1892-1968), dem Sekretär der Polnischen Bischofskonferenz, das an den deutschen Episkopat gerichtete Einladungsschreiben mit der bekannten Versöhnungsformel „wir gewähren Vergebung und bitten um Vergebung" sowie mit der anschließenden Versicherung, erst jetzt „mit ruhigem Gewissen in Polen auf ganz christliche Art unser Millennium" feiern zu können.

Die Brisanz des im polnischen Brief enthaltenen Geschichtsverständnisses

Wer ohne Berücksichtigung des damaligen, durch den kalten Krieg vorgegebenen zeitgeschichtlichen Kontexts die seitenlangen historischen Ausführungen der unter dem 18. November datierten polnischen Versöhnungsbotschaft liest, dem entgeht wohl die darin zum Ausdruck kommende Brisanz. Der polnische Episkopat lässt vor den einzuladenden deutschen Bischöfen die tausendjährige Geschichte Polens Revue passieren – angefangen mit der Taufe Mieszko I.

---

71 Diese Darstellung der Vorgeschichte des Briefwechsels findet sich in der Beantwortung einer Anfrage der polnischen Sicherheitsorgane durch die in der Regel über Vorgänge im Vatikan gut informierte HA XX/4 des Ministeriums für Staatssicherheit vom 19. Januar 1966.
Angesichts unterschiedlicher Versionen bedarf die Vorgeschichte des Briefwechsels weiterer Untersuchungen. So behauptet Prälat Th. Schmitz, ein enger Vertrauter von Erzbischof Bengsch, in der Deutschen Tagespost vom 25. 11. 1995, die deutsche Antwort gehe „im Wesentlichen auf die Arbeit von Erzbischof Bengsch zurück." (Vgl. M. Höllen, Loyale Distanz? Katholizismus und Kirchenpolitik in SBZ und DDR, Bd. 2, Anm. 507, S. 455f.) Dem Bonner Zeithistoriker K.-J. Hummel, der sich seinerseits auf den Erfurter Kirchenhistoriker J. Pilvousek beruft, verdanke ich den Hinweis, dass neben Erzbischof Bengsch der Görlitzer Bischof Schaffran durch eine 8-Punkte-Vorlage den Brief, zumal bezüglich des „Rechts auf Heimat", entscheidend mit geprägt habe. Sollten diese Angaben stimmen, dann hätten wir es mit dem kuriosen Befund zu tun, dass der von den kommunistischen Machthabern als Werk des „westdeutschen Revanchismus" verstandene Text im Wesentlichen von zwei Bischöfen der DDR verfasst wurde.

(922/45-992) im Jahr 966, der Errichtung einer eigenen Hierarchie durch P. Sylvester II. (946-1003) und dem bedeutungsvollen Jahr 1000 mit der Gnesener Begegnung zwischen Kaiser Otto III. (980—1002) und Bolesław Chrobry. (965/67-1025) In diesen geschichtlichen Anfängen sieht Polens Episkopat die Symbiose zwischen Kirche und Nation grundgelegt, die – so die weiteren Darlegungen – die gesamten tausend Jahre bis in die Gegenwart hinein Bestand hat, wobei „in den schwersten politischen und geistigen Nöten [...] die katholische Kirche [...] immer der Rettungsanker und das Symbol der nationalen Einheit geblieben" sei. Um die „politische und kulturelle Bedeutung" dieser Anfangszeit zu unterstreichen, verweist der Brief auf „die allerneueste deutsche Geschichtsschreibung", die in diesen Anfängen Polens „Eintritt in die lateinische Christenheit" sieht. Dadurch sei Polen „zu einem gleichberechtigten Glied des universal konzipierten [...] Imperium Romanum Ottos III. geworden".[72]

In dem historischen Abriss spielen selbstverständlich die deutsch-polnischen Beziehungen eine besondere Rolle. Sie seien für Polen Jahrhunderte lang befruchtend gewesen und hätten erst durch die Kreuzritter und den Aufstieg Preußens ihre Wende ins Negative erfahren. Gipfelpunkt dieser tragischen Entwicklung seien die Leiden im Zweiten Weltkrieg mit der Ermordung von 2000 Priestern und fünf Bischöfen. Die Belastungen der Gegenwart, insbesondere das „heiße Eisen" der Oder-Neiße-Grenze, hätten hier ihren Grund. Sie seien die „bittere Frucht des letzten Massenvernichtungskrieges." Dabei zeigen Polens Bischöfe durchaus Verständnis für das „Leid der Millionen Flüchtlinge und vertriebenen Deutschen", für das allerdings die „Siegermächte" durch ihre Potsdamer Beschlüsse verantwortlich seien. Durch den Verlust der polnischen Ostgebiete, die Polen nicht als „Siegerstaat" erscheinen lasse, seien die Oder-Neiße-Gebiete heute für Polen eine „Existenzfrage". Bei ihrem Bemühen, die infolge des Zweiten Weltkriegs entstandene nationale Situation ihres Landes zu verdeutlichen, zeigen Polens Bischöfe durchaus Verständnis für die Probleme der deutschen Seite. Nicht zuletzt dadurch legten sie den Grund, um im wechselseitigen Dialog einen Ausweg aus der „fast hoffnungslos mit Vergangenheit belasteten Lage" zu finden.

Der historische Exkurs der polnischen Versöhnungsbotschaft fand damals deutscherseits nicht das ihm gebührende Interesse. Die auf einer tausendjährigen Symbiose von katholischem Glauben und polnischer Nation basierende Sichtweise, die einem deutschen Geschichtsbild reichlich fremd ist, stieß eher auf verbreitetes Unverständnis. So habe sich Kardinal Döpfner bei einem späteren Zusammentreffen mit dem polnischen Primas zu dem breit ausgeführten historischen

---

72 Zitate aus dem Briefwechsel der polnischen und deutschen Bischöfe und der EKD-Ostdenkschrift entnehme ich R. Henkys (Hg.), Deutschland und die östlichen Nachbarn. Beiträge zu einer evangelischen Denkschrift, Stuttgart 1966, S. 218-230.

Teil des polnischen Briefes kritisch geäußert. Historische Argumente würden Deutsche gemeinhin nicht sonderlich interessieren. Diese Aussage legt die Vermutung nahe, dass die deutschen Bischöfe, zumal auf dem Hintergrund der in Polen kurz vorher veranstalteten 20-Jahr-Feiern zur Übernahme der kirchlichen Administration in den Oder-Neiße-Gebieten, in dem historischen Teil des polnischen Briefes die geschichtspolitische Absicht sahen, mit ihrem Hinweis auf den piastischen Ursprung Polens den Anspruch auf die deutschen Ostgebiete historisch zu legitimieren. Abgesehen davon, dass der Text diese Interpretation keineswegs nahe legt, haben sich dadurch die Bischöfe offenbar den Blick für die eigentliche Brisanz dieses geschichtlichen Abrisses versperrt, durch den Polens Bischöfe gegen die kommunistische Staatsdoktrin die Zugehörigkeit ihres Landes zum westeuropäischen Kulturkreis zum Ausdruck brachten. Auch in den westdeutschen Medien blieb damals dieser Aspekt weitgehend unbeachtet. Eine Ausnahme bildete die „Stuttgarter Zeitung" in ihrer Ausgabe vom 3. Dezember 1965. Sie sah in dem geschichtlichen Teil „einen verschlüsselten Hilferuf an den deutschen Nachbarn [...]. Ihr Deutschen habt geholfen, Polen für den Westen zu gewinnen, ihr habt das Land der römischen Kirche zugeführt, ihr habt auch euren Teil dazu beigetragen, daß wir Polen heute in den Herrschaftsbereich einer atheistischen Macht geraten sind. Ihr Deutschen seht immer nur die Leiden, die euch die Oder-Neiße-Linie bereitet, aber ihr seht nicht, daß sie zwar Deutschland von Polen, aber nicht den Westen vom Osten scheidet. Diese Grenze liegt an der polnischen Ostgrenze, die, nicht durch unsere Schuld, so weit westlich verläuft. Seht zu, daß wir unsere geistige Bastion gegen den Kommunismus halten können."

Der deutsche Antwortbrief

Die von 42 aus beiden Teilen Deutschlands auf dem Konzil anwesenden Bischöfen unterzeichnete deutsche Antwort vom 5. Dezember 1965 fällt um vieles kürzer aus als die polnische Versöhnungsbotschaft. Mit „Bewegung und Freude" nehmen die Bischöfe die Einladung zum Millennium an. Sie verweisen einleitend darauf, dass französische und englische Kardinäle und Bischöfe bereits 1948 durch ihre Anwesenheit beim Kölner Domjubiläum „christliche Brüderlichkeit" bewiesen haben – ein deutlicher Hinweis darauf, dass die Versöhnung, die man sich nunmehr mit Polen erhofft, mit den westlichen Kriegsgegnern bereits vor Gründung der Bundesrepublik erfolgte. Sie ergreifen selbstverständlich die ihnen „dargebotenen Hände" und wünschen sich, „daß niemals wieder der Ungeist des Hasses" sie trenne.

Die deutschen Bischöfe begrüßen die durch „die hellen Seiten des deutschpolnischen Verhältnisses" bestimmte polnische Sicht des Mittelalters. Was die belastete jüngste Vergangenheit betrifft, so betonen sie: „Furchtbares ist von Deutschen und im Namen des deutschen Volkes dem polnischen Volk angetan worden." Dafür bitten sie um Vergebung. Sie wissen, dass Deutschland „die Folgen des Krieges tragen" muss, gehen aber nicht auf das im polnischen Brief angesprochene „heiße Eisen" der Oder-Neiße-Grenze ein. Stattdessen versuchen sie, das von den deutschen Vertriebenen vertretene „Recht auf Heimat" in seiner Bedeutung abzuschwächen, indem sie darauf verweisen, dass damit „- von einigen Ausnahmen abgesehen – keine aggressive Absicht" verbunden sei. Vielmehr brächten die Vertriebenen damit lediglich zum Ausdruck, „daß sie rechtens in ihrer alten Heimat gewohnt haben und daß sie dieser Heimat verbunden bleiben." Im Übrigen seien sie sich durchaus bewusst, „daß dort jetzt eine junge Generation heranwächst, die das Land, das ihren Vätern zugewiesen wurde, ebenfalls als ihre Heimat betrachtet."

Der Briefwechsel nimmt leider nur sehr verdeckt auf die evangelische Ostdenkschrift Bezug. Die polnische Versöhnungsbotschaft enthält lediglich unter Hinweis darauf, dass sich die „deutschen evangelischen Brüder" um „Lösungen für unsere Schwierigkeiten" bemüht haben, die Bitte um Übermittlung von „Grüße und Dank". Und auch aus der im deutschen Antwortbrief bekundeten freudigen Bereitschaft, dieser Bitte zu entsprechen, kann man den Grund zu dieser Übermittlung bestenfalls erahnen. Angesichts der Bedeutung der EKD-Ostdenkschrift muss diese Zurückhaltung überraschen. Schließlich war sie dem Briefwechsel voraus gegangen und hatte mit ihrer Forderung, „das Lebensrecht des polnischen Volkes zu respektieren und ihm den Raum zu lassen, dessen es zu seiner Entfaltung bedarf"[73], auch für diesen einen Maßstab gesetzt. Die polnischen Bischöfe hatten somit eigentlich keinen Grund, sich gegenüber der Ostdenkschrift zurückzuhalten, wohl aber die deutsche Seite, die mit ihrem Antwortbrief deutlich hinter den Aussagen der Ostdenkschrift zurück blieb. Eine direkte Bezugnahme der polnischen Bischöfe auf die evangelische Ostdenkschrift wäre somit einer impliziten Kritik am deutschen Antwortbrief gleich gekommen, und dies musste vermieden werden, um nicht die von Versöhnung und Dialog bestimmte Intention des Briefwechsels zu gefährden.

Enttäuschte Erwartung

Der polnische Episkopat hatte sich denn auch in seinem römischen Kommuniqué vom 7. Dezember 1965 über die deutsche Antwort keineswegs enttäuscht gezeigt, sondern sie positiv gewürdigt. Doch fünf Jahre später kommt die damals empfundene Enttäuschung in einem unter dem 5. November 1970 datierten

---

73 Ebd., S. 201.

III. Der Versöhnungsdienst der Kirchen

Brief des polnischen Primas an Kardinal Döpfner[74] unverblümt zum Ausdruck. Der Zeitpunkt war bewusst gewählt, wurde doch in jenen Tagen in Warschau der deutsch-polnische Vertrag über „die Grundlagen der Normalisierung der beiderseitigen Beziehungen" ausgehandelt, mit dem die von Willy Brandt (1913-1992) geführte sozial-liberale Koalition Polens Westgrenze anerkannt hat – ohne einer gesamtdeutschen Vertretung auf einer späteren Friedenskonferenz vorgreifen zu wollen. Zu diesen Verhandlungen wünschte sich Primas Stefan Wyszyński eine positive Stellungnahme der deutschen Bischofskonferenz: „In dieser historischen Stunde", in der sich erstmals nach dem Krieg „die Möglichkeit einer Regelung der Lebensfrage des polnischen Volkes und Staates" abzeichne, dürfe „die bischöfliche Führung in der Bundesrepublik" nicht abseits stehen. Vielmehr sei es ihre Aufgabe, „die staatliche Leitung auf die Wichtigkeit der kommenden Entscheidung aufmerksam zu machen."

1965 hätten sich die deutschen Bischöfe dieser Aufgabe verweigert. Wörtlich schreibt der Primas: „Nun muss ich Ihnen ganz ehrlich gestehen, daß die Antwort des deutschen Episkopats auf unseren Versöhnungsbrief nicht nur die Polen, sondern auch die Weltmeinung enttäuscht hat." Für das polnische „katholische Volk ist es ein öffentliches Ärgernis", zumal sich „die deutschen Protestanten dem katholischen Polen" entgegenkommender gezeigt hätten. Die „katholische Kirche in der Bundesrepublik" dürfe nicht vergessen, daß die „GRENZFRAGE" für Polen eine „LEBENSFRAGE" und zugleich eine „KIRCHENFRAGE" sei, letzteres, weil es sich bei Polen um „das letzte Bollwerk des Katholizismus im Osten" handle. Nun sei es an der Zeit, das damals Versäumte nachzuholen.

Doch erneut wurde der polnische Primas in seiner Erwartung enttäuscht. Kardinal Döpfner lässt den Termin der Unterzeichnung des deutsch-polnischen Vertrages vom 7. Dezember 1970 verstreichen und antwortet erst unter dem 14. Dezember. Er äußert seine Betroffenheit über die herbe Kritik am deutschen Antwortbrief von 1965, die er „in dieser Art nicht erwartet" habe. Er gesteht ein, „daß der Brief verhaltener, reservierter wirkt" als die polnische Versöhnungsbotschaft und meint, man hätte „damals einiges wärmer formulieren können." Im Kern allerdings, „speziell bezüglich der Grenzfrage", hätte man kaum „wesentlich anders" schreiben können. Damals wie heute könne sich die Kirche „nicht in konkrete politische Auseinandersetzungen hineinziehen lassen." Im Übrigen stünden „die deutschen Bischöfe und die deutschen Katholiken [...] in ihrem Versöhnungswillen [...] nicht hinter ihren evangelischen Mitbürgern" zurück.

---

74 Entnommen wurden die folgenden Zitate dem Abdruck der Briefe der Kardinäle Wyszyński und Döpfner in: Deutschland und Polen, a. a. O., S. 62-65.

Allerdings bleibt zu fragen, ob die deutschen Bischöfe damals bei aller gebotenen parteipolitischen Zurückhaltung ihrem diakonischen Auftrag, zu den Lebensfragen des deutschen Volkes Stellung zu beziehen, gerecht geworden sind. In ihrer Argumentation haben sie sich offensichtlich allzu sehr von der Rücksicht auf die ihr „Recht auf Heimat" einfordernden Vertriebenen leiten lassen. So wurden im Nachhinein katholischerseits weiterführende Aussagen notwendig. Dazu bot der Bamberger Katholikentag von 1966 eine erste Gelegenheit. In seiner Erklärung zum deutsch-polnischen Briefwechsel findet sich die feierliche Versicherung, „sich mit allen Kräften dafür einzusetzen, daß das deutsche Volk die nationalen Existenzrechte des polnischen Volkes respektiert", die „deutsche Politiker in der Vergangenheit" mißachtet haben.[75] 1968 trat dann der Bensberger Kreis mit einem Polenmemorandum an die Öffentlichkeit. Ähnlich wie die Ost-Denkschrift der EKD zeigt auch das Memorandum das Bemühen, die Vertriebenen in den deutsch-polnischen Versöhnungsprozess einzubeziehen. Sie werden auf dem Hintergrund des dem polnischen Volk durch Krieg und Okkupation zugefügten furchtbaren Unrechts aufgefordert, sich „innerlich von dem zu lösen, was ihnen einst gehörte", wobei sie dies nicht als „Verzicht", sondern „als Beitrag zu einer übernationalen Friedensordnung verstehen" möchten.[76] Doch diese Initiative stieß bei den katholischen Vertriebenenorganisationen auf Ablehnung. In ihrer Erklärung vom 11. April 1968 beteuerten sie zwar ihre Versöhnungsbereitschaft, wiesen aber den Verzicht auf ihre „natürlichen Rechte" entschieden zurück.[77]

Der Briefwechsel als Impuls politischer Neuorientierung

Trotz der angeführten Defizite des deutschen Antwortbriefes wirkte der Briefwechsel als Impuls politischer Neuorientierung. Dies zumindest in der Bundesrepublik. Er traf in einen bestimmten Kairos, in eine weltpolitisch spannungsvolle Zeit: Während der Kubakrise von 1962 stand die Welt am Abgrund eines möglicherweise atomaren neuen Weltkriegs; die Gefahr wurde zum Glück abgewendet. Doch der Schock saß tief. Nun waren mit einem Male Alternativen gefragt, die diese Gefahr zu minimieren vermochten. Um den Ost-West-Konflikt berechenbarer zu machen, entwarf man Konzeptionen der Entspannung und – im Osten – der ideologischen Koexistenz. Für die Bundesrepublik bedeutete dies ein Überdenken ihrer auf eine Isolierung der DDR abzielenden Politik. Die Hallstein-Doktrin, der zufolge die Bundesrepublik Staaten, welche die DDR aner-

---

75 Deutschland und Polen, a. a. O., S. 58.
76 Ebd., S. 59.
77 Ebd., S. 61.

kannten, die Aufnahme diplomatischer Beziehungen verweigerte, geriet in die Kritik. 1963 gab Egon Bahr auf einer Tagung der evangelischen Akademie in Tutzing in Abweichung von der Hallstein-Doktrin die Devise eines „Wandels durch Annäherung" aus. Sie bildete fortan die Grundlage der „neuen Ostpolitik". In dieser politischen Umbruchsituation gewann zwangsläufig die Regelung der deutsch-polnischen Beziehungen an Bedeutung. Es waren Kreise innerhalb der evangelischen Kirche, die als erste initiativ wurden. Mit ihrem „Tübinger Memorandum" (1961/62) regten sie eine Überprüfung der bisherigen Rechtsauffassung der Bundesrepublik zur Oder-Neiße-Grenze an und lösten damit in ihrer Kirche eine stark polarisierende Diskussion aus. Diese Auseinandersetzung führte schließlich dazu, dass die Kammer der EKD für öffentliche Verantwortung den Auftrag erhielt, zu der mit den Oder-Neiße-Gebieten verbundenen Problematik eine Stellungnahme zu erarbeiten, die sie am 1. Oktober 1965 mit der bereits erwähnten Denkschrift „Die Lage der Vertriebenen und das Verhältnis des deutschen Volkes zu seinen östlichen Nachbarn" vorlegte.

Die Autoren der Denkschrift betonen eine aus der deutschen Kriegsschuld resultierende besondere Verpflichtung der Bundesrepublik gegenüber Polen. Wegen des dem polnischen Volk angetanen Unrechts müsse „eine deutsche Regierung heute zögern, einen Rechtsanspruch auf die Rückgabe von Gebieten zu erheben, deren Besitz wegen des Verlustes von Ostpolen zu einer wirtschaftlichen Lebensnotwendigkeit für Polen geworden ist."[78]

Die EKD-Ostdenkschrift ist zudem von dem Bemühen bestimmt, die Vertriebenen in den Prozess der Versöhnung und politischen Umorientierung einzubeziehen und sie zu einer Neubewertung des von ihnen vehement vertretenen „Rechts auf Heimat" zu bewegen. Dies mag bei vielen Vertriebenen gelungen sein, nicht aber bei ihrer Interessenvertretung, dem Bund der Vertriebenen (BdV). Der lehnte die Denkschrift als unzumutbare Verzichtserklärung ab.[79]

Die Ostdenkschrift geht mit ihrer Argumentation, wie bereits an anderer Stelle gesagt, über den deutschen Antwortbrief hinaus. Doch bei allen Unterschieden in der Sache sowie bezüglich der Adressaten ist der EKD-Ostdenkschrift sowie dem polnischen Bischofsbrief und der deutschen Antwort eines gemeinsam – der Impuls zur Versöhnung. Man wird der Einschätzung des SPD-Organs „Vorwärts" in seiner Ausgabe vom 5. Dezember 1965 nur zustimmen können: „Mit der evangelischen Denkschrift in Deutschland einerseits und

---

78 Ebd., S. 201.
79 Vgl. hierzu die seinerzeit im verbandsoffiziellen „Deutschen Ostdienst" veröffentlichte Stellungnahme des BdV-Präsidiums „Heimatrecht ist kein Kaufpreis / EKD-Denkschrift ist keine Gesprächsgrundlage". Ausführliche Zitate aus diesem Text in R. Henkys, Deutschland und die östlichen Nachbarn, a. a. O., S. 36f.

dem Versöhnungsappell der Episkopate auf der anderen Seite ist der zwei Jahrzehnte lang ausgebliebene Dialog zwar nicht von Staat zu Staat, wohl aber von geistlichen Autoritäten in beiden Völkern aus ganz plötzlich in Gang gekommen." Mehr noch: Den Kirchen kommt das Verdienst zu, damit in der Breite der Gesellschaft in der Bundesrepublik wie in Polen eine Diskussion ausgelöst zu haben, die letztlich die Voraussetzung dafür schuf, die starren Fronten aufzubrechen und neue Wege zu gehen.

Die Reaktion der DDR-Organe

Der Briefwechsel der Bischöfe veranlasste das Ministerium für Staatssicherheit (MfS) sowie die für Kirchenfragen zuständigen DDR-Partei- und Regierungsorgane zu einer Vielzahl von Aktivitäten: Am 16. Dezember 1965 übermittelte das MfS der Führung des Politbüros eine erste vierseitige „Information über den Austausch von Botschaften zwischen den polnischen und den deutschen Bischöfen"[80]; am 23. Dezember 1965 legte dann die Abteilung Kirchenfragen der Ost-CDU einen neunseitigen „Entwurf für die Information zum Briefwechsel des polnischen Episkopats mit den katholischen Bischöfen aus der DDR und Westdeutschland" vor[81]; zur Vorbereitung eines in der Sache des Briefwechsels mit Erzbischof Alfred Bengsch (1921-1979) zu führenden Gesprächs erstellte am 6. Januar 1966 eine Arbeitsgruppe des Staatssekretariats für Kirchenfragen eine neunseitige „Skizze"[82]; schließlich beantwortete die für die Kirchen zuständige HA XX/4 des MfS auf fünfzehn Seiten Anfragen der polnischen Sicherheitsorgane bezüglich des Briefwechsels. Diese Aufzählung der verschiedenen Aktivitäten hinter den Kulissen belegt das Gewicht, das die DDR-Organe dem Briefwechsel beigemessen haben.

Seine Einschätzung ist rundweg negativ. Entsprechend negativ wurde die Öffentlichkeit über den Briefwechsel informiert. Als erstes meldete sich am 16. Dezember 1965 das Organ der Ost-CDU zu Wort. Als Autor des mit „Placet für Bonn?" betitelten Beitrags zeichnete der Chefredakteur Hermann Kalb persönlich. Er betonte, dass die Bischöfe aus der DDR mit ihrer Unterschrift den deutschen Antwortbrief mit zu verantworten hätten, der sich in der Frage der Anerkennung der Oder-Neiße-Grenze ausschweige und so selbst auf Seiten der Vertriebenenverbände positiv aufgenommen worden sei. Am 24. Dezember kommentierte dann der 1995 verstorbene Günter Kertzscher, stellvertretender Chefredakteur des SED-Organs „Neues Deutschland", den Briefwechsel als eine

---

80 BStU, ZAIG, Z 1145, Bl. 1-4.
81 Archiv für Christlich-Demokratische-Politik (ACPD), Bestand VII 013-3007, Bl 1-9.
82 Bundesarchiv Abteilungen Potsdam (BAP), DO-4, 836.

„Aktion aus dem Geist des Revanchismus", wobei er den Berliner Erzbischof Alfred Bengsch als einen „Mann Bonns" bezeichnete. Zuvor war die Redaktion des „St. Hedwigblattes", das den Briefwechsel auszugsweise abgedruckt hatte, durch staatliche Anordnung zu einer „Gegendarstellung des Presseamtes der DDR über die Ablehnung des Briefwechsels durch die polnische Öffentlichkeit" veranlasst worden.

Besonders aufschlussreich ist ein Konzeptionspapier aus der Dienststelle des Staatssekretärs für Kirchenfragen.[83] Darin wird der Briefwechsel nicht nur als eine für die Amtszeit des Berliner Erzbischofs typische „Angleichung an die kirchenpolitische Position der eng mit Bonn verbundenen westdeutschen Kirchenleitung" interpretiert, sondern – unter Hinweis auf sowjetische Quellen – als Mittel „der ideologischen Diversion" verstanden, „die Maßnahmen vorsieht, um 'Voraussetzungen für die Erosion [...] der kommunistischen Ideologie' zu schaffen und auf dem Wege einer 'Evolution' u. 'Entideologisierung' West- und Osteuropa zu 'vereinigen'." Durch eine „Koordinierung der europäischen Kirchenpolitik" verfolge der Vatikan mittels der „Bischofskonferenzen europäischer Länder eine Strategie ideologischer Diversion. Diese setze „genau an dem Punkt" an, „wo die stärkste Massenverbundenheit der Politik der sozialistischen Staaten gegeben ist, in ihrem beharrlichen Streben nach Entspannung und Frieden." Diese Sicht der Dinge legt die Vermutung nahe, dass man seitens der DDR – und wohl auch der anderen sozialistischen Staaten – im Briefwechsel der polnischen und deutschen Bischöfe eine Konzeption von Versöhnung und Verständigung erkannt hat, die dem eigenen ideologischen wie politischen Konzept von Entspannung und Frieden den Rang ablaufen könnte und damit eine Destabilisierung des sozialistischen Weltsystems befürchten lasse. Trotz dieser Verschwörungstheorie ist dieser Einschätzung eine gewisse Hellsichtigkeit nicht abzusprechen, fand sie doch durch den weiteren Verlauf der Geschichte ihre Bestätigung.

Ziel dieses Konzeptionspapiers ist es, das kirchenpolitische Konzept des Berliner Erzbischofs zu „entlarven". Dieses sei „unter dem Schein der Loyalität" ganz nach der Methode von Kardinal Wyszyński darauf gerichtet, „die politisch-moralische Einheit der Bevölkerung der DDR stören zu können" Entsprechend müsse „das Gespräch mit dem Erzbischof [...] Teil eines Programms werden, das insgesamt darauf abzielt, die von ihm vertretene Konzeption zu erschüttern. Dabei kann die gegenwärtige Situation eine Handhabe bieten, um Maßnahmen einzuleiten, die ihm die Grenzen seiner Macht vor Augen führen und seinen Nimbus als erfolgreicher Kirchenführer, der durch seine kluge Politik bisher keine der kirchlichen Rechte und Positionen aufzugeben brauchte, infrage stellen."

---

83 Ebd.

Das am 14. Februar 1966 mit Erzbischof Bengsch im Staatssekretariat für Kirchenfragen geführte Gespräch ist durch Niederschriften des Berliner Ordinariats[84] und des Staatssekretariats für Kirchenfragen[85] gut dokumentiert. Da der Briefwechsel in der Tat in keiner Weise auf die Position der DDR Bezug nimmt, war der von Staatssekretär Seigewasser gegen Erzbischof Bengsch erhobene Vorwurf, durch seine Mitwirkung am Zustandekommen dieses Briefwechsels seine Loyalitätspflicht dem Staat gegenüber verletzt und „in Rom die Existenz der DDR negiert" zu haben, nicht leicht von der Hand zu weisen. Doch der Vorsitzende der Berliner Ordinarienkonferenz argumentierte recht geschickt, indem er dem Briefwechsel vor allem für Westdeutschland und weniger für die DDR Bedeutung beimaß. Für die Aussöhnung Westdeutschlands mit Polen sei er „ein guter und notwendiger Schritt" gewesen. „Erst die Mitwirkung der DDR-Bischöfe habe gewährleistet, daß in dem deutschen Antwortbrief jeder revanchistische Akzent ausgeschaltet werden konnte."

Auch wenn das Gespräch mit dem Berliner Erzbischof offenbar zu einer Entschärfung der Lage beigetragen hat, so war es doch ein deutliches kirchenpolitisches Signal. Die Berliner Ordinarienkonferenz fühlte sich jedenfalls gewarnt. Sie verzichtete in Zukunft darauf, gemeinsam mit den westdeutschen Bischöfen Erklärungen zum deutsch-polnischen Verhältnis abzugeben, durch die sie in den Verdacht geraten konnte, die Existenz der DDR zu negieren. Es sollte 30 Jahre dauern, ehe sich nach dem Ende der DDR 1995 polnische und deutsche Bischöfe auf ein gemeinsames Wort verständigten.[86]

Die DDR-Organe sahen letztendlich in dem Briefwechsel eine gegen das sozialistische Lager gerichtete Offensive des Vatikans, bei der systemübergreifenden Bischofskonferenzen eine Schlüsselrolle zukommen sollte. Sie zogen daraus die Konsequenz, derlei Kontakte zu unterbinden. So wurde vorerst der durch den Briefwechsel intendierte Dialog weitgehend unmöglich gemacht. Weder aus der Bundesrepublik noch aus der DDR konnten Bischöfe die Einladung zum polnischen Millennium wahrnehmen. Ihnen wurden die Visa verweigert. Gleichfalls blieb es den polnischen Bischöfen seitens ihrer staatlichen Behörden verwehrt, der im deutschen Antwortbrief ausgesprochenen Einladung zum Essener Katholikentag sowie zur Tausendjahrfeier des Bistums Meißen nachzukommen. Es dauerte bis nach der 1972 vollzogenen Ratifizierung des 1970 zwischen der Volksrepublik Polen und der Bundesrepublik Deutschland abgeschlossenen Vertrages, ehe halbwegs geregelte Kontakte zwischen den Episkopaten beider Seiten möglich wurden.

---

84 Regionalarchiv Ordinarien Ost (ROO), A VIII 6.
85 BAP, DO-4, 836.
86 Vgl. dazu meinen Beitrag „Gemeinsames Wort der polnischen und deutschen Bischöfe" in: Orientierung 2/1966.

III. Der Versöhnungsdienst der Kirchen

Kirchenkampf in Polen

Nach Darstellung des Vatikanexperten Hansjakob Stehle hatte der mit der Erstellung der polnischen Versöhnungsbotschaft beauftragte Breslauer Erzbischof Kominek den polnischen Pressevertreter beim Konzil Ignacy Krasicki über den beabsichtigten Briefwechsel informiert und ihm wohl mit der Absicht, die Regierung seines Landes auf diesem Wege inoffiziell zu informieren, den polnischen Text ausgehändigt. Doch Krasicki schickte ihn als ein auf Umwegen beschafftes Geheimdokument nach Warschau. Die fatale Folge war, dass sich Polens Partei- und Staatsführung hintergangen fühlte.[87] Zudem standen die Aussagen der Versöhnungsbotschaft im Gegensatz zur staatlich verfolgten Politik gegenüber der Bundesrepublik, so dass sich Parteichef Władysław Gomułka (1905-1982) zu einer harten Auseinandersetzung mit dem Episkopat veranlasst sah. Primas Wyszyński wurde vorgeworfen, die staatlichen Stellen angesichts seiner politisch so bedeutsamen und folgenschweren Initiative offiziell nicht informiert zu haben. Auch sei es unverständlich, wie die Bischöfe in ihrem Schreiben von ihrer wenige Wochen vorher bei der 20-Jahr-Feier bezogenen Position hätten abweichen und „Formulierungen im Geiste der westdeutschen revanchistischen Propaganda" übernehmen können. Damit hätten sie „den Interessen Polens und des polnischen Staates" geschadet. Kritisiert wurde die Aussage, Polen sei aus dem Zweiten Weltkrieg wegen des Verlustes der Ostprovinzen nicht als „ein Siegerstaat hervorgegangen". Die kommunistische Partei- und Staatsführung wies denn auch den von den Bischöfen betonten Zusammenhang zwischen dem Verlust der Ostprovinzen und dem Gewinn der Oder-Neiße-Gebiete scharf zurück und sah in diesem Junktim eine antisowjetische Tendenz. Beanstandet wurde weiter, dass in dem Schreiben die DDR und ihre freundschaftliche Beziehung zu Polen mit keinem Wort erwähnt wurden. Dies käme einer Negierung der Existenz der DDR gleich. Die VR Polen habe keine Nachbarschaft mit Deutschland, sondern mit der DDR, und diese habe mit dem Görlitzer Abkommen bereits 1950 Polens Westgrenze anerkannt, so dass es das angesprochene „heiße Eisen" nur im Verhältnis zur Bundesrepublik, nicht aber zur DDR gebe. Zudem sei die Umsiedlung der Deutschen nicht „auf Befehl der Siegermächte", sondern in Durchführung eines internationalen Rechtsaktes, des Potsdamer Abkommens, erfolgt. In diesem Zusammenhang von „Vertreibung" zu sprechen, wie dies in dem Brief geschehe, entspreche der „Terminologie des westdeutschen Revanchismus" und stelle „eine Beleidigung Polens" dar. Zudem hätten die Bischöfe kein Recht, den Deutschen ihre Verbrechen am polnischen Volk zu vergeben, und dazu

---

87 Vgl. H. Stehle, Geheimdiplomatie im Vatikan. Die Päpste und die Kommunisten, Zürich 1993, S. 322f.

noch die deutschen Bischöfe zu bitten, sie „mögen dem polnischen Volk vergeben, sei „beleidigend" und würdelos. Anstoß fand auch der im historischen Teil des Briefes enthaltene Begriff „Bollwerk des Christentums". Ihn „mit der gegenwärtigen Rolle in Volkspolen" zu verbinden, komme „angesichts der freundschaftlichen Beziehungen zwischen Polen und der Sowjetunion einem antisowjetischen Akzent" gleich und verletze „die Prinzipien der Außenpolitik der polnischen Regierung". Seine Überlegungen zusammenfassend kommt Ministerpräsident Józef Cyrankiewicz (1911-1982) zu folgendem Schluss: „Praktisch hat ein Teil der Kirchenhierarchie mit Kardinal Wyszyński an der Spitze den für die Tätigkeit der Kirche in der Verfassung festgelegten Rahmen verlassen, die zwischen Staat und Kirche getroffenen Vereinbarungen gebrochen und den Kampf gegen die Regierung, gegen die Organe Volkspolens, gegen die Verfassung aufgenommen. Die Regierung der Volksrepublik Polen und die Staatsorgane müssen darauf entsprechend ihrer Verantwortung reagieren."[88]

Die kirchenpolitische Lage wurde noch dadurch verschärft, dass sich die kommunistische Führung durch die seitens der Kirche geplanten Feierlichkeiten zum polnischen Millennium brüskiert fühlte, empfand sie diese doch nicht ohne Grund als Kampfansage. Schließlich war die Besinnung auf die tausendjährige Geschichte eines christlichen Polens aufgrund der Symbiose von Glaube und Nation deutlich und gewollt gegen das atheistische und sich von dieser Tradition abkoppelnde kommunistische Geschichtsverständnis gerichtet. In dieser Auseinandersetzung versprach sich die Partei- und Staatsführung durch einen sich an der Versöhnungsbotschaft der Bischöfe entzündenden Kirchenkampf eine Erfolgschance. Die Zeichen dafür standen durchaus günstig, denn auch die polnischen Katholiken waren durch den Briefwechsel überrascht worden und keineswegs auf eine Versöhnung mit den Deutschen vorbereitet. Selbst Laien, die zum engsten Beraterkreis des Primas zählten, waren nicht konsultiert worden. „Die Kirche, der man vertraute, hatte einen völlig unverständlichen Schritt getan. Diese Haltung war überall spürbar. [...] Auch praktizierende Katholiken, die sich mit ganzem Herzen der Tradition der katholischen Kirche, ihrer Lehre und ihrem Widerstand verbunden fühlten, waren zornig."[89] Für eine zusätzliche Schwierigkeit sorgte die Tatsache, dass Jerzy Zawieyski (1902-1969) als Sprecher der den polnischen Katholizismus im Sejm vertretenden Znak-Gruppe vor den Abgeordneten die EKD-Ostdenkschrift ausdrücklich als einen mutigen

---

88 Vgl. das Schreiben von Ministerpräsident Cyrankiewicz an die polnischen Bischöfe in „Trybuna Ludu" vom 6. März 1966.
89 W. Bartoszewski, Und reiß uns den Hass aus der Seele. Die schwierige Aussöhnung von Polen und Deutschen, Warschau 2005, S. 89.

III. Der Versöhnungsdienst der Kirchen 115

Schritt gelobt hatte. Der Unterschied zum deutschen Antwortbrief machte es ihm nun unmöglich, den Briefwechsel der Bischöfe rückhaltlos zu unterstützen. Auch bedauerte er vor dem Sejm, „daß sich in dem Brief der polnischen Bischöfe Formulierungen fanden, die von der Gesellschaft als schmerzlich empfunden werden." Und die Antwort der deutschen Bischöfe sei „kein Schritt nach vorn in Richtung einer Verbesserung des polnisch-deutschen Verhältnisses." Primas Wyszyński empfand die Rede seines politischen Vertrauten als Verletzung der Loyalität und ging für einige Zeit zu ihm auf Distanz.[90]

Über die Strategie der gegen die Kirche zu ergreifenden Maßnahmen gibt das umfangreiche Protokoll über das vom 27.-30. Januar 1966 in Berlin stattgefundene Treffen der ranghöchsten Vertreter der Kirchenämter Polens und der DDR Auskunft.[91] Der polnische Kirchenamtsdirektor Aleksander Skarżyński informierte die Genossen aus der DDR darüber, dass die „Volksstimmung" den Briefwechsel eindeutig ablehne: „In spontan gefaßten Entschließungen von Belegschaften der Betriebe, von Organisationen und Institutionen, die meist an die Adresse des Kardinals gerichtet wurden oder die sich mit dem Standpunkt der Regierung solidarisch erklärten, wurde der Schritt des polnischen Episkopats abgelehnt und zuweilen leidenschaftlich verdammt."[92] Was es allerdings mit dieser Spontaneität in Wahrheit auf sich hatte, wird an anderer Stelle deutlich: „Obwohl wir uns bemühen, immer neue Initiativen der Volksmassen auszulösen, um die negative Rolle des Kardinals und seines Anhangs sichtbar und verständlich zu machen, müssen wir doch verhüten, daß der Anschein entsteht, als werde die Protestbewegung von der Partei gelenkt und inspiriert."[93]

Die von den kommunistischen Behörden verfolgte Taktik entsprach der auch sonst praktizierten Differenzierungspolitik. Ziel war eine Isolierung des Primas. So wurde auf breiter Ebene versucht, den Klerus dazu zu bewegen, sich von der Versöhnungsbotschaft zu distanzieren. Dann wurden jene Bischöfe, die damals in Rom nicht anwesend waren und daher den Brief nicht unterzeichnet hatten, mit gleicher Absicht zu Gesprächen eingeladen. Es folgten Unterredungen mit jenen Unterzeichnern, von denen man annahm, dass sie in Unkenntnis der deutschen Sprache über den Inhalt des Briefes weitgehend im Unklaren gewesen waren und sich so möglicherweise getäuscht fühlten. Skarżyński zufolge hatte der Klerus zu 50% den Briefwechsel ausdrücklich abgelehnt. 30% hülle sich in Schweigen, der Rest halte dem Kardinal „die Stange".[94]

---

90 E. Heller, Versöhnung mit Polen. Briefwechsel der polnischen und deutschen Bischöfe im Jahre 1965 (Dissertation), Freiburg 1988, S. 221f.
91 Akten der Dienststelle des Staatssekretariats für Kirchenfragen, BAP, Bestand Do-4 (505).
92 Ebd., S. 9.
93 Ebd., S. 13.
94 Ebd., S. 10.

Diese harte kirchenpolitische Auseinandersetzung wurde im Westen kaum gebührend wahrgenommen. Ich bin damals durch Polen gereist und habe überall die roten Spruchbänder mit der Losung „Wir vergeben nicht!" gesehen. Angesichts dieser massiven Propaganda sah sich der Primas genötigt, bei den Gläubigen die deutsch-polnische Versöhnung als Loyalitätsbeweis einzufordern. So dienten die Predigten während der großen Wallfahrten nicht nur der Rechtfertigung der Versöhnungsbotschaft, die Gläubigen wurden zudem in den Gottesdiensten aufgefordert, den Bischöfen die Versöhnungsformel nachzusprechen – ein Akt von großer öffentlicher Wirkung. Kardinal Wyszyński gelang es jedenfalls, den Kirchenkampf im Millenniumsjahr 1966 für sich zu entscheiden, so dass er letztlich dem Anliegen der Versöhnung mehr genutzt als geschadet hat.

Die polnische Versöhnungsbotschaft als Grundlage einer neuen Staatsräson

Die polnische Partei- und Staatsführung hatte aus der Versöhnungsbotschaft vor allem die Elemente herausgepickt, die ihr Verständnis von Staatsräson in Frage stellte. Dieses basierte – auch zur eigenen Machtsicherung – auf dem festen Bündnis mit der Sowjetunion. Nur so könne, so glaubte man, die Dauerhaftigkeit der Oder-Neiße-Grenze und damit die Existenz Polens garantiert werden. Wenn dem Land Gefahr drohe, dann durch den auf eine Revision der Jaltaordnung abzielenden „Revanchismus" der Bundesrepublik. Die staatliche Propaganda tat denn auch alles, um das durch die Vertriebenenfunktionäre verkörperte Schreckgespenst des „deutschen Revisionismus" am Leben zu erhalten. Um sich seiner zu erwehren, liege die Spaltung Deutschlands und die daraus resultierende Existenz der DDR im nationalen polnischen Interesse. Kehrseite dieser Staatsräson war indes eine äußerst eingeschränkte Souveränität sowie die drohende Gefahr, durch eine den eigenen Traditionen widerstreitende weltanschauliche Indoktrination die nationale Identität zu verlieren.

In der Tat widersprach die Versöhnungsbotschaft der Bischöfe der kommunistischen Staatsräson: Die Beschwörung einer tausendjährigen Zugehörigkeit Polens zum westeuropäischen Kulturkreis sowie die Tatsache, dass in beiden Briefen unterschiedslos von „Deutschen" bzw. „Deutschland" die Rede war, also nicht nach Bundesrepublik und DDR differenziert wurde, nahm in gewisser Weise die Einheit Deutschlands vorweg. Auch wenn es sich hier um politische Implikationen und nicht um klare Aussagen handelt, so boten diese doch die Grundlage für eine neue und im Widerspruch zur kommunistischen Doktrin stehende Staatsräson. Ihr zufolge sollte es das strategische Ziel polnischer Politik sein, unter der Voraussetzung völkerrechtlicher Anerkennung der Oder-Neiße-

III. Der Versöhnungsdienst der Kirchen 117

Grenze eine Wiedervereinigung Deutschlands zu befürworten, sich aus der Vorherrschaft der UdSSR zu lösen, die volle Souveränität zurückzugewinnen und die Integration in die Europäische Gemeinschaft anzustreben. Diese Option nahm ab Mitte der 1970er Jahre in Kreisen der polnischen Opposition Gestalt an und führte 1989/90 mit dem Zusammenbruch kommunistischer Herrschaft in Polen, dem Ende der DDR, den mit der Bundesrepublik abgeschlossenen Verträgen vom 14. November 1990 (Grenzvertrag) und vom 17. Juni 1991 (gute Nachbarschaft und freundschaftliche Zusammenarbeit) sowie mit dem Beitritt Polens zur Europäischen Union am 1. Mai 2004 zum Erfolg. Rückblickend wird man Jan Józef Lipskis Würdigung der polnischen Versöhnungsbotschaft als „die mutigste und weitestblickendste Tat der polnischen Nachkriegsgeschichte" zustimmen können.

Angesichts mancher Irritationen in den deutsch-polnischen Beziehungen betonen die deutschen und polnischen Bischöfe in ihrer „Gemeinsamen Erklärung" vom 21. September 2005 die weiterhin aktuelle Bedeutung beiderseitiger Versöhnung: „Mit Sorge müssen wir seit einiger Zeit sehen, dass die Erinnerung an die finstersten Stunden unserer gemeinsamen Geschichte nicht nur den Geist der Versöhnung gebiert, sondern auch alte Wunden, die noch nicht geheilt sind, wieder aufreißt und den Ungeist des Aufrechnens hervorbringt. Manche Menschen in Politik und Gesellschaft rühren geradezu leichtfertig an den immer noch schmerzenden Wunden der Vergangenheit. Andere wollen sie offenkundig sogar rücksichtslos für persönliche oder politische Zwecke missbrauchen. Der 40. Jahrestag des Briefwechsels ist uns Anlass, solcher Verantwortungslosigkeit im gegenseitigen Verhältnis mit allem Nachdruck zu widersprechen." Diese überraschend scharfe Stellungnahme dürfte allerdings, da Ross und Reiter ungenannt bleiben, zu manchen Spekulationen und unterschiedlichen Interpretationen Anlass geben, was wiederum einer Versöhnung wenig dienlich sein dürfte.

Doch der Austausch der Versöhnungsbotschaften von 1965 könnte ganz allgemein als Vorbild für Lösungen ethnisch bedingter Konflikte dienenSo findet sich in der Ansprache, die Johannes Paul II. am 8. September in der Kathedrale von Sarajewo halten wollte, die Formel „Wir gewähren Vergebung und bitten um Vergebung". An sie knüpfte der Papst den Wunsch, auf dem Balkan möge von den Kirchen ein ähnlicher Impuls ausgehen wie damals vom Briefwechsel polnischer und deutscher Bischöfe. Es wäre in der Tat ein wichtiger Schritt zur Versöhnung gewesen, hätten die auf dem Balkan vertretenen Religionen den Dialog miteinander gesucht und unbeirrt die Vesöhnungsbereitschaft in ihren Völkern gefördert.

Wo Nationen mit einer wechselseitig belasteten Vergangenheit einander feindlich gegenüberstehen, da kann der Bannkreis eines fatalistischen Geschichtsverständnisses nur durch einen Versöhnungsprozess durchbrochen werden. Und der braucht Hoffnungsträger, für die erlittenes Unrecht kein Grund zu Rache und Vergeltung ist, sondern die ihr Schicksal als Prüfung ihrer Menschlichkeit begreifen und aus ihr entsprechende Konsequenzen ziehen. Wer ist dazu mehr berufen als die Kirchen?

Das jüngste Beispiel für den Modellcharakter des Briefwechsels der Bischöfe von 1965 ist das von den römisch-katholischen Bischöfen Polens und den griechisch-katholischen Bischöfen der Ukraine unterzeichnete Dokument vom 18. Juni 2005. Darin bemühen sich beide Seiten, jenseits der „politischen Ansichten, der historischen Ereignisse, der kirchlichen Riten, ja selbst der je eigenen Nationalität, der ukrainischen und der polnischen" einen gemeinsamen, im Glauben vorgegebenen Standort zu finden, vom dem aus sich sagen lässt: „Wir gewähren Vergebung und bitten um Vergebung."[95]

Polenkontakte der katholischen Kirche in der DDR[96]

Die kirchlichen Polenkontakte in der DDR haben sich – nicht anders als in der Bundesrepublik – nach dem Zweiten Weltkrieg sehr langsam und mühevoll entwickelt. Erst der Briefwechsel polnischer und deutscher Bischöfe gegen Ende des Zweiten Vatikanischen Konzils brachte einen Durchbruch in den zwischenkirchlichen Beziehungen, die allerdings auf vielfältige Weise durch die staatlichen Organe, einschließlich des Staatssicherheitsdienstes, behindert wurden.

Von einzelnen Initiativen abgesehen, kommt es erst Mitte der 1960er Jahre zu Versuchen wechselseitiger Kontaktaufnahme. Wem dieser Zeitpunkt, fünfzehn Jahre nach Ende des Krieges, als reichlich spät erscheint, der sollte sich die Situation jener ersten Nachkriegsperiode vor Augen halten. Diesseits wie jenseits der Oder war man allzu sehr mit den Folgen des Krieges befasst: Auf polnischer Seite bestand verständlicherweise unmittelbar nach Kriegsende wenig Neigung, mit dem deutschen Nachbarn in Kontakt zu treten. Die in fünf Jahren Okkupation erfahrene Bedrohung von Kirche und Nation hatte in Polen tiefe und nachhaltige Spuren hinterlassen. Und die katholische Kirche in der SBZ/DDR war von einer durch die Anforderungen eines kirchlichen Neuaufbaus bedingten binnenkirchlichen Orientierung geprägt. Es galt, den Zustrom an katholischen Flüchtlingen und Vertriebenen aus den deutschen Siedlungsgebieten der Tschechoslowakei und den aufgrund des Potsdamer Abkommens polni-

---

95 Tygodnik Powszechny vom 26. 06. 2005.
96 Zum Ganzen vgl.: Theo Mechtenberg, Engagement gegen Widerstände. Der Beitrag der katholischen Kirche in der DDR zur Versöhnung mit Polen, Leipzig 1998.

scher Verwaltung unterstellten Ostprovinzen kirchlich und sozial zu integrieren – eine von der mitteldeutschen Diaspora kaum leistbare Aufgabe. Auch die politischen Verhältnisse waren einer zwischenkirchlichen Kontaktaufnahme alles andere als günstig. Wenngleich die DDR 1950 mit dem Görlitzer Vertrag die Grenze an Oder und Neiße anerkannt hatte, so war doch diese „Friedensgrenze" keineswegs für die zwischenmenschliche Begegnung und einen innerkirchlichen Austausch offen. Es dauerte bis zum 1. Januar 1972, ehe die Pass- und Visapflicht zwischen der DDR und der VR Polen aufgehoben wurde, eine Maßnahme, die allerdings eine verstärkte Zusammenarbeit der Sicherheitsdienste Polens und der DDR nach sich zog, um die zwischenkirchlichen Kontakte unter Kontrolle zu halten. Für den gesamten Zeitraum der DDR ist – wie im folgenden zu zeigen sein wird – eine Behinderung kirchlicher Polenkontakte festzustellen.

Kirchenrechtliche und kirchenpolitische Hindernisse offizieller Kontaktaufnahme

Folgender Vorgang verdeutlicht, in welch einer komplizierten kirchenrechtlichen und kirchenpolitischen Situation sich die Bischöfe in der DDR bezüglich einer Kontaktaufnahme mit ihren polnischen Amtbrüdern befanden: Unter dem 13. April 1962 erhielt Bischof Otto Spülbeck (1904-1970), Ordinarius der Diözese Dresden-Meißen, vom Breslauer Erzbischof Bolesław Kominek (1903-1974) eine Einladung. Zu diesem Zeitpunkt verstarb Spülbecks Mutter in der Bundesrepublik, und der Bischof nutzte die Reisemöglichkeit zu ihrer Beerdigung, um sich beim Nuntius in Bad Godesberg Rat zu holen, wie er auf die Einladung reagieren solle. In der am 12. Mai 1962 von Bischof Spülbeck persönlich verfassten Aktennotiz bezüglich des Gesprächs mit dem Nuntius heißt es, dass dieser „einen persönlichen Besuch in Breslau und umgekehrt in Bautzen außerordentlich begrüßen würde, aber er müsse reinen persönlichen Charakter tragen und nicht mit politischen Hypotheken belastet werden. Ich wies hin auf das seinerzeitige Verbot für Erzbischof Wienken. Der Nuntius wehrte ab und erklärte, das sei eine persönliche Angelegenheit für Bischof Wienken gewesen, dessen Kontaktfreudigkeit man von Rom aus etwas zurückdämmen wollte, um Komplikationen, die da entstehen könnten, zu vermeiden. Ich brauche mich in keiner Weise durch einen solchen Vorgang getroffen fühlen. Er bat jedoch, erst Exzellenz Piontek als den zunächst Beteiligten zu befragen."[97]

---

97 Ordinariatsarchiv Bautzen (OAB), 103.09/05, Einzelakten der Bischöfe; betr.: Spülbeck, Dr. Otto, Korrespondenzen 1961-1970, Episcopat Polen, Bd. VIII.

Das seinem Vorgänger Bischof Heinrich Wienken (1883-1961) erteilte vatikanische Verbot ist aufgrund der derzeitigen Aktenlage nicht belegbar, doch lassen sich verschiedene Bemühungen des früheren Commissarius der deutschen Bischofskonferenz aus den 1950er Jahren um Kontakt zu polnischen Bischöfen rekonstruieren, Versuche, die einschließlich eines von ihm erstellten „Promemoria" zur Verbesserung der deutsch-polnischen Beziehungen seitens des deutschen Episkopats nicht weiter verfolgt wurden.[98]

Der Hinweis auf „Exzellenz Piontek als den zuerst Beteiligten" wird verständlich, wenn man bedenkt, dass es sich bei ihm um den nach dem Tod von Kardinal Adolf Bertram (1859-1945) mit der Leitung der Erzdiözese Breslau betrauten Kapitelsvikar handelt, der nach seiner vom polnischen Primas August Hlond (1881-1948) erzwungenen Resignation und späteren Ausweisung im März 1947 zum Ordinarius des in das „Erzbischöfliche Amt Görlitz" umgewandelten Breslauer Restbistums bestellt wurde. Und dass es Bischof Spülbeck für notwendig befand, dem für Deutschland zuständigen Nuntius um Rat zu fragen, zeigt, dass sich die Bischöfe in der DDR bezüglich deutsch-polnischer Kirchenkontakte in ihrem Handeln nicht frei fühlten, sondern sich in einen übergreifenden kirchenrechtlichen und kirchenpolitischen Zusammenhang eingebunden wussten.

An dieser Stelle kann nicht auf die kontroverse Frage eingegangen werden, ob der Kardinal Hlond von Papst Pius XII. (1876-1958) verliehene Titel eines Päpstlichen Legaten sowie die ihm erteilten außerordentlichen Vollmachten *in tutto il territorio polacco* ausreichend waren, um die deutschen Bischöfe in den Oder-Neiße-Gebieten zum Amtsverzicht zu drängen und an ihrer Stelle Apostolische Administratoren zu ernennen.[99] Noch schwerer als diese aus dem Vorgehen von Kardinal Hlond resultierende zwischenkirchliche Belastung wiegt die Tatsache, dass der Hl. Stuhl in den durch Kardinal Hlond in den Oder-Neiße-Gebieten geschaffenen kirchlichen Strukturen eine Notlösung sah sowie lange gezögert hat, diese Gebiete als völkerrechtlich zum polnischen Staat gehörig zu betrachten und anstelle der Apostolischen Administratoren residierende Bischöfe zu ernennen. Vielmehr folgte der Apostolische Stuhl der Rechtsauffassung der Bundesrepublik, wonach über die „polnischer Verwaltung" unterstellten Gebiete endgültig erst in einem Friedensvertrag entschieden werde. Konkret bedeutete dies, dass das 1933 mit Hitlerdeutschland abgeschlossene und von der Bun-

---

98 Vgl. hierzu Wienkens die an den Vorsitzenden der deutschen Bischofskonferenz, Kardinal Josef Frings (Historisches Archiv der Erzdiözese Köln, CRII 22. 22a, 1) sowie an den Adenauer-Vertrauten Heinrich Krone (Archiv für Christlich-Demokratische Politik, I-028, 062/1) gerichteten Briefe.

99 Vgl. z. B. F. Scholz, Zwischen Staatsräson und Evangelium. Kardinal Hlond und die Tragödie der ostdeutschen Diözesen, Frankfurt/Main 1988².

desrepublik als rechtsgültig erachtete Reichskonkordat gemäß Art. 11, Abs. 1 für die deutschen Ostgebiete seine Gültigkeit behielt und damit die Ernennung von Bischöfen durch den Apostolischen Stuhl der Zustimmung der Bundesregierung bedurfte. Rom hat dem insofern Rechnung getragen, als erst am 28. Juni 1972, nach Ratifizierung des Warschauer Vertrages von 1970 seitens des Deutschen Bundestages, in den ehemals deutschen Ostgebieten ordentliche Bischöfe anstelle Apostolischer Administratoren ernannt wurden.

Die vatikanische Auffassung, der zufolge die Bindung an das Reichskonkordat die Ernennung ordentlicher Bischöfe in den West- und Nordgebieten unmöglich mache, stieß bei der polnischen Regierung auf heftigsten Widerstand. Nach ihrer Interpretation waren die sog. „Wiedergewonnenen Gebiete" durch das Potsdamer Abkommen polnisches Staatsgebiet geworden. Zudem vertrat man in Übereinstimmung mit der Regierung der DDR die Ansicht, dass das mit Hitlerdeutschland abgeschlossene Reichskonkordat nach dem Zusammenbruch des Dritten Reiches nicht weiterhin in Kraft sein könne. So geriet Polens Kirche schon bald nach der von Kardinal Hlond vollzogenen kirchenrechtlichen Regelung unter politischen Druck, den Vatikan zur Ernennung ordentlicher Bischöfe zu veranlassen. Als dieser dem polnischen Drängen nicht nachgab, nahm der Druck in der ersten Hälfte der 1950er Jahre die Form eines Kirchenkampfes an. So richtete bald nach Abschluss des Görlitzer Vertrages zwischen der DDR und der VR Polen vom 6. Juli 1950 die polnische Regierung am 23. Oktober 1950 an Polens Kirchenführung die ultimative Forderung, das kirchenrechtliche Provisorium in den West- und Nordgebieten zu beenden und die Apostolischen Administratoren durch reguläre Bischöfe zu ersetzen. Da eine solche Maßnahme die Kompetenz einer Ortskirche übersteigt, konnte Primas Stefan Wyszyński (1901-1981) dieses Ansinnen lediglich an die römische Kurie weiterleiten. Als die Bemühungen des Staates, wie nicht anders zu erwarten, ergebnislos blieben, griff die polnische Regierung am 26. Januar 1951 tief greifend in kirchliche Rechte ein und verfügte die Aufhebung der von Kardinal Hlond geschaffenen Kirchenstrukturen. Die fünf Apostolischen Administratoren wurden an der Ausübung ihrer Ämter gehindert, aus den West- und Nordgebieten verbannt und durch dem Staat genehme Kapitelvikare ersetzt.

Neben der kirchenrechtlichen erscheint somit auch die kirchenpolitische Situation nach dem Zweiten Weltkrieg als Barriere für eine Kontaktaufnahme zwischen den Bischöfen Polens und der DDR. Das Bemühen beider Regierungen zielte dahin, jegliche Kontaktaufnahme beider Episkopate zu verhindern. So führte beispielsweise der erste Versuch des Berliner Bischofs Alfred Bengsch (1921-1979), auf Einladung von Primas Stefan Wyszyński im August 1962 an einer Wallfahrt zur Schwarzen Madonna in Tschenstochau teilzunehmen, zu einer Absprache des Politbüros der SED mit den polnischen Genossen, die Genehmigung von der "offiziellen Zustimmung Dr. Bengschs zur Oder-Neiße-Grenze" abhängig zu machen, was praktisch einer Ablehnung des Visums gleichkam.[100]

Diese Praxis eines abgestimmten Verhaltens der staatlichen Organe Polens und der DDR wurde bis zur Einführung des visafreien Reiseverkehrs vom 1. Januar 1972 beibehalten, so dass in diesem Zeitraum die Kontakte zwischen den Bischöfen beider Länder auf den Austausch von Briefen, die Vermittlung durch Kontaktpersonen sowie auf die persönliche Begegnung während des Konzils beschränkt blieben.

Initiativen der kirchlichen Basis bis zum Briefwechsel der Bischöfe

Wenngleich direkte zwischenkirchliche Kontakte der Episkopate beider Länder bis Anfang der1970er Jahre blockiert waren, so gab es doch auf der unteren kirchlichen Ebene einige Möglichkeiten, diese Kontaktsperre – wenn auch unter Schwierigkeiten – zu überwinden. Die Anstöße dazu gingen zumeist von einzelnen Personen aus, die sich der deutsch-polnischen Versöhnung verbunden wussten. Im Folgenden sollen die Aktivitäten des Berliner Erzpriesters Kurt Reuter (1908-1965) sowie Initiativen des im Seelsorgeamt Magdeburg tätigen Laien Günter Särchen (1927-2004)[101] beispielhaft dargelegt werden.

Reuter hatte als Theologiestudent Polnisch gelernt und verfügte bereits aus den Jahren vor dem Zweiten Weltkrieg über zahlreiche Polenkontakte. Im Krieg betreute er in Pommern Gefangene und Zwangsarbeiter aus Frankreich, Holland, Italien und Polen, wurde 1943 aus diesem Grund verhaftet und ins Stettiner Gefängnis eingeliefert. Nach Kriegsende war Kurt Reuter bis zu seiner Aussiedlung im Juni 1946 auf der Insel Wollin und in dem nun polnischen Swinemünde für die dort angesiedelten polnischen Katholiken seelsorglich tätig. Als Pfarrer in Eberswalde stand er seit 1960 in Verbindung mit polnischen Bischöfen und Seminarleitern, unterhielt eine umfangreiche Korrespondenz in polnischer Sprache, unternahm häufig Reisen in das Nachbarland und versandte große Mengen religiöser, liturgischer und theologischer Literatur. Die vorzüglichen Kontakte, die Pfarrer Reuter zu polnischen Bischöfen unterhielt, ließen ihn in besonderer Weise als geeignet erscheinen, die verschiedensten zwischenkirchlichen Beziehungen einzufädeln. So war Pfarrer Reuter bei der Anknüpfung erster theologisch-wissenschaftlicher Kontakte zur Ka-

---

100 Stiftung Archiv der Parteien und Massenorganisationen im Bundesarchiv (SAPMO-BArch), DY 30, J IV 2/2/839.
101 Vgl. die erste zu Günter Särchen erschienene Biographie von Rudolf Urban, Der Patron. Günter Särchens Leben und Arbeit für die deutsch-polnische Versöhnung, Dresden 2007.

tholischen Universität Lublin (KUL) behilflich. In einem Brief vom 25. Oktober 1962 an Erzbischof Alfred Bengsch berichtet Pfarrer Reuter von einer offenbar mit diesem abgesprochenen Reise, bei der im Sekretariat des Primas ein Kelch überreicht und mit den begleitenden Professoren Fritz Hoffmann (1913-2007) und Heinz Schürmann (1913-1999) an der KUL Vorgespräche einer wissenschaftlichen Kooperation mit dem Erfurter Studium geführt wurden.[102]

Besonders beeindruckend ist die von Pfarrer Reuter organisierte Bücherhilfe, über die sich aus zwei Quellen eine gewisse Vorstellung gewinnen lässt: aus einer zufällig erhalten gebliebenen Kontoaufstellung aus dem Jahr 1963[103] sowie aus Einzugsprotokollen der DDR-Zollorgane[104]. Der für 1963 ausgewiesene Betrag von über 7000.00 Mark für den Bücherversand erscheint angesichts der damals relativ niedrigen Buchpreise sehr beachtlich. Eine Aufstellung der einzelnen Posten für jenes Jahr lässt sich einem erhalten gebliebenen Brief des Pfarrers vom 25. Oktober 1963 entnehmen. Danach versandte er im laufenden Jahr über 1000 Bücher, vorwiegend für den liturgischen Gebrauch. Der Versand über den normalen Postweg funktionierte allerdings nur bis 1964. Am 23. April erhielt Pfarrer Reuter auf einen Schlag 31 Beschlagnahmeprotokolle. Diese Aktion war offensichtlich höheren Orts angeordnet worden und betraf nicht nur die Aktivitäten des Eberswalder Pfarrers. Auch andere kirchliche Zentren, wie beispielsweise Magdeburg, erhielten zum gleichen Zeitpunkt ähnliche Beschlagnahmeprotokolle. Die vom Seelsorgeamt Magdeburg ausgehende Anregung, kirchlicherseits mit staatlichen Stellen wegen einer „Globalgenehmigung" für Büchersendungen nach Polen zu verhandeln, wurde von dem für Verhandlungen mit staatlichen Stellen zuständigen Berliner Ordinariatsrat Otto Groß (1917-1974) nicht aufgegriffen.

Welche Bedeutung der Berliner Erzbischof dem Wirken seines Pfarrers für die deutsch-polnischen Beziehungen im Raum der Kirche beigemessen hat, geht nicht zuletzt aus einem Schreiben des Berliner Ordinarius vom 14. Januar 1966 an die polnischen Bischöfe hervor, in dem er diese vom Tod des Erzpriesters in Kenntnis setzt und sein Ableben als schweren Verlust beklagt. An die 30 Kondolenzschreiben polnischer Ordinarien und Weihbischöfe, darunter auch ein Brief des polnischen Primas, gingen als Antwort bei Erzbischof Bengsch ein.[105]

Die in der Person des kirchlichen Laien Günter Särchen vom Erzbischöflichen Kommissariat Magdeburg ausgehenden Initiativen gingen noch weit über die Aktivitäten von Pfarrer Reuter hinaus. Aus der deutsch-sorbischen Lausitz stammend

---

102 Diözesanarchiv Berlin (DAB), V/58 Band 3.
103 Ebd.
104 Ebd.
105 DAB, V/11-1-1-1.

und ab 1950 in Görlitz in der kirchlichen Jugendarbeit tätig, besaß Särchen nicht nur eine räumliche, sondern auch eine geistige Nähe zum Nachbarland Polen. Für die Versöhnungsarbeit wurde er jedoch gleichsam über einen Umweg inspiriert, und zwar durch einen 1958 in den westdeutschen „Dokumenten" erschienenen Beitrag von Stanisław Stomma (1908-2005)[106], in dem dieser insbesondere die Katholiken beider Länder zu einer Neugestaltung des deutsch-polnischen Verhältnisses auf moralischer Grundlage aufgerufen hatte. Särchen suchte und fand Kontakt zu Prof. Stomma und über ihn zur „Znak-Gruppe"[107] Es ist höchst erstaunlich, welches Netz an Kontakten Günter Särchen mit polnischen Bischöfen, einschließlich des Primas, mit Priesterseminaren und Redaktionen kirchlicher Zeitschriften sowie mit zahlreichen und namhaften katholischen Intellektuellen in der relativ kurzen Zeitspanne von 1960 bis 1963 knüpfen konnte. Dieses von Magdeburg ausgehende Netzwerk war für die Entwicklung und Dauerhaftigkeit kirchlicher Polenkontakte in der DDR von grundlegender Bedeutung.

---

106 Prof. Stomma war Mitbegründer der noch vor Ende des Zweiten Weltkriegs ins Leben gerufenen Krakauer Wochenzeitung „Tygodnik Powszechny". Als einer der Vertreter der Klubs Katholischer Intelligenz (KIK) war er für die sog. „Znak-Gruppe" über viele Jahre Abgeordneter des polnischen Parlaments, bis er sich 1976 bei der Abstimmung über die neue Verfassung als einziger der Stimme enthielt. Als einer der herausragenden Vertreter von Znak war er bereits in den fünfziger Jahren um Versöhnung und Verständigung mit Deutschland bemüht. Für seine Verdienste um die deutsch-polnische Verständigung wurde er 1988 mit dem Großen Verdienstkreuz der Bundesrepublik Deutschland geehrt.

107 Unter der „Znak-Gruppe" ist jener Kreis von polnischen Intellektuellen zu verstehen, der in der Zeit der VR Polen über bestimmte Organisationsformen verfügte und zugleich das Vertrauen des Episkopats genoss. Im einzelnen zählten dazu die Gruppierungen um die Krakauer Wochenzeitung „Tygodnik Powszechny" sowie die beiden Monatsschriften „Więź" und „Znak", weiterhin die KIK, die als Zugeständnis der Partei nach 1956 in fünf Städten gebildet werden konnten (Warschau, Krakau, Posen, Breslau, Thorn). Znak kommt vor allem das Verdienst zu, gegenüber Versuchen einer Atheisierung der Gesellschaft das für das polnische Nationalbewusstsein bedeutsame Erbe christlicher Kultur verteidigt und unter den Bedingungen des sozialistischen Systems weiterentwickelt zu haben. Aufgrund des Wahlgesetzes von 1956 beteiligten sich die Klubs erfolgreich an den Parlamentswahlen des Jahres 1957. Die maximal fünfköpfige Abgeordnetengruppe Znak war die einzige legale oppositionelle Parlamentariergruppe im gesamten sozialistischen Lager. Ihre Präsenz im polnischen Sejm besaß nicht nur symbolischen Wert. Auch wenn sie Entscheidungen der kommunistischen Regierungspartei kaum beeinflussen konnte, so fand doch die von ihrer Seite geäußerte Kritik innerhalb der polnischen Gesellschaft und darüber hinaus Gehör. Mit Tadeusz Mazowiecki wurde einer ihrer langjährigen Abgeordneten 1989 erster postsozialistischer Ministerpräsident Polens.

III. Der Versöhnungsdienst der Kirchen 125

Die von Magdeburg ausgehenden Initiativen und Kontakte blieben allerdings nicht konfliktfrei. Sie standen auch unter dem Schatten kirchenrechtlicher und kirchenpolitischer Rücksichtnahme. Dadurch ergab sich ein Spannungsverhältnis zur Berliner Ordinarienkonferenz (BOK). Diese war darauf bedacht, dass die von der kirchlichen Basis ausgehenden Polenkontakte zu keiner kirchenpolitischen Belastung wurden. Als „spektakulär" empfundene Magdeburger Initiativen, die sich zudem einer Kontrolle der BOK und ihres für die Gespräche mit den staatlichen Stellen zuständigen Prälaten entzogen, waren da eher unerwünscht. Von den daraus resultierenden Konflikten sowohl mit den staatlichen Organen als auch mit der BOK wird noch die Rede sein.

Der Briefwechsel polnischer und deutscher Bischöfe – kirchenpolitischer Konfliktfall und Impuls verstärkter Polenkontakte

Im polnischen wie im deutschen öffentlichen Bewusstsein gilt das Jahr 1965 als die Zeit eines entscheidenden Durchbruchs zu einem neuen deutsch-polnischen Verhältnis. Mit ihrer am 15. Oktober 1965 veröffentlichten Denkschrift „Die Lage der Vertriebenen und das Verhältnis des deutschen Volkes zu seinen östlichen Nachbarn" hatte die evangelische Kirche in der Bundesrepublik eine Diskussion ausgelöst, die die Weichen zu einer grundsätzlich neuen, auf Verständigung und Ausgleich orientierten deutschen Ostpolitik stellte. Wenig später kam es am Ende des Zweiten Vatikanischen Konzils zu dem von gegenseitiger Vergebung bestimmten Briefwechsel polnischer und deutscher Bischöfe, welcher einen Prozess wechselseitiger Versöhnung in Gang setzte, der über den engeren kirchlichen Bereich hinaus auch für die Lösung strittiger politischer Probleme relevant war.

Auf die Vorgeschichte des Briefwechsels, seine Begleitumstände, die wesentlichen Inhalte und Kommentierungen kann an dieser Stelle nicht näher eingegangen werden.[108] Im Rahmen dieser Überlegung ist allerdings auf einen Aspekt Bezug zu nehmen, der in den vorliegenden Untersuchungen kaum be-

---

108 Umfangreiche Literaturangaben zum Briefwechsel der Bischöfe finden sich bei: Martin Gehlen, Das publizistische Echo in der Bundesrepublik und in der DDR auf den Versöhnungsbrief der polnischen und deutschen Bischöfe am Ende des Zweiten Vatikanischen Konzils, Diplomarbeit Universität Münster 1987, unveröffentlichtes Manuskript. Vgl. auch die Dissertation von Edith Heller, Versöhnung mit Polen, Briefwechsel der polnischen und deutschen Bischöfe im Jahr 1965, Freiburg 1988. Vgl. auch die näheren Ausführungen in dem Beitrag dieses Sammelbandes „Die Bedeutung des Briefwechsels polnischer und deutscher Bischöfe von 1965".

achtet wird, nämlich auf die Tatsache, dass nicht nur die Bischöfe aus der Bundesrepublik zu den Unterzeichnern des deutschen Antwortbriefes zählten, sondern auch die Oberhirten aus der DDR. Mit ihrer Unterschrift hatten somit die Bischöfe aus der DDR ihre volle Bereitschaft bekundet, auf der Basis wechselseitiger Versöhnung den begonnenen Dialog fortzusetzen und zwar – wie es im deutschen Antwortbrief heißt – „in alle Lebensbereiche unserer beiden Völker." Somit sollte im Verständnis der Bischöfe der Briefwechsel als Impuls für verstärkte zwischenkirchliche Beziehungen auf allen Ebenen wirksam werden. In der DDR wurde dies Signal entsprechend wahrgenommen, wie die in den Folgejahren ausgebauten kirchlichen Polenkontakte zeigen. Allerdings traf dieser Impuls auf eine äußerst scharfe Reaktion des kommunistischen Systems. Die Machthaber in Polen werteten das Schreiben des polnischen Episkopats – zumal im Kontext des polnischen Millenniums – als Kampfansage an das kommunistische System und versprachen sich zudem von einer öffentlichen Auseinandersetzung eine deutliche Schwächung der polnischen Kirche, weil das von den polnischen Bischöfen ausgesprochene Versöhnungsangebot und mehr noch die in ihrem Brief enthaltene eigene Vergebungsbitte kaum durch einen gesellschaftlichen Konsens gedeckt waren.

Die DDR-Führung unterstützte in ihrer Reaktion auf den Briefwechsel die von den polnischen Organen verfolgte Linie. Auch sie sah in ihm eine unangemessene und den Interessen sozialistischer Staaten zuwiderlaufende Einmischung der Kirche in die staatlich monopolisierte Außenpolitik nicht nur Polens, sondern gleichfalls der DDR. Sie erhob gegenüber den DDR-Bischöfen den Vorwurf, in beiden Briefen die Existenz der DDR und ihr Verhältnis zu Polen völlig negiert und damit eine grobe Loyalitätsverletzung begangen zu haben.

Die scharfe Reaktion der DDR-Führung auf den Briefwechsel derBischöfe war ein deutliches kirchenpolitisches Signal. Die Berliner Ordinarienkonferenz war jedenfalls gewarnt, nicht ein weiteres Mal gemeinsam mit den westdeutschen Bischöfen Erklärungen zum deutsch-polnischen Verhältnis abzugeben, durch die sie in den Verdacht geraten konnte, die Existenz der DDR zu negieren. Dass die Bischöfe in der DDR diese Warnung bis zum Niedergang des Staates beherzigt haben, belegt eine in fünf Exemplaren angefertigte „Information" der für die Kirchen zuständigen Hauptabteilung XX/4 des Ministeriums für Staatssicherheit (MfS) vom 25. Oktober 1985. Sie nimmt Bezug auf ein Treffen mit Vertretern des Zentralkomitees der deutschen Katholiken in der „Residenz von Kardinal Meisner" am 16. Oktober 1985, an dem von westdeutscher Seite u.a. der Präsident des ZdK, Hans Maier, und der Aachener Bischof Klaus Hemmerle (1929-1994), aus der DDR neben Kardinal Joachim Meisner auch Bischof Gerhard Schaffran (1912-1996) und der Apostolische Administrator Joachim Wanke sowie der Sekretär der Berliner Bischofskonferenz, Prälat Paul Dissemond

(1920-2006), teilgenommen haben. In den Gesprächen ging es u.a. um eine geplante Erklärung der deutschen Bischöfe „analog der sogen. Ost-Denkschrift der EKD [...] zu den Grenzfragen." Dieser Überlegung gegenüber vertrat der Berliner Kardinal „den im inneren Leitungskreis der katholischen Kirche der DDR erarbeiteten Standpunkt, daß bei dem Vorhaben der 'Deutschen Bischofskonferenz' die 'Berliner Bischofskonferenz' in jedem Falle herauszuhalten sei" und „in einer solchen Erklärung [...] nicht erscheinen dürfe.[109]

Die kirchenpolitische Auseinandersetzung um den Briefwechsel beeinträchtigte indes seine Impulswirkung nicht. Während bis zu diesem Zeitpunkt die kirchlichen Polenkontakte mehr oder weniger auf Einzelinitiativen beschränkt waren und es ihnen gleichsam an einer gesamtkirchlichen Legitimation gemangelt hatte, gewannen diese nun im Sinne wechselseitiger Versöhnung den Rang eines allgemein kirchlichen Anliegens. So stand beispielsweise die Rosenthaler Wallfahrt der Studentengemeinden 1966, auf der Bischof Spülbeck die Predigt hielt, ganz im Zeichen deutsch-polnischer Versöhnung. Der inspirierende Impuls dieser Wallfahrt lässt sich anhand der Aktivitäten der Studentengemeinden in den Folgejahren nachweisen. In ihren Programmen fand das deutsch-polnische Verhältnis einen beachtlichen Stellenwert; auch wurden zunehmend Kontakte in das Nachbarland geknüpft. In diesem Zusammenhang verdient zudem die Leipziger Gruppe polnischer Germanistikstudenten Erwähnung, die mit verschiedenen Studentengemeinden in Beziehung trat und – in eigenen Übersetzungen – die kritische polnische Gegenwartsliteratur bekannt machte. Der Briefwechsel der Bischöfe hat nicht wenig dazu beigetragen, dass von der jungen katholischen Intelligenz Polen als ein Land entdeckt wurde, das sich im Bereich der Literatur, der Musik, des Theaters, des Films und der bildenden Kunst längst vom „sozialistischen Realismus" verabschiedet hatte und dessen – im Vergleich zur DDR – freiheitliche Atmosphäre eine Faszination ausübte.

Die nunmehr vermehrten Polenaktivitäten in und aus der DDR wurden seitens der staatlichen Organe mit deutlichem Missbehagen beobachtet. Zum Zwecke ihrer Überwachung und Bekämpfung kam es zu einer verstärkten Zusammenarbeit der bis Mitte der 1960er Jahre eher losen Kooperation der Sicherheitsorgane beider Länder. Eine von der HA XX/4 verfasste „Konzeption für eine Absprache zwischen den Sicherheitsorganen der VR Polen und der DDR auf der Linie XX/4" vom 27. April 1966 führte zur Festlegung gemeinsamer Überwachungs- und Abwehrmaßnahmen.[110]

---

109 Der Bundesbeauftragte für die Unterlagen des Staatssicherheitsdienstes der ehemaligen DDR (BStU), Zentralarchiv (ZA), HA XX/4, 348.
110 BStU, ZA, HA XX/4, 411, Bl. 177-184.

Formen kirchlicher Polenarbeit in der DDR

Seit den 1960er Jahren entwickelten sich innerhalb der katholischen Kirche in der DDR verschiedene Formen von Polenkontakten: Sühne- und Pilgerfahrten, zumal zu den ehemaligen Konzentrationslagern in Polen, eine intensive Bildungsarbeit im Rahmen von „Polenseminaren", der Aufbau einer Polenseelsorge, der durch eine zunehmende Zahl polnischer Arbeitskräfte in der DDR notwendig wurde, eine materielle Polenhilfe sowie Kontakte auf theologisch-wissenschaftlicher Ebene.

1. Sühne- und Pilgerfahrten

Die der deutsch-polnischen Versöhnung in besonderer Weise dienende Idee von Sühne- und Pilgerfahrten nach Polen ging, wie manches andere, von Magdeburg aus. In diesem Falle waren zwei Männer ihre Inspiratoren – der evangelische Christ und Gründer der „Aktion Sühnezeichen", Präses Dr. Lothar Kreyssig (1898-1986)[111], sowie der katholische Laie Günter Särchen. Erstmals fuhr 1964 eine ökumenisch zusammengesetzte Pilgergruppe der „Aktion Sühnezeichen" in Zusammenarbeit mit dem Seelsorgeamt Magdeburg auf Fahrrädern nach Groß-Rosen und Auschwitz – und dies ohne offizielles Gruppenvisum und einem staatlichen Verbot zum Trotz. Auch in den beiden folgenden Jahren gelang es einzelnen Gruppen, nach dem gleichen Modus in den polnischen Gedenkstätten Auschwitz, Majdanek, Stutthof und Groß-Rosen einen Sühnedienst zu leisten. 1967 wurde dann durch staatliche Intervention die Fortführung der Idee seitens der „Aktion Sühnezeichen" für einige Jahre unmöglich gemacht.

---

111 Dr. Lothar Kreyssig war nach 1933 in der Bekennenden Kirche aktiv und Mitglied des Bruderrates. Nach dem Krieg amtierte er in der DDR von 1947 bis 1967 als Präses der Synode der Kirchenprovinz Sachsen in Magdeburg. Mit einem Aufruf gründete er im Jahr 1958 die „Aktion Sühnezeichen". Der Gründungsaufruf war, neben Israel und Russland, auf Polen orientiert, wo die Aktion versuchen wollte, Zeichen der Sühne zu setzen. Erste Bemühungen Ende der fünfziger Jahre über Kontakte mit der Evangelisch-Augsburgischen Kirche in Polen führten zu keinem Ergebnis. Erst in Verbindung mit Günter Särchen konnte Kreyssig über Kontakte zur Znak-Gruppe entsprechende Aktionen in Polen durchführen.
Die „Aktion Sühnezeichen" war ursprünglich gesamtdeutsch ausgerichtet. Nach dem August 1961 konnte die organisatorische Einheit nicht mehr aufrechterhalten werden. Zudem mehrten sich zwischen den Leitunngskreisen Ost und West die Spannungen. Während „Sühnezeichen Ost" trotz starker staatlicher Behinderungen weiterhin in Znak ihren Partner sah, nutzte „Sühnezeichen West" zunehmend Kontakte zur kommunistischen Führung Polens. Nicht zuletzt aufgrund dieser Konflikte legte Kreyssig 1970 den Vorsitz im Leitungskreis Ost nieder und siedelte bald in den Westen über. Er starb am 5. Juli 1986 fast vergessen in einem evangelischen Alten- und Pflegeheim in Bergisch-Gladbach.

III. Der Versöhnungsdienst der Kirchen

Aufgrund dieser Einsätze ergab sich eine doppelte Konfliktsituation. Der BOK waren diese Initiativen im Rahmen der „Aktion Sühnezeichen" zu „spektakulär". Sie betonte auf ihrer Konferenz vom 30./31. März 1965, „daß Auslandsaktivitäten ohne politische Akzente nicht möglich sind", was praktisch einem Verbot der Teilnahme katholischer Jugendlicher an derartigen Sühnefahrten gleichkam. Im Konferenzprotokoll heißt es weiter: „Es soll verhindert werden, durch die Aktion Sühnezeichen im Bereich der DDR in politische Zusammenarbeit mit staatlichen Stellen zu kommen. Die gut angelaufenen privaten Hilfssendungen nach Polen sollen nicht durch politisch bedenkliche Organisationsformen gestört werden."[112]

Zu diesem Zeitpunkt war die „Aktion Sühnezeichen" bereits durch ihre Sühnefahrten nach Polen bei den staatlichen Behörden auffällig geworden. Zwei Gruppen, die 1964 ohne Gruppenvisum nach Polen einreisen wollten, waren an der Grenze zurückgewiesen worden. Dr. Kreyssig und Günter Särchen hatten sich zuvor vergeblich beim Staatssekretariat für Kirchenfragen um Gruppenvisa bemüht. Das im Staatssekretariat für Kirchenfragen von ihnen geführte Gespräch ist äußerst aufschlussreich. Einer Notiz von Särchen zufolge wurde ihnen unverblümt erklärt, dass mit einer Erteilung der Visa nicht zu rechnen sei, denn das Auftreten einer kirchlichen Gruppe im sozialistischen Ausland sei eine „Anmaßung", und das ganze Vorhaben „habe in der DDR keinen Platz". Zudem interpretierten die staatlichen Gesprächspartner den Begriff der Versöhnung im Sinne der ideologischen Vokabel des „Versöhnlertums". Streckenweise habe das Gespräch einem Politunterricht geglichen, in dem sie in politisch-agitatorischer Manier darüber aufgeklärt worden seien, dass bereits „Ernst Thälmann den feigen Opportunismus der Versöhnler" angeprangert habe, da sie ein prinzipienloses, antimarxistisches Verhalten zeigten. Hier tat sich ein unüberbrückbarer ideologischer Graben auf.[113]

Die Auseinandersetzung mit dem Staatssekretariat für Kirchenfragen um die Durchführung von Pilgerfahrten nach Polen ging auch nach diesem „Gespräch" weiter. Vertreter von „Aktion Sühnezeichen", unter ihnen wiederum Günter Särchen, wurden nach Auskunft der im Magdeburger kirchlichen Archiv vorliegenden Unterlagen für den 17. Oktober 1966 und den 22. Mai 1967 ins Staatssekretariat bestellt. Anlass der ersten Unterredung waren die 1965 ohne staatliche Genehmigung durchgeführten Gruppenfahrten nach Polen. Sie hätten gegen die Reisebestimmungen der DDR verstoßen, weil die Ein- und Ausreise unter Zuhilfenahme von Deckadressen erfolgt sei. Innerhalb der DDR habe man gegen die Durchführung von Lagern nichts einzuwenden, bei derlei Aktionen im Ausland sei aber eine

---

112 ROO, A IV 2.
113 Privatarchiv Günter Särchen (Versöhnung – „Versöhnler", Notizen unterwegs auf Pilgerfahrt, 1. August bis 15. August 1964).

offizielle Genehmigung erforderlich, wobei den Vertretern von „Aktion Sühnezeichen" auf Anfrage bedeutet wurde, dass sie eine solche nicht zu erwarten hätten.[114]
Dem zweiten Gespräch am 22. Mai 1967 war ein Schreiben an Staatssekretär Seigewasser mit der Bitte um ein Sammelvisum vorausgegangen, dem offizielle Einladungen von Direktoren polnischer Mahn- und Gedenkstätten beigefügt waren. Zudem konnte Dr. Kreyssig einen vom Sejmabgeordneten Stanisław Stomma und dem Publizisten Andrzej Micewski (1926-2004) unterschrieben Brief vorlegen, in dem es u.a. heißt: „Die Polen erwarten auch dieses Jahr die Ankunft der 'Sühnezeichen'-Gruppen und sollten sie sich täuschen, so würde dies nur Verbitterung hervorrufen."[115] Doch diese Unterstützung seitens polnischer Institutionen und Persönlichkeiten bewirkte eher das Gegenteil, belegte sie doch die seitens des Staatssekretariats für Kirchenfragen als illegal und ungesetzlich eingestufte Kontaktaufnahme.

Die trotz staatlicher Behinderung und Umgehung von Vorschriften durchgeführten Arbeitseinsätze von „Aktion Sühnezeichen" sowie der katholischen Studentengemeinde Magdeburg in Auschwitz und anderen Mahn- und Gedenkstätten wurden in ihrer symbolhaften Bedeutung in Polen durchaus verstanden. So schrieb die Publizistin Anna Morawska (1922-1972) in der Ausgabe der Krakauer Wochenzeitung „Tygodnik Powszechny" vom 29. August 1965 vom „guten Schock", den dieses Zeichen der Sühne unter Polen ausgelöst habe. Für sie war die Begegnung mit einer der ersten Gruppen in Auschwitz ein Zeichen, dass sich „ein neues Blatt der Beziehungen zwischen den Menschen unserer Völker" aufgetan habe. „Noch ist es leer, was werden wir mit ihm machen?" Und sie erkennt in dieser Aktion junger „Idealisten" den wahren „Realismus", denn ein Aufbau menschlicher Beziehungen sei nach den schrecklichen Erfahrungen des Krieges nur „mit der uralten menschlichen Geste der Bitte um Vergebung der Schuld" möglich.

2. Die Bildungsarbeit der Polenseminare und Handreichungen

Ein besonderer, von den Versöhnungsbriefen der Bischöfe ausgehender Impuls war eine intensive, auf Polen orientierte Bildungsarbeit, die in der Zuständigkeit des Seelsorgeamtes Magdeburg seit 1966 kontinuierlich durchgeführt wurde, ab 1969 zweimal jährlich als „Polenseminare". Ihre Aufgabe bestand darin, mit der Geschichte und Kultur des polnischen Volkes vertraut zu machen, über die historische Bedeutung der katholischen Kirche Polens und ihre gegenwärtige Situation zu informieren, die Versöhnung zwischen beiden Kirchen und Völkern zu fördern

---

114 Zentralarchiv des Bistums Magdeburg, Akte „Polenseelsorge".
115 Ebd.

III. Der Versöhnungsdienst der Kirchen

und beiderseitige Verbindungen zu knüpfen. Auch in diesem Falle waren im Vorfeld entsprechende Kontakte und Absprachen mit polnischen Partnern erforderlich, die wiederum im Wesentlichen durch den im Seelsorgeamt Magdeburg tätigen Laien Günter Särchen hergestellt, gepflegt und für die Bildungsarbeit genutzt wurden, deren Organisation denn auch in seinen Händen lag.

Die Geschichte der Polenseminare im Einzelnen darzustellen, würde den Rahmen dieser Darstellung sprengen. Eine Aufstellung des Seelsorgeamtes Magdeburg listet zwischen 1966 und 1978 diese Bildungsarbeit nach Themen, Referenten sowie Veranstaltungsdatum und Tagungsort vollständig auf. Ergänzend liegt eine von Günter Särchen aufgrund persönlicher Unterlagen angefertigte und über das Ende der DDR hinausgehende Zusammenstellung vor, die gleichfalls im folgenden Berücksichtigung findet. Eine Analyse der breit gefächerten Thematik sowie eine Einschätzung der Referenten rechtfertigt die Behauptung, dass mit den Magdeburger Polenseminaren eine der deutsch-polnischen Verständigung dienende Bildungsarbeit geleistet wurde, die in der DDR ihresgleichen sucht. Der Kontakt zur „Znak-Gruppe" mit ihren bedeutenden Klubs Katholischer Intelligenz in Krakau, Warschau und Breslau, sowie zu den Publikationsorganen „Tygodnik Powszechny", „Więź" und „Znak" ermöglichte es, Theologieprofessoren und namhafte katholische Laien, vor allem Publizisten, Historiker und Soziologen, zu Vorträgen zu gewinnen. Es finden sich unter den Referenten so bedeutende Vertreter des polnischen Katholizismus wie die 1972 allzu früh verstorbene Publizistin, Rahner- und Bonhoefferübersetzerin Anna Morawska, eine der ersten Persönlichkeiten, die sich in Polen für eine deutsch-polnische Aussöhnung engagierte. 1972 war der Begründer der polnischen Oase-Bewegung, der Religionspädagoge Prof. Franciszek Blachnicki (1921-1987), einer der staatlicherseits am meisten angefeindeten polnischen Geistlichen, zu Gast und referierte über die „Möglichkeiten der Jugendpastoral in Polen". 1973 kam Tadeusz Mazowiecki, damaliger Chefredakteur von „Więź" und erster postkommunistischer Ministerpräsident Polens, nach Magdeburg und sprach über „die Situation der Katholiken im sozialistischen Polen". 1975 war Prof. Stomma, damals Vorsitzender des Außenpolitischen Ausschusses des polnischen Parlaments, der Hauptreferent. Anfang der 1980er Jahre, als die aggressive, gegen die unabhängige Gewerkschaft „Solidarność" gerichtete Propaganda auf vollen Touren lief und die Verhängung des Kriegsrechts offiziell begrüßt, die Reise von DDR-Bürgern in das Nachbarland dagegen gestoppt wurde, konnte mit dem Deutschlandexperten, dem Redakteur des „Tygodnik Powszechny", Mieczysław Pszon (1915-1995), ein Kenner der Lage gewonnen werden, um die „Wahrheit über die Ereignisse in Polen" zu vermitteln – ein in der damaligen Situation mutiges Unterfangen.

Neben der Information über die aktuelle Entwicklung in Polen stand bei der Auswahl der Themen das Bemühen im Vordergrund, ein Verständnis des spezifischen nationalen Charakters der polnischen Kirche und ihrer Situation im sozialistischen Polen zu gewinnen. Zu dieser Thematik wurden – unter verschiedenen Aspekten – mehrfach polnische Referenten eingeladen. In diesem Zusammenhang ging man auch anhand der Gestalten des heiligen Adalbert und des heiligen Bruno von Querfurt den historischen Anfängen einer kirchlichen Verbindung zwischen Magdeburg und der jungen Kirche in Polen nach. Eine Einführung in die Bedeutung polnischer Kultur und Literatur fand ihre Konkretisierung am Beispiel von Henryk Sienkiewicz' (1846-1916) „Sintflut", Stanisław Wyspiańskis (1864-1907)„Wesele" und dem künstlerischen Schaffen von Veit Stoß (1447-1533) in Polen.

Sehr intensiv befasste sich das Polenseminar mit dem Briefwechsel polnischer und deutscher Bischöfe von 1965, ergänzt durch die Ostdenkschrift der EKD und das Memorandum des Bensberger Kreises – wie überhaupt Fragen des historischen wie aktuellen deutsch-polnischen Verhältnisses immer wieder angesprochen wurden.

Erstaunlicherweise gerieten die Polenseminare erst in das Blickfeld der Staatssicherheit, als in Zusammenhang der Gewerkschaftsbewegung „Solidarność" seitens des MfS die Kontrollmechanismen bezüglich der Polenkontakte von DDR-Bürgern ganz allgemein verschärft wurden.[116]

Parallel zu den Polenseminaren wurden von der von Särchen geleiteten Arbeitsstelle für pastorale Hilfsmittel „Handreichungen" herausgegeben, die über die auf den Seminaren gehaltenen Referate hinaus weitere polenkundliche Materialien enthielten. In dieser ca 50 Hefte umfassenden Reihe erschien 1982 die Ausgabe „Versöhnung – Aufgabe der Kirche". Hinter dem unverfänglichen Titel verbirgt sich ein brisantes Material, das der verlogenen Agitation jener Zeit entgegenwirkte und verlässliche Informationen über die unabhängige Gewerkschaft „Solidarność", ihre Absichten und Ziele, die Haltung der Kirche zu ihr und das Spannungsverhältnis zur regierenden kommunistischen Partei enthielt. Im einzelnen handelt es sich um Texte, die nach Legalisierung der Gewerkschaft in Polen offiziell zugänglich und nicht im eigentlichen Sinne dem Untergrund zuzurechnen waren.

Es versteht sich, dass dieser Vorgang das besondere Interesse des Ministeriums für Staatssicherheit weckte. Unter dem 7. Dezember 1982 liegt eine lediglich in acht Exemplaren und als „streng geheim" deklarierte „Information" der

---

116 BStU, Ast Magdeburg, AOPK 1521/87, Bl. 157f. Am 13. Dezember 1981 wurde in Polen das Kriegsrecht verhängt.

Hauptabteilung XX des MfS über die „Verbreitung" dieser 104 Seiten umfassenden Handreichung vor.[117]

Särchen unterlag zu diesem Zeitpunkt bereits der Operativen Personenkontrolle (OPK) „Patron". Seine wegen der Veröffentlichung dieser Handreichung staatlicherseits von der Kirche verlangte Disziplinierung bestand zunächst lediglich in dem ihm von seinem Bischof Johannes Braun (1919-2004) erteilten Verbot jeder weiteren mit ihm nicht abgestimmten publizistischen Tätigkeit. Doch bei dieser Maßregelung blieb es nicht. Im Mai 1984 wurde Särchen durch Auflösung der von ihm geleiteten Arbeitsstelle für pastorale Hilfsmittel der kirchliche Auftrag entzogen, womit auch der Fortbestand der Polenseminare in Frage gestellt war. Nachdem das Herbstseminar 1984 hatte ausfallen müssen, wurde Anfang 1985 durch eine Ausgliederung der Polenseminare aus der Verantwortung des Seelsorgeamtes und ihre Übernahme durch die „Aktion Sühnezeichen" unter dem Titel „Anna-Morawska-Seminar" eine Lösung gefunden, welche die Kontinuität der Arbeit unter Leitung von Günter Särchen sicherstellte. Die letzte Tagung des Anna-Morawska-Seminars fand am 5./6. bzw. 6./7. Oktober 1990 statt und fiel damit zeitlich mit der deutschen Einheit zusammen. Mit einem Rückblick auf ein Vierteljahrhundert seiner Versöhnungsarbeit beendete Günter Särchen aus gesundheitlichen Gründen seine aktive Tätigkeit. Zugleich wurden auf dieser Zusammenkunft Überlegungen angestellt, die Arbeit unter den veränderten gesellschaftlichen Verhältnissen und in neuer Leitungsverantwortung als „Anna-Morawska-Gesellschaft e. V. – Ökumenischer Dialog mit den Nachbarn" fortzusetzen. Die konstituierende Versammlung der Anna-Morawska-Gesellschaft, deren Ehrenmitglied Günter Särchen wurde, fand am 14. März 1992 in Magdeburg statt.

3. Aufbau einer Polenseelsorge

Die Betreuung polnischer Katholiken besitzt in der mitteldeutschen Diaspora eine bis in das ausgehende 19. Jahrhundert zurückreichende Tradition. In der Vergangenheit waren es vor allem Saisonarbeiter, die für einige Monate auf den großen Gütern ihr Brot verdienten. Nach dem Zweiten Weltkrieg gab es zunächst nur vereinzelte polnischsprachige Gottesdienste. Erst als es Anfang der 1960er Jahre aufgrund von Regierungsvereinbarungen zwischen der DDR und der VR Polen zu einem verstärkten Einsatz polnischer Arbeitskräfte in der DDR kam, stellte sich der katholischen Kirche das Problem ihrer pastoralen Versorgung. Auch in diesem Fall gingen weiterführende Initiativen von Magdeburg aus. Nach ersten Kontakten mit einer ungefähr 600 Mann starken Gruppe polni-

---

117 BStU, ZA, ZAIG, Z 3260.

scher Arbeiter im nahe gelegenden Zielitz erhielt Günter Särchen im Januar 1970 von seinem Ordinarius den offiziellen Auftrag, sich eine „Übersicht über Zahl und Aufenthaltsorte" polnischer Arbeitskräfte zu verschaffen, ihre Lebensbedingungen zu analysieren, ein „pastorales Konzept zur Weiterleitung an die Leiter der Seelsorgeämter aller Jurisdiktionsbezirke in der DDR" zu erstellen, die pastorale Arbeit unter „Einbeziehung aktiver Laien unter den Ausländern" zu koordinieren sowie sich um die Beschaffung der „notwendigen Hilfsmittel (z.B. Gebet- und Gesangbücher, liturgische Bücher, Finanzen)" zu kümmern.[118]

Der Magdeburger Ordinarius, Weihbischof Friedrich-Maria Rintelen (1899-1988), wandte sich in diesem Zusammenhang an den Posener Erzbischof mit der Bitte, einen Geistlichen für die Betreuung polnischer Arbeitskräfte im Erzbischöflichen Kommissariat Magdeburg freizustellen, ein Ersuchen, dem auch entsprochen wurde.

Die Kontakte und freundschaftlichen Beziehungen, wie sie sich zumal zwischen der in Zielitz tätigen Gruppe polnischer Arbeiter und einzelnen Magdeburger Priestern und Laien ergaben, erregten den Argwohn des polnischen Sicherheitsdienstes. In Einzelgesprächen wurden die polnischen Kontaktpersonen unter Hinweis darauf, dass sie nicht in die DDR geschickt worden seien, um die katholische Kirche zu fördern, sondern um am Aufbau der DDR mitzuhelfen, gedrängt, die Verbindungen abzubrechen – Maßnahmen ohne größere Wirkung, nahmen doch an den polnischsprachigen Gottesdiensten weiterhin 80%-90% der Belegschaft teil.

Auch anderenorts wurden Repressalien seitens der Sicherheitsdienste beider Länder bekannt, die jahrelang für kirchenpolitische Konflikte sorgten Die Sicherheitsorgane der DDR und Polens arbeiteten in dieser Frage eng zusammen. So findet sich beispielsweise in dem gemeinsamen Protokoll vom 30. Mai 1975 eine Absprache „zur Kontrolle und Unterbindung der sog. 'Seelsorgetätigkeit' von katholischen Geistlichen aus der VR Polen in der DDR.[119] Und selbst noch im März 1988 stand das Problem der Überwachung der Polenseelsorge auf der Tagesordnung einer gemeinsamen Konferenz beider Sicherheitsorgane.

Die Größenordnung der ca 70 000 zeitweilig in der DDR tätigen polnischen Arbeitskräfte verlangte eine Regelung auf DDR-Ebene. Im Auftrag der BOK erstellte ein dazu berufener „Arbeitskreis" entsprechende Richtlinien. Die Bischofskonferenz behielt sich die Verhandlungen mit dem polnischen Episkopat zur Gewinnung sowie für den Einsatz polnischer Geistlicher vor und beauftragte den damaligen Berliner Caritasdirektor und späteren Magdeburger Weihbischof Theodor Hubrich (1919-1992) mit der Wahrnehmung offizieller Polenkontakte.

---

118 Zentralarchiv des Bistums Magdeburg, Akte „Polenseelsorge".
119 BStU, ZA, HA XX/4, 126, Bl. 71.

Ihm gelang es in relativ kurzer Zeit, eine ausreichende Zahl polnischer Priester sowie einige polnische Ordensschwestern für die Polenseelsorge in der DDR zu gewinnen. Diese bildeten unter Leitung des seitens der polnischen Bischofskonferenz als Kontaktperson zur BOK ernannten Geistlichen Dr. Jerzy Pawlik (1919-2009) eine eigene Konferenz, die 1973 ihre erste Sitzung abhielt.

1976 gelang eine gewisse Absicherung der Polenseelsorge aufgrund von Gesprächen zwischen dem Sekretär der polnischen Bischofskonferenz und dem polnischen Minister für Kirchenfragen. Die Vereinbarung änderte allerdings nichts an dem Bemühen der Sicherheitsorgane beider Staaten, die Polenseelsorge unter Kontrolle zu halten und in einzelnen Fällen Sanktionen zu verhängen.

4. Ausbau der Polenhilfe

Die Polenseelsorge war für die katholische Kirche in der DDR mit erheblichen Kosten verbunden. So belegt beispielsweise der Haushaltsplan des Bistums Dresden-Meißen für das Rechnungsjahr 1975 Ausgaben in Höhe von 42 321 Mark.

Doch darüber hinaus sind beträchtliche Mittel zur Unterstützung polnischer Projekte aufgebracht worden. Z.B. spendeten die Gläubigen des Erzbischöflichen Kommissariats Magdeburg 1963/64 ein drei Glocken umfassendes Geläut als „Zeichen der Brüderlichkeit und der Liebe" für eine Danziger Gemeinde, das nach jahrelangen Verhandlungen mit staatlichen Behörden 1968 überreicht werden konnte.

Im Laufe der Jahre mehrten sich Anfragen polnischer Kirchenstellen, Mittel für die verschiedensten Zwecke zur Verfügung zu stellen. Diese konnten selbstverständlich nicht allein seitens der in der DDR lebenden Katholiken aufgebracht werden, sondern wurden im Wesentlichen aus westlichen Quellen beschafft. Auf Anfrage erteilte der damalige Dresdener Caritasdirektor und spätere Präsident des Deutschen Caritasverbandes, Prälat Hellmut Puschmann, in einem Schreiben vom 16. April 1996 wichtige Auskünfte. So wurde das katholische Blindenzentrum in Laski bei Warschau in erheblichem Umfang mit Ausstattungsgegenständen für die Werkstätten und Blindenschreibmaschinen unterstützt. „Viele Kirchen und Pfarrhäuser in Polen konnten nur mit finanzieller Unterstützung bzw. Baumaterial errichtet oder saniert werden, das von uns kam. All die genannten Dinge sind durchweg nicht legal gelaufen."

Weiter ist der Mitteilung von Prälat Puschmann zu entnehmen, dass die Zentralstelle Berlin des Deutschen Caritasverbandes durch Vermittlung von Prälat Hubrich Anfang der 1970er Jahre etliche Transporte mit Baumaterialien legal nach Polen einführen konnte. Auch über das Bischöfliche Werk „Not in der Welt" war es möglich, in der besonderen Notzeit vor und während des in Polen verhängten Kriegsrechts an die zehn Lastzüge mit Lebensmitteln und Textilien nach Polen zu entsenden. Die größte Aktion wurde kurz nach der Wende mit

Auflösung der Bauabteilungen der Caritas in Berlin sowie die der Berliner Zentralstelle realisiert. Damals gingen Baumaterialien in einem Wert von mehr als einer Million DDR-Mark nach Polen.

Aus einem Schreiben des Berliner Caritasdirektors Roland Steinke an den Sekretär der Bischofskonferenz, Prälat Paul Dissemond, vom 7. August 1981 geht hervor, dass größere Hilfssendungen nur in Absprache mit dem Staatssekretariat für Kirchenfragen zu realisieren waren.[120] Nach einer ersten Aussage des Staatssekretariats könnte die kirchliche Polenhilfe eine Paketaktion katholischer Gläubigen umfassen. Bei größeren Hilfstransporten bestand das Staatssekretariat zunächst auf deren Durchführung durch das Deutsche Rote Kreuz der DDR, wobei das Polnische Rote Kreuz die Verteilung übernehmen solle. Polnische kirchliche Stellen kämen dafür nicht in Frage, „da das nicht Gegenstand mit der derzeitigen polnischen Administration getroffener Absprachen ist."

Es versteht sich, dass die seitens des Staatssekretariats erfolgte Auflage für die Berliner Bischofskonferenz kaum akzeptabel war und damit weitere Verhandlungen erforderlich waren, die im Februar 1982 mit der Erteilung einer „einmaligen (!) Ausfuhrgenehmigung" zum Erfolg führten.

Mit Schreiben vom 3. März 1982 bestätigte Weihbischof Czesław Domin (1929-1995) das Eintreffen zweier LKW „mit Lebensmitteln, Waschmitteln und Anstaltstextilien." Ein Teil der Hilfsgüter wurde „in verschiedenen Städten und Dörfern der Diözese Wrocław verteilt", die für die Kommission bestimmte Sendung kam entsprechend der Vereinbarung in Absprache mit dem polnischen Ministerium für Gesundheit und Sozialwesen verschiedenen Sozialeinrichtungen zugute. Für diese Hilfssendung gab es zudem seitens des Staatssekretariats eine Informationssperre: „Von einer Pressemitteilung sowie einer Unterrichtung der kirchlichen Öffentlichkeit wird wegen der entstandenen Problematik abgesehen."

Angesichts der mit der Devisengesetzgebung der DDR verbundenen Problematik einer weitgehend aus westlichen Quellen finanzierten Polenhilfe, die aus verständlichen Gründen nicht immer dokumentiert wurde, dürfte es trotz der angeführten Belege schwierig sein, ihren vollen Umfang zu bestimmen. Dies könnte nur durch eine Offenlegung der Bilanzen seitens der entsprechenden kirchlichen Stellen in Freiburg, Rom und Wien geschehen sowie durch eine seitens der Polnischen Bischofskonferenz in Auftrag gegebene Auflistung aller von der DDR aus geförderten kirchlichen Projekte.

Die vorliegende Untersuchung erhebt nicht den Anspruch, sämtliche von der katholischen Kirche in der DDR ausgegangenen deutsch-polnischen Initiativen erfasst zu haben, erlaubt aber doch eine gewisse Bestandsaufnahme der unter

---

120 Zu den folgenden Angaben vergleiche ROO, X 9.

beträchtlichen Schwierigkeiten realisierten zwischenkirchlichen Kontakte. Es dürfte zudem deutlich geworden sein, wie stark die kirchenpolitische Interessen- und Konfliktlage die kirchlichen Polenkontakte auf den unterschiedlichsten Ebenen erschwert hat. Dies trifft in Sonderheit auf die Beziehungen beider Episkopate zu. So war es den Bischöfen in der DDR offenbar unmöglich, bezüglich der Gültigkeit des Reichskonkordats einen von der Deutschen Bischofskonferenz abweichenden und den Absichten der politischen Führung der DDR wie auch der polnischen Kirche entgegenkommenden Standpunkt öffentlich einzunehmen. Dies hätte die innerdeutsche kirchliche Einheit belastet und einer politischen Instrumentalisierung der Kirche Vorschub geleistet. Auf diesem Hintergrund schien aus kirchenpolitischen Gründen deutsch-polnischen Kirchenkontakten gegenüber Zurückhaltung sowie das Bemühen geboten, von der kirchlichen Basis ausgehende Initiativen in Grenzen und unter Kontrolle zu halten. Damit war – wie in manchen anderen Bereichen – auch für die kirchlichen Polenkontakte ein grundsätzliches Spannungsverhältnis zwischen kirchenpolitischer Rücksichtnahme und pastoralen Erfordernissen gegeben.

Dass trotz einer auf weitgehende Behinderung und Verhinderung deutsch-polnischer Kirchenkontakte ausgerichteten Politik der kommunistischen Machthaber dennoch auf unterschiedlichste Weise zwischenkirchliche Beziehungen geknüpft und intensiviert wurden, gehört zu den Fakten, die mit dem Verschwinden der DDR nicht in Vergessenheit geraten sollten. Wenn in einem gesamtdeutschen Rahmen vom Prozess deutsch-polnischer Versöhnung die Rede ist, dann dürfen die von der DDR ausgegangenen Bemühungen nicht übergangen werden. In diesem Zusammenhang sei angemerkt, dass auch die evangelischen Kirchen in der DDR ihren Anteil am Versöhnungsdienst haben und manches – wie beispielsweise im Rahmen der „Aktion Sühnezeichen" – auch in ökumenischer Gemeinsamkeit unternommen wurde.

Zum Stand der deutsch-polnischen Beziehungen im Rahmen der katholischen Kirche

Über die deutsch-polnischen Beziehungen der Nachkriegsjahrzehnte gibt es eine kaum mehr überschaubare Flut an Buchveröffentlichungen und Zeitschriftenbeiträgen. Was allerdings bis auf den heutigen Tag fehlt, ist eine umfassende und seriöse Darstellung der zwischenkirchlichen Beziehungen im Rahmen der katholischen Kirche. Wenngleich folgender Beitrag diese Lücke nicht zu füllen vermag, so möchte er doch, zumal im Hinblick auf die Aufnahme Polens in die EU, auf die Bedeutung der bilateralen kirchlichen Beziehungen verweisen

Nach dem Zweiten Weltkrieg brauchte es eine längere Zeit, um zwischen der katholischen Kirche in Deutschland und in Polen zu einer Zusammenarbeit zu gelangen. Dazu mussten erhebliche Widerstände überwunden werden. Der Überfall auf Polen am 1. September 1939, die Gräuel und Leiden der Okkupationsjahre, darunter die Ermordung Tausender Priester, hatten im polnischen Volk tiefe Spuren hinterlassen. Und auf deutscher Seite war nach dem Verlust der kirchlichen Jurisdiktion in den Ostprovinzen und die Vertreibung von Bischöfen und Priestern an die Aufnahme bilateraler kirchlicher Beziehungen nicht zu denken. Hinzu kam die komplizierte politische Situation des geteilten Deutschland und der Spaltung Europas in zwei gegensätzliche, einander feindlich gegenüberstehende Lager, die dem kirchlichen Handlungsspielraum zusätzlich Grenzen setzte.

Angesichts dieser Ausgangslage erscheint der Durchbruch zu einer deutsch-polnischen Versöhnung zwei Jahrzehnte nach dem Krieg wie ein Wunder. Den Anstoß gaben die polnischen Bischöfe. Gegen Ende des Zweiten Vatikanischen Konzils luden sie – ebenso wie andere Episkopate – die deutschen Bischöfe für das kommende Jahr zur Feier des Millenniums der Taufe Polens in ihr Heimatland ein. Ihr Einladungsschreiben vom 18. November 1965 mündet nach einem längeren historischen Abriss einer tausendjährigen Zugehörigkeit Polens zum christlich geprägten westeuropäischen Kulturkreis in die denkwürdige Aussage: „In diesem allerchristlichsten und zugleich sehr menschlichen Geist strecken wir unsere Hände zu Ihnen hin in den Bänken des zu Ende gehenden Konzils, gewähren Vergebung und bitten um Vergebung".[121] Mit ihrem Antwortbrief ergriffen zwei Wochen später die deutschen Bischöfe die ihnen gereichten Hände der Versöhnung, und dies in der Hoffnung, „daß niemals wieder der Ungeist des Hasses unsere Hände trenne!"[122]

Polens Bischöfe haben damals mit ihrem Versöhnungsbrief viel riskiert. Ihr mit der polnischen Regierung nicht abgesprochener Schritt brachte sie – übrigens ähnlich wie die Bischöfe aus der DDR, die den deutschen Antwortbrief unterzeichnet hatten – unter einen erheblichen politischen Druck. Das Millennium des Jahres 1966 stand daher im Zeichen einer harten Auseinandersetzung zwischen Staat und Kirche um die deutsch-polnische Versöhnung. Polens Bischöfe sahen sich genötigt, während der großen Wallfahrten die Versöhnung mit den Deutschen bei den Gläubigen als Beweis ihrer kirchlichen Loyalität einzufordern. Die politische Brisanz ihrer Initiative verdeutlicht auf besondere Weise ihren historischen Rang, den der polnische Oppositionelle Jan Józef Lipski viele Jahre später als die „weitblickendste Tat der polnischen Nachkriegsgeschichte" würdigte.

---

121 Briefwechsel der katholischen Bischöfe, hier zitiert aus: R. Henkys (Hg.), Deutschland und die östlichen Nachbarn. Beiträge zu einer evangelischen Denkschrift, Stuttgart 1966, S. 227.
122 Ebd., S. 230.

Die deutschen Bischöfe konnten allerdings die Einladung zur Feier des polnischen Millenniums nicht wahrnehmen. Da sich der Vatikan unter Hinweis auf den ausstehenden Friedensvertrag nicht in der Lage sah, das in den ehemals deutschen Ostprovinzen bestehende Provisorium Apostolischer Administrationen zu beenden und eigenständige Bistümer zu errichten, blockierten die kommunistischen Machthaber die zwischenkirchlichen Kontakte auf Bischofsebene. Diese Blockade bestand bis Mitte 1972. Erst nachdem der Vatikan im Juli 1972 nach der vom Deutschen Bundestag vollzogenen Ratifizierung des im Dezember 1970 abgeschlossenen Vertrages zwischen der Bundesrepublik Deutschland und der Volksrepublik Polen über die „Grundlagen der Normalisierung ihrer gegenseitigen Beziehungen" in den polnischen West- und Nordgebieten mit der Errichtung selbstständiger Bistümer die Jurisdiktion neu geregelt hatte, war, wenngleich unter mancherlei Behinderungen durch die kommunistischen Behörden, die grundsätzliche Möglichkeit einer engeren Zusammenarbeit beider Episkopate gegeben.

Das Gemeinsame Wort der polnischen und deutschen Bischöfe von 1995[123]

Nach der politischen Wende der Jahre 1989/90 stellten beide Episkopate drei Jahrzehnte nach dem denkwürdigen Briefwechsel am Ende des Konzils ihre Beziehungen mit einem „Gemeinsamen Wort" auf eine neue Grundlage. Veröffentlicht wurde dieses Dokument am 13. Dezember 1995, auf den Tag genau vierzehn Jahre nach Verhängung des Kriegszustandes in Polen durch General Wojciech Jaruzelski.

Bei dem Text handelt es sich um das erste gemeinsame Wort beider Bischofskonferenzen überhaupt. Es wertet rückblickend den Briefwechsel von 1965 als „Beginn eines gemeinsamen Weges, in dessen Konsequenz sich das Verhältnis zwischen Polen und Deutschen immer mehr verändert hat." Es erwähnt das gemeinsame Bittgesuch beider Bischofskonferenzen um Heiligsprechung von Pater Maximilian Kolbe (1894-1941) vom 13. September 1980 sowie von den Basisinitiativen die ökumenisch ausgerichtete „Aktion Sühnezeichen", „Pax Christi" und das „Maximilian-Kolbe-Werk" sowie die Erklärung polnischer und deutscher Katholiken zum 50. Jahrestag des deutschen Angriffs auf Polen.

Doch nicht die Vergangenheit bildet den Schwerpunkt des „Gemeinsamen Wortes", sondern die Aufgaben beider Kirchen in einem künftigen Europa. Das mit fünfzehn Abschnitten umfangreichste Kapitel dieses Dokuments steht

---

123 Zitiert wird im Folgenden aus der Pressemitteilung der Deutschen Bischofskonferenz vom 12. Dezember 1995.

unter dem Leitwort „Christliches Zeugnis in Europa". Damit stellen beide Kirchen ihre bilateralen Beziehungen in einen übergreifenden europäischen Kontext und geben ihrer Zusammenarbeit eine europäische Ausrichtung und Dimension.

Beide Kirchen wissen sich in der Pflicht, darauf hinzuwirken, dass „Europa jenseits aller wirtschaftlichen und politischen Strukturen wieder als Kultur- und Wertegemeinschaft erfahrbar" wird. (15) Dieses Ziel soll in „ökumenischer Gemeinschaft mit unseren orthodoxen und evangelischen Brüdern und Schwestern" angestrebt werden (19), um „Europa wieder 'seine christliche Seele zurückzugeben'". (15) Das „Gemeinsame Wort" stellt einen unmittelbaren Zusammenhang zwischen der „Versöhnung der getrennten Kirchen" und der für die Einheit Europas fundamentalen „Versöhnung zwischen den Völkern Europas" her. (19) Als Felder, auf denen das ökumenische Zeugnis öffentlich zur Geltung kommen kann, verweist das Dokument, neben dem breiten Bereich der Kultur, auf „Bildung und Wissenschaft, Wirtschaft und Politik" sowie auf die „Medien". (19)

Zur Konkretisierung des christlichen Zeugnisses beruft sich das Dokument auf die von Papst Johannes Paul II. (1920-2005) immer wieder angemahnte Neuevangelisation Europas (20) sowie auf die Prinzipien christlicher Soziallehre. Grundlage eines christlich inspirierten Beitrags für Europa bildet nach Auffassung der Bischöfe „die Überzeugung von der unveräußerlichen und unzerstörbaren Würde der menschlichen Person", von der sich ihre fundamentalen Rechte ableiten, die ihrerseits „Grundlage jeder freiheitlichen und wahrhaft demokratischen Ordnung" sind. (21) Die Bischöfe betonen insbesondere „wahre Freiheit, Gerechtigkeit, Solidarität und Achtung der Menschenrechte" und sehen in der Wahrung dieser Grundwerte „das einzig tragfähige Fundament eines dauerhaften Friedens", dem auch sie durch die Verteidigung dieser Werte dienen wollen. (26)

Konsensformel zur Vertreibung der Deutschen aus den Oder-Neiße-Gebieten?

Das „Gemeinsame Wort" verschweigt nicht „die ernsten und immer noch nicht völlig bewältigten Probleme unserer gemeinsamen Geschichte und Zukunft", deren Lösung einer eigens gebildeten „Kontaktgruppe" übertragen wird. (9) Dieser Hinweis beschließt nicht zufällig den Abschnitt, in dem sich beide Episkopate auf eine gemeinsame Formel bezüglich des „Unrechts" einigen, „das vielen Deutschen durch Vertreibung und Verlust der Heimat im Gefolge der Beschlüsse der Siegermächte auch von Polen angetan wurde." (9)

III. Der Versöhnungsdienst der Kirchen

Im polnischen Bischofsbrief von 1965 war noch nicht von „Unrecht", wohl aber vom „Leid der Millionen von Flüchtlingen und vertriebenen Deutschen" die Rede, das zu den „heißen Eisen" zählt, die Gegenstand eines „ernsthaften Dialogs" sein sollen.[124]

Das Problem der Vertreibung der Deutschen nach dem Zweiten Weltkrieg war denn auch Gegenstand eines Kolloquiums deutscher und polnischer Bischöfe, das fünf Jahre vor dem „Gemeinsamen Wort" am 20. November 1990 in Gnesen stattgefunden und zu keiner Übereinstimmung der Standpunkte geführt hatte. Die von Prof. Dr. Remigiusz Sobański vorgetragene Sichtweise, wonach „die Vertreibung durch das Potsdamer Abkommen angeordnet war und die völkerrechtlichen Normen, die die erzwungene Umsiedlung großer Bevölkerungsteile verurteilen, einem späteren Entwicklungsstadium des Völkerrechts zuzuordnen seien"[125], wurde von den deutschen Bischöfen nicht geteilt. Sie gaben ihrerseits bei dem Regensburger Völkerrechtler Prof. Dr. Otto Kimminich ein Gutachten in Auftrag, das der Auffassung von Prof. Sobański in allen wesentlichen Punkten widerspricht: Weder hätten die Alliierten im Potsdamer Abkommen die Vertreibung der Deutschen aus den Oder-Neiße-Gebieten angeordnet, noch stimme die „These, dass das Vertreibungsverbot sich erst nach 1945 entwickelt habe."[126] Allerdings sei durch diese Bewertung das Heimatrecht der heute in den Oder-Neiße-Gebieten ansässigen Polen in keiner Weise in Frage gestellt sowie „durch das allgemeine Gewaltverbot und das auch zu ihren Gunsten anzuwendende Vertreibungsverbot wirksam geschützt."[127] Das Gutachten von Prof. Kimminich wurde den polnischen Bischöfen zur Verfügung gestellt. Auch wenn es in der Konsensformel des „Gemeinsamen Wortes" keinen erkennbaren Niederschlag gefunden hat, so wird doch die Vertreibung der Deutschen wie der Polen aus ihrer östlichen Heimat als „Unrecht" bezeichnet. Ausgeräumt sind damit die bestehenden Differenzen wohl noch nicht.

Im Abschlusskommuniqué des Gnesener Bischofstreffens wurde u.a. vereinbart, einen Modus zu finden, „die dringendst für beide Episkopate anstehenden Aufgaben gemeinsam anzugehen."[128] Diese Aufgabe nimmt eine paritätisch besetzte Kontaktgruppe wahr.

---

124 Der Briefwechsel der katholischen Bischöfe, a. a. O., S. 225f.
125 Ebd., S. 7.
126 Ebd., S. 90.
127 Ebd., S. 91.
128 Das deutsch-polnische Bischofstreffen in Gnesen; in: Deutschland und Polen. Ein Beitrag zur Geschichte des Dialogs, Sonderausgabe Więź, Warschau 1994, S. 80.

Zusammenarbeit beider Kirchen im Rahmen des europäischen Einigungsprozesses

Das ausführliche und zukunftsorientierte Kapitel „Christliches Zeugnis in Europa" des „Gemeinsamen Wortes" nimmt keinerlei Bezug auf die Perspektive eines EU-Beitritts Polens im Rahmen der so genannten „Osterweiterung" der Europäischen Union. Der Grund dürfte darin zu suchen sein, dass zu diesem Zeitpunkt in Polen der innerkirchliche Klärungsprozess bezüglich einer Aufnahme des Landes in die Europäische Gemeinschaft noch nicht abgeschlossen war und ihr gegenüber sowohl an der kirchlichen Basis als auch bei manchen Bischöfen deutliche Vorbehalte bestanden. So wird man bis in die Mitte der 1990er Jahre kaum eine zitierfähige Erklärung des polnischen Episkopats zur Aufnahme Polens in die Europäische Union finden. Noch kurz vor dem „Gemeinsamen Wort" äußerte sich Primas Józef Glemp (1929-2013) 1995 während eines Auslandaufenthaltes in London mit deutlicher Skepsis bezüglich eines EU-Beitritts Polens: „Sollen wir einem imaginären Europa beitreten, mit legalisierter Abtreibung, mit Verletzung der Prinzipien des Christentums, mit Geringschätzung von Ehe und Familie? Stehen derlei Bedingungen nicht im Widerspruch zu unserer Unabhängigkeit, unserer Identität?"[129]

Dennoch kann das Kapitel „Christliches Zeugnis in Europa" als Weichenstellung zu einer positiven Grundeinstellung zum EU-Beitritt Polens verstanden werden. Es steht schließlich in Einklang mit der von den polnischen Bischöfen bereits 1965 in ihrem Versöhnungsbrief zum Ausdruck gebrachten Überzeugung, dem aufgrund seiner Geschichte christlich geprägten westeuropäischen Kulturkreis anzugehören. Was sie allerdings in den 1990er Jahren in ihrer Einstellung zum westlichen Europa irritiert, ist die dort fortschreitende Säkularisierung, in der sie auch für Polen eine Bedrohung des kirchlichen Lebens und der nationalen Identität sehen. Die Frage ist jedoch, ob der mit einer Entkirchlichung einhergehende Säkularisierungsprozess mit dem europäischen Integrationsprozess als solchem in einem unmittelbaren Zusammenhang steht oder im Grunde von diesem unabhängig verläuft, so dass die Verweigerung eines EU-Beitritts keine Garantie bietet, vor ihm verschont zu bleiben. Wenn aber eine Abschottung gegen negative westliche Einflüsse kaum als möglich erscheint, dann bleibt als Alternative nur, im Säkularisierungsprozess eine Herausforderung zu sehen und gemeinsam mit den anderen europäischen Kirchen in einer zwischenkirchlich abgestimmten Strategie darauf zu reagieren.[130]

---

129 Kościół - Polska - Unia Europejska, Gliwice o. J. S. 3.
130 Zum Säkularisierungsprozess als kirchliche Herausforderung vgl. Erzbischof Alfons Nossol „Beitrag der Kirchen zum Aufbau Europas als ‚Gemeinschaft des Geistes'"; in: Studia Oecumenica 1/2001, S. 9-20.

III. Der Versöhnungsdienst der Kirchen   143

Der Klärungsprozess der letzten Jahre war von zahlreichen Gesprächen mit deutschen Bischöfen begleitet, vor allem mit dem Hildesheimer Bischof Josef Homeyer (1929-2010), der den deutschen Episkopat in der Kommission der Bischofskonferenzen der Europäischen Gemeinschaft (ComECE) über viele Jahre als ihr Präsident vertreten hat. Dies garantierte eine recht gute zwischenkirchliche Zusammenarbeit. Sowohl Kardinal Karl Lehmann als auch Bischof Homeyer haben Fragen nach Sinn, Chancen und Aufgaben des Integrationsprozesses in wiederholten Begegnungen mit dem Primas, einzelnen Bischöfen und der Vollversammlung der polnischen Bischöfe ausführlich diskutiert. Von besonderer Bedeutung ist es, dass Bischof Homeyer in seiner Position die Beziehungen zwischen dem polnischen Episkopat und dem Sekretariat von ComECE anknüpfen und fördern konnte, das dann seinerseits manche Besuche von Bischofsdelegationen und Einzelkontakten ermöglicht hat.

Aufgrund dieser zwischenkirchlichen Zusammenarbeit kam es 1997 erstmals zu einem Besuch einer Delegation des Polnischen Episkopats unter Leitung von Primas Glemp und Erzbischof Henryk Muszyński bei der Brüsseler Kommission. In verschiedenen Gesprächen mit Kommissaren und Direktionsleitern gewann sie den Eindruck, dass die Brüsseler Behörde keineswegs ein Europa seelenloser Technokratie wünscht, sondern eine auf universale Werte basierende Union, in der – gemäß des Amsterdamer Vertrages – auch den Kirchen eine unverzichtbare Rolle zukommt. Gerade angesichts des Verfalls traditioneller sozialer Bindungen innerhalb der europäischen Gesellschaften sehe man in den Kirchen wertvolle Partner einer gemeinsamen Sorge um die Identität Europas. Die damaligen Gespräche zerstreuten manche bisherigen Bedenken und brachten den Durchbruch zu einer positiven Grundeinstellung der Bischöfe zu einem EU-Beitritt Polens. Nach ihrer Rückkehr erklärten sie in einem Kommuniqué, den Beitritt Polens zur Europäischen Union unterstützen zu wollen.

Diese Entscheidung war angesichts des dem EU-Beitritt Polens vorausgehenden Referendums von großer Bedeutung. Durch eine breite Informationskampagne trugen Polens Bischöfe dazu bei, den positiven Ausgang des Referendums zu sichern. So wurden sämtliche polnische Pfarrer mit Informationsbroschüren zur Rolle der katholischen Kirche im europäischen Integrationsprozess sowie zur besonderen Situation der polnischen Landwirtschaft versorgt.[131] Gegenüber den kirchlichen Integrationsgegnern, die mit Radio „Maryja" ein einflussreiches Sprachrohr besitzen, betonten die Bischöfe, dass ihre Ängste mit

---

131 Es handelt sich um folgende, unter Mitwirkung des katholischen Jugendbildungszentrums „Kana" im Gleiwitzer Verlag „Wokół nas" erschienenen Schriften: Kościół, Polska, Unia Europejska o. J.; Rola Kościoła katolickiego w procesie integracji europejskiej, 2001; Polska wieś wobec integracji europejskiej, 2001.

dem missionarischen Auftrag der Kirche unvereinbar seien. Die Sendung der Kirche erfordere es, in die bedrohte Welt zu gehen und die Europäische Union als „große Herausforderung für das Christentum" anzunehmen.[132]

In den Brüsseler Gesprächen von 1997 kam auch die für einen EU-Beitritt Polens problematische Situation der polnischen Landwirtschaft zur Sprache. Auf Jahre hin stellt sich für Polens Bischöfe die Aufgabe, ihren Einfluss geltend zu machen, damit der zu erwartende tief greifende Strukturwandel auf dem Land zu keiner massiven Verelendung der Bevölkerung sowie zu einer Abwendung von der Kirche führt. Dieser Gefahr zu begegnen, diente neben einer Reihe anderer Initiativen die unter der ComECE-Präsidentschaft von Bischof Homeyer initiierte und vorbereitete Brüsseler Begegnung der Bischöfe aus den Beitrittsländern mit dem für die Landwirtschaft zuständigen Generaldirektor der Europäischen Kommission, Silva Rodrigues. In der Diskussion wandten sich die polnischen Bischöfe u. a. gegen den damaligen Vorschlag der Kommission, den Bauern der Beitrittsländer, ausgehend von 25% der sonst in der EU den Landwirten gewährten Hilfe, mit schrittweiser Erhöhung der Subventionen erst nach Ablauf von zehn Jahren die volle Summe an Direktzahlungen zukommen zu lassen.[133] Der von den polnischen Bischöfen als Unrecht empfundene Vorschlag der Brüsseler Kommission zeigt, dass die Lösung der mit dem Strukturwandel in der Landwirtschaft verbundenen Probleme von den Mitgliedstaaten eine größere Solidarität erfordert. Auf diese Solidarität energisch zu drängen, war denn auch eine vordringliche Aufgabe der Zusammenarbeit des Deutschen und Polnischen Episkopats. Als ein in dieser Hinsicht bedeutsames Ergebnis ihrer wechselseitigen Kontakte erwies sich die Vertretung der Polnische Bischofskonferenz in der Vollversammlung der ComECE durch den Gnesener Erzbischof Henryk Muszyński, übrigens als erste unter den Beitrittsländern. Für den Polnischen Episkopat bedeutet dies eine erhebliche Erleichterung und Intensivierung seiner Kontakte zur Europäischen Union.

Gemeinsame Stellungnahme der polnischen Bischöfe zum EU-Beitritt Polens

Mit dem Dokument des Polnischen Episkopats zur Integration mit der Europäischen Union vom 21. März 2002[134] ist der Abschluss des innerkirchlichen Klä-

---

132 Vgl. die entsprechende Aussage von Primas Glemp in: Rola Kościoła ...,a. a. O., S. 10.
133 Tygodnik Powszechny vom 10. Februar 2002.
134 Pasterze Europy (Hirten Europas). Dokument Episkopatu Polski o integracji z UE, Tygodnik Powszechny von 31. März 2002. Welche Bedeutung die Polnische Bischofskonferenz diesem Dokument beimisst, ist daran ersichtlich, dass sie den Text fast zeit-

rungsprozesses bezüglich des EU-Beitritts Polens auch nach außen hin deutlich geworden. Das Dokument fasst den Standpunkt der Bischöfe zusammen und beschreibt die sich stellenden Aufgaben. Im Wissen darum, dass die um eine Integration Polens mit der EU geführten Debatten sowie die gegenwärtigen Beitrittsverhandlungen „die Zukunft Polens auf Jahrzehnte hin" bestimmen werden, sprechen sich die Bischöfe für ein Engagement aller für das nationale Erbe verantwortlichen gesellschaftlichen Kräfte aus, darunter auch das der Kirchen und Religionsgemeinschaften. Ihre Aufgabe sei es, den in der Bevölkerung vorhandenen Vorbehalten und Befürchtungen durch eine sachliche Information wirksam zu begegnen.

Vorrangige Sorge der Bischöfe ist es, dass Polen mit seinem Beitritt zur Europäischen Union nichts von seiner christlichen Tradition und Identität einbüßt. Ihnen ist allerdings auch bewusst, dass andere Völker Europas ihre eigene, nicht in gleicher Weise christlich geprägte Identität besitzen, die es gleichfalls zu respektieren gilt, und dass über die Gestalt des künftigen Europas alle Völker das Recht auf Mitentscheidung besitzen. Dies bedeutet, dass sich Polens katholische Kirche durchaus der Grenzen ihrer Einflussmöglichkeiten bewusst, doch zugleich willens ist, diesen Spielraum „unter Beachtung eines weltanschaulichen Pluralismus des gemeinsamen Europa" zu nutzen, „um mit einem neuen Impuls die reiche, kulturelle, religiöse und geistige 'Mitgift' unserer Nation zu wahren, zu vertiefen und in das neue Jahrtausend zu überführen" sowie möglichst „mit anderen Völkern unseres Kontinents zu teilen."

Die Grenzen ihrer Einflussmöglichkeiten mussten beide Bischofskonferenzen schmerzlich erfahren, als ihrem dringenden Verlangen nicht entsprochen wurde, in die Präambel des unter dem Vorsitz von Giscard d'Estaing erarbeiteten Entwurfs einer europäischen Verfassung die christliche Tradition Europas deutlich hervorzuheben und eine invocatio Dei einzuführen.

Behandlung zwischenkirchlicher Probleme und Formen konkreter Zusammenarbeit

1. Mangelnder Konsens bezüglich einer Seligsprechung von Primas August Hlond (1881-1948)

In den zwischenkirchlichen Beziehungen fehlt es indes auch nicht an Kontroversen. Ein Dissens betrifft die von polnischer Seite eingeleitete Seligsprechung von Kardinal August Hlond. Die deutschen Bedenken betreffen die Art und

---

gleich in englischer, französischer, deutscher und italienischer Sprache veröffentlicht hat. Vgl. Kościół – współczesność – wyzwania Nr. 3, Warschau 2002.

Weise, mi der Kardinal Hlond im August 1945 die deutschen Ordinarien in den Oder-Neiße-Gebieten unter Berufung auf seine päpstlichen Sondervollmachten zur Resignation drängte und aufgrund eines Dekrets vom 5. August 1945 an ihre Stelle in den fünf Jurisdiktionsbezirken Apostolische Administratoren einsetzte.

Zum Verständnis der damaligen Situation sei gesagt, dass sich Kardinal Hlond, der während des Krieges im westfälischen Wiedenbrück in einem Kloster interniert war, nach seiner Befreiung nach Rom begab, um beim Heiligen Stuhl die pastoralen und kirchenrechtlichen Folgen der in Polen neu entstandenen Lage zu erörtern. Als Konsequenz der Gespräche ernannte Papst Pius XII. (1876-1958) den polnischen Primas zum Päpstlichen Legaten und versah ihn mit außerordentlichen Vollmachten *in tutto il territorio polacco*. Wenngleich inzwischen unbestritten sein dürfte, dass sich diese Vollmachten auch auf die aufgrund der Potsdamer Beschlüsse polnischer *administration* unterstellten deutschen Ostgebiete bezogen, so ist doch zweifelhaft, ob sie ihn dazu berechtigten, die deutschen Ordinarien zum Amtsverzicht zu nötigen. Die Meinungsverschiedenheit um die Auslegung der Kardinal Hlond vom Heiligen Stuhl erteilten Vollmachten hat in der Vergangenheit die zwischenkirchlichen Beziehungen belastet und erweist sich auch weiterhin als ein Problem, für das ein Konsens schwer erreichbar erscheint.

2. Rehabilitierung des Danziger Bischofs Carl Maria Splett (1898-1964) – ein ungelöstes Problem

Ein weiteres zwischenkirchlich bislang ungelöstes Problem betrifft die Rehabilitierung des Danziger Bischofs Splett. Er wurde am 9. August 1945 verhaftet, von den polnischen Behörden der Kollaboration mit dem NS-Regime bezichtigt und zu acht Jahren Haft verurteilt. Nach Verbüßung seiner Strafe wurde er durch Verfügung der polnischen Regierung in ein Kloster verbannt. Am 27. Dezember 1956 konnte er in die Bundesrepublik Deutschland ausreisen, wo er am 5. März 1964 verstarb. Auch der Danziger Diözesanschematismus vermerkt die achtjährige Gefängnisstrafe „wegen antipolnischer Verfügungen", fügt aber in Klammern hinzu, diese seien durch die nazistischen Behörden aufgezwungen worden.

Die für das Urteil ausschlaggebenden „antipolnischen Verfügungen" betrafen im Wesentlichen das von Bischof Splett ausgesprochene Verbot des Gebrauchs der polnischen Sprache bei allen kirchlichen Handlungen, einschließlich der Beichte. Grundlage des Prozesses bildete das vom Lubliner Komitee verkündete Dekret vom 31. August 1944, das derlei Handlungen auch rückwirkend unter Strafe stellte.

Seit Mitte der 1990er Jahre bemüht sich die deutsche Seite um eine Rehabilitierung des Danziger Bischofs. Doch die bisherigen polnischen Rechtsgutachten, so auch das des früheren Justizministers Wiesław Chrzanowski (1923-

2012), der zur selben Zeit wie Bischof Splett in Wronki inhaftiert war, gelangen zu dem Schluss, der Prozess sei korrekt geführt worden, so dass für eine rechtliche Rehabilitierung kein Grund bestehe.

Ungeachtet dessen geht die Diskussion um die Interpretation des 1946 gefällten Urteils weiter. Was die polnischen Publikationen zur causa Splett betrifft, so stehen sich hier zwei Positionen gegenüber. Unter dem 1994 in Warschau erschienenen Titel „Carl Maria Splett – ein Danziger Bischof auf der Anklagebank"[135] veröffentlichte der Historiker Peter Raina die Gerichtsakten sowie Unterlagen des polnischen Sicherheitsdienstes. In seiner Kommentierung hält er Bischof Splett als Handlanger der Gestapo für schuldig; er sei daher zu Recht verurteilt worden. Zu einer gegenteiligen Auffassung kommt der Danziger Geistliche Stanisław Bogdanowicz. Dieser vertritt in seinem 1995 verlegten Buch „Carl Maria Antoni Splett – Danziger Bischof der Kriegszeit – Sonderhäftling der Volksrepublik Polen"[136] die These, Bischof Splett sei ungerecht verurteilt worden, denn nicht er, sondern die deutschen Behörden seien für die ihm zur Last gelegten antipolnischen Maßnahmen verantwortlich gewesen. Der Autor spricht sich daher für eine Revision des nach seiner Auffassung stalinistischen Prozesses aus und regt zudem die Überführung der sterblichen Überreste von Bischof Splett in die Kathedrale von Oliwa an.

Die deutsche Seite nimmt das Buch von Bogdanowicz als Zeichen dafür dankbar zur Kenntnis, dass auch in Polen Bemühungen um eine Rehabilitierung des Danziger Bischofs im Gange sind. Allerdings wünschen nicht einmal die Danziger Katholiken eine Überführung des Leichnams nach Oliwa. Bischof Splett solle seine letzte Ruhestätte dort behalten, wo auch seine vertriebenen Diözesanen ihr Grab gefunden haben oder noch finden werden.[137]

Auf polnischer Seite wurde die Diskussion um eine Rehabilitierung von Bischof Splett vor allem in der Krakauer katholischen Wochenzeitung „Tygodnik Powszechny" geführt und fand ein breites, wenngleich äußerst widersprüchliches Echo.[138] In einer positiven Würdigung des Buches von Bogdanowicz

---

135 Der polnische Titel lautet: Karl Maria Splett, Biskup Gdański na ławie oskarżonych, Warschau 1994.
136 Karol Maria Antoni Splett, Biskup Gdański czasu wojny, więzień specjalny PRL, Danzig 1995.
137 In trinitate robur. Gedenkstunde für Bischof Dr. Carl Maria Splett, Adalbertusforum, NR. 3/4 vom Dezember 1998, S. 21f.
138 Vgl. die Nr. 33, 42, 43 und 52/53/2000 sowie 46/2001. Doch gab es schon Jahre vorher publizistische Beiträge aus polnischer Feder mit der Forderung nach einer Rehabilitierung von Bischof Splett. In diesem Sinne äußerte sich beispielsweise der Warschauer Sozialethiker Helmut Juros. Er stellt einen Zusammenhang zwischen der deutsch-polnischen Versöhnung und

schreibt Wojciech Pięciak, Redakteur beim Tygodnik Powszechny, in den fünf Jahren seit Erscheinen des Buches „meldeten sich etliche, seine Forderungen unterstützende Stimmen zu Wort. Doch unter ihnen gab es weder jemanden von der kirchlichen Hierarchie, noch Politiker, die beispielsweise einen Revisionsantrag unterstützen könnten. Vielleicht ist es an der Zeit, dieses seltsame Schweigen endlich zu brechen?"[139]

Der „Tygodnik Powszechny" beendete vorläufig mit zwei Artikeln im November 2001 die Diskussion. Während der ehemalige Direktor des Bundeskriminalamtes, der Historiker Dieter Schenk, unter dem Titel „Zum Gehorsam gezwungen"[140] der Meinung ist, Bischof Splett sei nach Aktenlage in einem stalinistischen Schauprozess zu Unrecht verurteilt worden, hält Staatsanwalt Witold Kulesza, damals zuständig für die Aufarbeitung in der Volksrepublik Polen begangenen Unrechtstaten, in seinem Beitrag „... aber doch schuldig" das Urteil für begründet. Zur Bewertung des Urteils stelle sich die Frage: „Kann man dem Bischof eine Schuld zusprechen, d. h. kann man ihm den Vorwurf machen, dass er sich trotz der Situation, in der er sich befand, hätte anders verhalten sollen und können? Also: Das Recht wahren."[141]

3. Rehabilitierung der Lubliner Bischöfe und Priester

Am 27. November 1939 verurteilte ein deutsches Standgericht die Lubliner Bischöfe Marian Fulman (1866-1945) und Władysław Goral (1898-1945) sowie weitere elf Geistliche wegen angeblich unbefugten Waffenbesitzes zum Tode. Das Todesurteil wurde allerdings nicht vollstreckt; die Bischöfe und Priester wurden vielmehr in verschiedene Konzentrationslager eingeliefert. Auf Wunsch der polnischen Seite bemühten sich die deutschen Bischöfe um ihre Rehabilitierung. Bischof Walter Kasper nahm sich der Sache an und wandte sich in dieser Angelegenheit an den Bundesgerichtshof, der sie seinerseits zuständigkeitshalber an das Landgericht Berlin weiterleitete. Dieses annullierte mit Schreiben vom 18. November 1999 unter Berufung auf das Gesetz zur Aufhebung nationalsozialistischer Unrechtsurteile das vom Standgericht gefällte Urteil. In der

---

der Rehabilitierung von Bischof Splett her, indem er in seinem im „Rheinischen Merkur" (Nr. 46 vom 17. 11. 1995) unter dem Titel „Ein Opfer wechselnder Regime" erschienenen Beitrag abschließend meint, der Fall Splett dürfe „kein Stolperstein in der Aussöhnung zwischen Polen und Deutschland im gemeinsamen Europa sein."

139 W. Pięciak, Zrehabilitować – i sprowadzić do Gdańska! (Rehabilitieren – und nach Danzig überführen!), www.tygodnik.com.pl/numer 2746/pieciaksplett33200.html.
140 D. Schenk, Zmuszony do posłuchu..., in: Tygodnik Powszechny vom 18. November 2001.
141 W. Kulesza, ... ale jednak winien (... aber dennoch schuldig), ebd.

III. Der Versöhnungsdienst der Kirchen   149

Begründung heißt es, die Waffen seien „durch Gefolgsleute des Leiters des Einsatzkommandos I 3 Dr. Hasselberg" ins Bischofspalais gebracht worden, um unter falscher Beschuldigung im Rahmen der „Ausschaltung von Vertretern der polnischen Intelligenz" gegen die Geistlichen ein Standgerichtsverfahren einleiten zu können.

Die Rehabilitierung der Lubliner Bischöfe und Priester erfolgte auf den Tag genau 60 Jahre nach dem Standgerichtsurteil. In „Erinnerung an dieses traurige Ereignis der deutsch/polnischen Geschichte" übersandte der Oberstaatsanwalt das an Bischof Kasper gerichtete Schreiben als besondere Geste in Kopie an die Diözese Lublin.[142]

4. Übergabe von Kirchenbüchern[143]

Durch zwischenkirchliche Zusammenarbeit konnte auch die Übergabe der aus den Diözesen der Oder-Neiße-Gebiete stammenden insgesamt 3361 Kirchenbücher an die polnischen Diözesen ihrer Herkunftsorte einvernehmlich geregelt werden. Sie waren während des Krieges im Rahmen der NS-Rassenpolitik beschlagnahmt, von den alliierten Streitkräften sichergestellt und später der katholischen Kirche ausgehändigt worden. Sie wurden, so weit nötig, restauriert und vom Bischöflichen Zentralarchiv Regensburg bis zur rechtlichen und politischen Klärung der Besitzverhältnisse treuhänderisch verwaltet. Als Kirchengüter sind sie kein Gegenstand der Regierungsverhandlungen über die Rückführung kriegsbedingt verlagerter Kulturgüter. Die endgültige Regelung über ihren Verbleib fällt damit in die Zuständigkeit der Deutschen und Polnischen Bischofskonferenz.

Inzwischen liegt eine von beiden Seiten unterzeichnete vertragliche Vereinbarung vor, wonach bis Ende 2002 die Übergabe der Kirchenbücher abgeschlossen sein soll. Ihre Verwahrung wird in den Diözesen ihrer Herkunftsorte zentral erfolgen; eine Weiterleitung an die Pfarreien bleibt ausgeschlossen. Die polnische Seite verpflichtet sich, deutschen Archivbenutzern den Zugang zu den Dokumenten zu gewährleisten.

Durch die bereits erfolgte Verfilmung der Kirchenbücher durch das Zentralarchiv Regensburg bleibt dieses auch weiterhin in der Lage, auf Anfrage entsprechende genealogische Auskünfte zu erteilen.

---

142 Schreiben der Staatsanwaltschaft bei dem Landgericht Berlin, 2 P Aufh. 1498, vom 18. November 1999.
143 Vereinbarung betreffend die Übergabe von Kirchenbüchern.

5. Richtlinien für die polnischsprachige Seelsorge in Deutschland[144]

Im Sommer 2001 verabschiedeten beide Bischofskonferenzen Richtlinien für die polnischsprachige Seelsorge in Deutschland. Sie sehen gegenüber anderen Sprachgruppen keinerlei Sonderregelungen vor. Ziel der Richtlinien ist es, in Übereinstimmung der von der Deutschen Bischofskonferenz erlassenen und sich an der römischen Instruktion *Pastoralis Migratorum Cura* orientierenden Bestimmungen eine engere Zusammenarbeit der mit der polnischsprachigen Seelsorge beauftragten polnischen Priester mit den deutschen Ortskirchen zu garantieren. Die Richtlinien nehmen ausdrücklich auf die mit der Integration Europas verbundene wachsende Vielfalt religiös geprägter Minderheiten mit ihren jeweiligen Frömmigkeitstraditionen Bezug. Damit stellt sich pastoral die Aufgabe, diese Verschiedenheit im Rahmen einer übergreifenden kirchlichen Einheit als Bereicherung zu werten und konkret zu erfahren. Um dies zu gewährleisten, verbieten sich einerseits alle assimilatorischen Tendenzen, andererseits sind sichtbare Zeichen der Zusammengehörigkeit über Kultur- und Sprachgrenzen hinweg gefordert. Die Seelsorger für die polnischsprachigen Katholiken unterstehen der Jurisdiktion des jeweiligen deutschen Ortsbischofs und sind zur Teilnahme an und zur Mitarbeit in den Seelsorgekonferenzen verpflichtet.

6. Entschädigung ehemaliger Zwangsarbeiter in kirchlichen Einrichtungen

Mit der Verabschiedung des Gesetzes zur Errichtung der Stiftung „Erinnerung, Verantwortung und Zukunft" durch den Deutschen Bundestag vom 6. Juli 2000 sahen sich auch die Kirchen zur Entschädigung von Zwangsarbeitern aufgefordert. Anders als die evangelische Kirche, die bereits am 12. Juli 2000 die Einrichtung der staatlichen Stiftung begrüßt und sich zur Einzahlung von zehn Millionen DM bereit erklärt hatte, beschritt die Deutsche Bischofskonferenz mit ihrem Beschluss vom 20. August 2000 einen eigenen, auch von der Polnischen Bischofskonferenz befürworteten Weg der Entschädigung und Versöhnung. Sie stellt fünf Millionen DM für Entschädigungszahlungen an ehemalige Zwangsarbeiter in kirchlichen Einrichtungen zur Verfügung. Weitere fünf Millionen DM sind für Projekte der Versöhnung vorgesehen. Die Bischöfe entschieden sich nicht zuletzt für diese Form der Entschädigung, weil die Stiftung „Erinnerung, Verantwortung und Zukunft" ihre Leistungen grundsätzlich auf Lagerhäftlinge beschränkt, die zur Arbeit in privaten oder öffentlichen Unternehmen gezwungen wurden, Zwangsarbeiter in kirchlichen Einrichtungen damit also nicht ohne

---

144 Sitzung des Ständigen Rates der Deutschen Bischofskonferenz am 27. August 2001 in Würzburg-Himmelspforten.

weiteres erfasst werden. Um diesen Sonderweg erfolgreich beschreiten zu können, wurden alle kirchlichen Einrichtungen aufgerufen, durch gründliche Recherchen früher bei ihnen eventuell tätige Zwangsarbeiter zu ermitteln. Für die Entschädigungszahlungen wurde durch den Deutschen Caritasverband und den ihm zugeordneten kirchlichen Suchdienst in München eine Geschäftsstelle eingerichtet, während der Versöhnungsfonds bei Renovabis in Freising angesiedelt wurde.

Da sich unter den ehemaligen Zwangsarbeitern in kirchlichen Einrichtungen auch eine große Zahl Polen befand, tangiert diese Initiative der Deutschen Bischofskonferenz auch die Zusammenarbeit beider Kirchen. Die in den Diözesen in Angriff genommene Aufarbeitung dieses Teils einer belasteten Vergangenheit hat neben Entschädigungszahlungen im Rahmen von Projekten des Versöhnungsfonds auch zu zahlreiche Begegnungen, Zeitzeugengespräche und Geschichtswerkstätten geführt.

7. Engagement von Renovabis in Polen

Das Engagement von Renovabis in Polen ist ein weiteres Feld einer engen Kooperation beider Kirchen. Diese auf Anregung des Zentralkomitees deutscher Katholiken 1993 von den deutschen Bischöfen gegründete Solidaritätsaktion unterstützt Projekte zur kirchlichen und gesellschaftlichen Erneuerung in den ehemals kommunistischen Ländern. Die dazu erforderlichen Gelder entstammen überwiegend Kollekten und Spenden sowie Haushaltsmitteln der deutschen Diözesen.

Unter diesen Hilfen zur Selbsthilfe bildet Polen einen besonderen Schwerpunkt. Als erstmals 2002 der Abschluss der Pfingstaktion in einem der geförderten Länder stattfinden sollte, fiel daher die Wahl kaum zufällig auf eine polnische Bischofsstadt, und zwar auf Oppeln, die Partnerdiözese von Mainz.

Zwischen 1993 und 2000 unterstützte Renovabis in Polen über 1200 Projekte, darunter ungefähr 300 Studienstipendien für Priester, Ordensleute und Laien. Zunächst wurden vor allem Projekte in Westpolen gefördert. Da Ostpolen jedoch der allgemeinen ökonomischen und sozialen Entwicklung nachhinkt, kam es im Laufe der Jahre zu einer Schwerpunktpunktverlagerung von West- nach Ostpolen. Für die Zukunft ist allerdings ganz allgemein mit einem allmählichen Rückgang der Förderung für die Kirchen in den mitteleuropäischen EU-Beitrittsländern, also auch für Polen, zu Gunsten der Kirchen in Osteuropa zu rechnen. Im Hinblick darauf zielen die Gespräche mit den polnischen Partnern derzeit auf eine stärkere Konzentration der knapper werdenden Mittel. So soll mehr als bisher der soziale Bereich gefördert werden, um die mit den Transformationsprozessen verbundenen sozialen Kosten zu lindern. Es dürften daher Hilfsmaßnahmen den Vorrang haben, die der Bekämpfung der Armut dienen, von der insbesondere Arbeitslose, Rentner, kinderreiche Familien und Behinderte betroffen sind. Neben dringenden Modernisierungsmaßnahmen für kirchliche Kinder- und Altenheime sowie für Behinderteneinrichtungen sollen innovative soziale Modelle, wie etwa Suppenküchen oder Arbeitsloseninitiativen, Hilfe erfahren.

Um im sozialen Bereich angesichts begrenzter Mittel Prioritäten zu schaffen und Überschneidungen zu vermeiden, erscheinen polnischerseits entsprechende Trägerstrukturen sowie eine überdiözesane Arbeitsgemeinschaft erforderlich, die in der Lage wären, die sozialen Initiativen zu koordinieren und dem Staat gegenüber Bedürfnisse anzumelden und Anliegen durchzusetzen. Was den Ausbildungsstand der im sozialen Bereich tätigen kirchlichen Kräfte betrifft, so dürfte es in Zukunft immer dringlicher werden, deren Fachkompetenz zu fördern. Um dies zu gewährleisten, wurde von Renovabis der Aufbau einer katholischen Hochschule für soziale Berufe angeregt. Vorrang haben Ausbildungsprogramme für in der Sozial- und Pastoralarbeit tätige weibliche Orden.

Ein weiterer Bereich, in dem sich Renovabis fördernd engagiert, ist der Wiederaufbau des Anfangs der 1950er Jahre von den kommunistischen Behörden zerschlagenen katholischen Schulwesens. Diözesen und Ordensgemeinschaften bemühen sich seit Jahren um die Rückgabe ihrer einstigen Schulgebäude, die allerdings einer gründlichen Renovierung bedürfen, ehe in ihnen der Schulunterricht aufgenommen werden kann. Um die Wirtschaftlichkeit sowie eine durchgehende Bildung und Erziehung zu gewährleisten, sollten die kirchlichen Schulen möglichst von der Grundschule bis zum Abitur führen, wie dies ein entsprechendes Programm vorsieht.

Seitens Renovabis besteht zudem ein besonderes Interesse an Projekten zur Förderung von Laien über den von den polnischen Bischöfen präferierten Bereich der Ausbildung von Katecheten und Religionslehrern hinaus. Noch fehlt unter den polnischen Bischöfen die übereinstimmende Einsicht von der Notwendigkeit von Bildungsprogrammen, die eine Befähigung der Laien zur Wahrnehmung ihres Weltdienstes zum Ziel haben. Polens Kirche ist immer noch sehr stark auf das Priesteramt fixiert, und anders als in der Bundesrepublik, wo der drastische Rückgang an Priesterberufen die Position der Laien in der Kirche grundsätzlich stärkt, sehen Polens Bischöfe, von erfreulichen Ausnahmen abgesehen, angesichts noch gut gefüllter Priesterseminare wenig Veranlassung, sich um eine Multiplikatorenbildung von Laien zu sorgen. Entsprechende Projekte von Renovabis werden aber nur dann greifen, wenn im polnischen Episkopat die Defizite in diesem Bereich erkannt und daraus entsprechende Schlüsse gezogen werden. Erfreulicherweise nimmt seit einigen Jahren die Zahl der polnischen Bischöfe zu, welche die auch in Polen wachsende Bedeutung eines qualifizierten Weltdienstes der Laien erkennen und entsprechend handeln. Zu ihnen zählt u.a.

III. Der Versöhnungsdienst der Kirchen

der leider tödlich verunglückte Bischof von Radom, Jan Chrapek (1948-2001), dessen bemerkenswerte Hirtenbriefe[145] aus dem Jahr 2001 einem am Evangelium und an den Prinzipien katholischer Soziallehre orientierten Laienapostolat hohe Bedeutung beimessen und Formen konkreter Umsetzung benennen.

8. Kirchliche Zusammenarbeit auf Universitätsebene
8.1. Interdisziplinärer Gesprächskreis deutscher und polnischer Theologen

Das „Gemeinsame Wort" zum 30. Jahrestag des Briefwechsels von 1965 verweist ausdrücklich darauf, dass sich der Dienst der Versöhnung auf vielfältige Weise konkretisieren muss, u. a. durch eine „Zusammenarbeit der Universitäten". (27)

Von besonderer Bedeutung dürfte der Gesprächskreis deutscher und polnischer katholischer Theologen sein, dessen Gründung auf das Jahr 1972 zurückgeht. Er führte auf seinen Jahrestagungen regelmäßig Hochschultheologen aus der Bundesrepublik, der DDR und Polen zusammen, um „durch die Erörterung zentraler theologischer Probleme ein besseres Kennenlernen der verschiedenen ortskirchlichen Denkformen und Denkvoraussetzungen zu ermöglichen."[146]

Dieser interdisziplinäre theologische Gesprächskreis hat die politische Wende der Jahre 1989/90 überlebt und führt – um die Teilnahme tschechischer Theologen erweitert – mit jährlich zwei Tagungen seine Tätigkeit fort. Eine Übersicht[147] der in den 1990er Jahren behandelten Themen zeigt sehr deutlich die Nähe theologischer Reflexion zu den drängenden kirchlichen Fragen unserer Zeit. So widmete der Gesprächskreis allein vier Tagungen den „Phänomenen des Religiösen im heutigen Europa" und rückte auf der Grundlage einer Bestandsaufnahme der sehr unterschiedlichen religiösen Situation in den einzelnen europäischen Ländern die daraus resultierenden Herausforderungen in den Mittelpunkt der Überlegungen. Daran schloss sich im Oktober 1994 ein Symposion zur „Kommunikation des Glaubens in der heutigen Situation" sowie ein Jahr später eine Tagung zur „Weitergabe des Glaubens unter kommunikationstheoretischem Aspekt" an.

Eine Analyse der auf den Treffen behandelten Themen zeigt, dass diese keineswegs zufällig gewählt wurden, sondern in einem inneren Zusammenhang

---

145 Vgl. Dzielmy się miłością (Teilen wir die Liebe). List na temat wolontariatu (Brief über das Voluntariat), 29. Januar 2001; Troska drugim imieniem miłości (Sorge - ein anderer Name für Liebe), 15. September 2001.
146 L. Ullrich, Dialog und Identität. Philosophische und theologische Aspekte; in: W. Ernst/K. Feiereis (Hg.), Denkender Glaube in Geschichte und Gegenwart, Leipzig 1992, S. 335.
147 Die Themenliste der Jahre 1991-2001 wurde mir freundlicherweise von Prof. Dr. Ullrich mit Schreiben vom 7. Februar 2002 zur Verfügung gestellt.

stehen. So ergibt sich beispielsweise aus der Überlegung zur „Weitergabe des Glaubens unter kommunikationstheoretischem Aspekt" zwangsläufig das Problem gegenwärtiger „Pluralisierung und Individualisierung religiöser Sinnsysteme" (1995), das innerkirchlich in einem Spannungsverhältnis zwischen „Institution und Spontaneität" (1996) seinen Niederschlag findet und eine „Unterscheidung der Geister" (1997) notwendig macht.

Mit der Frage nach einer „Theologie im heutigen Denkhorizont" wurde 1998 ein neuer thematischer Ansatz gewählt, in dessen Rahmen auf zwei Tagungen der Dialog mit den modernen Naturwissenschaften, die Gemeinsame Erklärung zur Rechtfertigungslehre sowie – ein Jahr später – die Enzyklika „Fides et Ratio" behandelt wurden.

Mit der Thematik „Theologie in westlicher und östlicher Sicht" (2001), zu der Referenten aus Athen und Ljubljana (Laibach) eingeladen wurden, deutet sich eine Ausweitung des Gesprächskreises an.

Von diesem theologischen Gesprächskreis unabhängig gibt es zahlreiche Formen einer engen Zusammenarbeit, und dies nicht nur zwischen deutschen Theologen und der Katholischen Universität Lublin sowie der einstigen Warschauer Katholisch-Theologischen Hochschule, der heutigen Kardinal-Stefan-Wyszyński-Universität, zu denen es weit in die Zeit vor der Wende zurückgehende Kontakte gibt. Beziehungen gibt es auch zu den während der kommunistischen Herrschaft geschlossenen und inzwischen reaktivierten Theologischen Fakultäten. So waren beispielsweise der Erfurter Dogmatiker Prof. Lothar Ullrich sowie der Bonner Sozialethiker Prof. Lothar Roos auf Bitten der Kattowitzer Universität nach ihrer Emeritierung als Ordinarien an der dortigen Theologischen Fakultät tätig.

8.2. Enge Kooperation der Theologischen Fakultäten von Oppeln und Münster

Die Kooperationen im theologischen Bereich sind äußerst zahlreich und in ihrer Vielfalt kaum zu überblicken. Ich beschränke mich daher beispielhaft auf die Zusammenarbeit zwischen Oppeln und Münster, bei der die beiderseitigen Kontakte bis in die 1970er Jahre zurückreichen. So unterstützte die Katholisch-Theologische Fakultät der Universität Münster von Anfang an die langjährigen Bemühungen von Bischof Alfons Nossol um die Gründung der Oppelner Universität. Nicht zuletzt dank dieser Hilfe konnte Bischof Nossol als erster polnischer Ordinarius an einer staatlichen Universität eine Theologische Fakultät errichten.

Im Zuge dieser langjährigen Entwicklung bahnte sich Anfang der 1980er Jahre eine Partnerschaft zwischen den Diözesen Oppeln und Münster an, in deren Rahmen u. a. jährliche Begegnungen der Priesteramtskandidaten beider Diözesen sowohl in Oppeln als auch in Münster stattfanden. Zudem vergab bereits damals die Münsteraner Fakultät regelmäßig eine Reihe von Promotionsstipendien. Die theologischen Kontakte wurden zudem durch zahlreiche Gastvorlesungen Münsteraner Professoren intensiviert. Die Zusammenarbeit beider Fakultäten wird durch die in Oppeln weitgehend vorhandenen Deutschkenntnisse wesentlich erleichtert, ein Umstand, der an anderen Theologischen Fakultäten in Polen nicht in gleicher Weise gegeben ist und der mit dazu beiträgt, dass sich beide Fakultäten auch in ihrem theologischen Denken sehr nahe stehen.

Diese besondere theologische Nähe fand u. a. darin ihren Ausdruck, dass Bischof Nossol 1991 durch die Münsteraner Katholisch-Theologische Fakultät die Ehrendoktorwürde verliehen wurde. In der Laudatio wurden insbesondere seine Verdienste als Brückenbauer zwischen deutscher und polnischer Theologie hervorgehoben. Speziell würdigte man sein ökumenisches Anliegen, auch die deutsche evangelische Theologie in den Diskurs der polnischen Theologie einzubeziehen.

Im Mai 1999 reiste eine Gruppe von acht Münsteraner Professoren nach Oppeln, um sich mit der dortigen Fakultät über den jeweiligen Stand von Forschung und Lehre auszutauschen. Als Resultat dieser Begegnung wurde eine förmliche Kooperation zwischen beiden Fakultäten vereinbart und im Februar 2000 von beiden Dekanen unterzeichnet. Die Kooperationsvereinbarung[148] sieht neben dem Austausch von Studierenden und Wissenschaftlern „gemeinsame Lehrveranstaltungen, Forschungsvorhaben und Kolloquien" vor (Art. 2). Zudem verpflichten sich beide Seiten, die „Abstimmung von Studiengängen und gegenseitige Anerkennung von Studienleistungen zu ermöglichen und zu fördern." (Art. 3) Beide Seiten erklären sich zu finanziellen Leistungen zur Verwirklichung der vereinbarten Ziele bereit. (Art. 4) Die Kooperationsvereinbarung hat eine Laufzeit von fünf Jahren und kann jeweils für weitere fünf Jahre verlängert werden. (Art. 5) Damit ist die Voraussetzung für eine dauerhafte und zukunftsträchtige Zusammenarbeit beider Fakultäten geschaffen, von der zu hoffen ist, dass sie auch anderenorts Nachahmer findet.

9. Initiativen kirchlicher Basisgruppen im Zeichen der Versöhnung

Auch für die Zusammenarbeit deutscher und polnischer katholischer Laien bildete – nicht anders als auf der Ebene der Bischöfe – die Versöhnung den Ausgangspunkt. Darauf verweist das „Gemeinsame Wort", indem die Bischöfe aus der Vielzahl der Initiativen die „Aktion Sühnezeichen", „Pax Christi" sowie das „Maximilian-Kolbe-Werk" eigens hervorhebt. Diesen kirchlichen Organisatio-

---

148 Kooperationsvereinbarung zwischen der Katholisch-Theologischen Fakultät der Westfälischen Wilhelmsuniversität Münster und der Theologischen Fakultät der Universität Oppeln/Polen vom 17. Februar 2000.

nen gelang es, trotz mannigfacher Schwierigkeiten und Behinderungen „institutionelle Kontakte zwischen Polen und Deutschen" zu knüpfen und „Wegbereiter der Verständigung" auf polnischer Seite zu finden. (5)

Mit der deutschen Einheit und der Anfang der 1990er Jahre erreichten Normalisierung der deutsch-polnischen Beziehungen hat allerdings die „Aktion Sühnezeichen" in Polen ihre einstige Symbolkraft weitgehend eingebüßt. Die zu ihrem näheren und ferneren Umfeld zählenden Persönlichkeiten sind heute, soweit sie noch aktiv sind, in anderer Weise in das vielfältige Geflecht deutsch-polnischer Beziehungen eingebunden.

Unter den Polenaktivitäten katholischer Laien aus der Bundesrepublik ist vor allem die deutsche Sektion von „Pax Christi" hervorzuheben. Noch vor dem Briefwechsel der Bischöfe unternahm eine Delegation im Mai 1964 zeitgleich zum Auschwitz-Prozess eine Sühnewallfahrt nach Auschwitz und knüpfte – ähnlich wie die „Aktion Sühnezeichen-Ost" – erste Verbindungen zu den katholischen Intellektuellen der „Znakgruppe", die sich bald festigten und durch zahlreiche Begegnungen und gemeinsame Seminare einen lebhaften Austausch über Fragen der deutsch-polnischen Beziehungen ermöglichten. Der zufällige Kontakt zu einem Ehepaar, das die Konzentrationslager überlebt hatte, der Mann in Auschwitz, die Frau in Ravensbrück, nahm die damalige Delegation zum Anlass, einen Solidaritätsfonds zu bilden, aus dem in den folgenden Jahren einige hundert Opfer nationalsozialistischer Verfolgung unterstützt wurden. 1973 ging aus dieser Initiative das vom Zentralkomitee deutscher Katholiken (ZdK) und dreizehn katholischen Verbänden gegründete „Maximilian-Kolbe-Werk" hervor, das bis heute durch persönliche Betreuung und materielle Unterstützung bemüht ist, die physischen und psychischen Leiden ehemaliger KZ-Häftlinge zu lindern.

Eine weitere Frucht von „Pax Christi" ist die im Mai 1966 erfolgte Bildung des „Bensberger Kreises", der zwei Jahre später mit dem „Memorandum deutscher Katholiken zu den polnisch-deutschen Fragen" an die Öffentlichkeit trat. Deutlicher als der Antwortbrief der deutschen Bischöfe von 1965 wandte sich dieses Papier gegen die damals noch in der westdeutschen Gesellschaft verbreitete Vorstellung, die Oder-Neiße-Gebiete könnten zurückgefordert und dem deutschen Staat wieder einverleibt werden. Das auf den innerdeutschen katholischen Dialog zielende Memorandum löste neben Zustimmung auch starken Widerspruch aus und trug zusammen mit der evangelischen Denkschrift „Die Lage der Vertriebenen und das Verhältnis des deutschen Volkes zu seinen östlichen Nachbarn" vom 1. Oktober 1965 sowie dem Briefwechsel der Bischöfe vom November/Dezember 1965 gleichfalls mit dazu bei, in der Bundesrepublik einen Meinungsumschwung herbeizuführen, der mit einer neuen Ostpolitik den Abschluss des deutsch-polnischen Vertrages vom Dezember 1970 ermöglichte.

III. Der Versöhnungsdienst der Kirchen

In die Reihe dieser frühen Poleninitiativen deutscher Katholiken ist auch das Zentralkommitee der deutschen Katholiken (ZdK) einzureihen. Auf seine Einladung hin nahm seit 1966 immer auch eine Gruppe von Polen an den Katholikentagen teil. Seit 1973 führten hochrangige Delegationen des ZdK sowohl mit der „Znakgruppe" als auch mit der Polnischen Bischofskonferenz Gespräche. Aufgrund dieser langjährigen Kontakte konnte im August 1989 eine gemeinsame Erklärung polnischer und deutscher Katholiken zum 50. Jahrestag des Überfalls auf Polen veröffentlicht werden[149], in der von polnischer Seite die Vertreibung der Deutschen als Unrecht verurteilt und von deutscher Seite die Unverletzlichkeit der Grenze an Oder und Neiße ausgesprochen wurde.

Nach dem politischen Umbruch des Jahres 1989 kamen jedoch die einst intensiven Kontakte kirchlicher Basisgruppen weitgehend zum Erliegen. Die mit ihnen seit den 1960er/70er Jahren verfolgten Ziele schienen nach dem Ende der kommunistischen Herrschaft in Polen und der Normalisierung der deutsch-polnischen Beziehungen erreicht. Zudem war in der Vergangenheit der mit der „Znakgruppe" zur Verfügung stehende Kreis polnischer Partner eng begrenzt. Zudem käme ihr unter den jetzigen politischen Verhältnissen nicht die gleiche Bedeutung zu wie in der Vergangenheit, als sie gleichsam die einzige legale oppositionelle Gruppierung innerhalb des kommunistischen Systems bildete und diesem gelegentlich durch ihre Kontakte zum deutschen Katholizismus nützlich sein konnte. Des Weiteren sind die polnischen Gesprächspartner von einst, sofern sie noch aktiv tätig sind, heute in die unterschiedlichsten kirchlichen, kulturellen, gesellschaftlichen und politischen Zusammenhänge eingebunden, wodurch sich die frühere enge Gruppenbindung sehr gelockert hat. Jedenfalls ist mit der Wende eine Kontinuität unterbrochen worden, die eine Neuorientierung zwischenkirchlicher Kontakte katholischer Laien erforderlich macht, die aber angesichts der Unübersichtlichkeit der sich in Polen herausbildenden Laienstrukturen auf Schwierigkeiten stößt.

Dabei soll nicht übersehen werden, dass es in Polen neben den zahlreichen binnenkirchlich orientierten charismatischen und karitativen Gruppen auch solche mit einer gesellschaftlich ausgerichteten Zielsetzung gibt. Hier bieten sich für sowohl unter dem Aspekt des Aufbaus und der Festigung einer Zivilgesellschaft als auch im Hinblick auf die mit dem EU-Beitritt Polens verbundenen Herausforderungen neue Möglichkeiten einer Zusammenarbeit deutscher und polnischer katholischer Laiengremien an.

---

149 Vgl. den Text und die Namen der Unterzeichner, ebd. S. 176-181.

10. Partnerschaft Dortmunder und Breslauer Gemeinden im Rahmen der St. Hedwig-Stiftung[150]

Wenn das „Gemeinsame Wort" der polnischen und deutschen Bischöfe eine „Partnerschaft von Gemeinden, Diözesen, Städten und Verbänden" sowie von „kirchlichen Bildungseinrichtungen" (27) fordert, dann spielt es damit auch auf eine aus solcher Vielfalt resultierende Unübersichtlichkeit an. Wegen ihres Modellcharakters soll wenigstens eine dieser zahlreichen Basisinitiativen deutsch-polnischer kirchlicher Zusammenarbeit näher vorgestellt werden. Es handelt sich um die 1991 auf Initiative Dortmunder und Breslauer Gemeinden entstandene St. Hedwig-Stiftung, deren Vorgeschichte bis in das Jahr 1970 zurückreicht. Zu dem Zeitpunkt beauftragte der „Bensberger Kreis" seine Dortmunder Gruppe mit der Anknüpfung und Pflege seiner Polenkontakte. Aus ihrer im September 1971 unternommenen Erkundungsreise ergab sich eine besondere Beziehung zum Breslauer Club Katholischer Intelligenz (KIK). Zwischen 1973 und 1988 traf man sich zu insgesamt zehn Seminaren, die neben der Aufarbeitung deutsch-polnischer Vergangenheit ethisch und gesellschaftlich relevante Zeitfragen zum Thema hatten.

Unter dem Eindruck der mit der Gründung von „Solidarność" entstandenen politisch brisanten Situation und der sich dramatisch verschlechternden Versorgungslage in Polen kam die Idee einer förmlichen Partnerschaft zwischen Dortmunder und Breslauer Pfarreien auf, um von Gemeinde zu Gemeinde Solidarität zu üben. Im Herbst 1981 wurde diese Idee durch die Partnerschaft von 54 Dortmunder mit 36 Breslauer Gemeinden in die Tat umgesetzt. Von Anfang an war in diese Partnerschaft eine evangelische Dortmunder Pfarrei mit einbezogen, die mit der einzigen evangelischen Gemeinde in Breslau in Kontakt trat.

Damit begann die Zeit der Hilfsgütertransporte. Zwischen 1981 und 1989 schafften es die Dortmunder Pfarreien trotz politisch bedingter Schwierigkeiten, ihre Breslauer Partnergemeinden durch 21 Großtransporte mit insgesamt 1320 Tonnen Hilfsgüter zu versorgen. Auch während der Jahre des Kriegsrechts erreichten diese ihr Ziel und ermöglichten es, über die vom Breslauer Kardinal Henryk Gulbinowicz eigens zu diesem Zweck gebildete „Erzbischöfliche Karitative Kommission", die rund vierhundert in Niederschlesien Internierten sowie etliche untergetauchte Oppositionelle nebst ihren Familien in dieser schwierigen Lage zu unterstützen.

Mit der politischen Wende der Jahre 1989/90 kam es zu einer bedeutsamen Veränderung der Partnerschaft. Durch die Möglichkeit des Geldtransfers und aufgrund eines nunmehr ausreichenden Warenangebots waren die aufwendigen

---

[150] Die folgenden Ausführungen basieren auf der Schrift von Frank M. Grelka, Zehn Jahre St. Hedwig-Stiftung. Partnerschaft Dortmund - Breslau 1991-2001, Dortmund 2001.

Hilfsgütertransporte nicht mehr im bisherigen Umfang notwendig. Zudem bot sich die Chance, mit einem neuen Konzept „Hilfe zur Selbsthilfe" einen Beitrag zum Aufbau der Zivilgesellschaft zu leisten. Zur Erreichung dieses Ziels wurde aus Anlass des zehnjährigen Bestehens der Gemeindepartnerschaften am 14. Juni 1991 nach polnischem Recht die von einem deutsch-polnischen Präsidium geleitete St. Hedwig-Stiftung gegründet.

Seit dieser Zeit hat die Stiftung eine Fülle von Projekten realisiert. So wurde in einer der Breslauer Gemeinden ein Second-Hand-Laden eingerichtet, der zwischen 1992 und 2000 durch den Verkauf gespendeter Gebrauchskleidung ungefähr 250 000 DM erwirtschaftete, die verschiedenen karitativen Initiativen zugute kamen. Um den Ärmsten der Armen wenigstens einmal täglich zu einer warmen Mahlzeit zu verhelfen, betrieben einige Breslauer Gemeinden mit Unterstützung der Stiftung Suppenküchen. Täglich wurden etwa 70 kranke Rentner und Arbeitslose kostenlos mit rezeptpflichtigen Medikamenten versorgt, die mit jährlich zwei Dortmunder Transporten einer kirchlichen Notapotheke zur Verfügung gestellt wurden. Die Stiftung engagiert sich auch bei der Betreuung von Strafgefangenen. Deren Resozialisation dienen verschiedene berufsfördernde Bildungsprojekte.

Mit der Hochwasserkatastrophe vom Juli 1997 sah sich die Stiftung einer außergewöhnlichen Herausforderung konfrontiert. Und sie bestand diese Bewährungsprobe. In kürzester Zeit sammelten die Dortmunder Gemeinden 225 000 DM, eine Summe, die in ihrer Höhe die von der Europäischen Union gewährte Hilfe noch übertraf. Mit diesen Geldern konnte durch den Einsatz von Desinfektionsmitteln eine drohende Seuche abgewendet und besonders schwer betroffenen Menschen ohne Ansehen der Person geholfen werden. Dass sich die Breslauer durch ihre gut organisierte und effektive Bekämpfung des Hochwassers weithin Anerkennung erworben haben, ist nicht zuletzt das Verdienst des von der Stiftung gebildeten zehnköpfigen „Hochwasserkomitees", das auf ein breites, mit der Stiftungsarbeit eng verbundenes soziales Netzwerk zurückgreifen konnte. Das Konzept „Hilfe zur Selbsthilfe" hatte sich ausgezahlt!

Zudem setzte die Stiftung ihre auf die 1970er Jahre zurückgehende Tradition deutsch-polnischer Seminare fort. Im Zentrum der Überlegungen standen die Armutsbekämpfung, die Ausbildung neuer, ökumenisch orientierter Caritasstrukturen, der Beitrag christlicher Gemeinden zur Lösung sozialer Probleme sowie das christliche Zeugnis im Rahmen der Europäischen Union.

Angesichts der Tatsache, dass sich die Gründergeneration altersbedingt nach zwanzigjähriger Tätigkeit in absehbarer Zeit aus dem aktiven Leben zurückziehen dürfte, gewinnt die Frage an Bedeutung, ob die Existenz der Stiftung für die Zukunft gesichert ist. In dieser Hinsicht hat sie u. a. durch die Organisation regelmäßiger deutsch-polnischer Jugendbegegnungen, durch Berufspraktika Breslauer Jugendlicher in Dortmunder Unternehmen sowie durch die Bildung eines bei der Stiftung angesiedelten Breslauer Jugendkreises Vorsorge getroffen, so dass zu hoffen ist, dass das einmal begonnene Werk mit dem fälligen Generationenwechsel fortgeführt werden kann. Zudem wäre es wünschenswert, wenn dieses Modell einer zwischenkirchlichen Partnerschaft Schule machen würde.

IV. Das polnisch-jüdische Verhältnis

Deutsche, Polen, Antisemitismus

Armer Christ sieht das Getto
Czesław Miłosz (1911-2004)

Bienen bauen die rote Leber wieder auf,
Ameisen bauen den schwarzen Knochen wieder auf.
Das Zereißen beginnt, Zertreten der Seidenstoffe,
Das Zerschlagen von Glas, Holz, Kupfer, Nickel, Silber,
Gipsernem Schaum, Blech, Saiten, Trompeten, Blättern, Kugeln, Kristallen -
Pah! Phosphorfeuer von gelben Wänden
Verschlingt die menschliche und tierische Behaarung.

Bienen bauen die Wabe der Lunge wieder auf;
Ameisen bauen die weißen Knochen wieder auf,
Papier wird zerrissen, Kautschuk, Leinwand, Leder, Flachs,
Fasern, Stoffe, Zellulose, Haar, Schlangenschuppen,
Drähte, Dach und Wand stürzen im Feuer ein, und Glut erfaßt das Fundament.
Übrig bleibt nur, mit einem Baum ohne Blätter, die sandige zertretene Erde.

Langsam den Tunnel grabend, bewegt sich der Wächter-Maulwurf,
Ein kleines rotes Lämpchen vor die Stirn geheftet,
Berührt die Körper der Begrabenen, zählt, wühlt weiter,
Erkennt die Menschenasche am regenbogenfarbnen Dunst,
Jedes Menschen Asche schillert in anderer Farbe.
Bienen bauen die rote Spur wieder auf,
Ameisen bauen den Raum nach meinem Körper wieder auf.

Ich habe Angst, große Angst vor dem Wächter – Maulwurf.
Sein Lid ist geschwollen wie das eines Patriarchen,
Der viel im Schein der Kerzen gesessen hat,
Vertieft in das große Buch der Gattung.

Was sage ihm ich, Jude des Neuen Testaments,
Der zweitausend Jahre auf die Wiederkehr Christi wartet?
Mein zerschlagener Körper liefert mich seinem Blick aus,
Und er wird mich zu den Gehilfen des Todes zählen:

Den Unbeschnittenen.

Übersetzung: Karl Dedecius

„Armer Christ sieht das Getto", verfasst 1943, im Jahr des Gettoaufstandes. Es ist Miłosz' zweites Gedicht mit einem Bezug zum Holocaust. Vorangegangen war „Campo di Fiori", ein Text, der die Vernichtung des Gettos mit der Verbrennung von Giordano Bruno assoziiert und der die Gleichgültigkeit der Gaffer ins Zentrum der Aussage rückt. Miłosz hat diesen Text als „unmoralisch" verworfen, weil der Dichter in der Position des bloßen Beobachters verbleibt und sich damit außerhalb des Geschehens stellt. Mit „Armer Christ sieht das Getto" vollzieht er eine Selbstkorrektur und unternimmt den Versuch, sich dem zu nähern, was die Vernichtung des Gettos für den bedeutet, der scheinbar nicht betroffen ist. Es ist ein dunkler Text, der bis in die Tiefen des Unbewussten vordringt, wo die geheime Wahrheit ihren Ort hat, vor der die Rechtfertigungen des rationalen Bewusstseins keinen Bestand haben.

Was am Anfang des Gedichtes steht, ist die Tätigkeit der Rekonstruktion, des „Wiederaufbaus" – aber aufgebaut wird nichts anderes als die Zerstörung; die Körper, die rekonstruiert werden, werden als vernichtete Körper rekonstruiert, und so ist die Erinnerung – als eine Weise der Wiederherstellung – auf das engste mit der Präsenz von Vernichtung verflochten. Diese Vergegenwärtigung des Vergangenen hebt in ihrer Radikalität den Abstand der Zeit auf. Der Leser sieht sich in eine Situation hineingestellt, in der keine reflektierende Distanz mehr möglich ist.

Der dritten Strophe kommt als Mittelachse des Gedichts besonderes Gewicht zu: Der Wächter-Maulwurf wird eingeführt. Er wirkt nicht an der Oberfläche, sondern in der Tiefe, berührt die längst Begrabenen, ruft den einzelnen Toten aus dem Vergessen.

Erst jetzt, in der folgenden Strophe und durch den Wächter-Maulwurf aufgeschreckt, stellt sich das Ich. Und es stellt sich in seiner Angst. Denn vor dem Wächter-Maulwurf mit dem angesammelten Wissen heiliger Schriften und der Einsicht in die Geschichte helfen keine Rechtfertigungen. Ausgeliefert seinem Blick erwartet der Christ als der „Jude des Neuen Testaments" seinen Urteilsspruch: als „Unbeschnittener" den Gehilfen des Todes zugezählt zu werden.

Nun erst erschließt sich der Titel: „Armer Christ sieht das Getto". Er sieht es dann, wenn er es nicht beim äußeren Anblick bewenden lässt, sondern sich dem Blick des Wächter-Maulwurfs aussetzt und sich selbst aus der jüdischen Perspektive versteht, die eigen ist und fremd zugleich. Das Gedicht mündet in die von den Polen besonders empfundene Tragik ihres Verhältnisses zu den Juden – selbst Opfer zu sein und zu den Gehilfen des Todes gezählt zu werden. In einer Paraphrase des Textes nimmt der mit der antikommunistischen Opposition verbundene Literaturwissenschaftler Jan Błoński (1931-2009) eine entscheidende Änderung vor: Er ersetzt den „armen Christen" durch die „armen Polen". Er tut dies, um das Gedicht auf die polnische Diskussion nach Lanzmans Film „Shoa" hin zu konkretisieren und die gängigen Rechtfertigungsstrategien zurückzuweisen: „Die Angst, unter die Gehilfen des Todes gezählt zu werden. Sie ist so schrecklich, dass wir alles tun, sie wegzuschieben, sie gar nicht erst auftauchen zu lassen. [...] Wir fürchten, der Wächter-Maulwurf könnte auftauchen und nach einem Blick in sein Buch aussagen: ah, auch ihr habt den Tod verdient? Und ihr habt beim Töten geholfen? Oder wenigstens: Ihr habt dem jüdischen Tod ruhig zugesehen?"

Deutsche Mitverantwortung für eine polnisch-jüdische Versöhnung

Wer als Deutscher zum polnisch-jüdischen Verhältnis und – darin eingeschlossen – zum Antisemitismus Stellung bezieht, kann dies nur unter der Voraussetzung tun, dass er den rassistisch begründeten, auf die totale Vernichtung der jüdischen Nation gerichteten Antisemitismus des Dritten Reiches in keiner Weise mit dem Antisemitismus in Polen gleichsetzt. Nicht das polnische, sondern das deutsche Volk trägt die Verantwortung am Genozid an den Juden. Das ist nicht nur den Juden, sondern auch den Polen gegenüber in aller Deutlichkeit zu erklären: denn dadurch, dass nach der Planung der „Endlösung" die Vernichtungslager für das europäische Judentum nach Polen, vornehmlich ins Generalgouvernement, verlegt wurden, kann es uns als Deutsche nicht gleichgültig lassen, dass heute in der Weltöffentlichkeit immer wieder auch die Polen und ihr Antisemitismus für die Shoa verantwortlich gemacht werden. Nicht selten begegnet man der Ansicht, Hitler habe mit Bedacht Polen als Stätte der Judenvernichtung ausgewählt, weil er angesichts des dort herrschenden Antisemitismus kaum mit einem Widerstand der Bevölkerung zu rechnen hatte. Eine ebenso falsche wie diffamierende Unterstellung! Die wahren Gründe sind vielmehr der hohe Anteil polnischer Juden, der höchste in Europa, sowie die relative Abgeschiedenheit, die es erlaubte, diesen organisierten Völkermord vor der Weltöffentlichkeit weithin verborgen zu halten.

Doch damit ist noch keineswegs die Frage erledigt, was wir den Polen durch den Holocaust in ihrem Lande angetan haben: Denn sie wurden damit neben ihrer eigenen Unterdrückung, Demütigung und Verfolgung *moralisch* in die Schuld der Judenvernichtung verstrickt – ein Aspekt deutsch-polnischer Beziehungen, der kaum Beachtung gefunden hat. Auschwitz – das ist auch die übermenschliche moralische Probe, vor die sich jeder Pole gestellt sah, vor dessen Augen sich der millionenfache Judenmord vollzog. Wie sehr dieses Faktum das polnisch-jüdische Verhältnis belastet, hat beispielsweise der Internationale Historikerkongress zur „Geschichte und Kultur der polnischen Juden" gezeigt, der

Anfang Februar 1988 an der Hebräischen Universität in Jerusalem stattfand. Dort ging es u. a. um die ethischen Probleme des Holocaust. Obgleich polnische Teilnehmer mit dem Hinweis darauf, nicht genug zur Rettung von Juden getan zu haben, eine moralische Mitschuld eingestanden, waren sie dennoch nicht in der Lage, ihre jüdischen Gesprächspartner davon zu überzeugen, dass kein „polnischer Antisemitismus", sondern die deutsche Besetzung des Landes der Grund dafür war, dass nur relativ wenig Juden durch polnische Hilfe die Vernichtung überlebten. Auch dieser neuralgische Punkt des polnisch-jüdischen Verhältnisses geht auf das deutsche Konto: Was in den Vernichtungslagern von Auschwitz-Birkenau, Treblinka und Majdanek sein Ende fand, hatte mit dem Tag der Feigheit am 1. April 1933 in deutschen Landen seinen Anfang genommen, als die deutsche Bevölkerung noch ohne allzu großes Risiko den Boykott der jüdischen Geschäfte tatenlos hinnahm – und es waren keineswegs alles erklärte Antisemiten, die dem Treiben der SA tatenlos zusahen.

In der Erklärung des Gesprächskreises „Juden und Christen" beim Zentralkomitee der Deutschen Katholiken zum 50. Jahrestag der „Reichspogromnacht" heißt es, „dass es eigentlich ein Wunder ist, wenn ein Jude nach allem, was seinem Volk und seinen Verwandten und Bekannten an Leid und Unrecht angetan worden ist, eine ihm entgegengestreckte Hand ergreifen kann." In der Tat. Doch ebenso verwunderlich ist es, dass eine vergleichbare Aussöhnung zwischen Juden und Polen offenbar immer wieder auf Widerstände stößt. Wem es um die deutsch-jüdische Versöhnung ernst ist, der darf dieser Barriere aus Feindschaft, Misstrauen und Unverständnis nicht gleichgültig gegenüberstehen, denn schließlich ist sie zwischen Polen und Juden durch unsere Schuld errichtet worden. Daher sollte der deutsch-jüdische Dialog seinen Beitrag auch zur polnisch-jüdischen Aussöhnung leisten. Die folgenden Überlegungen sind von dieser Intention bestimmt.

Die Spezifik des Antisemitismus in Polen

Der Antisemitismus ist ein gesamteuropäisches Phänomen mit einer weit ins Mittelalter zurückreichenden Geschichte. Seine religiösen Wurzeln einer primitiven, die Juden des Gottesmordes beschuldigenden Theologie, die Konsequenzen des mittelalterlichen Zinsverbots sowie die Widersprüchlichkeit einer durch die Idee der Aufklärung bestimmten, von den aufkommenden Nationalstaaten zugleich behinderten Emanzipation sind hinlänglich untersucht. Auch der Antisemitismus in Polen steht in dieser gesamteuropäischen Tradition, besitzt aber seine Besonderheiten.

Jede Behandlung der Juden in Polen hat davon auszugehen, dass das Land das Hauptsiedlungsgebiet europäischer Juden war, der Anteil der Juden an der Gesamtbevölkerung demnach weit über dem europäischen Durchschnitt lag. Dies ist die Folge einer im Ganzen judenfreundlichen Einstellung der polnischen Könige sowie der Praxis religiöser Toleranz, durch die eine Flut von Juden im Mittelalter nach Polen auswich, um Verfolgungen zu entgehen. Es gibt Schätzungen, wonach von den auf der ganzen Welt verstreut lebenden rund 16 Millionen Juden fast die Hälfte entweder in Polen geboren wurde oder über die zweite bzw. dritte Generation mit Polen verbunden ist.

Für das polnisch-jüdische Verhältnis der jüngeren Geschichte bedeutet dies ein Doppeltes: Zum einen besaßen nationale, soziale und ökonomische Konflikte, wie sie im 19. und 20. Jahrhundert zwischen Juden und Polen auftraten, ein schon rein quantitativ größeres Gewicht als in anderen europäischen Staaten, zum anderen mussten die jüdischen Repräsentanten und Organisationen auf diese Konflikte mit größerer Sensibilität reagieren, weil ein beträchtlicher Teil der jüdischen Diaspora betroffen war. Der sich in Polen seit dem 19. Jahrhundert verschärfende Antisemitismus hat einerseits in diesen nationalen, ökonomischen und sozialen Konflikten seine Grundlage, zum anderen aber benutzte er diese zu seiner Legitimation. Er geht auf die Zeit der polnischen Teilungen zurück, also auf jene Epoche zwischen dem ausgehenden 18. Jahrhundert und dem Ende des Ersten Weltkriegs, in der sich Polen der Aufgabe gegenüber sah, als Nation ohne eigenen Staat zu überleben und seine Souveränität zurückzugewinnen. Das polnisch-jüdische Verhältnis jener Zeit ist zunächst durch den Umstand bestimmt, dass beide, Juden wie Polen, unterdrückt waren. Die gemeinsame Situation hatte einen Solidarisierungseffekt zur Folge, der – paradoxerweise – langfristig eine den Antisemitismus verstärkende Wirkung zeigte. Die Losung war, alle Kräfte für den nationalen Überlebenskampf zu sammeln, womit die Juden unter einen wachsenden Assimilationsdruck gerieten. Die Verstärkung des polnischen Nationalismus als eine Form nationaler Überlebensstrategie wurde zur Quelle eines Antisemitismus, der schließlich den Juden ganz allgemein – ob emanzipiert oder nicht – der nationalen Unzuverlässigkeit verdächtigte. Hinzu kamen sozialökonomische Konflikte sowohl in den Städten als auch auf dem Land, eine Entwicklung, die 1912/14 im sogenannten „Judenboykott" kulminierte, eine von den polnischen Nationaldemokraten propagierte Kampagne zur Ausschaltung jüdischer Konkurrenz, die ökonomisch wenig bedeutete, dafür aber das antisemitische Ventil weit öffnete. Dennoch war, von wenigen Ausschreitungen abgesehen, das Zusammenleben von Juden und Polen in der Zeit der Teilungen friedlicher Natur.

Der Antisemitismus in der Zweiten Republik

Mit der Gründung der Zweiten Republik trat in Polen die „Judenfrage" in aller Schärfe hervor. Wenngleich die Wiederherstellung der Souveränität Polens nach gut 120 Jahren der Fremdherrschaft auch von führenden polnischen Juden begrüßt wurde, so war doch der Konflikt vorprogrammiert. Während sich die Juden vom neuen polnischen Staat einen weitgehenden Minderheitenschutz und Autonomierechte erhofften, waren die Vorstellungen polnischer Politiker durch die Konzeption eines Nationalstaates bestimmt, die mit dem alten Polen der Zeit vor den Teilungen nicht mehr viel gemein hatte. Damit befand sich das neue Polen in einem unlösbaren Widerspruch zwischen dem Anspruch, ein Nationalstaat zu sein, und der Tatsache, dass es keine einheitliche polnische Nation gab, lebten doch in den Grenzen der Zweiten Republik beträchtliche Teile nationaler Minderheiten, unter ihnen die große Gruppe polnischer Juden. Die mühsam erworbene, dazu von außen gefährdete Selbstbestimmung schien durch die Forderung nationaler Minderheiten nach Mitbestimmung auch innenpolitisch bedroht. Das Bedrohungssyndrom des jungen Staates suchte und fand im Juden sein Feindbild.

Der Zusammenhang zwischen der Erlangung nationaler Unabhängigkeit und Judenhass lässt sich auch in anderen Ländern – so in Litauen, der Tschechoslowakei oder in Ungarn – beobachten, ist also kein genuin polnisches Problem. Der durch den Anspruch auf Autonomierechte genährte Zweifel an der nationalstaatlichen Loyalität der Juden machte sie unter dem Einfluss rechter Kräfte in den Augen der polnischen Öffentlichkeit zu Symbolfiguren einer auch nach der Erlangung der Unabhängigkeit fortdauernden nationalen Bedrohung.[151] Damit war in der Zweiten Republik ein antisemitischer Nährboden für gewaltsame Ausschreitungen bereitet, die auch Todesopfer unter der jüdischen Bevölkerung forderten. Zudem kam es, zumal im Hochschulbereich, zu Diskriminierungen: Angesichts eines scheinbaren überproportionalen Anteils jüdischer Studenten an polnischen Universitäten gab es Bestrebungen, ihre Zahl durch die Einführung eines *numerus clausus* zu begrenzen und jüdische Studenten in den Hörsälen durch Gettobänke zu isolieren. Allerdings war der Antisemitismus selbst Thema innergesellschaftlicher Auseinandersetzungen zwischen politisch rechten und linken Kräften. Dadurch hat der polnische Antisemitismus nie den Rang einer die Gesamtnation bestimmenden Ideologie gewonnen. Diese Gegenkräfte reichten von den Sozialisten bis zu Geistlichen, die sich – allerdings gegen die Mehrheit des katholischen Lagers – nationalistischen und antisemitischen Tendenzen widersetzten und in dem vielfältigen Geflecht beider Richtungen die Gefahr ei-

---

151 F. Golczewski, Polnisch-jüdische Beziehungen 1881-1922. Wiesbaden 1981, S. 209.

ner häretischen Verfälschung des Christentums sahen.¹⁵² Diese Kräfte mögen zwar in der Zwischenkriegszeit den Rufern in der Wüste geglichen haben und können nicht als Alibi in Anspruch genommen werden, sie haben aber den Grundstein für eine Entwicklung gelegt, die in der Kriegs- und Nachkriegszeit auf eine Überwindung des sogenannten „polnischen" Antisemitismus abzielte.

Das polnisch-jüdische Verhältnis in der Zeit des Holocaust

Eine chronologische Darstellung des Antisemitismus in Polen kann zu einer fatalen Konsequenz verleiten, wenn man zwischen ihm und Auschwitz eine direkte Verbindungslinie zieht und den Polen ihres Antisemitismus wegen eine Mitschuld am jüdischen Genozid zuspricht. Dieser Auffassung ist mit Entschiedenheit zu widersprechen. Wenngleich es immer makaber ist, Opfer gegen Opfer aufzurechnen, so steht doch die Schuld des polnischen Antisemitismus mit den Pogromtoten während der Zweiten Republik in keinem Vergleich zu der systematischen Vernichtung von sechs Millionen Juden durch die nationalsozialistische „Endlösung". Andererseits gilt, dass die Gaskammern von Auschwitz-Birkenau die letzte Konsequenz des Antisemitismus darstellen, der somit nach Auschwitz jegliche Art von Rechtfertigung verloren hat.

Die Frage ist, ob und wie der Antisemitismus in Polen angesichts der Shoa bewältigt wurde. In ihrer Beantwortung gehen die Auffassungen weit auseinander. Der Beschuldigung jüdischerseits, den millionenfachen Judenmord in ihrem Land aufgrund eines eingefleischten Antisemitismus nicht verhindert zu haben, steht die polnische Entgegnung gegenüber, das an Hilfe Menschenmögliche getan zu haben. Und während Polen in dieser Beschuldigung die Bestätigung einer antipolnischen Einstellung sehen, verstehen Juden die polnische Rechtfertigung als Bestätigung ihrer Judenfeindlichkeit.

Eine historische Aufarbeitung des Verhältnisses von Juden und Polen in der Zeit des Holocaust garantiert zwar noch nicht einen Dialog der Versöhnung, doch ist die Kenntnis der Fakten und ihre möglichst unvoreingenommene Wertung eine seiner Voraussetzungen. Dabei scheint – ähnlich wie in der Zeit der Teilungen – zunächst aufgrund der gemeinsamen Situation der Verfolgung eine Solidarisierung wirksam geworden zu sein. Bezeichnenderweise haben die verschiedensten politischen Richtungen der polnischen Juden die polnische Exilregierung anerkannt und Beziehungen zu ihr unterhalten. Dies gilt sowohl für die am 23. September 1940 mit Sitz in Jerusalem gegründete „Repräsentation des Polnischen Judentums" als auch für den in ihr nicht vertretenen „Bund", eine der Polnischen Sozialistischen Partei nahestehende antizionistische Gruppierung.

---

152 Ebd., S. 280 ff.

Die Intentionen jüdischer politischer Kräfte zielten anfangs auf Garantien für ein Nachkriegspolen, die jede antisemitische Diskriminierung ausschließen und die polnische Regierung verpflichten sollten, von der – wie es im Memorandum des „Bundes" von 1940 heißt – „Lösung der Judenfrage in Polen durch Emigration Abstand zu nehmen", weil die „jüdischen Massen Polen als ihr Vaterland betrachten, in dem sie mit anderen gleiche Rechte und Pflichten haben sollen und in dem niemand jemals ein Recht hat, sie auszuweisen.

Als sich Anfang 1941 die ersten Konturen einer „Endlösung" abzeichneten, richteten sich die Aktivitäten auf die Rettung der polnischen Juden. Am 3. Mai 1941 hat sich die polnische Exilregierung an die verbündeten und neutralen Staaten gewandt und sie über die systematische Verfolgung der jüdischen Bevölkerung in Polen unterrichtet. Doch die wiederholten Versuche seitens der polnischen Regierung und jüdischer Organisationen konnten den Holocaust nicht verhindern. Im Mai 1943, nach Niederschlagung des Warschauer Gettoaufstandes, beging Szmul Zygielbojm (1895-1943), jüdischer Vertreter im Nationalrat, Selbstmord. In seinem Abschiedsbrief an den polnischen Premier schrieb er: „Ich kann nicht leben, wenn die kleinen Reste der jüdischen Nation in Polen, deren Vertreter ich bin, liquidiert werden."

Diese sich auf einen Aufsatz von Andrzej Friszke[153] berufende Darstellung ist von der Absicht bestimmt, die Loyalität jüdischer Organisationen gegenüber der polnischen Exilregierung unter Beweis zu stellen, lässt aber kaum die Spannungen in den gegenseitigen Beziehungen erkennen. Dass diese keineswegs gering waren, zeigt Marcin Kula unter Berufung auf die Aufzeichnungen von Dr. Abraham Stupp (1897-1968), dem Generalsekretär der „Repräsentation des Polnischen Judentums".[154] So gibt es eine Fülle von Eingaben der „Repräsentation", jüdische Vertreter an den verschiedensten Aktivitäten der Regierung zu beteiligen, denen nicht entsprochen wurde. Umgekehrt beklagt die Regierung, dass die polnisch-jüdische Emigration nur spezifisch jüdische Interessen verfolge. Auch macht die „Repräsentation" der Regierung den Vorwurf, nur halbherzig dem Massenmorden in Polen entgegenzuwirken, während die Regierung auf ihre zahlreichen, wenngleich vergeblichen Interventionen bei Verbündeten und Neutralen verweist. Auf dem Höhepunkt der „Endlösung" zieht Dr. Stupp eine enttäuschende Bilanz: „In den vier Jahren unserer Tätigkeit können wir nicht einmal eine Angelegenheit nennen, die entsprechend unseren Wünschen erledigt worden wäre, ungeachtet, ob es um wichtigere oder weniger wichtige Dinge ging." Ähnlich negativ schätzte die „Repräsentation" das Verhalten der polni-

---

153 A. Friszke, Tuż przed zagładą (Unmittelbar vor der Vernichtung) Więź 1986, S. 91-100.
154 M. Kula, Między żydowską Palestyną a polskim Londynem (Zwischen dem jüdischen Palästina und dem polnischen London), Więź 1987, S. 100-118.

schen Bevölkerung gegenüber der jüdischen Tragödie ein, und dies selbst gegen den Protest jüdischer Untergrundkämpfer, die von zahlreichen polnische Hilfeleistungen berichten konnten. Eine objektive und gerechte Beantwortung der Frage, ob die Polen alles ihnen Mögliche getan haben, um Juden vor der Gaskammer zu retten, kann von einem Historiker kaum gegeben werden. Wer einen – politisch wie moralisch – absoluten Maßstab anlegt, wird in jedem Fall sagen können, dass das Menschenmögliche nicht getan wurde. Dem aber ist ein Wort von Władysław Bartoszewski, Mitglied des 1942 im Untergrund gegründeten Hilfsrats für Juden", entgegenzuhalten: Nur wer sein Leben gegeben hat, hat das Menschenmögliche an Hilfe geleistet. Schließlich riskierte jeder Pole, der einem Juden half, seinen Kopf; und mancher Pole ist für einen Juden in den Tod gegangen. Dennoch vereint leider nicht das vergossene Blut, wie dies Bartoszewski im Titel seines Buches über die Hilfe an den Juden suggeriert.[155] Stattdessen verkommt die Diskussion zu einer Aufrechnung, wie viele oder wie wenige Juden gerettet wurden. Hier gehen die Angaben zwischen Polen und Juden weit auseinander. Während polnische Quellen von bis zu hunderttausend durch polnische Hilfe gerettete Juden sprechen, was nur durch den Einsatz einiger Hunderttausend Polen möglich war, sind es nach jüdischen Angaben lediglich neuntausend. Doch solche Aufrechnung ist keine Basis für einen Dialog. Der wird nur dann in Gang kommen, wenn die jüdische Öffentlichkeit diese Hilfe – wie groß oder klein auch immer – respektiert und die polnische Seite daraus kein Alibi macht. Im Übrigen sollte im polnisch-jüdischen Dialog Einigkeit darüber bestehen, dass jede noch so heroische polnische Hilfe aufgrund der gegebenen Situation begrenzt sein musste und den Massenmord an Juden nicht verhindern konnte.

Pogrome unmittelbar nach Kriegsende

Die Erkenntnis, dass es in Polen auch nach Auschwitz weiterhin einen Antisemitismus gibt, zählt für jeden ethisch empfindenden Polen zu den ihn erschütternden Erfahrungen. Jerzy Andrzejewski (1909-1983), Autor von „Asche und Diamant", fand dafür kurz nach Ende des Krieges diese Sätze: „Der polnische Antisemitismus ist nicht auf den Ruinen der ausgebrannten Gettos verglüht. Das Grauen des Todes war nicht ausreichend, um die polnischen Gewohnheiten im Denken und Fühlen zu verändern."[156] Im Abstand der Geschichte scheint es

---

155 W. Bartoszewski, Uns eint vergossenes Blut. Juden und Polen in der Zeit der „Endlösung". Frankfurt/M. 1987.
156 Zitiert nach J. H. Schoeps, Unbequeme Erinnerungen. Polen und Juden in der Zeit der „Endlösung". Die Zeit vom 9. Oktober 1987, S. 23.

kaum vorstellbar, dass Juden, die den Krieg in der UdSSR, in Lagern, im Untergrund oder in polnischen Verstecken überlebt hatten und nun in ihre Häuser zurückkehren wollten, den Hass der inzwischen dort eingezogenen Polen zu spüren bekamen, so dass es zu Pogromen kam. Die Ursachen sind bis heute kaum genügend aufgeklärt, da diese Ereignisse innerhalb der polnischen Gesellschaft weithin verdrängt wurden. Aber auch hier steht es einem Deutschen nicht an, den Stab zu brechen, haben doch die Schrecken der Okkupationszeit das polnische Volk einer ethischen Prüfung unterworfen, der nicht jeder gewachsen war. Wo das Böse eine solche Macht gewinnt, wie dies in der Besatzungszeit in Polen der Fall war, da ist auch eine Verrohung der Sitten die Folge, ein Prozess der Demoralisierung und menschlicher Korruption, der Exzesse dieser Art möglich, wenngleich nicht entschuldbar macht.

Doch eine kriegsbedingte Verrohung der Sitten erklärt nicht alles. Es bleibt die bittere Einsicht, dass der Antisemitismus selbst den Holocaust überlebt hat. Ein erschütternder Beweis dafür ist das Pogrom vom 4. Juli 1946 in Kielce. Auf das Gerücht hin, in einem jüdischen Haus sei ein polnisches Kind einem Ritualmord zum Opfer gefallen, kam es zu einem Massaker, dem 41 Juden zum Opfer fielen. Dabei hatte es schon einmal in Kielce ein Pogrom gegeben, am 11. November 1918, als im Theater der Stadt die Juden ihre Bereitschaft, am Aufbau des neuen Staates mitzuwirken, bekräftigten, dabei aber auch Autonomierechte einforderten, die Bevölkerung dies aber als eine polenfeindliche Veranstaltung empfand, so dass es an diesem wie am folgenden Tag zu judenfeindlichen Aktivitäten kam, bei denen jüdische Geschäfte geplündert, Juden zusammengeschlagen und einzelne getötet wurden.

Manche Umstände des Pogroms von 1946 legen den Verdacht nahe, dass es sich um eine gesteuerte Aktion handelte, bei der Antisemitismus bewusst geweckt und für politische Zwecke missbraucht wurde. So fällt auf, dass es ohne entsprechende Voruntersuchung bereits fünf Tage später zum Prozess kam, bei dem ein Pole angeklagt wurde, der ein Kind versteckt und mit der Auflage freigelassen haben soll, es solle verbreiten, von Juden festgehalten worden zu sein. Das Pogrom geriet in den 1980er Jahren erneut in die Schlagzeilen der polnischen Presse, nachdem Regierungssprecher Jerzy Urban an die Adresse der katholischen Kirche den Vorwurf erhoben hatte, sich dem Pogrom nicht entschieden genug widersetzt zu haben. In einer Stellungnahme der Kielcer Kurie wird dem entschieden widersprochen. Sie nennt das Pogrom „einen der dunklen Flecken polnischer Nachkriegsgeschichte", und zwar „dunkel" auch in dem Sinn, „dass die Umstände dieser Ereignisse zu keiner Zeit ihre volle Aufklärung erfuhren."[157] Unter Berufung auf eine Aussage von Kardinal August Hlond (1881-1948) vom 11.

---

157 Tygodnik Powszechny vom 4. Oktober 1987.

Juli 1946 betont die Kurie, Geistliche hätten auf die Nachricht von dem Pogrom hin sofort versucht, zum Tatort vorzudringen, doch sei dieser von Armee-Einheiten abgeriegelt gewesen, so dass sie erst nach Abzug der Truppen zu dem fraglichen Haus gelangen konnten. Zudem sei ein gemeinsamer Aufruf des Bischofs und des Wojewoden vorgesehen gewesen, um eine mögliche Ausweitung des Pogroms zu verhindern, doch sei seine Veröffentlichung durch Zenon Kliszko (1909-1989), den damaligen stellvertretenden Justizminister, untersagt worden. So kam es lediglich zu einer Kanzelverkündigung in den Kirchen der Stadt, die das Pogrom in aller Entschiedenheit verurteilt habe.

Es wäre wünschenswert gewesen, die Hintergründe des Kielcer Pogroms aufzuklären, zumal das Verhalten der Behörden den vielfach geäußerten Verdacht nährt, es habe sich um eine von den Sicherheitskräften inszenierte Aktion gehandelt, um nach dem fragwürdigen Referendum vom 30. Juni 1946 den im westlichen Ausland aufkommenden Sympathien für das wiederum unterdrückte polnische Volk durch eine Demonstration seines Antisemitismus entgegenzuwirken und die polnische Öffentlichkeit für ein kommunistisches Regime zu gewinnen. Ließe sich dieser Verdacht belegen, so wäre das Pogrom von Kielce das erste Glied einer Kette von Instrumentalisierungen des Antisemitismus im kommunistisch regierten Nachkriegspolen. Leider kam nach dem politischen Umbruch das Institut für Nationales Gedenken zu dem Ergebnis, dass sich die Hintergründe dieses Pogroms nicht mehr aufklären lassen und stellte im Jahr 2000 die Untersuchungen ein.

Juden und Polen in ihrer Einstellung zur Volksrepublik

Es ist bekannt, dass Polen von allen sozialistischen Staaten die meisten politischen Krisen aufzuweisen hatte, ein Umstand, der sich aus dem Legitimations defizit der herrschenden kommunistischen Partei erklärt, das aus einem Spannungsverhältnis zwischen überlieferter politischer Kultur und sozialistischem System resultiert. Während die Polen der neuen kommunistischen Ordnung eher skeptisch bis ablehnend gegenüberstanden, verhielt sich dies bei den polnischen Juden anders. Zunächst emigrierte ein Großteil der Juden, die den Krieg überlebt hatten, viele davon nach Palästina. Dabei handelte es sich nicht in jedem Fall um überzeugte Zionisten, sondern auch um solche Juden, die aus den Erfahrungen der Diskriminierungen und Verfolgungen für sich den Schluss zogen, nur in einem eigenen Staat geschützt leben zu können. Wer als Jude in Polen blieb, kam entweder aus den Reihen der kommunistischen Partei oder stand dem antizionistischen, sozialistisch orientierten „Bund" nahe. Hinzu kommt, dass die überwiegende Mehrheit polnischer Juden in der als persönliche Rettung erlebten

UdSSR überlebt hatte. Diese Umstände machen es verständlich, dass die polnischen Juden mit dem neuen System, zumindest anfänglich, die Hoffnung verbanden, es würde sich von der Zweiten Republik deutlich abheben und jeden Antisemitismus ausschließen. Aufgrund dieser Einstellung versteht es sich, dass nicht nur Polen, sondern auch Juden zu den Stützen der neuen Ordnung zählten, um dann aus der polnischen Optik mit dem stalinistischen System identifiziert zu werden, eine Konstellation, die dem Antisemitismus neue Nahrung gab, zumal die Gleichsetzung von Jude und Kommunist in Polen eine bis in die Anfänge der Zweiten Republik zurückreichende Tradition besitzt. Damit zeichnet sich mit Beginn der Volksrepublik eine Entwicklung ab, in der Antisemitismus weniger im religiösen und ökonomischen Gewand als vielmehr in politischer Maskierung auftrat. Das Feld, auf dem der polnisch-jüdische Konflikt nunmehr ausgetragen wurde, waren die parteilichen und staatlichen Institutionen, wobei die Karte des Antisemitismus innerhalb der Parteielite von wechselnden Partnern, doch immer im Sinn eigener Machtinteressen gespielt wurde.

Instrumentalisierter Antisemitismus im Nachkriegspolen

Die politische Instrumentalisierung des Antisemitismus steht in keinem zufälligen Zusammenhang mit den drei tief greifenden Krisen, die Polen 1956, 1968 und 1980/81 erschütterten. In jeder dieser Krisen stand die Macht der Partei auf dem Spiel. Um sie zu stabilisieren, mussten Schuldige gefunden und geopfert werden. Bei diesem Manöver spielte der Antisemitismus in der neuen Begrifflichkeit des „Zionismus" eine beherrschende Rolle, und zwar nicht nur in Polen, sondern auch in anderen sozialistischen Ländern, mit der UdSSR an der Spitze, als es in der Endphase der Stalinherrschaft zu einer „antizionistischen Kampagne" kam, der viele Juden aus führenden Positionen zum Opfer fielen.

Der polnische Partei- und Staatsapparat blieb von dieser frühen „antizionistischen" Welle verschont. Erst im Zusammenhang mit dem Polnischen Oktober 1956 kam es zu einem innerparteilichen Machtkampf, bei dem eine der beiden rivalisierenden Gruppen mit dem Instrument des Antisemitismus operierte, und das gegen die Warnung von Ministerpräsident Józef Cyrankiewicz (1911-1989), von dem aus jenem Jahr der Satz überliefert ist: „Lässt man in Polen die Schlangen des Antisemitismus aus der Büchse der Pandora, dann werden sie sich verbreiten, und es wird nicht leicht sein, sie wieder in die Kiste zu sperren."

Die Polnische Vereinigte Arbeiterpartei stand 1956 vor dem Problem, sich von ihrer stalinistischen Vergangenheit unter Bolesław Bierut (1892-1956) loszusagen. Als personelle Alternative stand allein Władysław Gomułka (1905-1982), selbst Opfer des Stalinismus, zur Disposition. Sowohl die Natolin-

Gruppe – benannt nach einem bei Warschau gelegenen Erholungsheim für Spitzenfunktionäre – als auch die Puławy-Gruppe – benannt nach dem Haus in der gleichnamigen Warschauer Straße, in dem neben Gomułka weitere Parteikader wohnten – betrieben seine Rückkehr an die Macht. Doch ihre politischen Ziele differierten: Während die Natolin-Gruppe die Krise lediglich über personelle Veränderungen und eine Verurteilung der Fehler der Vergangenheit meistern wollte, strebte die Puławy-Gruppe weitgehende Reformen von Liberalisierung und Demokratisierung an. Es war klar, dass die Puławy-Gruppe in der Gesellschaft mit ihrem Programm einen größeren Rückhalt haben würde, ein Vorteil, den die Natolin-Gruppe durch eine antisemitische Kampagne zu neutralisieren versuchte. Diese bot die Möglichkeit, die im Partei- und Staatsapparat vertretenen Juden als Sündenböcke des Stalinismus abzustempeln, führende Vertreter des liberalen Lagers jüdischer Herkunft auszuschalten und sich selbst einen nationalen Anstrich zu geben. Wenngleich keine der beiden Gruppen den Machtkampf für sich entscheiden konnte, so war doch die antisemitische Kampagne nicht ohne Wirkung. Im Partei- und Staatsapparat kam es zu weitgehenden Kaderverschiebungen, von denen jüdische Stalinisten wie Liberale gleicherweise betroffen waren, während polnische Stalinisten in der Regel ihre Position behaupten konnten. Für die polnischen Juden war diese erste politische Instrumentalisierung des Antisemitismus im sozialistischen Nachkriegspolen ein deutliches Signal. Ihrer Illusion beraubt, das kommunistische Polen habe den Antisemitismus überwunden und biete den Juden eine gleichberechtigte, wenn nicht privilegierte Heimat, begann ein Exodus von rund 50000 polnischen Juden, womit der ohnehin bis auf einen Rest zusammengeschmolzene jüdische Anteil nochmals halbiert wurde.

Die Krise im März 1968 begann mit einer nationalen Demonstration: Die Regierung hatte bald nach der Premiere die „Ahnenfeier" von Adam Mickiewicz (1798-1855) vom Spielplan abgesetzt. Bei diesem antirussischen Drama, das die Bewältigung des verlorenen Aufstandes von 1830/31 zum Thema hat, enthält manche Analogien zum polnisch-sowjetischen Verhältnis, welche die Theatergäste veranlassten, an den – nach Meinung der Partei – falschen Stellen Beifall zu klatschen. Die Absetzung des Stückes führte zu Studentenprotesten, die sich über das ganze Land ausbreiteten und mit der Rücknahme des Aufführungsverbots weitergehende Forderungen nach Aufhebung der Zensur und wahrheitsgetreuer Information verbanden. Die Demonstrationen wurden von Sicherheitskräften aufgelöst. Es kam zu Verhaftungen und Exmatrikulationen. Der Vorgang selbst scheint wenig Anhaltspunkte für eine neuerliche antisemitische Kampagne zu bieten; und doch kam es dazu. Denn eine Reihe der als Anführer der Demonstrationen namhaft gemachten Studenten waren jüdischer Herkunft, davon einige aus Familien, deren Eltern hohe Positionen in Partei und Staat bekleideten. Hinzu kam die allgemeine politische Weltlage mit den destabilisierenden Studentenprotesten in westlichen Ländern, der als gefährlich eingeschätzten Entwicklung des sogenannten „Prager Frühlings" und der 1967 ausgebrochene israelisch-arabische Konflikt, bei dem die sozialistischen Länder bekanntlich eine proarabische, antiisraelische Position einnahmen. So hatte Gomułka bereits 1967 auf dem Gewerkschaftskongress von den Zionisten als einer „Fünften Kolonne" in Polen gesprochen, ohne dass allerdings diese Äußerung in die Presse geriet. Dabei stand wie Gomułka der politischen Instrumentalisierung des Antisemitismus eher kritisch gegenüber. Allerdings hatte er auch Grund dazu. Denn die von der Gruppe um Mieczysław Moczar (1913-1986) gesteuerte antisemitische Kampagne gefährdete auch seine Position, insofern jener sich über diese Form innerparteilicher Intrige bei einem Machtwechsel als Alternative empfahl.

Wie 1956, so führte auch 1968 die antisemitische Kampagne dazu, das Kaderkarussell in Bewegung zu setzen und Polen jüdischer Herkunft aus ihren Positionen in Partei, Staat und Armee zu drängen. Die polnischen Juden reagierten auf ihre Weise: In einem zweiten Exodus verließen nach parteiamtlichen Angaben 17000 Juden das Land. Damit war durch Holocaust und Exodus die Zahl polnischer Juden auf einige Zehntausend zusammengeschmolzen. Die Tragik dieses Prozesses, nicht allein für die Juden, sondern für die polnische Kultur, ist kaum abzuschätzen. Polen war zu einem Land geworden, wo es zwar noch einen Antisemitismus gab, doch kaum noch Juden.

Letzter Versuch einer Instrumentalisierung des Antisemitismus in der Volksrepublik

Angesichts dieser Fakten sollte man meinen, dass eine nochmalige Instrumentalisierung des Antisemitismus nicht mehr möglich war. Und doch wiederholte sie sich in der mit der Gründung der „Solidarność" ausgelösten Entwicklung der Jahre 1980/81 ein drittes Mal. Abgesehen davon, dass man zuweilen in den Auseinandersetzungen zwischen „Solidarność" und Partei beiderseits den Vorwurf einer jüdischen Unterwanderung vernehmen konnte, ein Argument freilich, das kaum ins Gewicht fiel, kam es zu einem Zusammenschluss antisemitischer Kräfte in der Patriotischen Vereinigung „Grunwald". Am 6. März 1981 trat diese formell außerhalb der Partei stehende, doch von einem kommunistischnationalistischen Betonflügel der Partei gesteuerte Organisation mit einer eindeutig antisemitischen Erklärung an die Öffentlichkeit, um gegenüber den von der „Solidarność" veranstalteten Gedenkfeiern in Erinnerung an die März-Ereignisse des Jahres 1968 ein Gegengewicht zu schaffen, indem die Bevölkerung dazu aufgerufen wurde, die Opfer „zionistischer" Sicherheitskräfte zu ehren. Zudem wurde ein Text in Umlauf gebracht, der die jüdischen Studentenführer vom März 1968 namentlich aufführte und ihnen mit erfundenen Losungen eine arbeiter- und bauernfeindliche Einstellung unterstellte, um sie als Dissidenten und Solidarność-Berater in Misskredit zu bringen.

Allerdings blieb dieser letzte Versuch einer politischen Instrumentalisierung des Antisemitismus in Volksrepublik relativ folgenlos. Mehr noch: Er traf auf eine durch die Erfahrungen der Jahre 1956 und 1968 reifer gewordene Gesellschaft mit einer kritischen Öffentlichkeit. In den Medien wurde „Grunwald" demaskiert. So schrieb Anna Strońska (1931-2007) in der relativ liberalen Wochenzeitung „Polityka" unter der sinnigen Überschrift „Die Schlacht bei Grunwald": „Schlaft ruhig Landsleute, wie immer ihr auch die fünfziger Jahre verlebt haben möget. Terror, Unrecht, Deformierungen des Systems [...], was auch war, es war Schuld der Juden. [...] Oh ja, höchst bequem. Zum einen: Wir, wir Polen, trieben mit anderen Polen nicht unsere Spielchen. Gott bewahre. Wir nicht. Zum anderen: Und wenn schon, dann unter dem Einfluss oder Befehl von Juden. [...] Die Dummheit solcher Argumentation liegt auf der Hand, doch der Antisemitismus wirkt wie Balsam."[158]

Die politische Instrumentalisierung des Antisemitismus wurde längst vor dem Krieg von der polnischen Rechten, zumal den Nationaldemokraten, praktiziert. Es wäre eine eigene Untersuchung wert, dem erstaunlichen Phänomen nachzugehen, dass diese in den Augen der polnischen Linken reaktionäre Tradition in der zur Herrschaft gelangten kommunistischen Partei Polens ihre Fortsetzung finden konnte, und das nach dem Holocaust in ihrem Land. Selbst die Argumentationsmodelle gleichen sich wie ein Ei dem andern. So findet sich in einer Erklärung von „Grunwald" vom 12. November 1981 folgender Passus: „Wir weisen den verleumderischen Vorwurf des Antisemitismus zurück. Er wird immer dann gegen uns erhoben, wenn wir zur jüdischen nationalen Minderheit in Polen Stellung nehmen. Wir meinen, dass es keine 'Tabus' geben darf. Eine heilige Kuh durch eine andere ersetzen – das hat nichts mit der Erneuerung zu tun. Unser Standpunkt ist klar: Wir sind für Gleichberechtigung aller Bürger im Land, unabhängig von ihrer Herkunft. Vertreter nationaler Minderheiten – Weißrussen, Slowaken, Griechen, Zigeuner, Juden – sollen proportional zur Zahl dieser ethnischen Gruppen am öffentlichen Leben teilhaben. Doch denken wir daran, dass in Polen an die hunderttausend Personen jüdischer Nationalität leben, was 0,3 Promille der Gesamtbevölkerung ausmacht. Dagegen liegt ihr Anteil im Verwaltungsapparat, in einem Teil der Massenmedien, in den Institutionen von Kunst und Wissenschaft überproportional bei weit über 10 Prozent, was bei Polen eine verständliche Empörung weckt und dazu nötigt, die Zweck-

---

158 Polityka vom 5. Dezember 1981.

mäßigkeit einer solchen Kaderpolitik in Frage zu stellen [...].[159] Die Patriotische Vereinigung „Grunwald" belegt zum wiederholten Male den inneren Zusammenhang zwischen Nationalismus und Antisemitismus. Wie wenig ernst das Argument einer Gleichberechtigung der verschiedenen Nationalitäten entsprechend ihrem proportionalen Bevölkerungsanteil ist, wird auch aus der Tatsache ersichtlich, dass Deutsche und Ukrainer, zwei in der Volksrepublik lebende, relativ große, in ihrem Verhältnis zu den Polen äußerst belastete Volksgruppen, in der Aufzählung gänzlich fehlen, ein Hinweis auf die grundsätzliche Einschränkung von Minderheitsrechten durch einen extremen Nationalismus. Allerdings zeigt die Tatsache, dass „Grunwald" ein Randphänomen geblieben ist, insgesamt eine Abschwächung nationalistischer Tendenzen. Zudem dürfte deutlich geworden, dass der Antisemitismus in der polnischen Gesellschaft zwar noch eine Basis hat, diese aber kaum mehr ausreicht, um ihn effektvoll politisch zu instrumentalisieren. Er hatte offenbar in den 1980er Jahren seinen Wert als politische Trumpfkarte eingebüßt.

Der polnische Protest gegen Lanzmanns Film „Shoa"

Dies bedeutet allerdings nicht, dass die das polnisch-jüdische Verhältnis belastenden Probleme aufgearbeitet worden wären. Sie unterlagen bis in die achtziger Jahre hinein einem Verdrängungsprozess und waren in der öffentlichen Diskussion tabuisiert. Aber auch hier ist ein Wandel eingetreten, ausgelöst durch den Film „Shoa" des französischen Juden Claude Lanzmann aus dem Jahr 1985. Dieser Film war für die Polen eine Provokation, suggeriert er doch mit der Aufdeckung eines bis heute fort wirkenden Antisemitismus eine Mitschuld der Polen am Holocaust. Die einem Antagonismus gleichkommende Kluft zwischen System und Gesellschaft schien für einen Augenblick vergessen: Die Ablehnung des Films war allgemein. Die polnische Regierung sah sich genötigt, beim französischen Außenminister gegen die Polen gewidmeten Passagen des Films Protest einzulegen. Dennoch gab die Regierung den Film, für den sie auch die Dreherlaubnis erteilt hatte, zur Aufführung frei. Das Fernsehen brachte lediglich die Polen betreffenden Fragmente, in den Lichtspielhäusern lief der Film in voller Länge. Die Spalten der Zeitungen waren voll von kritischen Kommentaren, teils mit emotional geladener Entrüstung. Die Polen fühlten sich nicht nur missverstanden, sondern in ihrer nationalen Würde verletzt.

Die Kritik der Polen ist begründet: Der Film vermittelt insgesamt ein verzerrtes Bild von Land und Leuten. Ein Land, dessen Bewohner in primitiven, mittelalterlich anmutenden Vorstellungen befangen und einer Religiosität ver-

---

159 Ebd.

pflichtet sind, die im Holocaust eine Strafe für den Gottesmord sieht. Kein Hinweis auf die polnischen Hilfsaktionen zur Rettung von Juden, keine differenzierende Sicht der Probleme, keine der auch in Polen zahlreichen Stimmen, die sich kritisch mit dem Antisemitismus auseinandersetzen, keine Erwähnung eines Bewusstseinswandels in weiten Teilen der Gesellschaft. Dafür – durch nachträgliche Befragung der Zeugen vielfach belegt – eine Manipulation von Wort- und Bildaussagen.

Die Erbitterung der Polen wurde noch durch die insgesamt positive Aufnahme des Films in den westlichen Ländern verstärkt, stand doch mit Recht zu befürchten, dass er eine Entlastung des Westens vom Holocaust auf Kosten einer Verstärkung des Stereotyps eines „polnischen Antisemitismus" bewirken würde. Dem war allerdings kaum mit Protesten zu begegnen, die allemal unter dem Verdacht einer Selbstrechtfertigung stehen. Hier war mehr gefordert. In Kreisen polnischer Intelligenz wuchs die Einsicht, dass ohne eine Aufarbeitung des polnischen Antisemitismus weder eine überzeugende Antwort auf erhobene Vorwürfe noch ein verständnisvoller polnisch-jüdischer Dialog möglich sei. Lanzmanns Film „Shoa" hatte ein Tabu gebrochen und Verdrängungen des polnischen Bewusstseins bloßgelegt. Die Diskussion, die dieser Film in Polen ausgelöst hat, sollte nicht zur Ruhe kommen. Nachdem sich der erste Sturm der Entrüstung gelegt hatte, blieb die Erschütterung über die Shoa und die moralische Frage, ob und inwieweit Polen an der Shoa eine Mitschuld trage oder nicht.

Die Diskussion um die eigene Mitschuld

Eine solche Diskussion hatte es bislang in Polen nicht gegeben. Das eigene Unglück und der nationale Stolz hatten die Frage nach einer Mitschuld nicht zugelassen; Beschuldigungen, zumal von jüdischer Seite, hatten nur die Position der Selbstrechtfertigung verhärtet. Und man wähnte sich im Recht, meinte gute Gründe zu haben, jeden Verdacht einer Mitschuld von sich weisen zu können. Schließlich hatte man mit den Deutschen nicht kollaboriert, war selbst verfolgt und erniedrigt worden, hatte das gleiche Schicksal wie die Juden zu erwarten gehabt. Wie konnte man als Opfer gleichzeitig Mittäter sein? Und was den Antisemitismus betrifft, so glaubte man, ihn guten Gewissens auf objektive Ursachen zurückführen zu können – auf ökonomische, soziale, politische Konflikte, die allesamt mit dem Holocaust nichts gemein haben.

Ausgehend von dem Gedicht des polnischen Nobelpreisträgers Czesław Miłosz „Armer Christ sieht das Getto" hat erstmals der angesehene polnische Literaturwissenschaftler Jan Błoński (1931-2009) unter Abwandlung des Titels dieses Geflecht von Selbstrechtfertigungen hinterfragt. Er wählte dazu nicht zufällig das katholische Wochenblatt „Tygodnik Powszechny"[160], ein Organ, das seit Jahrzehnten um eine polnisch-jüdische Versöhnung bemüht ist. In aller Deutlichkeit erklärt er: „Wir sollten aufhören, die Schuld den politischen, gesellschaftlichen und ökonomischen Umständen zuzuschreiben, sondern zuerst sagen: ja, wir sind schuld. Nicht dass es diese Umstände nicht gegeben hätte. Aber derlei Analysen und ihre selbstrechtfertigende Funktion blockieren den Zugang zu einer moralischen Sicht der Probleme." Und um die ging es ihm; um die Einsicht, dass ein Opfer selten ganz ohne Fehl ist. Unter Anspielung auf die antisemitischen Ausschreitungen unmittelbar nach dem Kriege schreibt er: „Wir verstanden es nicht einmal, die Übriggebliebenen zu begrüßen und in Ehren aufzunehmen, auch wenn sie verbittert, verwirrt und uns vielleicht auch lästig waren. Kurz gesagt, statt aufzurechnen und uns zu entschuldigen, sollten wir zuerst uns selbst prüfen, an unsere Sünde, unsere Schwachheit denken. Eben diese moralische Umkehr ist in unserem Verhältnis zu der polnisch-jüdischen Vergangenheit unbedingt notwendig."

Damit hatte Błoński den entscheidenden Punkt polnisch-jüdischer Aussöhnung berührt. Er weiß, dass die von den Polen gewünschte „verständnisvolle und gerechte Beurteilung unserer gemeinsamen Geschichte" nur über die eigene Wandlung möglich wird, die zu einem Eingeständnis eigener Schuld befähigt und um Vergebung bitten lässt. Błoński unterscheidet sehr genau „zwischen Teilnahme und Mitschuld". Von einer aktiven Teilnahme am Judenmord kann keine Rede sein – Fälle ausgenommen, in denen einzelne Polen aus niedrigen Beweggründen Juden an die Gestapo auslieferten oder sich auf ihre Kosten bereichert haben. Solche Subjekte haben damit auch ihre nationale Ehre verloren. Aber es bleibt für ihn eine Mitschuld, die alle Völker betrifft, aus denen Juden in die Vernichtungslager deportiert wurden und die wenig oder nichts unternommen haben, diese Vernichtungsmaschinerie zu stoppen. Aus dieser Mitschuld könnten sich die Polen nicht ausklammern, zumal „es eben in Polen die meisten Juden gab" und somit Polen „moralisch am meisten verpflichtet" waren.

Das Echo auf den Beitrag von Jan Błoński war enorm. Die Redaktion erhielt Hunderte von Zuschriften, in der Mehrzahl kritischer und polemischer Natur; darunter manche, die ihres unsachlichen und emotionalen Tons wegen keine Veröffentlichung verdienten. Die Redaktion sah sich angesichts dieser Flut negativer Reaktionen zu folgender Stellungnahme veranlasst: „Wir müssen beschämt feststellen: wenngleich manche Autoren dies leugnen, so beweisen doch

---

160 J. Błoński. Biedni Polacy patrzą na getto (Die armen Polen schauen auf das Getto), Tygodnik Powszechny. vom 11. Januar 1987. Hier zitiert aus Osteuropa. 9/1987, A., S. 498ff.

gerade diese Briefe, dass weiterhin ein Antisemitismus in Polen existiert, obwohl es heute in unserem Land praktisch keine Juden mehr gibt."[161]
Es gab allerdings auch zustimmende Beiträge, von denen einige im „Tygodnik Powszechny" veröffentlicht wurden. Sie zeigen, dass für manche Polen Błońskis Aufforderung zum Eingeständnis einer Mitschuld als innere Befreiung erfahren haben; denn die Last, als Kernland der europäischen Juden am Ende zum Schauplatz der Shoa geworden zu sein, liegt manchem Polen schwer auf der Seele. Da werden manche Erinnerungen freigesetzt, die die Scham über die eigene Hilflosigkeit verraten, mit der man der Vernichtung der Juden und ihr Schicksal als das einer fremden Volksgruppe von dem des eigenen Volkes getrennt hatte. Eine Abwehrreaktion, vom Willen nach dem eigenen Überleben diktiert, verständlich im Grauen jener Jahre – und doch eine moralische Last.

Bei einigen Briefschreibern drängte sich die Analogie zum deutsch-polnischen Verhältnis auf. Nicht die Aufrechnung wechselseitigen Unrechts sei der Weg unserer Versöhnung gewesen, sondern das Eingeständnis von Schuld. Und obgleich der unvergleichlich größere Teil an Schuld bei den Deutschen lag, hätten sich doch die polnischen Bischöfe in ihrem Versöhnungsbrief gegen Ende des Konzils zu der Aussage durchgerungen: „Wir vergeben und bitten um Vergebung". Sollte etwas Ähnliches nicht auch für das polnisch-jüdische Verhältnis möglich sein? In diesem Sinne erinnert Janina Walewska in ihrem „In gewissem Sinn bin ich eine Antisemitin" betitelten Beitrag an eine Diskussion, in der dieser Vorschlag gemacht worden war. Doch unter dem Eindruck des Artikels von Jan Błoński korrigiert sie die Formel: „Wir können lediglich sagen: 'Wir bitten um Vergebung.' Kein Wort mehr. Denn wir wollen uns läutern; wenn wir uns also schuldig fühlen (und ich fühle mich schuldig, unabhängig von jenem 'zweiten Ich', das mich an die Schuld der Juden erinnert), dann müssen wir um Vergebung bitten. [...] Denn unsere Schuld im Verhältnis zu den Juden war sicher größer als jene in Bezug auf die Deutschen (und doch – die Deutschen baten wir um Vergebung).[162]

Voraussetzungen für einen polnisch-jüdischen Dialog

Diese Diskussion dürfte deutlich gemacht haben, dass der Antisemitismus in Polen nur durch ein Eingeständnis von Schuld überwunden und dadurch im polnisch-jüdischen Dialog eine Versöhnung erreicht werden kann. Um dieses Ziel anzustreben, waren alle gesellschaftlichen Kräfte, darunter auch die katholische Kirche, gefordert. Wenngleich die Kirche in der Konzilserklärung „Nostra aetate" (1965) kein formelles Schuldbekenntnis abgelegt hat, so hat sie

---
161 Tygodnik Powszechny vom 8. Februar 1987.
162 Ebd.

doch ihre Absage an „alle Hassausbrüche, Verfolgungen und Manifestationen des Antisemitismus" klar formuliert und seine religiöse Rechtfertigung zurückgewiesen sowie eine Verfluchung des jüdischen Volkes widerrufen, wobei der Text ausdrücklich dazu auffordert, dafür Sorge zu tragen, dass alle Spuren eines religiösen Antisemitismus aus Katechese und Predigt verschwinden. Dass sich die katholische Kirche Polens durch die Konzilserklärung gebunden weiß, lässt sich anhand mancher Äußerungen und Initiativen belegen. So hat Primas Stefan Wyszyński (1901-1981) die antisemitische Kampagne im Zusammenhang der Märzereignisse des Jahres 1968 verurteilt. In seiner Gründonnerstagspredigt erklärte er unter Anspielung auf die damaligen Vorgänge: „Man muss den Eindruck bekommen, daß man einer bestimmten Kategorie von Menschen das Recht auf Liebe raubt. Es geschehen unvorstellbare Dinge unter uns! [...] Vielleicht habe auch ich mich, der Bischof von Warschau, schuldig gemacht, weil ich nicht stark genug das Recht auf Liebe und die Verpflichtung, ohne Rücksicht auf Sprache und Rasse den anderen zu lieben, vertreten habe. Möge nicht der grässliche Schatten eines neuen Rassismus über uns kommen, in dessen Namen ihr dann vorgeben würdet, die Kultur zu verteidigen. Bitte nicht dieser Weg! Nicht der Weg des Hasses!"[163] Diese Äußerung bekommt ein besonderes Gewicht, wenn man bedenkt, dass damals allein die Kirche und die katholischen Abgeordneten der sogenannten Znak-Gruppe für die Betroffenen Partei ergriffen und sich der antisemitischen Kampagne öffentlich widersetzt hatten.

Inzwischen geschieht innerhalb der polnischen Kirche vieles, um den Antisemitismus aufzuarbeiten und das jüdische Erbe als Teil der polnischen Kultur bewusst zu halten. Polnische Vertreter beteiligen sich auf Weltebene am christlich-jüdischen Dialog.[164] Katholische Klubs veranstalten „Wochen der jüdischen Kultur". Der Polnische Episkopat bildete unter dem Vorsitz von Bischof Henryk Muszyński eine Unterkommission für den Dialog mit den Juden. Während seiner Pilgerreisen in seine polnische Heimat war Papst Johannes Paul II (1920-2005) immer wieder mit jüdischen Vertretern zusammengetroffen und hatte mit dem Hinweis auf die Shoa die besondere Verpflichtung der polnischen Kirche zur Solidarität mit den Juden hervorgehoben. Vor allem aber ist es die Krakauer Wochenzeitung „Tygodnik Powszechny", die ständig bemüht war und bemüht ist, in der Breite der Gesellschaft einen Wandel des Bewusstseins herbeizuführen und den Antisemitismus in jeder Form zu überwinden.

---

163 Zitiert nach A. Michnik, Die Kirche und die polnische Linke. München 1980, S. 76f.
164 Vgl. etwa den Bericht von Bischof Henryk Muszyński über das Kolloquium des Internationalen Rates von Christen und Juden (ICCJ) vom 12.-17. 7. 1987 in: Tygodnik Powszechny vom 13. 9. 1987.

IV. Das polnisch-jüdische Verhältnis

Die durch den Beitrag von Błoński ausgelöste Diskussion ist nur Teil eines umfassenden Programms. Chefredakteur Jerzy Turowicz (1912-1999) umriss in einer Zusammenfassung der Diskussion zugleich die Position seiner Zeitung bezüglich des Antisemitismus. Abschließend heißt es in seinem Beitrag: „Wenn die ganze Diskussion zu einer Art kollektiver Gewissensprüfung führen wird, zur Verwerfung des Schemas, dass wir ganz unschuldig sind, weil wir auch Opfer waren, wenn sie dazu beiträgt, unsere moralische Empfindsamkeit zu schärfen, dann war diese Diskussion notwendig. Die dadurch veränderte Mentalität, die veränderte Haltung, das neue Bewusstsein um das Problem wird einen polnisch-jüdischen Dialog in Gang bringen; sein Ziel wird es sein, sich besser zu verstehen, Vorurteile und Missverständnisse auszuräumen und all das neu zu entdecken, was Menschen, für die über viele Jahrhunderte hinweg dasselbe Land ihr gemeinsames Vaterland war, verbinden sollte. Deshalb werden wir trotz gegenteiliger Forderungen mancher unserer Leser auch weiterhin in unserer Zeitschrift das polnisch-jüdische und christlich-jüdische Problem behandeln."[165]

Der polnisch-jüdische Dialog ist im Raum der Kirche bereits in Gang gekommen. Und er hat trotz aller innerkirchlichen Widerstände seine erste Bewährungsprobe bestanden: Im Zusammenhang mit der Gründung eines Karmeliterinnenklosters in unmittelbarer Nähe des Lagers Auschwitz war es jüdischerseits zu Irritationen und Protesten gekommen, weil man in dieser Gründung eine katholische Vereinnahmung der Shoa sah. Doch das sehr verständnisvolle Eingehen auf die jüdischen Vorwürfe und Gespräche auf höchster Ebene führten zu einem offiziellen Einverständnis. Die von Repräsentanten beider Seiten unterzeichnete Genfer Deklaration vom 22. Februar 1987 wurde so zu einem ermutigenden Zeichen für einen fruchtbaren polnisch-jüdischen Dialog.

Es ist kaum zu erwarten, dass durch die genannten Initiativen sämtliche Vorbehalte jüdischer Kreise schon ausgeräumt und die Stereotypen eines „polnischen Antisemitismus" in der Weltöffentlichkeit abgebaut wurden. Solche Prozesse vollziehen sich nicht von heute auf morgen. Doch um sie zu beschleunigen, bedürfen sie einer Publizität über die Grenzen Polens hinaus. Sie öffentlich zu machen und mit Sympathie zu verfolgen, ist auch und vor allem Sache derer, die für die Shoa auf polnischem Boden die geschichtliche Verantwortung tragen.

---

165 Vgl. Tygodnik Powszechny vom 5. 4. 1987; hier zitiert nach Osteuropa 9/1987, A 506.

Die polnisch-jüdischen Beziehungen – Reinigung des Gedächtnisses

Das Interesse westlicher Medien an den polnisch-jüdischen Beziehungen ist im Allgemeinen sehr begrenzt. Es wird immer dann geweckt, wenn es um Beispiele des sogenannten „polnischen Antisemitismus" geht – eine im Übrigen missverständliche Bezeichnung, suggeriert sie doch, die Polen seien in besonderer Weise für den Antisemitismus anfällig. Ein Beispiel dieser verengten Sichtweise ist das Echo, das Jan Tomasz Gross mit seinem Buch über das im Juli 1941 stattgefundene Pogrom von Jedwabne[166] auslöste. Die westliche Berichterstattung konzentrierte sich vornehmlich auf die von Gross vertretene Grundthese, nach der von der polnischen Bevölkerung dieser Stadt 1600 Juden bei lebendigem Leibe in einer Scheune verbrannt worden seien. Die breite polnische Diskussion, die einen Eindruck davon zu vermitteln vermag, mit welcher Ernsthaftigkeit die Auseinandersetzung um den damals 60 Jahre zurückliegenden Mord an den Juden des ostpolnischen Städtchens von Polens geistiger Elite geführt wurde, blieb weitgehend ausgeblendet. Inzwischen liegt der Abschlussbericht des für die Aufklärung derartiger Verbrechen zuständigen Instituts Nationalen Gedächtnisses vor, dessen Untersuchungsergebnisse indessen im Westen kaum eine Nachricht wert waren. Es besteht somit Veranlassung genug, den eingeschränkten Blickwinkel um die Darlegung der in Polen zu beobachtenden umfassenden Aufarbeitung der polnisch-jüdischen Beziehungen zu erweitern, die das Problem des Antisemitismus zwar keineswegs ausklammert, es aber nicht isoliert, sondern in größeren Zusammenhängen durchaus kritisch behandelt.

Die Ausgangslage – Rückgewinnung des Gedächtnisses

Agnieszka Magdziak-Miszewska, zwischen 1997 und 1999 Beraterin von Premier Jerzy Buzek, später in der Funktion eines Generalkonsuls in New York tätig, meint, die polnische Gesellschaft habe – dem Titel ihres Beitrags entsprechend – in der Diskussion um Jedwabne ein „höchst wichtiges Examen" zu bestehen. Dazu sei zweierlei erforderlich: eine Korrektur des tradierten polnischen Selbstbildes sowie eine Rückgewinnung des Gedächtnisses. Das überlieferte polnische Autostereotyp beschreibt sie wie folgt: „Unser Verhältnis zur eigenen Geschichte, der durch die Schule und der durch die Familie vermittelten, war vor allem affirmativ und häufig – bezüglich der persönlichen Einstellung zum

---

166 J. T. Gross, Sąsiedzi. Historia zagłady żydowskiego miasteczka, Sejny 2000. Unter dem Titel „Nachbarn. Der Mord an den Juden von Jedwabne" erschien 2001 bei C. H. Beck, München, eine aus dem Englischen übertragene deutsche Übersetzung.

herrschenden System – tief emotional. Der Zenit dieser Affirmation fiel in die 80er Jahre – die Entstehung der Solidarność und dann der Widerstand gegen das Kriegsrecht bildeten schließlich eine Bestätigung jenes Bildes von Polen und den Polen, das in uns Gestalt gewonnen hatte: freiheitsliebende Patrioten, zu bedeutenden Taten und großer Hingabe fähig, immer, natürlich, 'für eure und unsere Freiheit'."[167] Dieses in einer an Unterdrückung und Verfolgung reichen Geschichte ausgeprägte nationale Selbstbild kultiviere die eigene Opferrolle und betone den eigenen Heroismus, gehe aber zugleich mit einer Verdrängung geschichtlicher Inhalte einher, die in dieses Bild nicht hineinpassen oder es gar in Frage stellen. So komme es zu einem Gedächtnisverlust, von dem auch und vor allem das polnisch-jüdische Verhältnis betroffen sei.

Was Agnieszka Magdziak-Miszewska anmahnt, ist nichts Geringeres als eine umfassende historische Aufarbeitung der polnisch-jüdischen Beziehungen, die im Übrigen nicht erst durch das Buch von Gross ausgelöst wurde. Vielmehr ist mit der politischen Wende des Jahres 1989 in der polnischen Gesellschaft ein bis heute anhaltendes reges Interesse an der Geschichte der polnisch-jüdischen Beziehungen feststellbar, das in einer Fülle von Aufsätzen und Buchveröffentlichungen seinen Ausdruck findet. Die folgenden Überlegungen nehmen auf einzelne dieser Publikationen Bezug.

Einige Bemühungen solcher Aufarbeitung reichen bis in die Jahrzehnte der Volksrepublik zurück, sind allerdings auf den kleinen Kreis der von katholischen Intellektuellen herausgegebenen Medien „Tygodnik Powszeny", „Znak" und „Więź" beschränkt. Bereits 1957 verurteilte Jerzy Turowicz (1912-1999), Chefredakteur des „Tygodnik Powszechny", ohne Wenn und Aber den gegen das jüdische Volk gerichteten Hass, „der heute gewöhnlich Antisemitismus genannt wird." Turowicz spricht einem antisemitischen Katholiken sein Katholischsein förmlich ab, indem er erklärt, „dass ein Katholik, der Antisemit ist, in dem Maße kein Katholik mehr sei, in dem er Antisemit ist."[168] In deutscher Sprache liegt inzwischen ein von der Redaktion „Więź" herausgebrachter Sammelband vor, der eine Auswahl von Aufsätzen enthält, die in den Jahren 1958-1997 zu polnisch-jüdischen Fragen in dieser Monatsschrift erschienen sind.[169] Ein auch heute noch lesenswerter Beitrag ist der im Frühjahr 1960 von Tadeusz Mazowiecki in den Warschauer und Krakauer Klubs Katholischer Intelligenz gehaltene Vortrag „Der Antisemitismus der gutmütigen und anständigen Menschen". Darin setzt sich der damalige Chefredakteur von „Więź" mit zwei, den

---

167 A. Magdziak-Miszewska, Najpoważniejszy egzamin (Examen von höchster Wichtigkeit), Więź 4/2001, S. 46.
168 J. Turowicz, Antysemityzm (Antisemitismus), Tygodnik Powszechny 11/1957.
169 Polen und Juden. Gemeinsam unter einem Himmel, Więź, Sonderausgabe 2000.

Antisemitismus scheinbar legitimierende Argumente auseinander: „erstens, daß es im Staatsapparat eine Art jüdischer Mafia gibt; und zweitens, daß sich Polen jüdischer Abstammung oft als Kosmopoliten erweisen und ihre Bindung an Polen nur eine scheinbare ist."[170] Was das erste Argument betrifft, so leugnet Mazowiecki zwar nicht, dass „es 1945 auf den oftmals verantwortungsvollen Posten im Machtapparat viele Polen jüdischer Abstammung gab," erklärt dies aber aus der „historischen Situation" und weist Vorstellungen als absurd zurück, wonach die Ursache „in irgendwelchen unveränderlichen Eigenschaften des jüdischen Charakters, oder, noch schlimmer, in den Plänen des Weltjudentums" zu suchen sei.[171] Bezüglich des zweiten Arguments setzt sich Mazowiecki kritisch mit dem Assimilationskonzept auseinander, das letztlich darauf hinauslaufe, das jüdische Problem aus der Welt zu schaffen, indem die Juden dazu genötigt werden, sich unter Verzicht auf ihr jüdisches Selbstverständnis der Kultur und Nation ihres Gastlandes völlig anzugleichen. Mazowiecki fordert statt der Assimilation ein Konzept der Integration, damit sich der jüdische Mitbürger in der Gesellschaft, in der er lebt, verwurzeln kann, ohne seine jüdische Herkunft zu verleugnen oder sich gar von seinem jüdischen Erbe loszusagen. Es komme im Gegenteil darauf an, dass die Verwurzelung „ein Prozeß gegenseitiger Bereicherung und Erweiterung ist, der das Zusammengehörigkeitsgefühl fördert und nicht Werte zersetzt."[172]

In der neueren Aufarbeitung des polnisch-jüdischen Verhältnisses steht – neben dem Interesse am Reichtum des durch den Holocaust weitgehend vernichteten jüdischen Erbes – vor allem die Problematik der beiderseitigen Beziehungen im Mittelpunkt der Betrachtung. Darüber soll aber nicht die lange, vom Mittelalter bis ins 17. Jahrhundert reichende Phase vergessen werden, in der Polen für Juden der praktizierten Toleranz wegen zum bevorzugten europäischen Einwanderungsland wurde. So zeichnet Eva Hoffmann[173] in ihrem mit sehr viel Empathie geschriebenen Buch über die bis zur Hälfte von Juden bewohnte ostpolnische Kleinstadt Brańsk zunächst ein Bild vom Jahrhunderte währenden friedlichen Zusammenleben beider Volksgruppen. In dieser polnisch-jüdischen Koexistenz sieht sie ein für die Bestimmung heutiger Minderheitenrechte beispielhaftes Experiment, das seine Grundlage in dem 1264 von Bolesław Pobożny (1224/27-1279) erlassenen Kalischer Statut hatte. Dieses sei „in vielerlei Hinsicht ein ungewöhnlicher Rechtsakt gewesen." Der Text spiegele „eine – selbst nach heutigen Maß-

---

170 Ebd., 39.
171 Ebd., S. 40.
172 Ebd., S. 44f.
173 E. Hofmann, Sztetl. Świat Żydów Polskich, Warschau 2001. Das Buch der aus Krakau stammenden, mit 13 Jahren emigrierten Autorin erschien ursprünglich auf Englisch: Shetl. The Life and Death of a Smal Town and the World of Polish Jews.

stäben – subtile Sensibilität für die Sorgen und Nöte der kleinen Gruppe von Untertanen wider." Im Einzelnen verweist sie auf den besonderen Status der Juden im mittelalterlichen Polen. Sie waren „*servi camerae*, was so viel heißt, dass sie als freie Menschen direkt dem Fürsten unterstanden." Das Statut habe jüdischen Einwanderern „Schutz von Leben und Habe sowie das Recht auf den Besitz eigener Synagogen und Friedhöfe garantiert." Wörtlich schreibt die Autorin: „Bolesław Pobożny beschränkte sich nicht auf diese Grundrechte, sondern unternahm darüber hinaus weitsichtige Schritte, die auf eine einklagbare Liquidierung von Vorurteilen und Ungleichheiten zielten." So habe er ausdrücklich verboten, Juden des Ritualmordes zu beschuldigen, wobei die Autorin den „höchst erstaunlichen Paragraphen des Kalischer Statuts" hervorhebt, der besagt, „dass jeder Christ, der einen Juden dieses Verbrechens fälschlicherweise beschuldigt, dieselbe Strafe zu erleiden habe, die ein Jude zu verbüßen hätte, wenn sich die gegen ihn erhobenen Anschuldigungen bewahrheiten sollten. [...] Der Autor des Kalischer Statuts wusste sehr wohl um die damals gängigen Vorurteile Juden gegenüber, doch ihm lag daran, Prinzipien der Toleranz und der Gleichheit in Kraft zu setzen."[174]

Eva Hoffmann betont nicht zuletzt die jahrhundertelange „polnisch-jüdische Koexistenz", um eine verbreitete westeuropäische Vorstellung ein wenig zurecht-zurücken, wonach Polen – wie ganz Osteuropa – in der Geschichte ökonomisch und politisch rückständig gewesen sei. Sie bestreitet diese grundsätzliche Einschätzung zwar nicht, hinterfragt aber das ihr zugrunde liegende Wertsystem: „Die Kriterien historischer Beurteilung können sich unter dem Einfluss einer sich aktuell wandelnden Werteskala schnell verändern. Aus heutiger Perspektive gewinnen bestimmte Aspekte der Geschichte Osteuropas eine neue Dimension: mehr noch: Man kann in ihr die Antwort auf bestimmte Dilemmata finden, mit denen die heutigen höher entwickelten Gesellschaften zu tun haben. Dies betrifft insbesondere Probleme wie Pluralismus und ethnische Koexistenz. Den polnischen Erfahrungen gebührt in diesem Bereich eine höchst interessante Präzedens, funktionierte doch gerade in Polen in vielen Epochen seiner Geschichte eine multikulturelle Gesellschaft."[175]

Gedächtnisverlust als Folge kommunistischer Herrschaft

Ein polnischer Rezensent des Buches von Eva Hoffmann bezweifelt, dass die darin enthaltenen Informationen in Polen genügend bekannt seien. Einer der Gründe für diese Unkenntnis dürfte in einem durch über vier Jahrzehnte kommunistischer Herrschaft bedingten Gedächtnisverlust zu suchen sein. Darunter

---
174 Ebd., S. 34f.
175 Ebd., S. 16.

leiden im Übrigen sämtliche postsozialistischen Nationen, deren Bürger jahrzehntelang ein Geschichtsbild vermittelt bekamen, in dem all das ausgeklammert blieb, was der eigenen Ideologie und den machtpolitischen Zielen widersprach. Zu den auf diese Weise verdrängten historischen Inhalten gehört auch das polnisch-jüdische Verhältnis. Hinzu kam ein Weiteres: der Versuch, die Erinnerung an den Holocaust zugunsten des Martyriums der polnischen Nation aus dem gesellschaftlichen Bewusstsein zu verdrängen. Hierzu äußert sich Jan Tomasz Gross, der 1968 als politischer Dissident und nicht, wie er ausdrücklich betont, als Jude emigrierte: „Ich begann allmählich zu begreifen, dass die Juden aus der Geschichte Polens völlig eliminiert wurden, dass es sie in ihr ganz einfach nicht gab. Dabei waren sie doch ein Teil dieser Geschichte. Damals begriff ich, dass es sich um eine tief greifende Verfälschung handelt, der man sich widersetzen muss. Die Verlogenheit in der polnischen Geschichtsschreibung, im Bewusstsein der polnischen Gesellschaft, bezüglich dessen, was den Juden während des Krieges in Polen angetan wurde, ist eine Last, die eine psychische Selbstbefreiung in dieser Gesellschaft unmöglich macht."[176] Er verweist in diesem Zusammenhang auf eine Untersuchung von Schulbüchern, die vom Jüdischen Historischen Institut in Warschau in der Absicht durchgeführt wurde, herauszufinden, was sie über den Holocaust enthalten: Buchstäblich nichts.

Zu der von Jan Tomasz Gross kritisierten „historischen Eliminierung" liegen inzwischen Detailuntersuchungen vor. So zeigt Marcin Zaremba unter der bezeichnenden Überschrift „Amt des Vergessens"[177] am Beispiel des Museums von Auschwitz, wie schwierig es ist, angesichts der damaligen ideologisch und machtpolitisch bedingten Verfälschung geschichtlicher Fakten heute eine Bewusstseinsveränderung in der Breite der Gesellschaft zu bewirken.

Marcin Zaremba liefert den Beweis, dass das ZK der kommunistischen Polnischen Vereinigten Arbeiterpartei (PVAP) von Beginn an auf die Ausstellung in Auschwitz Einfluss genommen hat. Bereits 1950 wurde durch eine Kommission des ZK das Ausstellungsprojekt beanstandet, weil es eine nach Nationen getrennte Präsentation der Leiden der Häftlinge vorsah. Die Absicht war klar: Man wollte aus Auschwitz vor allem eine Stätte des Martyriums der polnischen Nation machen und dem gegenüber musste die Vernichtung der Juden in den Hintergrund treten. 1963 fasste der Sejm einen entsprechenden Beschluss, durch den das Lager Auschwitz offiziell in den Rang eines „Denkmals des Martyriums und des Kampfes der Polnischen Nation und anderer Nationen" erhoben wurde. Im gleichen Jahr habe die Partei die Autoren der Großen Enzyklopädie attackiert, weil sie unter dem Stichwort „Hitlersche Konzentrationslager" eine

---

176 Viva 3/2001.
177 M. Zaremba, Urząd zapomnienia (Amt des Vergessens), Polityka 41/2001.

„grundlose Unterscheidung zwischen Konzentrations- und Vernichtungslagern" vorgenommen hätten. Zudem würde durch die Angabe, 99% aller Todesopfer seien Juden gewesen, suggeriert, nur Juden seien umgebracht worden. „Mit anderen Worten, das Verbrechen der Autoren bestand darin, das Autostereotyp in Frage gestellt zu haben, wonach die Polen im Zweiten Weltkrieg am meisten gelitten hätten. Das Bild des leidenden, deutscher Gewalt ausgelieferten Polen drang so tief in die polnische Mentalität ein, dass es zu einem fundamentalen Element nationaler Identität wurde." Dies musste auf Anweisung der Partei in der Propaganda, in der schulischen Erziehung und in Denkmälern seinen Ausdruck finden.

Ähnlich verhält es sich mit dem Gedenken an den Warschauer Gettoaufstand von 1943. So sucht man in den parteilichen Anweisungen zu seiner 20-Jahr-Feier das Wort „Jude" vergeblich. Dafür strotzt die Erklärung des ZK der PVAP – nicht anders als in der DDR bei solchen Gelegenheiten – von ideologischen Phrasen wie „Verbrechen des deutschen Imperialismus und Militarismus" oder „Demaskierung der Kräfte, die auf einen neuen Krieg zusteuern". Die Leiden der Juden, ihr verzweifelter Kampf und ihre schließliche physische Vernichtung fallen der ideologischen Instrumentalisierung zum Opfer.

Als Folge dieses Umgangs mit der Vergangenheit haben wir es heute mit dem Problem zweier getrennter Gedächtniskulturen zu tun: Polen wie Juden erinnern sich ihres eigenen Martyriums, ohne die Leiden des anderen sonderlich in den Blick zu nehmen. So wurde Auschwitz zu einem Symbol getrennten Gedenkens. Dieser „Gedächtnisgraben" erweist sich als ein großes Hindernis polnisch-jüdischer Verständigung. Ihn zu überwinden, für eine wechselseitige Wahrnehmung erfahrener Leiden zu sensibilisieren, die Verflechtungen und Gemeinsamkeiten, die es schließlich auch gegeben hat, zu erfassen – all das gehört zu der Herausforderung einer umfassenden Aufarbeitung der polnisch-jüdischen Beziehungen, die von den Eliten beider Seiten heute sehr wohl angenommen wird und die die gegenwärtige Diskussion bestimmt.

Elemente einer uneingestandenen Kontinuität zwischen der Volksrepublik und der Endecja der Zwischenkriegszeit

Die Kommunisten waren nach dem Zweiten Weltkrieg mit dem Vorsatz angetreten, mit den Traditionen der II. Republik zu brechen und ein neues Polen aufzubauen. Symbole und Gedenktage der 20er und 30er Jahre der Zwischenkriegszeit fielen – wie der 3. Mai in Erinnerung an die Verfassung von 1791 – einem Verdikt zum Opfer und wurden durch neue, nunmehr sozialistische Embleme und Feiertage ersetzt. Offiziell gefeiert wurde nicht mehr der 11. November, der Gedenktag an die mit dem Ende des Ersten Weltkriegs nach gut 120 Jahren wiedergewonnenen Unabhängigkeit, sondern der 22. Juli als Gründungstag der Volksrepublik. Anstatt die Zwischenkriegszeit ohne ideologische Scheuklappen kritisch aufzuarbeiten, waren die kommunistischen Machthaber bestrebt, die Erinnerung an diese geschichtliche Phase möglichst auszulöschen. Doch der vollzogene Bruch war in Wahrheit weniger radikal als die politische Führung des Landes dies wahrhaben wollte. So konnte sich der antisemitisch belastete Nationalismus der polnischen Rechten jener Jahre relativ gut in die neue Zeit hinüber retten.

Die von den Kommunisten verschleierte Kontinuität zwischen der der II. Republik und der Volksrepublik findet darin ihren augenfälligen Ausdruck, dass Polen nach dem Zweiten Weltkrieg in einer Form wiedererstand, die der politischen Konzeption von Roman Dmowski (1864-1939), dem Führer der polnischen Rechten, entsprach. Bereits 1908 hatte er in seiner Schrift „Niemcy, Rosja i kwestia polska" (Deutsche, Russland und die polnische Frage) seine von einem überhöhten Begriff der Nation bestimmte Vorstellung einer Wiedergeburt Polens entwickelt. Mit der Idealisierung der Nation verband sich bei ihm die Furcht vor ihrer Bedrohung. Diese ging für seine von ihm 1897 gegründete National-Demokratische Partei, der sogenannten Endecja, vor allem von Deutschland aus. Ihr müsse auf der Basis eines modifizierten Panslawismus durch eine Anlehnung an Russland begegnet werden. Dmowskis Idealvorstellung war ein möglichst ethnisch reines Polen, das allerdings angesichts der Minderheiten der II. Republik von einem knappen Drittel der Gesamtbevölkerung eine Utopie blieb. In ihr, zumal in den gut zwei Millionen Juden, sah die Endecja eine permanente innere Gefährdung, die ihr umso bedrohlicher erschien, je mehr sich die wirtschaftliche und soziale Situation im Lande verschlechterte.

In Dmowskis gesellschafts-politischem Programm spielte die katholische Kirche eine bedeutende Rolle. Der Führer der Endecja trat gemäß seiner 1927 erschienenen Schrift „Kościół, naród, państwo" (Kirche, Nation, Staat) für deren starke Verflechtung von ein. Er sah in der katholischen Religion die Verankerung des Polentums und fand damit innerhalb der Kirche weitgehende Zustimmung, so dass der Klerus in seiner Mehrheit der Endecja zuneigte und damit die politische Instrumentalisierung katholischen Glaubens in Kauf nahm. Als einzige katholische Gruppierung setzte sich die Studentenorganisation „Odrodzenie" (Erneuerung) in der II. Republik den nationalistischen und antisemitischen Strömungen entgegen. Sie wurde in den 1930er Jahren von der Hierarchie mehr geduldet als geliebt, doch waren es nicht zufällig Persönlichkeiten aus ihrem Umfeld, die sich in der Volksrepublik um die Redaktionen des „Tygodnik Powszechny" und der Zeitschrift „Znak" sammelten, die Auseinandersetzung um den Antisemitismus aufnahmen und nach der Wende des Jahres 1989 entschieden Tendenzen eines katholischen Glaubensstaates entgegentraten.

Nach 1945 wurde das von den Nationalisten in der II. Republik vertretene Programm eines weitgehend ethnisch reinen Polen auf schreckliche Weise durch den Holocaust sowie aufgrund der Westverschiebung Polens als Folge des Zweiten Weltkriegs Realität. Auch die Vorstellung, nach der eine Gefahr für Polen vor allem von Deutschland ausgehe und Polens Sicherheit nur durch ein Bündnis mit Russland gewährleistet sei, steht in Analogie zu den Ideen von Dmowski.

Einen Unterschied zwischen den politischen Vorstellungen der Endecja und denen der kommunistischen Führung der Volksrepublik gibt es allerdings. Er betrifft die Einstellung zur katholischen Kirche. Während Dmowski in ihr den wichtigsten Garanten für die Einheit der Nation und die Unabhängigkeit des Staates sah, galt sie in den Augen der polnischen Kommunisten als Haupthindernis einer Verankerung ihrer atheistischen Weltanschauung in der Gesellschaft. Die Auseinandersetzung zwischen Staat und Kirche ging jahrzehntelang vor allem um die Frage, wer die Nation und die nationalen Interessen repräsentiert – die Partei oder die Kirche. Letztere sah sich daher unter der Leitung von Primas Stefan Wyszyński (1901-1981) gezwungen, gegen das von der kommunistischen Führung vertretene Modell einer Einheit von Partei, Nation und Staat die Verankerung der Nation im katholischen Glauben unter Beweis zu stellen, womit beide Seiten, wenngleich auf gegensätzlichen Positionen, eine Überhöhung der Nation betrieben und damit in einer gewissen Kontinuität zu Dmowski standen. Dies hatte u. a. zur Folge, dass sich Polens katholische Kirche nach der politischen Wende in den 1990er Jahren schwer tat, ihren Platz in der nunmehr demokratischen Ordnung zu finden.[178] Und dass die Ideen des Roman Dmowski keineswegs der Vergangenheit angehören, zeigen die vom Antisemitismus infizierten nationalistischen Tendenzen in Teilen der heutigen katholischen Gesellschaft, wie sie ihren Niederschlag in Radio „Maryja" und einigen Kirchenblättern finden sowie die direkte Berufung auf den Begründer der Endecja bei der, allerdings politisch unbedeutenden, „Liga der Polnischen Familien".

Die Zwischenkriegszeit im Schatten des Antisemitismus

Angesichts der bis in die Gegenwart hinein spürbaren Nachwirkung eines in seiner Konsequenz antisemitischen Nationalismus der Endecja erscheint eine Aufarbeitung der polnisch-jüdischen Beziehungen in der II. Republik besonders dringlich. So wundert es nicht, dass in jüngster Zeit zahlreiche Aufsätze, Monographien und Memoiren polnischer wie jüdischer Autoren den 20er und 30er Jahren der Zwischenkriegszeit gewidmet wurden, um den polnisch-jüdischen

---

178 Vgl. etwa meinen Beitrag „Trendwende oder Zerreißprobe", Orientierung 2 und 3/1998.

Beziehungen jener Jahre in ihrer Vielfalt und Komplexität nachzugehen und die Ursachen eines offenen oder latenten Antisemitismus aufzudecken.

Polens Nobelpreisträger Czesław Miłosz verweist in seinem umfangreichen Werk zu den 1920er Jahren[179] darauf, dass über der II. Republik bereits an ihrem Anfang ein dunkler Schatten lag: Aus den ersten Sejmwahlen vom November 1922 ging aufgrund einer Koalition zwischen den Sozialisten und einem Wahlbündnis der Minderheiten der aus dem Schweizer Exil heimgekehrte Gabriel Narutowicz (1865-1922), ein enger Freund Piłsudskis (1867-1935)[180], siegreich hervor und gewann das Präsidentenamt. Kurz nach seinem Amtsantritt wurde er am 16. Dezember 1922 während des Besuchs einer Ausstellung ermordet. Als Motiv gab der Täter an, er habe Polen vor Freimaurern und dem Juden retten wollen.

Das Attentat war zwar von der Endecja nicht förmlich in Auftrag gegeben worden, doch sie ist für die Tat mitverantwortlich zu machen. Als Reaktion auf die verlorenen Wahlen hatten die Nationaldemokraten den Antrag gestellt, in Parlament Kreuze anzubringen. Er wurde unter Protest der Linken abgelehnt. Aus einer politischen Auseinandersetzung wurde damit ein Kampf um das Kreuz. In den Straßen von Warschau kam es zu öffentlichen Manifestationen, Abgeordnete der Linken wurden tätlich angegriffen, Juden belästigt. Auf diesem Hintergrund erscheint die Ermordung des Präsidenten als Konsequenz einer politischen Instrumentalisierung der Religion. Daran erinnert Miłosz in seiner Analyse. Er zitiert den „Przegląd Wileński", der damals hellsichtig schrieb: „Kann man überhaupt den Kampf der Endecja um den Sieg christlicher Symbole in Polen ernst nehmen? Liefert ein so verstandenes Christentum nicht eher den Beweis für die Dekadenz christlichen Denkens in breiten Kreisen der Gesellschaft, als deren Patron sich die Endecja versteht? Wann haben wir es endlich in Polen mit einem Katholizismus zu tun, der sich nicht der herrschenden Atmosphäre anpasst?"[181]

In ihrer Untersuchung der in der polnischen Presse der Jahre 1919-1923 verwendeten Propagandasprache belegt Irena Kamińska-Szmaj[182] bereits für die Anfänge der II. Republik die politische Aufladung des überlieferten negativen Stereotyps eines Juden. Sie zeigt, dass nicht mehr der Schankwirt, bei dem die

---

179 C. Miłosz, Wyprawa w Dwudziestolecie (Reise in die zwanziger Jahre), Krakau 1999.
180 Józef Piłsudski betrieb seit Ende des 19. Jahrhunderts als Führer der illegal gegründeten Sozialistischen Partei mit großer Entschiedenheit die Wiedergeburt Polens. Im Gegensatz zu Dmowski vertrat er keine Konzeption eines ethnisch reinen Polen und war daher auch von antisemitischen Tendenzen frei. Von 1918-1922 war er Polens Staatsoberhaupt. 1926 übernahm er durch einen Staatsstreich wiederum die Macht und schränkte zur Sanierung des Staates die demokratischen Freiheiten ein.
181 Ebd., S. 216.
182 Vgl. M. Janion, Spór o antysemityzm (Steit um den Antisemitismus), Tygodnik Powszechny (Kontrapunkt) 22/2000.

Polen ihr sauer verdientes Geld gleich nach der Arbeit wieder los werden, das Bild eines Juden abgibt, nicht mehr der nach Knoblauch riechende Alte mit langer Nase, Bart und Kaftan, sondern der gut gekleidete Bankier und Kapitalist, der internationale Verschwörer, der Kommunist und Bolschewist. Diese Widersprüchlichkeit des Stereotyps entsprach einer Denkweise in den Kategorien einer Weltverschwörung, die – wie u.a. die „Protokolle der Weisen von Zion" zeigen – auf der Unterstellung beruhen, dass die Juden alle sich ihnen bietenden Mittel und Möglichkeiten nutzen, um ihre Ziele zu erreichen.

In den dreißiger Jahren des vorigen Jahrhunderts kam es mit der Bildung des National-Radikalen Lagers zu einem von den Jungnationalisten betriebenen Rechtsextremismus. Aus ihm entstand 1934 die „Falanga" unter Führung von Bolesław Piasecki (1915-1979)[183] Hauptsächlich wegen der ökonomischen Krise der 1930er Jahre fanden ihre antisemitischen Losungen und Aufrufe zur Gewalt Gehör, zumal unter Arbeitern und Bauern. Die „Falanga" verstand es, ihren Antisemitismus mit dem Katholizismus zu verbinden, wodurch sie sich von den deutschen Nationalsozialisten unterschied, wenngleich man – wie Miłosz anmerkt – gewisse deutsche Einflüsse nicht ausschließen kann. Zu ihren Aktionen gehörte u.a. der Boykott jüdischer Geschäfte. In einem vor den Ostertagen verteilten Flugblatt heißt es beispielsweise:

„Bei Juden kauft
wer nur Pole ist an Feiertagen oder bei Paraden,
wer Katholik ist nur dem Taufschein nach,
[...]
Wir dürfen dieses Fest nicht durch Unterstützung der Juden profanieren!"
[...]
Die wahren Polen-Katholiken kaufen nur bei Polen."[184]

Miłosz führt eine Vielzahl ähnlicher Belege an, verweist auch auf die Einführung von Gettobänken an den Universitäten und kommentiert diese Vorgänge unter Hinweis auf eine in der zweiten Hälfte der 1930er Jahre zunehmende gesellschaftliche Polarisierung mit den Worten: „Der Nonsens dieser ganzen 'jüdischen Frage' beruhte darauf, dass innerhalb der polnischen Gesellschaft die Trennungslinien verschwanden, mit Ausnahme der einen: entweder gegen die sich verbreitende Hetze oder für sie."[185]

---

183 Ende des Zweiten Weltkriegs wurde Piasecki von den Sowjets verhaftet, dann von ihnen dazu erkoren, „fortschrittliche Katholiken" um sich zu scharen, ein Sammelbecken, aus dem 1952 die von ihm bis zu seinem Tode geleitete Organisation „Pax" hervorging. Auch diese Karriere kann als Indiz für eine gewisse Kontinuität zwischen der II. Republik und der kommunistischen Volksrepublik gewertet werden.
184 Ebd., S. 490f.
185 Ebd., S. 522.

Auf eine Verschärfung des Antisemitismus nach Piłsudskis Tod (1935) verweist auch Eva Hoffmann. Sie schreibt: „Zur Verschlechterung des Klimas trug auch die katholische Kirche bei, indem sie antijüdische Predigten tolerierte. Immer häufiger erschienen von der Kirche herausgegebene antisemitische Broschüren. Sie stellten die Juden als wirtschaftsschädigende Menschen dar, als ein demoralisierendes Element, das die moralische Gesundheit der Nation bedroht, sowie als Agenten des Kommunismus. Der Terminus 'Judenkommune' wurde allgemein gebräuchlich. Für die offenen Antisemiten war der Jude nicht mehr nur ein 'Anderer', sondern ein innerer Feind."[186]

Doch bei all diesen Beweisen für einen in der II. Republik belegbaren Antisemitismus darf man nicht übersehen, dass er lediglich mit einer, wenngleich einflussreichen politisch-ideologischen Richtung verbunden war. Die Sozialisten waren von diesem Virus frei, und im katholischen Raum stellte sich die in „Odrodzenie" vereinigte junge Intelligenz judenfeindlichen Tendenzen entgegen. Zu betonen ist, dass es in Polen in der Zwischenkiegszeit keinen machtgestützten, staatlich verordneten Antisemitismus gegeben hat, wie dies in Deutschland mit der Machtübernahme Hitlers der Fall war.

Neben der aktuellen Aufarbeitung des Antisemitismus der Zwischenkriegszeit gilt die Erinnerung dem damaligen innerjüdischen Leben. Dieses bietet dem Betrachter ein sehr buntes, komplexes, heute weithin vergessens Bild. In den 1990er Jahren erschien eine kaum mehr überschaubare Fülle an Veröffentlichungen, um diesen Gedächtnisverlust aufzuarbeiten. Sie verdeutlichen, dass die polnischen Juden in jenen Jahren keineswegs eine in sich geschlossene soziale Gruppe bildeten. Ganz im Gegenteil. So gab es die in der Öffentlichkeit durch Kleidung und Haartracht auffälligen orthodoxen Juden, die im übrigen in Polen die Mehrheit bildeten, und es gab die assimilierten und emanzipierten Juden. Sie gehörten in der Regel der Oberschicht an, waren in gut bezahlten Berufen tätig und genossen öffentliches Ansehen. Das jüdische Proletariat dagegen war sozial deklassiert, und beide gesellschaftlichen Gruppen waren durch eine tiefe Kluft voneinander getrennt. Auch politisch waren die Juden gespalten: Es gab die Zionisten, die von einem eigenen Staat in Palästina träumten, es gab den antizionistischen, sozialistisch geprägten „Bund" und es gab eine breite Schicht assimilierter und gebildeter Juden, die in der polnischen Kultur tief verwurzelt waren, diese bereicherten und nicht daran dachten, jemals ihre polnische Heimat zu verlassen. Juden waren Parteigänger Piłsudskis und Aktivisten der Kommunisten Partei. Es gab zahlreiche jüdische Theater und Kinos, Verlage und Buchhandlungen, eigene Schulen und Vereinigungen. Die Juden verfügten über ein reiches Pressewesen sehr unterschiedlicher Richtungen mit einer die Zeitungen

---

186 E. Hoffmann, a. a. O., S. 171f.

der übrigen Minderheiten weit übersteigenden Auflagenhöhe von gut 300 000 Exemplaren. Die Hälfte aller jüdischen Blätter erschien in Warschau, davon 30% in polnischer, 70% in jiddischer Sprache. An dieser sprachlichen Trennung wird deutlich, dass die polnischen Juden in sehr unterschiedlichen kulturellen Zusammenhängen lebten – Jiddisch und Hebräisch dienten der besonderen Wahrung ihrer jüdischen Identität und waren eng mit der Praxis ihres religiösen Lebens verbunden, das Polnische dagegen war das sprachliche Vehikel ihrer engen Verflechtung mit der Mehrheitsnation. Diese Unterschiedlichkeit im Gebrauch der Sprache durchzog in vielfältiger Form alle jüdischen Lebensbereiche. Und nicht alle Juden beherrschten sowohl das Jiddische als auch das Polnische, um an beiden Lebensbereichen zu partizipieren. Das alles fand mit dem 1. September 1939 ein Ende, als deutsche Truppen das Land überfielen. Mit der einzigen, den Holocaust einleitenden Identifizierung als Jude wurden alle diese Unterschiede hinfällig, und das reiche, bunte jüdische Leben wurde ausgelöscht.

Differenzierte Aufarbeitung des polnisch-jüdischen Verhältnisses

Das Faktum, dass es sich bei den polnischen Juden um keine in sich geschlossene soziale Gruppe handelte, lässt jede globale Stereotypisierung als absurd erscheinen und verlangt stattdessen eine sehr differenzierte Aufarbeitung polnisch-jüdischer Beziehungen, um die Aufklärung bestimmter, tief sitzender Stereotype zu ermöglichen. Nehmen wir als Beispiel die „Judenkommune", ein aus der Zwischenkriegszeit stammendes Stereotyp, das sich als äußerst vital erwiesen hat. Es suggeriert eine auf den Untergang Polens zielende Zusammenarbeit von Juden und Bolschewisten. Unbestritten ist, dass neben Polen auch Juden zu den Aktivisten der 1918 gegründeten Kommunistischen Partei Polens zählten. Doch warum? Was waren ihre Beweggründe?

In ihrer Familiengeschichte, die ein breites Spektrum weltanschaulicher und politischer Grundeinstellungen zeigt, erläutert Joanna Olczak-Ronikier am Beispiel des der politischen Linken in führender Position angehörenden Bruders ihrer Großmutter, Maximilian Horwitz (1877-1935), die internen Auseinandersetzungen innerhalb der sozialistischen Partei von Józef Piłsudski. Sie führten 1906, also noch vor der staatlichen Wiedergeburt Polens, zur Spaltung in eine rechte und eine mit Lenin sympathisierende linke Fraktion. Kernpunkt der Auseinandersetzung bildete die Frage, ob die soziale und ethnische Befreiung vor der nationalen Befreiung Priorität beanspruchen könne oder ihr nachgeordnet sei. In Anbetracht des Antisemitismus der Nationalisten bezweifelte die Linke, dass allein schon die staatliche Wiedergeburt Polens den Juden und anderen Minderheiten die ersehnte gesellschaftliche Gleichstellung bringen würde. Dieses Ziel müsse in einem internationalen Rahmen verfolgt werden. In seiner 1907 in der Haft verfassten Schrift „Die Judenfrage" zeigt sich Horwitz überzeugt, dass „der nicht assimilierte Jude, der noch nicht zur Würde eines Polen erhobene Jude in der Meinung der Gesellschaft ein Untermensch bleibt. Um Mensch zu sein, muss ein Jude aufhören, Jude zu sein." Doch auch die Assimilation biete den Juden letztlich keinen Schutz. Horwitz nennt sie „eine bankrotte Ideologie jüdischer Bourgeoisie und Intelligenz".[187] Und sie sei zudem eine Täuschung, denn mit der wachsenden Zahl assimilierter Juden wachse auch der aggressive und gegen sie gerichtete Antisemitismus der Nationalisten.

An Horwitz' Schicksal verdeutlicht Olczak-Ronikier zudem, dass die Linke mit ihrem Glauben an den Kommunismus einer Illusion erlag und welchen Preis sie dafür zu entrichten hatte. Mehrfach verhaftet und eingekerkert, verbannt, entflohen, stets gesucht und gejagt, an wechselnden Orten unter falschem Namen sich aufhaltend, führte Horwitz noch in der Zeit der Teilungen und dann in der II. Republik das Leben eines Berufsrevolutionärs. Nach Gründung der Kommunistischen Partei vertrat er diese als Mitglied des Zentralkomitees bei der Komintern. Er gehörte dem engeren Kreis um Lenin an, emigrierte in die Sowjetunion und wurde 1937 im Zuge der stalinistischen Säuberungen in Moskau ermordet.

Wie stark das auf die Zwischenkriegszeit zurückgehende Stereotyp der „Judenkommune" nachwirkte und die Denkweise vieler, dem kommunistischen Nachkriegssystem der Volksrepublik ablehnend gegenüberstehender Polen bestimmte, zeigt Mazowiecki in seinem bereits zitierten Beitrag durch das Bemühen, dieses Vorurteil aus der historischen Situation heraus zu erklären. Dabei verweist er nicht nur auf die frühe Bindung eines Teils der assimilierten jüdischen Intelligenz an die kommunistische Bewegung, sondern auch auf das Faktum, dass viele polnische Juden in der Sowjetunion die Shoa überlebt hatten. Diese sahen in ihr „ein beständiges Bollwerk gegen eine mögliche Wiedergeburt des Rassismus und Antisemitismus. Das beeinflußte zweifellos ihre Einstellung zur neuen, revolutionären Macht. Die traditionelle polnische Intelligenz befand sich dagegen in ihrer überwiegenden Mehrheit auf die eine oder andere Art in der Opposition. Diese Tatsachen werden heute gern vergessen, wenn man nach den 'Entstehungsursachen' fragt und daraus ein Argument ableitet, das dem Antisemitismus in unseren Verhältnissen angeblich eine gewisse Berechtigung verleihen soll."[188]

---

187 Hier zitiert nach J. Olczak-Ronikier, W ogrodzie pamięci (Im Garten der Erinnerung), Krakau 1999, S. 122.
188 Więź, Polen und Juden, a. a. O., S. 40.

Jüdisches Erbe als Teil polnischer Kultur

Ein besonderer Aspekt differenzierter Aufarbeitung des polnisch-jüdischen Verhältnisses betrifft das reiche jüdische Erbe. Wie oft im Leben, so gilt auch hier, dass erst der unwiederbringliche Verlust den Wert des Verlorenen zu Bewusstsein bringt. In den 1990er Jahren mehrten sich die Stimmen derer, die das fast völlige Verschwinden jüdischen Lebens als Verarmung polnischer Kultur beklagten. Es zeigte sich ein förmlicher Trend, sich des Vergangenen zu erinnern: Bildbände entfalten vor dem Auge des Betrachters den ganzen Reichtum einstigen jüdischen Lebens; Familiengeschichten vermitteln über mehrere Generationen einen Eindruck von den Leiden und Freuden des Zusammenlebens der Juden mit ihren polnischen Mitbürgern; wissenschaftliche Untersuchungen belegen, in welchem Ausmaß Juden zur Bereicherung der polnischen Kultur beigetragen haben. In der Besprechung eines dieser zahlreichen, der Geschichte der polnischen Juden gewidmeten Werke, eines Wörterbuchs[189], verweist die Rezensentin unter dem bezeichnenden Titel „Wiederkehr der Geschichte"[190] darauf, dass infolge der tragischen Ereignisse des letzten Jahrhunderts erst der politische Umbruch Ende der 1980er, Anfang der 1990er Jahre die Möglichkeit eröffnete, den Anteil der Juden an der polnischen Kultur mit der erforderlichen wissenschaftlichen Gründlichkeit zu erforschen und damit endlich ein seit den 1930er Jahren bestehendes Desiderat zu erfüllen. Das 400 Seiten starke Wörterbuch erläutert nicht nur heute bereits vergessene, mit dem jüdischen Brauchtum und Alltagsleben verbundene Termini, es präsentiert auch über tausend Lebensschicksale bedeutender polnischer Juden, darunter eine große Anzahl von Schriftstellern und Künstlern. Ausgewählt wurden ausschließlich Persönlichkeiten, die sich entweder gar nicht assimiliert hatten oder sich trotz ihrer Assimilierung der jüdischen Tradition weiterhin verbunden fühlten.

Noch eine weitere Publikation sei erwähnt – die mit weit über 500 Illustrationen künstlerischer Werke umfangreiche Darstellung von Jerzy Malinowski „Malerei und Plastik polnischer Juden im 19. und 20. Jahrhundert".[191] Leben und Schaffen des überwiegenden Teils dieser Menschen endeten in den Vernichtungslagern von Treblinka und Auschwitz oder in den Gettos von Warschau und anderer Städte. Es sind weithin vergessene Namen und Werke, die Malinowski in Erinnerung ruft, die es heute neu zu entdecken gilt und die einem zugleich die ganze Tragik und Tragweite des durch den Holocaust erlittenen kulturellen Verlustes vor Augen führt.

---

189 A. Cała, H. Węgrzynek, G. Zalewska, Historia i kultura Żydów polskich (Geschichte und Kultur der polnischen Juden), Warschau 2000.
190 J. Żyndul, Historia przywracana (Wiederhergestellte Geschichte), Nowe Książki 11/2000.
191 J. Malinowski, Malarstwo i rzeźba Żydów polskich w XIX i XX wieku (Malerei und Bildhauerkunst polnischer Juden im XIX. und XX. Jahrhundert) , Warschau 2000.

Das Werk wirft im Übrigen eine Menge Fragen auf, so auch die nach dem spezifisch Jüdischen der erinnerten Kunstwerke. Es allein in der inhaltlichen Darstellung zu suchen, wäre unzureichend, zumal sich auch bei polnischen Künstlern jüdische Themen finden. Malinowski zitiert angesichts dieser Problematik einen jüdischen Kritiker aus dem Jahr 1929. „Früher sah man im jüdischen Kaftan das Symbol jüdischer Kunst, doch ließ sich diese Auffassung nicht aufrecht erhalten, da auch nichtjüdische Maler Kaftan und Bart eines Juden darzustellen vermögen. [...] Jüdisch kann selbst eine Landschaft in Zakopane sein, falls sie mit den Augen jüdischer Sehnsucht betrachtet wird. Doch hier drängen sich sehr ernsthafte Schwierigkeiten auf, geht es doch um Erfassung und geistige Formulierung der jüdischen Sehnsucht."[192]

Was aber ist diese „jüdische Sehnsucht", die nur durch eine sehr subtile Deutung der Werke jüdischer Künstler zu erfassen ist? Es ist – wie der Rezensent verdeutlicht – das Verlangen nach gleichberechtigter Teilhabe an der polnischen und europäischen Kultur, nach gesellschaftlicher Akzeptanz, für welche die ethnische Herkunft keine Barriere darstellt, nach Beheimatung und Integration ohne den Druck einer die eigenen Wurzeln verleugnenden Assimilation. Er verwehrt sich dagegen, die Werke jüdischer Künstler durch das Prisma der Assimilation zu betrachten. Dies verleite nur zu leicht dazu, nach dem Maß an Übereinstimmung oder Abweichung von der „polnischen" Kunst zu fragen. Eine solche Frage mache jüdischen Künstlern ihren Ort innerhalb der polnischen Kultur streitig und unterziehe sie einer Unterscheidung, die sie selbst nicht wollen. Der Rezensent sieht darin eine Tendenz, die letztlich zur Vernichtung der Juden geführt habe, da für Hitler und seine Gefolgsleute die Assimilation „die größte Bedrohung für die Reinheit der europäischen Kultur"[193] gewesen sei. Er vermerkt allerdings einschränkend, dass die Assimilation in Polen nicht die Bedeutung wie in Westeuropa gehabt habe, da sie nicht zu den verarmten jüdischen Massen durchgedrungen und außerdem mit dem orthodoxen mystischen Chassidismus zusammengestoßen sei. Doch für den gesellschaftlich aufstrebenden Teil der polnischen Juden sei sie zu einem bestimmenden Faktor geworden und erfordere damit eine eigene Aufarbeitung.

Assimilation – eine enttäuschte Hoffnung

In seiner Geschichte der polnischen Juden setzt sich Andrzej Żbikowski ausführlich mit den Hoffnungen und dem Scheitern des Assimilationskonzepts auseinander. Wörtlich schreibt er: „Das lange 19. Jahrhundert brachte der jüdischen

---

192 Hier zitiert aus der Rezension von P. Trzeciak, Ocalona z Zagłady (Aus der Shoa gerettet), Nowe Książki 1/2001.
193 Ebd.

Bevölkerung die ersehnte rechtliche Gleichstellung. Entsprechend der Absicht aufgeklärter Polen und Juden sollte sie der erste Schritt in einem mühsamen Assimilationsprozess einer millionenfachen Bevölkerung sein. Doch die hoch gesteckte Hoffnung der Vertreter einer Assimilation wurde zu einer einzigen großen Enttäuschung. Die Mehrheit der polnischen Juden hielt an den traditionellen Formen ihrer Religion und ihres Brauchtums fest, ja sie sah im bloßen Gedanken einer Angleichung an die polnische nationale Kultur eine Gefahr für den durch Gottes Gebot vorgezeichneten Lebensweg. Andererseits brachte die rechtliche Gleichstellung beträchtliche Vorteile im Alltag, eröffnete die Chance zu neuen Berufszweigen, sorgte für eine größere Mobilität und erleichterte die Kontakte zu Klienten und Behörden.[...] Der Preis dieser Veränderungen war eine gewaltige Aufspaltung der jüdischen Gesellschaft: Es kam zu bislang unbekannten Gegensätzen zwischen ihren einzelnen Gruppen. Die Reichen wurden immer reicher, und mit den Armen ging es immer weiter abwärts. Die sprichwörtliche jüdische Solidarität erfuhr eine empfindliche Schwächung."[194] Damit wird deutlich, dass im Rahmen einer kritischen Auseinandersetzung mit dem Assimilationskonzept nicht nur die polnisch-jüdischen Beziehungen, sondern auch die innerjüdischen Verhältnisse einer Aufarbeitung bedürfen.

Zu den Gründen, die Żbikowski für das Scheitern des Assimilationskonzepts anführt, zählt auch der Widerstand des städtischen Bürgertums, das durch eine Emanzipation der Juden die eigenen beruflichen und gesellschaftlichen Chancen gefährdet sah. Befürwortet wurde sie nach Żbikowski von der liberalen polnischen Intelligenz, die aber gegen Ausgang des 19. Jahrhunderts immer häufiger von ihrer ursprünglichen Auffassung abgerückt und auf die Meinung des Bürgertums eingeschwenkt sei. Man habe den Juden für polnische Interessen ein fehlendes gesellschaftliches Engagement zugeschrieben und diesen Mangel an Nützlichkeit auf eine von den Polen abweichende Entwicklung der jüdischen Gruppe zurückgeführt; die durch ihre Assimilation zu korrigieren sei. Damit habe dem Assimilationskonzept eine grundsätzlich negative Einschätzung der Juden zugrunde gelegen. Mit dem Scheitern der Assimilation sei diese dann umso deutlicher geworden. Unter Hinweis auf den Dichter und Publizisten Andrzej Niemojewski (1864-1921), dem zufolge „die Juden sich immer aus freien Stücken amoralisch verhalten, indem sie von langer Hand geplante und nur ihnen nützliche Ziele verfolgen", urteilt Żbikowski: „Dies war bereits ein antisemitisches Denken. [...] Der Jude, das ist schon nicht mehr der 'Fremde', sondern der 'Feind' Polens und seines nationalen Interesses. Ihn muss man um jeden Preis von den Polen absondern."[195]

---

194 A. Żbikowski, Żydzi (Juden), Wrocław 1998, S. 11.
195 Ebd., S. 117.

Die gegen Ende des 18. Jahrhunderts in Polen aufkommende Diskussion um eine Assimilation der Juden steht in einem besonderen historischen Kontext. Die erste polnische Teilung (1772), durch die weite Gebiete unter österreichische, preußische und russische Herrschaft gerieten, warf unter den polnischen Intellektuellen und Politikern Fragen nach den Gründen des staatlichen Niedergangs sowie nach Reformen auf: Sollte die „Nation" wie in der Vergangenheit auf die adelige Führungsschicht begrenzt und breite Bevölkerungsteile von ihr ausgeschlossen bleiben? Sollte sie in Anbetracht der Vielzahl an auf polnischem Boden wohnhaften Völkerschaften auch in Zukunft ihre multi-ethnische Grundlage behalten? Aber lag nicht gerade in ihr die Schwäche der Adelsrepublik begründet, die ihren Untergang besiegelt hatte? War nicht für die Wiedergeburt Polens ein starkes, auf einem einheitlichen Wertekanon basierendes Polentum erforderlich?

Auch die Juden. fragten nach ihrem Platz innerhalb des Polens. Konnten sie in seinem Rahmen ihre Selbständigkeit behaupten und in allen gesellschaftlichen Bereichen Gleichberechtigung beanspruchen? Aber warum sollten sie sich nicht ebenso wie die Polen einen eigenen Staat wünschen, sie, die nicht nur über Jahrzehnte, sondern jahrhundertelang unter Fremdmächten gelebt hatten? Warum nicht von einer Rückkehr nach Palästina träumen? Doch dazu musste man, um in der Geschichte zu bleiben, eingedenk des Prophetenwortes (Jes. 7, 9) durch eine starke Glaubensbindung die jüdische Identität bewahren. Würde aber nicht im Falle einer ihnen abverlangten Angleichung an das Polentum eben diese Identität ernstlich bedroht sein? Nicht nur Polen und Juden stritten miteinander um die Konzepte von Emanzipation und Assimilation, auch die Juden selbst lagen mit sich im Streit, inwieweit sie das Polentum annehmen konnten. Und dieser Streit sollte bis weit ins 20. Jahrhundert hinein andauern.

Żbikowski führt das im Laufe des 19. Jahrhunderts mehrfach modifizierte Assimilationsprojekt auf den der 2. Teilung (1793) unmittelbar vorausgehenden Vierjährigen Sejm (1789-1792) zurück. Dieser berief eine eigene Kommission, die sich im Rahmen der angestrebten Reformen mit der Stellung der Juden befasste. Żbikowski betont, dass es zu diesem Zeitpunkt unter den Juden viele Befürworter einer Assimilation gegeben habe, welche die Hoffnung hegten, von dem Zwang befreit zu werden, ständig aufgrund ihrer Fremdheit ihre Nützlichkeit unter Beweis stellen zu müssen. Es lag in ihrem Interesse, dass dieses Problem ein für alle Male gelöst wurde, indem sie als assimilierte Juden *eo ipso* für nützlich gehalten wurden.

Das von der Kommission unter Anhörung jüdischer Stimmen beschlossene Assimilationskonzept war denn auch im Einklang mit den Ideen der Aufklärung stark vom Nützlichkeitsgedanken her bestimmt. Żbikowski zitiert Mateusz Butrymowicz, einen der Kommissionsmitglieder, mit der Aussage, „dass das unter der lokalen Leitung der jüdischen Gemeinde stehende jüdische Volk aufgrund seiner Andersartigkeit in Kleidung und Lebensweise dem Land nicht nützlich sein kann, sondern zu einer unerträglichen Last werde." Dabei bescheinigt er den Kommissionsmitgliedern „die besten Absichten, verfolgten sie doch das Ziel, das jüdische Volk zu einem dem Land nützlichen zu machen sowie seine Sitten und Gebräuche zu vervollkommnen." Dazu erschienen assimilatorische Bemühungen unumgänglich; z. B. solle die jüdische Jugend ihre Bildung in polnischen Elementar-, später in Hochschulen erwerben. Die hebräische und jüdische Sprache (Jiddisch) sollte lediglich in der Liturgie Verwendung finden, die Juden sollten sich ausschließlich europäisch kleiden und ihre Rabbiner die Arbeit am Sonnabend erlauben."[196]

Auch wenn – wie Żbikowski anmerkt – diese radikalen Vorstellungen in den offiziellen Projekten der Kommission abgemildert wurden und man Rabbinern wie älteren Leuten das Tragen ihrer traditionellen Kleidung zugestand, so wird doch deutlich, wie tief greifend eine Assimilation das jüdische Leben betreffen und diese letztlich auf eine Polonisierung hinauslaufen würde.

Als besonders fatal erwies sich, dass die von den Juden gewünschte völlige rechtliche Gleichstellung von ihrer Assimilation abhängig gemacht wurde. Żbikowski zeigt, dass die unter Einfluss des Napoleonischen Kodex entstandene liberale Konstitution des Fürstentums Warschau von 1807 den Juden zwar ihre Bürgerrechte garantierte, die praktische Umsetzung jedoch am Widerstand der Schlachta und des Bürgertums scheiterte. Diese hielten an der Forderung fest, „dass sich die Juden zunächst 'zivilisieren' müssen und es erst dann verdienen, mit dem Rest der Gesellschaft die gleichen Rechte zu beanspruchen."[197]

Żbikowski fügt erläuternd hinzu, dass diese Argumentation zwar aus heutiger Sicht schockierend wirken mag, man aber zu damaliger Zeit überzeugt gewesen sei, dass eine solche Gleichberechtigung nur solchen Menschen zustehe, die in derselben Kultur aufgewachsen sind, von den Juden also zu fordern sei, dass sie sich der Sprache bedienen, in der die sie betreffenden Gesetze abgefasst sind. Die sie nicht kennen, denen war damit schließlich eine Teilhabe am gesellschaftlichen und politischen Leben versagt, und sie haben in den Angelegenheiten des Landes, in dem sie leben, nichts zu melden."[198] Eine Argumentation, die angesichts der innerdeutschen Debatte um Zuwanderung, „Leitkultur" und Integration seltsam vertraut klingt!

Joanna Olczak-Ronikier zeigt in ihrer weit ins 19. Jahrhundert zurückreichenden Familiengeschichte die Auswirkung der Assimilation, durch die in den Metropolen, zumal in Warschau, eine im Verhältnis zur jüdischen Gesamtbe-

---

196 Ebd., S. 53.
197 Ebd., S. 62.
198 Ebd.

völkerung relativ kleine Schicht assimilierter Juden heranwuchs, die sich ganz bewusst als Glieder der polnischen Gesellschaft verstanden und diese mitgestalten wollten. Sie gelangten vielfach zu Reichtum und Besitz, pflegten die für jene Zeit typische Kultur der Salons, ließen ihre Töchter durch private Erzieherinnen eine Bildung nach europäischem Standard zuteil werden, bei der neben Musik und Malerei die Beherrschung des Französischen im Vordergrund stand, was sie zu einer für jene Jahre erstaunlichen Selbständigkeit befähigte. Solche Assimilationsprozesse waren indes bei all ihrem äußeren Glanz nicht frei von innerem Leid. Im Rückblick auf die Assimilation ihrer Mutter und Großmutter schreibt die Autorin: „Es ist heute schwer vorstellbar, wie schmerzlich dieser Prozess war, sich von seinen Wurzeln zu lösen. Wie viel an Demütigungen auf diesem Weg der Polonisierung zu ertragen war. Wie viel sich an Verrat, Illoyalität, größeren und kleineren Verfehlungen gegenüber den Verlassenen mit diesem Anstieg zum Gipfel eines Eisberges verband."[199]

Assimilationsvorstellungen im Spiegel der Literatur

Die Vorstellungen der polnischen Aufklärer von einer Assimilation der Juden fanden ihren Niederschlag auch in der Literatur. Sie waren damit für das gesellschaftliche Bewusstsein des ausgehenden 18. und des gesamten 19. Jahrhunderts prägend. Es ist vor allem der Danziger Literaturwissenschaftlerin Maria Janion zu danken, diesen Aspekt aufgearbeitet zu haben. So verweist sie u.a. auf Julian Ursyn Niemcewicz (1757-1841), der mit „Lejbe und Siora oder Briefe zweier Liebender"[200] als erster polnischer Autor das polnisch-jüdische Verhältnis literarisch behandelt hat.

Die Liebesgeschichte in Form eines Briefromans ist schnell erzählt: Die schöne Siora ist Jankiel, einem Chassiden, versprochen, der in dem Roman als negativer Held fungiert. Er wird als hart und rücksichtslos geschildert, ist zudem in einem, dem Geist der Aufklärung fremden Mystizismus gefangen. Bezeichnend ist die Szene, in der Siora von Jankiel religiös examiniert wird: Befragt, was geschieht, wenn man in der Sabbatnacht ein Licht anzündet, antwortet Siora: Das ganze Zimmer wird hell. Falsch, erklärt Jankiel: Der Schein der Kerze erleuchtet die ganze Welt.

---

199 J. Olczak-Ronikier, a. a. O., S. 80.
200 Der polnische Titel lautet: Lejbe i Siora czyli listy dwóch kochanków. Ich stütze mich in diesem, die Literatur betreffenden Abschnitt vor allem auf Maria Janion, Do Europy tak, ale razem z naszymi umarłymi (Nach Europa ja, aber gemeinsam mit unseren Toten), Warschau 2000, S. 101-119.

Siora weist Jankiels Werbung zurück. Sie liebt Lejbe, einen aufgeklärten Juden. Die Liebenden nehmen für ihre Liebe manche Demütigungen in Kauf, werden schließlich von der Gemeinde verstoßen und von Fanatikern verfolgt. Doch alles nimmt ein gutes Ende: Lejbe und Siora heiraten und finden in einem aufgeklärten polnisch-jüdischen Milieu Heimat und Existenz.

Janion sieht in der Romanze lediglich „eine Art Ornament" für die eigentliche Thematik, die Juden aus der „Enge und Finsternis" ihrer religiösen Vorstellungswelt zu befreien und aus ihnen „nützliche Bürger" zu machen. Dieses am Schicksal der Liebenden demonstrierte Deutungsmuster verstärkt Niemcewicz durch die Nebenfiguren. So beschuldigt der arme, ungebildete Jude Chaim ganz im Geiste der Aufklärung die Gemeindeältesten, indem er an Lejbe schreibt: „Sie halten uns bewusst in Finsternis und Fanatismus, damit wir ihnen unter dem Anschein der Religion in allem blind gehorchen. [...] Ihr wahres Ziel ist es, sich mittels unserer Finsternis zu bereichern."[201] Gegen Ende des Romans berichtet der greise Abraham, dass er die Bücher, angefüllt mit einem „schändlichen, unmenschlichen Aberglauben" – gemeint ist vor allem der Talmud – verbrannt habe. Ihm folgen auf dieses Signal hin weitere Juden, wobei Niemcewicz diesen barbarischen Akt der Bücherverbrennung als wahren Freudentaumel schildert.

So zeigt der erste polnische Roman mit einer polnisch-jüdischen Problematik die ganze Tragik einer auf die Preisgabe jüdischer Identität basierenden Assimilation.

Maria Janion kommentiert noch einen zweiten Text von Niemcewicz: „Das Jahr 3333 oder ein unerhörter Traum"[202] Es handelt sich um eines der ungerechtesten und böswilligsten antijüdischen Pamphlete in der polnischen Literatur. Die Autorin sieht in dem Text „den Beginn eines äußerst gefährlichen polnischen Phantasmas des Antisemitismus"[203] In Form eines Albtraums entwirft Niemcewicz in dieser 1817, drei Jahre vor seinem Briefroman erschienenen Schrift das Bild einer künftigen Gefahr, zu der es kommen könnte, wenn die Assimilation nicht zu einer Polonisierung der Juden, sondern zur Judäisierung Polens führen würde: Durch beharrliches Bemühen sowie durch Betrug haben die Polen ihren Besitz an Juden verloren. Nicht zuletzt infolge mancher polnischer Charakterschwächen gelangen sie schließlich zur Herrschaft und errichten in Warschau ihr „schwarzes Königreich".

Allerdings lassen sich in der polnischen Literatur des 19. Jahrhunderts auch Werke finden, die ein durchaus positives Bild polnischer Juden zeichnen. Żbi-

---

201 M. Janion, ebd., S. 10f.
202 Der polnische Titel lautet: Rok 3333 czyli sen niesłychany.
203 Ebd., S. 123.

kowski führt hier so bedeutende Namen an wie Adam Mickiewicz (1798-1855), Eliza Orzeszkowa (1841-1910), Władysław Reymont (1867-1925) und Bolesław Prus (1845-1912), um dann allerdings einschränkend zu vermerken: „Für Polen war dies immer eine geheimnisvolle und exotische Welt, aus der sich ein stereotypes, oberflächliches Bild ergab."[204]

Adam Mickiewicz – Anwalt „Israels"

Die von Żbikowski vorgenommene Einschränkung gilt allerdings nicht für Polens Nationaldichter Adam Mickiewicz. Dieser hat nicht nur mit der Gestalt des Jankiel in „Pan Tadeusz" einem polnischen Juden ein literarisches Denkmal gesetzt, er trat auch in kritischer Auseinandersetzung mit den Assimilationskonzepten seiner Zeit für ein tiefes Verständnis für die Gemeinsamkeit von Polen und Juden ein. Diese „vergessene Wahrheit" wieder in Erinnerung gerufen zu haben, muss als ein äußerst wichtiger Beitrag von Maria Janion[205] zur Überwindung eines das polnisch-jüdische Verhältnis betreffenden Gedächtnisverlustes gewertet werden. Die Danziger Literaturwissenschaftlerin belegt ausführlich das große Interesse, das Mickiewicz allem Jüdischen entgegen brachte. Nach seiner Überzeugung habe die Vorsehung nicht zufällig „beide einander fremden Völker" in Berührung gebracht. „Beide stellten sich die Frage, warum eine so zahlreiche Population von Juden sich auf polnischer Erde ansiedelte, und beide meinten, dass sich darin ein Plan der Vorsehung verberge und zwischen Israel und Polen eine mystisch-messianische Vereinigung bestehe."[206]

Seiner Zeit weit voraus und geradezu theologisch modern mutet die Aussage an, die Mickiewicz als neunten Punkt seiner „Grundsätze" des „Polentums" formuliert: „Achtung gegenüber Israel, dem älteren Bruder, Bruderschaft, Hilfe auf dem Weg zu seinem zeitlichen und ewigem Wohl. Gleiche Rechte in allem."[207] Damit habe Mickiewicz auf einer Bruderschaft bestanden, die den Juden den Vorrang des Älteren einräumt. In Konsequenz dieser Bruderschaft habe er die von den Aufklärern propagierte und betriebene Assimilation abgelehnt, mit der seiner Meinung nach ein weitgehender Verlust der auch für die polnische Nation bedeutsamen geistig-religiösen jüdischen Substanz einhergehe. Er habe für eine Verbundenheit von Juden und Polen plädiert, die – bei all ihren Unterschieden – letztlich in einem gemeinsamen Erbe wurzelt. Dieses von Mickiewicz mit „Israel"

---

204 A. Żbikowski, a. a. O., S. 119.
205 Im Folgenden beziehe ich mich auf die bereits zitierte Schrift von Maria Janion, Do Europy..., a. a. O., S. 53-100.
206 Ebd., S. 54.
207 Ebd., S. 55.

umschriebene Erbe bilde die eigentliche jüdische Substanz und verkörpere sich aufgrund der jüdischen Diaspora zugleich in anderen Nationen.

Mickiewicz' Vision des polnisch-jüdischen Verhältnisses sei indes in Kreisen der Pariser Emigration, die ihm eine Apotheose alles Jüdischen vorwarfen, auf Ablehnung gestoßen. So habe etwa der zum Dreigestirn polnischer Romantik zählende Cyprian Kamil Norwid (1821-1883) Mickiewicz' Auffassung für unannehmbar gehalten, weil diese eine völlige Rückkehr zum Alten Testament bedeute und damit nicht nur zum Christentum als solchem, sondern auch zur Anbindung der polnischen Nation an das Christentum in Widerspruch stehe. Doch Mickiewicz sei seiner Sicht treu geblieben. Janion verweist in diesem Zusammenhang auf die von Mickiewicz initiierte jüdische Legion, bei der er großen Wert auf die Wahrung der religiösen Eigenart der Juden gelegt habe. Im Lager in Burgas, wo sich Moslems, Christen und Juden zum gemeinsamen Kampf gegen die russische Vormacht zusammen fanden, habe es eine Synagoge gegeben. Proselytentum sei strengstens untersagt gewesen. Die einzelnen Religionsgemeinschaften hätten ihre eigenen Gottesdienste gehabt: die Moslems am Freitag, die Juden am Sabbat, die Christen westlichen und östlichen Bekenntnisses am Sonntag. Janion wertet dies als ein frühes Beispiel religiöser Toleranz, für das man in der Geschichte schwerlich eine Parallele finden dürfte.

Auch für die – übrigens nicht zum Einsatz gekommene – jüdische Legion habe das Motto der polnischen Romantik gegolten: Für eure und unsere Freiheit. Dass es sich hierbei nicht um eine billige Floskel, sondern um eine weitreichende Verpflichtung gehandelt habe, zeige Mickiewicz' Aussage, dass „ohne Befreiung der Juden und Entwicklung ihres Geistes Polen nicht wiedererstehen kann. Würde es, was ich nicht glaube, ohne Befreiung der Juden wiedererstehen, wird es mit Gewissheit keinen Bestand haben."[208]

Mickiewicz sei nicht nur ein Gegner der Assimilation gewesen, ihn habe auch der Gedanke beunruhigt, die Juden, in denen er einen unverzichtbaren Teil des polnischen Geistes sah, könnten nach Palästina auswandern. Janion zitiert ihn mit den Worten: „Ich möchte nicht, dass die Israeliten Polen verlassen, denn wie die Union Litauens mit Polen unserer Republik politische und militärische Stärke verliehen hat, obwohl ihre Rassen und Religionen verschieden waren, so glaube ich auch, dass die Union Polens mit Israel unsere geistige und materielle Kraft mehren würde."[209]

Janion geht auch auf Mickiewicz' Auseinandersetzung mit Schriftstellerkollegen ein, die in ihren Werken judenfeindliche Tendenzen verfolgten. Ins-

---

208 Ebd., S. 88.
209 Ebd., S. 89.

besondere bezieht sie sich auf fünf seiner 1843 gehaltenen Pariser Vorlesungen zur Interpretation der „Ungöttlichen Komödie" von Zygmunt Krasiński (1812-1859). Zwar habe Mickiewicz die Bedeutung dieses Dramas zu würdigen gewusst, doch habe er die Art, in der Krasiński die Juden in sein Drama einbezog, mit den Worten kritisiert. „Er beging, so kann man sagen, einen nationalen Frevel, indem er den Charakter der Israeliten verunglimpfte: Er stellte das israelitische Volk dar, als würde es nur auf einen günstigen Augenblick lauern, um Adel und Bauern zu vernichten, um den Untergang des Christentums zu vollenden. Dem Vertreter Israels legte er die hasserfülltesten und grausamsten Worte in den Mund. [...] So leichtsinnig darf man mit der Vorsehung nicht umgehen, denn es ist nicht ohne Grund, dass die Israeliten so viele Jahrhunderte unter Polen leben und dass ihr Los eng mit dem der polnischen Nation verbunden ist."[210]

Maria Janion sieht in dem Streit zwischen Mickiewicz und Krasiński keine nur auf die Epoche der Romantik beschränkte, sondern sich das ganze 19. und 20. Jahrhundert hindurch ziehende Auseinandersetzung. „Sie bildet einen unverzichtbaren Teil des neuzeitlichen polnischen kulturellen Paradigmas. Ohne sich des Charakters und der Dimension dieser Auseinandersetzung klar zu sein, können wir nicht über die polnische Kultur sprechen."[211] Zusammenfassend schreibt sie: „Im Bewusstsein der geistigen Verbundenheit mit Millionen von Juden Osteuropas wollte Mickiewicz nicht ihre Bekehrung zum Christentum; er verwarf die Assimilation als einen nur scheinbaren Weg der Emanzipation, welcher der eigenen Religion und den traditionellen Gebräuchen gegenüber gleichgültig macht. Er anerkannte die Ursprünglichkeit und Eigenart der jüdischen religiösen und nationalen Identität, und um sie zum Ausdruck zu bringen, wollte er sie auch militärisch stärken. Dem Dichter wären die während der revolutionären Nationalversammlung von 1789 ausgesprochenen Sätze völlig fremd gewesen: 'Der Jude als Individuum zwischen Individuen – ja! Juden als eigene Gemeinschaft – nein!'"[212]

Die polnisch-jüdische Geschichte verlief leider nicht in der von Mickiewicz gewiesenen Richtung. Die Zeit war für die Vision einer Bruderschaft von Polen und Juden offenbar noch nicht reif. Derartige Überlegungen wurden erst durch die nachkonziliare Theologie und durch jüngste kirchenamtliche Äußerungen Bestandteil eines christlich-jüdischen Dialogs.

---

210 Ebd., S. 67.
211 Ebd., S. 71.
212 Ebd., S. 95.

„Virtuelles Judentum" – ein Hoffnungszeichen?

„Kerzen leuchten in den Fenstern der Synagoge. Stimmengeräusche. Eine vorbeigehende Frau wendet sich missbilligend ab: Man weiß ja, Freitag, die Juden feiern."²¹³ Doch die Frau irrt sich. In der alten Synagoge des ostpolnischen Sejny findet ein Konzert statt. Eine polnische Klezmer-Gruppe spielt vor polnischem Publikum. Was ist davon zu halten? Was denken sich Juden dabei? Konstanty Gebert, Chefredakteur der in Warschau erscheinenden Zeitschrift „Midrasz", geht diesen Fragen nach. Und er macht sich die Antwort keineswegs leicht. Er betrachtet die Sache aus verschiedenen Perspektiven, findet Argumente dafür und dagegen. Er erkennt an, dass schließlich die ortsansässigen nichtjüdischen Organisatoren der Stiftung „Grenzland" die Synagoge vor dem Verfall gerettet haben, sie nicht als Magazin nutzen, sondern sich bemühen, ihren jüdischen Charakter zu erhalten. Gebert fragt sich: „Wenn sich Nichtjuden in einer ehemaligen Synagoge unter Benutzung jüdischer Elemente zu einer festlichen Veranstaltung versammeln, sollen wir uns dann darüber aufregen?"²¹⁴

Der Klezmerabend in der ostpolnischen Synagoge ist kein Einzelfall. Ähnliche Veranstaltungen gibt es an zahlreichen Orten. Die bekannteste ist das jährliche Krakauer Festival jüdischer Kultur, von Nichtjuden für Nichtjuden veranstaltet, auch wenn sich unter den Teilnehmern aus aller Welt angereiste Juden finden. Gebert bezeichnet dieses Phänomen als „virtuelles Judentum", ein Begriff, der auf Ruth Ellen Gruber, Europakorrespondentin des „Jewish Telegraphic Agency", zurückgeht.²¹⁵ Das Phänomen sei nicht auf Polen begrenzt, sondern erstrecke sich über den ganzen europäischen Kontinent. Doch während es in Ländern mit lebendigen jüdischen Gemeinden eine Randerscheinung bleibe, sei es in Polen aufgrund des Holocaust von besonderer Bedeutung. Hier entwickele sich ein „virtuelles Judentum", ohne dass es in nennenswerter Zahl jüdische Gemeinden gibt; mehr noch: es entwickele sich, weil es sie nicht gibt.

Doch das „virtuelle Judentum" ist nicht authentisch. Dieser Mangel an Authentizität hat für Gebert etwas Irritierendes. Schließlich sind es in Europa die Nachfahren derer, die für den Genozid an den Juden verantwortlich oder doch mit verantwortlich sind, die sich heute „der kulturellen Werte, Töne und Inhalte der ermordeten Nation annehmen." Ist da nicht der Vorwurf berechtigt, der – wie Gebert meint – von jüdischer Seite immer wieder erhoben wird: „Du hast gemordet und möchtest nun erben?"²¹⁶

---

213 K. Gebert, Nieautentyczność (Mangelnde Authentizität), Midrasz 6/2002, S. 45.
214 Ebd.
215 R. E. Gruber, Virtually Jewish. Reinventing Jewish Culture in Europe, Los Angeles 2002.
216 K. Gebert, a. a. O., S. 46.

Die Frage hat Gewicht. Doch – so fragt der Chefredakteur von „Midrasz" – was wäre die Konsequenz einer Ablehnung des „virtuellen Judentums"? Und er antwortet: „Die einzige radikale Lösung wäre ein fundamentales Verbot eines kulturellen Austausches zwischen den Konfliktnationen. Doch wir wissen, dass ein solcher, wenn auch schwacher und brüchiger, Austausch einen der nicht sonderlich zahlreichen Pfeiler des Versuchs eines Brückenschlages bildet."[217]

So schlägt Gebert am Ende den Bogen zu einer positiven Wertung des „virtuellen Judentums". Gerade eine Betrachtung der Beziehung zwischen Juden und Nichtjuden in Anbetracht der Shoa lege das Phänomen eines „virtuellen Judentums" nahe. Es habe schließlich seinen Grund in einer Auflehnung der Nachkriegsgeneration gegen das Schweigen über den Holocaust und sei nach der Konzilserklärung „Nostra aetate" Ausdruck einer neuen Sensibilität von Christen für die jüdische Problematik.

Gebert sieht in dieser Entwicklung zudem eine Parallele zum Wirken der assimilierten, zumeist kosmopolitisch eingestellten Juden der ersten Jahrzehnte des letzten Jahrhunderts. Siegmund Freud (1856-1939) und Franz Kafka (1883-1924) sowie die polnisch-jüdischen Schriftsteller Julian Tuwim (1894-1953) und Bolesław Leśmian (1878-1937) – um nur einige Namen zu nennen – hätten „eine Wende in der europäischen Kultur" herbeigeführt. Indem sie die verschiedensten geistigen Einflüsse aufgegriffen und die nationalen Kulturen miteinander verbunden hätten, sei es ihnen gelungen, über eine bloß nationale „Virtualität" hinaus an der Schaffung einer europäischen Kultur entscheidend mitzuwirken. Auch ihnen sei damals der Vorwurf gemacht worden, sich des jeweiligen nationalen Erbes zu bemächtigen und durch ihren jüdischen Einfluss zu vergiften. Damals habe man geurteilt: „Das Virtuelle ist nicht authentisch und daher schlecht."

Gebert kehrt das Argument um: „Das Virtuelle ist nicht authentisch und daher gut – denn es ist das Unerwartete, Schöpferische, Fruchtbare." Seine Chance ist „die Befreiung der Kultur von ihren Begrenzungen [...], eine Universalisierung des Partikularen."[218]

Das „virtuelle Judentum" – ein Hoffnungszeichen? Die Aufarbeitung des polnisch-jüdischen Verhältnisses sowie die Rückgewinnung und Reinigung des Gedächtnisses legten dafür den Grund. Ohne ihn wäre das „virtuelle Judentum" kaum denkbar und verantwortungslos. Dieser Zusammenhang ist ein Stück Hoffnung auf eine Zukunft, von der wir heute noch nicht wissen können, welche positiven Möglichkeiten eines polnisch-jüdischen Verhältnisses sie vielleicht eröffnet.

---

217 Ebd.
218 Ebd.

V. Lebensbilder

Anna Morawska – ein verpflichtendes Lebensbild deutsch-polnischer Verständigung

Ich bin in der glücklichen Lage, Anna Morawska (1922-1972) persönlich gekannt zu haben und mit ihr freundschaftlich verbunden gewesen zu sein. So ist es wohl gestattet, zunächst jenes Bild abzurufen und zu vermitteln, das sich mir durch meine Begegnungen und Gespräche mit ihr tief eingeprägt hat.

Ihre Adresse war die ul. Friedleina Nr. 29, unweit der Altstadt im Norden Krakaus. Ein einfaches Mietshaus in einer verkehrsarmen Seitenstraße. Vier Stockwerke hoch ein Namensschild neben der Haustür: Anna Morawska. Ihr Zimmer war Bibliothek, Arbeitsplatz und Schlafstätte in einem. Für Mahlzeiten und Gespräche diente ein niedriger Tisch, um den sich einige bequeme Sessel gruppierten. Die Funktionen klar geschieden. Der Raum hatte nichts Überladenes an sich. Er verriet Sachlichkeit, auch Phantasie und Geschmack. Er beengte nicht, sondern weitete Herz und Geist. Hier war Anna Morawska zu Hause. Katholische Publizistin, Autorin einiger Bücher und Übersetzerin von Karl Rahner (1904-1984), Dietrich Bonhoeffer (1906-1945) und John A. T. Robinson (1919-1983), Verfasserin einer schwer überschaubaren Zahl von Aufsätzen, geschätzte Referentin, seit Jahren international bekannt auf den Weltkongressen der Ökumene.

Aber all das reicht nicht aus, ihre geistige Gestalt auch nur in kurzen Umrissen zu kennzeichnen. Anna Morawska verdankte – höchst ungewöhnlich für unser Zeitalter der Institutionalisierungen – ihre Bedeutung nicht irgendwelchen Strukturen und Organisationen. Selbst als Delegierte war sie nie im eigentlichen Sinne eine Vertreterin, schon gar nicht eine Repräsentantin. Sie war immer sie selbst. Eben Anna Morawska. Gleichsam eine Institution für sich. Ihre geistige Gestalt erfasst nur, wer ihr einmal begegnet ist, ihr im Gespräch gegenüber saß und in ihr stets waches Gesicht schaute, in diesen beherrschten Ausdruck von Herz und Intelligenz, in dieses lebendige Mienenspiel, dem alles starr-maskenhafte fremd war. Ein ironisches und doch zugleich freundlich verstehendes Lächeln umspielte zumeist ihren Mund. Die Augen groß und klar, ohne jede Verstellung, ganz Bereitschaft für ihr Gegenüber. Dazu die kurze Zigarettenspitze, durch die sie spielerisch den Rauch ein sog, den ruhigen Fluss ihrer dunklen Stimme unterbrechend oder die Geste aufmerksamen Hörens unterstreichend.

Eine ungewöhnliche Frau: überragend ihre Intelligenz, nüchtern ihr Urteil, dabei nicht ohne Wärme. Und vor allem: wahrhaftig, wahrhaftig in dem, was sie sagte, in ihrer ganzen Erscheinung, ja selbst in ihrer Ratlosigkeit, die sie nicht aus Angst, an Autorität einzubüßen, zu verbergen suchte.

Aber das Anziehende ihrer Persönlichkeit lag nicht in der Schärfe ihres Verstandes, nicht in der Macht ihres Wortes, lag überhaupt nicht in einer einzelnen hervorstechenden Eigenschaft; ihre Menschlichkeit war es, durch die sie in Bann schlug, die Integration ihrer reichen Begabung in die spannungsreiche Einheit einer geistigen Gestalt. Das meint nicht Abgeklärtheit, sondern jene Reife, zu der nur ein Mensch gelangt, der auch die Nacht durchschritt, dem Anfechtung und Zweifel, Schwierigkeiten und Leiden nicht erspart blieben. Aus solch tiefer Solidarität erwuchs das ihr eigene Verstehen.

Geboren wurde Anna Morawska am 24 Januar 1922 in Zakopane. Als Tochter des Arztes Józef Żelazny und seiner Ehefrau Natalia Dyakowska wuchs sie auf in der behüteten Atmosphäre einer bürgerlichen Familie. 1939, noch vor Ausbruch des Krieges, konnte sie ihr Abitur ablegen, und das mit Auszeichnung. Die Schrecken der Okkupation erlebte und überlebte sie als Krankenhaussekretärin an wechselnden Orten, zuletzt in Krakau, wo sie ihren ständigen Wohnsitz nahm.

Studium und berufliche Orientierung

Unmittelbar nach Kriegsende begann Anna Żelazna an der Krakauer Jagiellonen-Universität ihr Studium. Ihren Neigungen entsprechend studierte sie Anglistik, französische Literatur sowie Philosophie. Ergänzt durch Deutsch, das sie gleichfalls fließend beherrschte, besaß sie damit hervorragende Voraussetzungen für ihre spätere umfangreiche publizistische Tätigkeit. Ein Jahr nach Studienbeginn heiratete sie Stefan Morawski (1921-2004), einen Assistenten an der dortigen Philosophischen Fakultät. 1949 brachte sie ihre heute in Großbritannien lebende Tochter Ewa zur Welt. Die Ehe hielt indes nur wenige Jahre und wurde 1952 geschieden.

Anna Morawska war nicht sogleich nach ihrem 1950 abgeschlossenen Studium als Publizistin tätig. Sie hatte während ihrer Studienzeit eine Ausbildung als Bibliothekarin absolviert. Fünf Jahre übte sie diesen Beruf aus, ehe sie 1955 als Journalistin zu „Pax" wechselte, einer Bewegung regimetreuer Katholiken. Damit waren für sie politische Konflikte vorprogrammiert, die sie 1958 veranlassten, sich dem Kreis unabhängiger katholischer Intellektueller um die Krakauer Wochenzeitung „Tygodnik Powszechny" und die beiden Monatszeitschriften „Więź" und „Znak" anzuschließen, wo sie bis zu ihrem Tod ihre publizistische Heimat fand. Innerhalb von 17 Jahren verfasste sie, teilweise unter dem Pseudonym Maria Garnysz, rund 200 Beiträge, darunter zwei Bücher und zahlreiche Übersetzungen.

Prägende Glaubenserfahrung

Mitte der 1950er Jahre hielt sich Anna Morawska einige Monate in Frankreich auf. Es ist das Frankreich, das sich als Missionsland entdeckt hatte, das die Entfremdung der Massen von der Kirche nicht nur beklagte, sondern nach neuen Wegen suchte, das Evangelium den Armen zu verkünden. Bei Paris fand sie eine Gemeinschaft von einfachen Arbeitern, die ihren christlichen Glauben in einer ursprünglichen Brüderlichkeit bezeugten. Dort fand sie eine neue Praxis des Glaubens, fern eines verbürgerlichten Christentums. Hier erlebte die aus einem traditionsreichen, von Massenpastoral bestimmen Land stammende Anna Morawska einen undogmatischen, auf die gelebte Existenz einer lebendigen Gemeinschaft reduzierten und zugleich konzentrierten Glaubensvollzug, in dem sie einen Vorschein künftiger Kirchengestalt erkannte. Wer an der Bedeutung dieser Glaubenserfahrung vorbei sieht, der gerät leicht in Gefahr, ihren intellektuellen Einsatz, den sie in den folgenden zwei Jahrzehnten ihres Lebens für die Zukunft des Glaubens leistete, misszuverstehen. In der Tat ist ihr Leben von solchen Missverständnissen nicht frei geblieben. Die einen fürchteten in ihr eine gefährliche Intellektualisierung des Glaubens, andere verdächtigten sie des Modernismus und einer häretischen Neuerungssucht.

Worum es Anna Morawska im Kern ging, war eine neue Praxis des Glaubens. Doch dieses Programm, das der Praxis des Glaubens der Theorie gegenüber den Vorrang einräumt, entspringt weder einem intellektuellen Verzicht, noch zog es ihn nach sich. Für Anna Morawska war es die Konsequenz einer intellektuellen Redlichkeit, mit der sie in der Welt ihren Glauben verantworten wollte, und das angesichts jener geistesgeschichtlichen Strömungen, die seit der Aufklärung in zunehmendem Maße die Selbstverständlichkeit eines überkommenen Glaubensverständnisses und einer traditionellen Glaubenspraxis in Frage stellen.

Anlehnung an Karl Rahner und Dietrich Bonhoeffer

Mit ihrer Rückkehr aus Frankreich erwacht in Anna Morawska ein theologisches Interesse. Sie hält Umschau nach Theologen, die sich der geistigen Herausforderung der Zeit stellen und sich auf eine theologische Reflexion der Weltwirklichkeit einlassen. So entdeckt sie für sich Karl Rahner, der mit letzter Konsequenz die Christologie ernst nimmt, das heißt den Glauben an den Gott, der sich im Menschen offenbart.

Praktisch bedeutet dies den klärenden und befreienden Ausweg aus einer schlechten Alternative, mit der im Namen der Religion der Mensch Gott und im Namen eines Humanismus Gott dem Menschen geopfert wird. Statt dessen gelte es, die Frage nach dem, was der Mensch ist, aus- und offenzuhalten, sich gegen alle Anfechtung von Sinnlosigkeit auf eine letzte Wirklichkeit als dem Geheimnis des Seins verweisen zu lassen, verborgen, unverfügbar und zugleich gnadenhaft geschenkt. Und ebenso die Umkehrung, das Aus- und Offenhalten der Gottesfrage, die nicht vom Menschen fortführt, auch nicht an ihm vorbei zielt, sondern manchmal gradlinig, manchmal auf recht verschlungenen Wegen, auf den Menschen, den Mit-Menschen stößt – vor allem auf die unter die Räuber geratene, auf die entrechtete und leidende Kreatur.

Diese Grundeinstellung zur Wirklichkeit, zum Leben überhaupt, war ihre tiefe Gläubigkeit. "Gläubig sein", so schreibt Anna Morawska in einem ihrer zahllosen Aufsätze ganz im Sinne von Karl Rahner, „d.h. ein grundsätzliches und tiefes Vertrauen zum Sein fassen, und das gegen die Tatsache, dass dieses Geheimnis für uns immer und in seiner Gänze unbegreiflich ist." Und unter der Notiz aus den letzten Monaten ihres Lebens finden sich die Worte: „Der einzig mögliche Dialog heute ist mit dem Menschen zu führen, der von der Frage getrieben ist: Wozu... Wozu... Wozu...? Hat das Dasein überhaupt einen Sinn, lohnt es sich überhaupt, zumal wir nicht wissen, ob das alles zu etwas führt, denn alles kann falsch sein, und man kann alles verspielen.

Wir aber sagen: Jesus ist die Offenbarung. Er sagt der Welt, dass der verspielte Einsatz nicht verloren geht."

Anna Morawskas zweite theologische Entdeckung ist Dietrich Bonhoeffer, evangelischer Theologe, Widerstandskämpfer und Märtyrer des Naziregimes. Anna Morawska hat eine Auswahl seiner Briefe herausgegeben und über ihn ein Buch geschrieben: „Ein Christ im Dritten Reich."[219] Sie wusste sich Bonhoeffer geistig verwandt. Wie er, so hat auch sie unter der Unsichtbarkeit Gottes in der zunehmend säkularen Welt gelitten, über die keine noch so machtvolle kirchliche Selbstdarstellung hinweg täuschen kann. Und sie hat, wie er, danach verlangt, dennoch eine Vergewisserung, eine Erfahrung Gottes zu finden, ein Zeichen, eine Schrift an der Wand, aber inmitten der Welt.

Man muss Anna Morawskas theologischen Scharfsinn bewundern, mit dem sie, die Nichttheologin, aus der Fülle theologischen Angebots gerade diese beiden Männer wählte, die nicht nur einen modernen Klang, sondern weitreichende Bedeutung

---

219 A. Morawska, Chrześcijanin w Trzeciej Rzeszy, Warschau 1970; A. M., Dietrich Bonhoeffer. Ein Christ im Dritten Reich, Münster 2011, S. 287.

besaßen und weiterhin besitzen. Und nicht nur den Scharfsinn, sondern auch den Mut. Denn Karl Rahner war in der polnischen Theologie umstritten und ist es heute noch. Und der Protestant Dietrich Bonhoeffer lag gänzlich außerhalb eines polnischen theologischen Interesses und war im kommunistischen Polen zudem als Widerstandskämpfer und Märtyrer des Dritten Reiches gänzlich unbekannt.

Im Folgenden sollen vier Aspekte näher beleuchtet werden: 1. Anna Morawskas christliches Laienbewusstsein; 2. ihr Dialogverständnis; 3. ihr Einsatz für die deutsch-polnische Versöhnung; 4. ihre Bedeutung als Publizistin.

Anna Morawskas christlicher Auftrag als Laie

Anna Morawska war Laie, und das im Vollsinn dieses Wortes. Sie wusste sich als Glied des Volkes Gottes hinein genommen in eine alle Grenzen übersteigende und alles Trennende überwindende Einheit. Zugleich aber wusste sie, dass als Laie ihr eigentlicher Ort die Welt ist, der Schauplatz der Geschichte, die komplizierte Verwobenheit einer komplexen und zugleich differenzierten Gesellschaft in all ihren Spannungen und Widersprüchen. Für sie gab es kein flüchtendes Schutzsuchen in der kirchlichen Herde vor den Bedrängnissen und Ängsten dieser Welt, keine aus der Kirche ausbrechende weltliche Entäußerung, die jene gnadenhaft-geistige Verwurzelung und Bindung preisgibt. Beides mit vollem Ernst wahrzunehmen, die christliche und weltliche Berufung, das hat sie für sich und für andere als Aufgabe gesehen, das hat sie zu leben versucht.

Laie, das bedeutete Anna Morawska die wenngleich spannungsreiche, so doch ungeteilte Einheit einer Existenz. Sie lehnte es für sich ab, ihr Leben in einen religiösen und weltlichen Bereich zu spalten. Sie war überzeugt, dass die weltliche Existenz aus dem Glauben zu bewältigen ist und der Glaube selbst nach einer weltlichen Verleiblichung verlangt.

Sowohl um der Redlichkeit als auch um des Glaubenszeugnisses willen hielt sie eine theologische Reflexion der Weltwirklichkeit für nötig, eine Theologie, die nicht abseits der bewegenden und gestaltenden Kräfte unserer Epoche ein Schattendasein führt, ohne überzeugende Wirkung, sondern eine Theologie und auch Theologen, die auf die Herausforderungen der Welt eingehen und die dabei dem Dialog, nicht aber der Polemik und der Apologie den Vorrang gehen.

Dialog mit Nichtglaubenden

Aufschlussreich ist in diesem Zusammenhang ihr Referat „Dialog mit den Nichtglaubenden", das Anna Morawska 1966 in Lyon auf dem Weltkongress von "PAX ROMANA" gehalten und ein Jahr darauf auf verschiedenen kirchlichen Tagungen in der damaligen DDR wiederholt hat. Die Grundgedanken dieses Vortrags sollen im Folgenden kurz skizziert werden.

Es ist die Zeit kurz nach dem Zweiten Vatikanum; eine Zeit des Aufbruchs, der Euphorie, in die sich aber bereits erste Zweifel und Ängste mischen – eine Stimmung, die auch im Referat anklingt.

Anna Morawska sieht zwei Voraussetzungen für den von Papst Paul VI. (1897-1978) mit seiner Enzyklika „Ecclesiam suam" gewünschten und vom Konzil initiierten Dialog mit Nichtglaubenden:
- ein radikales Überdenken des eigenen Glaubens, worauf wir aber durch die katholische Erziehung kaum vorbereitet seien;
- eine eigenständige Glaubensreflexion, die schon deswegen gefordert sei, weil der Dialog in einer Zeit geführt werden müsse, in der die Darstellung unserer offiziellen Lehre grundlegend neu formuliert werde.

Die Konsequenz, die Anna Morawska aus dieser doppelten Voraussetzung eines Dialogs mit den Nichtglaubenden zieht, ist eine „Laientheologie". Gemeint ist nicht eine von Klerikern für Laien konzipierte Theologie, sondern eine Theologie, die auf einer Gemeinsamkeit von Glaubenden und Nichtglaubenden basiert. Für den Laien bedeutet dies den Ausbruch aus einem innerkirchlichen Getto, ein Ernstnehmen seiner weltlichen Existenz. „Ob wir wollen oder nicht", schreibt Anna Morawska, „diese Situation zwingt uns oder wird uns früher oder später zwingen, damit aufzuhören, dass wir unser eigenes, kleines, individualistisches Leben im Rahmen des Christentums führen". Aus dieser Solidarität zwischen Glaubenden und Nichtglaubenden im Ernstnehmen der ihnen gemeinsamen Existenz in der Welt werde eine „neue theologische Sprache" geboren, eine „säkulare Sprache", die auf das gegründet sei, was der Ungläubige wirklich und von sich selbst aus denke. Und Anna Morawska zeigt sich überzeugt, dass sich unsere eigenen Gedanken, wenn wir nur ehrlich gegen uns selbst sind, denen der Nichtglaubenden ähneln. Sie weiß aber auch, dass bei einem solchen Einstellungswandel Krisen unvermeidlich sind, und sie fragt: „Sind wir, die katholische Kirche als Ganzes und katholische Christen als einzelne, bereit, diese Aufgabe ehrlich in Glauben und Hoffen zu übernehmen, obwohl es manchmal beunruhigend sein kann und Krisen gehen mag?"

Anna Morawska erkennt so durchaus die Gefahren eines solchen Dialogs, aber sie nimmt diese in Kauf. Denn sie sieht zum Dialog keine akzeptable Alternative. Dialogverweigerung ließe „die Kluft zwischen der modernen Denkweise und unserer christlichen Tradition" weiterwachsen; und nicht nur diese Kluft! Auch jene innerhalb der Kirche; hier zwischen der Masse traditionsgebunder Katholiken und den „radikalen Eliten". Dieser Gefahr könne nur ein gewisser innerkirchlicher Pluralismus entgegenwirken, ein Pluralismus, der selbst dialogisch ist und um wechselseitige Vermittlung unterschiedlicher Positionen bemüht bleibt.

Anna Morawska gewinnt die für den Dialog erforderliche Verständigungsebene zwischen Glaubenden und Nichtglaubenden, indem sie den Glauben nicht als „religiöse Wahrheit", sondern als existentielle Haltung definiert. Ich zitiere: „Ein ‚Gläubiger' im weiteren Sinn zu sein, bedeutet, ein grundlegendes Vertrauen zum Mysterium des Daseins zu haben, selbst wenn dieses in seiner Ganzheit für uns unbegreiflich bleibt, sogar wenn es nicht ausdrücklich Gott genannt werden kann." Dieser Glaube finde seinen Ausdruck in einer Haltung der „Pro-Existenz", also eines Daseins für andere. Folgt man ihrer Argumentation, dann ist die Konsequenz, die sie daraus zieht, durchaus einsichtig: nämlich dass es zu einer gewissen Grenzverschiebung zwischen Glaubenden und Nichtglaubenden kommt, denn es gibt „Ungläubige" innerhalb der Kirche, wie sich auch „Gläubige" jenseits ihrer sichtbaren Grenzen finden lassen. Doch „müssen wir allen Kontakt mit diesen Leuten verlieren? Gibt es nicht. irgendeinen Weg, eine christliche oder sogar vorchristliche Gemeinschaft zu schaffen, die sie freimütig und offen annehmen kann, wie sie sind, ohne zu fürchten, dass man sich außerhalb der sichtbaren Kirche stellt, indem man das tut?"

Damit wird eine Spannung deutlich, in die sich der Laie durch seine Treue zur Kirche wie zu seiner weltlichen Existenz gestellt sieht. Er selbst kann nach Lage der Dinge in einer doppelten Weise „unglaubwürdig" werden – in den Augen der Nichtglaubenden, weil diese in ihm wegen seiner Abweichung von der „offiziellen" Kirche keinen „wahren Katholiken" sehen, sowie seitens der „offiziellen Kirche", weil sie die Totalidentifikation mit ihr vermisst. Eine Auflösung dieses Dilemmas sieht Anna Morawska letztlich nur in einer weitgehend reformierten, von politischen Machtinteressen freien und armen Kirche: „Eine unparteiische, weniger autoritäre und so weniger starke Kirche", schreibt sie, „würde dem Schein zum Trotz mehr Chancen haben, das Wesen der christlichen Botschaft der nichtgläubigen Welt und einzelnen Atheisten zu vermitteln, als eine Kirche, die sehr stark wäre, sehr uniform, sehr genau in ihren ausgearbeiteten theologischen Lehren und sehr streng in ihren ausführlichen Vorschriften."

Wir werden kaum sagen können, dass sich diese Hoffnung erfüllt hat. Aber ist sie überhaupt unsere Hoffnung? Werden wir Anna Morawska auch heute noch zustimmen wollen? Oder sind wir geneigt, die Vision einer solchen Kirche abzutun – sei es als eine zwar schöne, aber realitätsferne Illusion, sei es als eine gefährliche Zielvorstellung, durch welche die Kirche letztlich in der modernen Welt aufgehen würde, statt in ihr wirksam zu sein?

Anna Morawskas Beitrag zur deutsch-polnischen Versöhnung

Kommen wir zum zweiten Punkt, zu Anna Morawskas Einsatz für die deutsch-polnische Verständigung und Versöhnung, für den wir ihr als Deutsche zu tiefem Dank verpflichtet sind. Dieses Engagement ist nichts dem bisher Gesagten Nebengeordnetes, kein Zweites, das mit ihrer Überlegung zum Laienverständnis wenig zu tun hätte.

Ganz im Gegenteil. Um der Integration ihrer vielschichtigen Persönlichkeit gerecht zu werden, ist es wichtig zu erkennen, dass sich ihr Einsatz für das deutsch-polnische Verhältnis aus ihrem christlich-laikalen Grundverständnis folgerichtig ergab.

Für ein sich der Welt öffnendes theologisches Denken hat das eine besondere Bedeutung, was man gemeinhin die „Zeichen der Zeit" nennt. Gemeint sind Fakten und Ereignisse, die in einer symbolhaften Dichte auf wesentliche Veränderungen verweisen, Durchbrüche zu einer neuen, offenen Zukunft, nicht Bestätigung, sondern Verheißung, nicht etwas durch Tradition und Gewohnheit Abgesichertes, sondern ein Neues, das Aufmerksamkeit, auch theologisches Aufmerken, verlangt. Kurzum: Zeichen der Zeit haben prophetischen Charakter.

Anna Morawska gehört zu denen, die nach solchen prophetischen Zeichen der Zeit Ausschau halten, sich von ihnen ansprechen und herausfordern lassen, sich an ihnen orientieren. Das gilt für ihre Beziehung zu Taizé, das gilt ebenso für ihre Kontakte zur Aktion Sühnezeichen.

In einem Aufsatz „Znaki czasu" (Zeichen der Zeit), 1966 in „Znak" veröffentlicht, hat Anna Morawska einige Dokumente zusammengestellt, denen ihrer Ansicht nach eine prophetische Bedeutung eignet. In dieser Sammlung findet sich auch das Gebet einer deutschen Pilgergruppe der Aktion Sühnezeichen.

Für Anna Morawska war der Kontakt zur Aktion Sühnezeichen das auslösende Moment ihres persönlichen Einsatzes für ein neues und erneuertes deutsch-polnisches Verhältnis. Dabei spielte für sie der im Lebenszeugnis greifbare Versöhnungsgedanke eine entscheidende Rolle. Zugleich begriff sie die Bedeutung, die der Wirklichkeit christlicher Versöhnung für die zur Einheit zusammenwachsende, zugleich tief zerrissene Welt zukommt. Elisabeth Adler (1926-1997), zu DDR-Zeiten über viele Jahre in der Leitung der Evangelischen Akademie Berlin (Ost) tätig und Anna Morawska freundschaftlich verbunden, hat zu dem Dorothee Sölle (1929-2003) zu ihrem 60. Geburtstag gewidmeten Sammelband „Gotteslehrerinnen" ein Porträt Anna Morawskas beigesteuert .Darin verweist sie auf einen Beitrag im „Tygodnik Powszechny" (37/65) unter dem Titel „Kommunität", in dem Anna Morawska ihre Begegnung mit der ersten Gruppe von Aktion Sühnezeichen (Ost) in Auschwitz einen „guten Schock" nennt. Warum? Weil er die Chance eines neuen Anfangs in dem so belasteten deutsch-polnischen Verhältnis bot, eine Möglichkeit, „mit der uralten menschlichen Geste der Bitte um Vergebung der Schuld" das Band menschlicher Beziehungen zwischen unseren Völkern neu zu knüpfen.

Anna Morawska sah – so Elisabeth Adler – in Sühnezeichen eine „Aktion gegen den Wahnsinn" – und das nicht nur in einem rückwärts gewandten, gegen die Nazizeit gerichteten Sinn. Eine Politik des Wahnsinns bilde vielmehr eine ständige Gefahr; sie zeige sich dort, wo nur die eigenen Interessen verfolgt und die fremden nicht wahrgenommen werden, wo in der Selbstbefangenheit – auch in der des eigenen, schuldlosen Leidens – der Blick für eine neue Hoffnung getrübt wird.

Versöhnung – das ist auch heute noch *das* Zeichen, in dem der christliche Glaube bezeugt wird und sich bewährt, Verheißung und Anspruch für jeden, der sich als Christ zum Dienst an der Welt berufen weiß. Ich bin gewiss, dass Anna Morawska aus einer tiefen Einsicht in diesen inneren Zusammenhang, der zwischen der christlichen Versöhnungsbotschaft und einem gesellschaftlichpolitischen Engagement besteht, ihren Teil dazu beigetragen hat, dass nach der furchtbaren Verfinsterung, in die das deutsch-polnische Verhältnis getaucht war, ein neuer Morgen anbrechen konnte.

Vergessen wir nicht, aus welchen Anfängen die ersten deutsch-polnischen Kontakte nach den Schrecknissen der Okkupationszeit erwuchsen. Anna Morawska gehört zu denen, die damals, dem Geist und nicht der Zahl vertrauend, in den kleinen Gruppen junger Deutscher, die in den ehemaligen Konzentrationslagern niedrige Arbeiten verrichteten, ein Zeichen der Verheißung erkannten, dem man glauben muss, aus ganzem Herzen und mit klarem Verstand, um das Unmögliche möglich zu machen. Anna Morawska hat diesen Glauben bewiesen; sie hat als eine der ersten in Polen Deutschen die Freundeshand gereicht und Freundschaft gehalten.

Sie war bemüht, vornehmlich durch ihre Veröffentlichungen über Dietrich Bonhoeffer, ihren Landsleuten das Bild eines anderen Deutschland zu zeigen, Klischees und Vorurteile zu überwinden, ohne einer falschen Idealisierung zu verfallen, die den Keim zu neuer ungerechter Beurteilung bereits in sich trägt. Sie war ohne große Worte, wie selbstverständlich, für uns Deutsche da, gastfrei, gesprächsoffen, voller Herzlichkeit. Sie war uns Freundin, und dafür haben wir ihr über ihren Tod hinaus zu danken.

Heute sind deutsch-polnische Beziehungen eine Normalität. Über 20 Jahre nach Abschluss des Vertrages über „gute Nachbarschaft und freundschaftliche Zusammenarbeit" können wir auf eine Zeit zurück blicken, in der mit allen Höhen und Tiefen die deutsch-polnische Versöhnung Wirklichkeit wurde. Anna Morawska war es durch ihren frühen Tod nicht vergönnt, den Weg deutschpolnischer Versöhnung bis zur Erfüllung ihrer Hoffnung mit zu gehen. Doch bereits todkrank schrieb sie an ihren Magdeburger Freund Günter Särchen (1927-2004): „Es ist schön, sehen zu können, dass das, was man einmal 'gegen Hoffnung' sozusagen, begonnen hatte, jetzt schon von sich selbst weiter reift, auch ohne uns, Günter. Unser Erfolg besteht darin, dass es auch ohne uns laufen kann. Auch Anwälte werden sich schon jetzt finden. Es hilft in manchen Stunden im Leben, daran denken zu können."

Anna Morawska – die Publizistin

Schließlich ein letzter Aspekt: Anna Morawska war Publizistin; und sie war es uneingeschränkt, wie aus einem inneren Zwang heraus. Sie musste mitteilen, was sie selbst als für sich wesentlich erfahren hatte. Wir wissen, dass der Beruf eines Publizisten sein Ethos hat, aber auch seine Versuchung. Als Publizist wendet sich ein Einzelner an alle. Mit welchem Recht? Aus welchem Grund? Mit welcher Absicht? Für die Antworten auf diese Fragen gibt es eine breite Skala; sie reicht von den im Dienst an der Wahrheit sich verzehrenden Propheten bis hin zum ebenso subtilen wie infamen Betrüger. Wir wissen, dass das Wort, einmal entlassen, im Druck sich vervielfältigend, Selbständigkeit gewinnt und zu einer Kraft wird. Wie steht der Publizist zu seinem Wort? Wie verantwortet er es?

Ich weiß nicht, wie sehr Anna Morawska an der Bürde ihrer publizistischen Berufung getragen hat. Aber eines vermeine ich zu wissen: Sie schrieb, um zu helfen. Vornehmlich jenen, die wie sie selbst ihre Existenz als Laie ernst nehmen wollten, die bereit waren, inmitten dieser Welt ihren Glauben zu leben, offen und gesprächsbereit, stets gefährdet, wie Petrus außerhalb des Bootes, der den Herrn über den Abgründen des Wassers erkennt und ihm entgegengeht. Sie schrieb, nicht um einer Emigration aus der Kirche das Wort zu reden, sondern um den Mut zum Überschritt, zum Aufgeben falscher, kleinmütiger Sicherheiten zu wecken. Und sie schrieb aus der Überzeugung, dass die „Zeichen der Zeit" zu einem solchen Exodus rufen. Wie stark ihre publizistische Tätigkeit von der Absicht, in diesem Sinne zu helfen, bestimmt war, das ist aus dem Vorwort. zu ersehen, das sie ihrem Diskussionsband über das Buch von Robinson „Honest to God" voranstellte. Sie hat, wie sie schreibt, diese Debatte polnischen Lesern zugänglich gemacht, weil sie ihr für die Herausbildung eines neuen, unserer Zeit entsprechenden Ausdrucks eines *consensus fidelium* wichtig erschien. Wörtlich schrieb sie: „Zahlreiche Zeichen, Ereignisse und Dokumente der letzten paar Jahre machen ohne Frage deutlich, dass ein offenes, grundsätzliches Gespräch über unsere tiefsten Überzeugungen Not tut. Denn sehr viele Christen, die sich – völlig zu Unrecht – mit ihren geheimsten Gedanken allein fühlten, ja selbst unsicher wurden, ob sie überhaupt noch Christen sind, finden dank eines solchen Gespräches wieder zur Gemeinschaft der Gläubigen zurück. Auch bestätigt sich vom psychologischen Standpunkt aus die Wahrheit, die zum wiederholten Male mit solch dramatischem Nachdruck auf dem Konzil und um das Konzil herum laut wurde: Verschweigen, Ausweichen, Rücksicht auf die 'schwachen Gewissen', bezahlt um den Preis der Einschränkung der Freiheit des Denkens und der Wirksamkeit der Gedanken, sind auf lange Sicht zum Scheitern verurteilte Mittel."

In diesem Kontext macht sich Anna Morawska ein Motto zu eigen, das sie dem Pax-Romana-Journal entnommen hat: „Der Versuch, das Christentum durch den Ausschluss Unruhe stiftender Ideen zu verteidigen, stellt eine Politik dar, die den Glauben der nachfolgenden Generation um der eigenen Ruhe willen über Bord wirft." Man hat Anna Morawska verschiedentlich vorgehalten, ihre publizistische Tätigkeit sei im tiefsten unschöpferisch; sie zitiere und übersetze nur. Mir scheint, dass ein solcher Vorwurf ihrer publizistischen Berufung nicht gerecht wird. Der Publizist ist kein Poet, kein Wissenschaftler, kein Philosoph. Seine Aufgabe ist es, Schöpferisches ins öffentliche Bewusstsein zu übersetzen.

Für ihr eigenes Verständnis ist in diesem Zusammenhang aufschlussreich, was Anna Morawska in dem besagten Vorwort über Bischof Robinson schreibt, denn in diesen Sätzen begegnet sie sich selbst, enthüllt sie in leicht durchschaubarer Maske ihr eigenes Berufsverständnis: „Wie mehrfach unterstrichen" – schreibt sie – „übersetzte der Bischof von Woolwich nur in die Sprache des Mannes auf der Straße gewisse Fragen und Probleme, die im Kreis der Berufstheologen seit langem bereits umgehen. Er übersetzte nur. Aber schon heute bereits ist sichtbar, dass dies ein Akt von größerem praktischen Gewicht war, als wenn er in einer Spezialistensprache irgendwelche neuen Ansichten vorgestellt hätte." Doch um übersetzen zu können, muss sich einer über das ihm zunächst Fremde Klarheit verschaffen. Dieser Selbstklärungsprozess liegt Anna Morawskas publizistischer Tätigkeit voraus und zu Grunde. Klarheit über die Anstöße des Konzils, über die Zeichen der Zeit, über ein Christsein inmitten der Welt. Klarheit auch – im deutsch-polnischen Verhältnis – über die Zeit des Nationalsozialismus. „Wie konnte das geschehen?" – war eine ihrer bohrenden Fragen. Unter dieser Fragestellung hat sie das 1963 erschienene Buch von Joachim C. Fest (1926-2006) „Das Angesicht des Dritten Reiches" gründlich studiert und in einem hervorragenden Aufsatz polnischen Lesern zugänglich gemacht. Der ist heute, da die Gespenster der Vergangenheit aufs Neue ihr Unwesen treiben, von höchster Aktualität und hat dankenswerter Weise in einer Dokumentation von Pax Christi „Auschwitz im Verständnis der Opfer" Aufnahme gefunden.

Im Zusammenhang ihrer publizistischen Tätigkeit nimmt Anna Morawskas Beschäftigung mit Dietrich Bonhoeffer einen besonderen Platz ein. Die Frage „Wie konnte das geschehen?" impliziert ja auch jene andere nach dem Versagen der Christen und dem Widerstand einzelner Zeugen. Hier war eine sehr tief schürfende und differenzierende Analyse gefordert. Anna Morawska hielt sie um der Zukunft der deutsch-polnischen Beziehungen für notwendig. Im Vorwort ihres Bonhoeffer-Buches „Ein Christ im Dritten Reich" betont sie, es sei „unerlässlich, die Vorgänge jener Zeit genau zu kennen. Alle simplen und nach Effekten haschenden Vereinfachungen – egal in welche Richtung sie zielen – sind unabhängig von Motivationen schlichtweg gefährlich."[220]

Anna Morawska hat mit der Übersetzung fremder Gedanken, Vorstellungen und Perspektiven ihren polnischen Lesern stets viel zugemutet. Und sie hat sich damit in ihrem Land nicht nur Freunde gemacht. Dies gilt auch und besonders für das Bonhoeffer-Buch, war doch zu ihrer Zeit der deutsche Widerstand, der die deutsche Schuld hätte abschwächen können, ein Tabu. Elisabeth Adler erinnert sich, „dass Anna davon sprach, wie schwierig es sei, polnischen Menschen deutlich zu machen, was es für einen Christen in Deutschland bedeutete, sich den Verschwörern anzuschließen, wie wenig das – ganz im Gegensatz zur polnischen Geschichte – in der deutschen Tradition lag, wo Gehorsam gegenüber der Obrigkeit als christliches Gebot galt." Hinzu kam, dass im katholischen Polen protestantische Traditionen so gut wie unbekannt, ja suspekt waren. So ist ihr Bonhoeffer-Buch auch ein ökumenischer Brückenschlag. Und schließlich ist Bonhoeffer – theologisch und existentiell – ein Kronzeuge für Anna Morawskas Glaubensüberzeugung eines Christseins inmitten dieser Welt.

Anna Morawskas Bonhoeffer-Buch erschien zwei Jahre vor ihrem Tod. Tadeusz Mazowiecki, Polens erster postkommunistischer Ministerpräsident und Anna Morawska geistig verwandt, hat 1971 „Ein Christ im Dritten Reich" sehr eingehend und ausführlich rezensiert. Sein Beitrag unter dem Titel „Er hat Glauben gelernt unter derben Schlägen" findet sich in der bei Herder 1990 erschienenen, Tadeusz Mazowiecki gewidmeten Aufsatzsammlung „Partei nehmen für die Hoffnung."

Wenigstens einen Passus möchte ich aus Mazowieckis Beitrag zitieren, weil er Anna Morawskas Vision einer selbstlosen, nicht auf Absicherung ihrer Interessen und bloßen Bestandswahrung bedachten Kirche trifft: „Aber die Lehre, ja die Erschütterung, die das christliche Selbstverständnis aufrütteln muss, kommt daher, dass die Enttäuschung jener Zeit zeigt, wie weit die Kirche moralisch geschlagen werden kann, wenn sie sich selbst zu einem übergeordneten Wert macht und nicht solidarisch ist mit denen, die leiden und erniedrigt werden. Die

---

220 A. Morawska, Ein Christ im Dritten Reich, a. a. O., S. 18f.

deutschen Kirchen waren damals nicht wegen institutioneller Schwäche der Situation nicht gewachsen, sondern deswegen, weil sie in allzu vielen Grenzsituationen die Verteidigung der eigenen Handlungsmöglichkeiten höher stellten als die Verteidigung der Grundsätze; sie haben nicht deswegen versagt, weil sie im Leben und der Tradition ihres Volkes verwurzelt waren, sondern deswegen, weil sie verkannten, dass christlicher Glaube nicht erlaubt, kritiklos der nationalen Tradition zu folgen, sondern gegebenenfalls sogar fordert, gegen diese aufzutreten, wenn ihre dunklen Seiten zum Vorschein kommen." (S. 50f.)

Welche Wirkung ihr Bonhoeffer-Buch in ihrem Land entfalten sollte, hat Anna Morawska nicht mehr erleben dürfen. Diese Wirkungsgeschichte setzt wenige Jahre nach ihrem Tod ein, als sich in Polen eine Opposition formierte, die 1980 zur Gründung der „Solidarność" führte, 1989 das Ende kommunistischer Herrschaft in Polen besiegelte und damit eine neue europäische Geschichtsepoche einleitete. Führende Oppositionelle wie Jacek Kuroń (1934-2004) und Adam Michnik lernten in jenen Jahren durch Vermittlung von Anna Morawska den deutschen evangelischen Theologen und Widerstandskämpfer Dietrich Bonhoeffer kennen, reflektierten sein Gedankengut und sahen sich mit ihm in einer Wahlverwandtschaft. Wie Bonhoeffer, so boten auch sie dem Totalitarismus in ihrer Heimat die Stirn, widersetzten sich unter Einsatz ihres Lebens totalitären Ansprüchen und traten für die bedrohten unveräußerlichen Rechte wahren Menschseins ein. Als Vertreter einer traditionell antiklerikalen Linken erkannten sie in Bonhoeffer das Antlitz eines anderen Christseins. Auf der Basis gemeinsamer Werte suchten und fanden sie den Dialog mit oppositionellen Christen, vor allem aus dem Umfeld von „Więź", „Znak" und „Tygodnik Powszechny". So wurde, zumindest für die Jahre zwischen 1975 und 1989, jene Vision eines Dialogs mit Nichtglaubenden wahr, die Anna Morawska in ihrem 1966 auf dem Lyoner Weltkongress von „PAX ROMANA" gehaltenen Grundsatzreferat entworfen hat.

Abendrot für Radikale?

Drei Jahre nach Anna Morawskas Tod erschien 1975 ein von ihrer Tochter und Tadeusz Mazowiecki gemeinsam herausgebrachter Sammelband, der unter dem Titel „Spotkania" (Begegnungen) das publizistische Wirken Anna Morawskas breit dokumentiert. Im „Tygodnik Powszechny" (28/75) erschien dazu unter der bezeichnenden Fragestellung „Abendrot für Radikale?" eine Rezension, die die geistige Zeitgenossenschaft der Autorin bezeugt, zugleich aber auch die nüchterne Feststellung trifft, dass sich die Erwartungen, die Anna Morawska mit anderen radikalen Befürwortern einer Reform der Kirche an die konziliare Erneuerung knüpfte, nicht erfüllt haben. Der Traditionsverlust, den die kirchliche Reformbewegung im Westen zur Folge gehabt habe, sei für Polen nicht annehmbar. Damit werden jene Denkanstöße, die Anna Morawska polnischen Katholiken geben wollte, weitgehend relativiert, so dass es schwierig sein dürfte, ihre Relevanz für die jetzige Entwicklung in Polen zu bestimmen. Wie aktuell dennoch die von Anna Morawska vor mehr als vier Jahrzehnten ausgesprochenen Gedanken sind, zeigt die gegenwärtige Situation in der polnischen Kirche. In ihr finden sich alle von Anna Morawska aufgeführten Krisenphänomene: der Exodus der jungen Generation, eine tiefe Kluft innerhalb der Kirche zwischen einem stark national orientierten, traditionsgebundenen Teil und einem offenen, die Herausforderungen einer sich zunehmend säkularisierenden Gesellschaft positiv aufnehmenden Katholizismus. Dazu die wachsende Kluft zwischen der Kirche und antikirchlichen Gruppierungen innerhalb der Gesellschaft. Und die daraus resultierenden innerkirchlichen wie außerkirchlichen Spannungen und Polarisierungen. Angesichts dieser Krise dürfte sich eine Rückbesinnung auf Anna Morawska und ihre wegweisenden Gedanken geradezu anbieten.

Mieczysław Pszon – vom Nationaldemokraten zum Freund der Deutschen

Persönliche Erinnerung

In einem an Begegnungen reichen Leben gibt es Menschen, deren man sich kaum mehr erinnert, deren Namen einem entfallen und von denen nur ein verschwommener Eindruck bleibt. Und es gibt Menschen, die einem, wenngleich längst verstorben, dennoch lebendig vor Augen stehen. Mieczysław Pszon (1915-1995), von seinen Freunden liebevoll Mietek genannt, zählt zu den letzteren. Er hat sich mir tief eingeprägt: Auch viele Jahre nach seinem Tod ist sein Bild nicht verblasst: seine hagere Gestalt, sein ausdrucksstarkes Gesicht hinter dicken Brillengläsern, voll konzentriert während der frühmorgendlichen Telefonate mit der Zensurbehörde in der noch leeren Redaktion, heiter entspannt und gut gelaunt bei einem gemeinsamen Essen im vornehmen Wierzynek, den Kellnern vertraut als Kenner genussreicher Speisen und Getränke. Unvergessen die Gespräche über das Leben und Überleben im realen Sozialismus voller Ironie, aber auch die Traurigkeit, die zuweilen seine Gesichtszüge überschattete und eine Wirklichkeit erahnen ließ, die dem Gesprächspartner unzugänglich war.

Erstmals bin ich Mietek in der zweiten Hälfte der 1960er Jahre begegnet, als ich zusammen mit Günter Särchen (1927-2004) von Magdeburg aus in Krakau die Wiślna 12, den Sitz der Redaktion des „Tygodnik Powszechny", aufsuchte.

Damals waren die von Günter Särchen im Auftrag der „Aktion Sühnezeichen" organisierten, gut angelaufenen und mit Arbeitseinsätzen verbundenen Pilgerfahrten zu den ehemaligen Konzentrationslagern Auschwitz-Birkenau und Majdanek durch ein ausdrückliches Verbot des DDR-Staatssekretariats für Kirchenfragen gestoppt worden. In dieser Situation hatte ich mich in meiner Eigenschaft als Pfarrer der Magdeburger katholischen Studentengemeinde (KSG) angeboten, diese für die deutsch-polnische Versöhnung so wichtige Initiative in meiner Verantwortung fortzuführen. Nun ging es darum, in Polen die Einzelheiten abzusprechen, um die von mir geplanten Arbeitseinsätze der Magdeburger KSG in Majdanek, Laski und beim Bau der Kirche in Nowa Huta zu ermöglichen. Einer der wichtigsten Ansprechpartner in diesen Fragen war Mieczysław Pszon.

In den folgenden Jahren verstärkten sich meine Beziehungen zu ihm, zumal nachdem ich Anfang der 1970er Jahre nach Polen übergesiedelt war und bald darauf im Auftrag des „Tygodnik" und der Zeitschrift „Znak" für einen deutschen Kontaktkreis vierteljährlich ein Bulletin mit Übersetzungen und Kommentaren erstellte. In dieser Zeit entwickelte sich zwischen uns ein sehr freundschaftliches Verhältnis. So traf ich mit Mietek nicht nur in der Redaktion zusammen, sondern war auch häufig Gast in der Bernardyńska 11, seiner ganz in der Nähe des Wawel gelegenen Wohnung.

Heute bedauere ich es, über die zahlreichen mit Mietek geführten Gespräche keine Notizen angefertigt zu haben. Doch wer ging schon zu jener Zeit das Risiko von Aufzeichnungen ein, die in falsche Hände geraten und als belastendes Material gegen einen verwendet werden konnten? So sind mir nur einzelne Bemerkungen sowie die grundsätzliche Bedeutung in Erinnerung geblieben, die dieser geistige Austausch für mein Polenverständnis und die Analyse der damaligen Situation besaß.

Zu den Bemerkungen wenigstens ein Beispiel: Mietek verfügte über die Gabe, komplizierte Tatbestände mit einem Schuss Ironie auf den Punkt zu bringen. Bei einer meiner ersten Begegnungen mit ihm gingen wir durch Krakaus Altstadt, und ich drückte ihm gegenüber meine Verwunderung darüber aus, dass – ganz im Gegensatz zu meiner DDR-Erfahrung – die Straßen am helllichten Tag mit hin und her eilenden Menschen gefüllt waren, wo diese doch eigentlich zu dieser Zeit an ihrem Arbeitsplatz zu sein hatten. Auf meine naive Frage, ob diese vielen Menschen denn nicht arbeiten würden, erhielt ich die lakonische Antwort: „Wohl nicht, aber sie sind beschäftigt." Mit dieser Feststellung verdeutlichte mir Mietek einen wesentlichen Unterschied zwischen der sozialistischen Wirklichkeit Polens und der DDR. Während es im Staate Ulbrichts und Honeckers kaum möglich war, die Arbeitszeit zu privaten Erledigungen zu nutzen, war dies in Polen eine der Überlebensstrategie dienende Praxis, welche die ganze Skala von Erledigungen, angefangen mit der täglichen Nahrungssuche über halblegale und illegale Geschäfte bis hin zu subversiven Unternehmungen umfasste. So entstand eine zum realen Sozialismus in Kontrast stehende andere Wirklichkeit, später als „zweiter Umlauf" bezeichnet, die als ein wichtiger Teil polnischer Widerstandskultur zu gelten hat.

Was in einer solchen knappen Bemerkung aufleuchtete, bildete denn auch den Gegenstand unserer Gespräche, die neben ihrem privaten Charakter vor allem der Analyse der bestehenden Verhältnisse dienten. Sie haben wesentlich dazu beigetragen, mir den Blick für das in Polen herrschende Spannungsverhältnis zwischen der tradierten nationalen Kultur und dem kommunistischen System zu schärfen sowie die dem „Tygodnik" in diesem Zusammenhang zukommende Bedeutung zu verstehen.

Für mich war Mietek so etwas wie die Verkörperung des Polentums. An ihm und durch ihn habe ich so manche polnische Eigenart erfahren; auch – um ein Beispiel zu wählen – den Primat spontaner Improvisation vor zielgenauer Planung. Als ich in den 1970er Jahren zeitweilig in Breslau lebte, war ich für mir bekannte oder auch unbekannte Polenreisende, zumal aus der Bundesrepublik, eine Anlaufstelle, um ihnen u. a. einen Aufenthalt in Krakau zu ermöglichen. Solche Bitten wurden für gewöhnlich lange vor Reisebeginn an mich herangetragen. Um ihnen zu entsprechen, nahm ich jeweils mit Mietek Kontakt auf, meldete ihm getreulich die Ankunftszeit und Wünsche dieser zumeist kleinen Gruppen und erhielt von ihm mit einem leichten Lächeln immer die gleiche Auskunft: „Es wird alles gut vorbereitet." Dabei wussten wir beide, dass dem nicht so war, sondern dass Mietek am Ankunftstag der Gruppe in seinem Büro die Telefone heiß laufen ließ, um die Unterkünfte zu besorgen und die erbetenen Kontakte zu vermitteln. Die Gäste aus Deutschland hielten stets für vorzügliche Planung, was in Wahrheit eine gelungene Improvisation war.

Herkunft und Jugendjahre

Dem 1915 geborenen Mieczysław Pszon war die Freundschaft zu den Deutschen keineswegs in die Wiege gelegt worden; ganz im Gegenteil. Angesichts seiner familiären Verhältnisse hätte man eher eine besondere Zuneigung zu Frankreich und den Franzosen erwarten können. Schließlich hatte sein Vater an der Jagiellonen-Universität sowie an der Sorbonne Romanistik studiert, als Gymnasiallehrer und später an der Krakauer Handelsakademie Französisch unterrichtet sowie die Krakauer „Gesellschaft der Freunde Frankreichs" mit gegründet. Wenngleich politisch an keine Partei gebunden, so war Pszons Vater doch als polnischer Patriot gesellschaftlich engagiert und gehörte einem Komitee an, das Anfang der 1920er Jahre die in Oberschlesien kämpfenden polnischen Aufständischen unterstützte. Mieczysławs frühe Prägung war somit alles andere als deutschfreundlich.

Als der junge Pszon 1934 an der Jagiellonen-Universität sein Polonistikstudium begann, geriet er unter den Einfluss der nationalen Rechten. Er gehörte der deutschfeindlich und antisemitisch eingestellten Allpolnischen Jugend (Młodzież Wszechpolska) an, wurde Mitglied der Nationalen Partei (Stronnictwo Narodowe) und arbeitete als Journalist für die Presse der sich stark am portugiesischen Faschismus orientierenden Rechten.

Pszons Verhältnis zu den Juden

In den der deutsch-polnischen Versöhnung dienenden Kontakten der 1960er und 1970er Jahre ging es um eine Aufarbeitung der Last der Geschichte, wobei das Unrecht und die Leiden, die den Polen im Zweiten Weltkrieg zugefügt worden waren, im Vordergrund standen. Das Schicksal der Juden blieb in diesem binationalen Kontext ausgeklammert. So kam der Judenmord beispielsweise aufgrund dieser Konzentration auf dem von Pszon 1972 mit initiierten und von „Pax Christi" und der „Znak-Gruppe" gemeinsam gestalteten „Auschwitz-Seminar" nicht zur Sprache. In ihrem Referat „Auschwitz – was es uns bedeutet" beschränkte sich Pszons Redaktionskollegin Józefa Hennelowa auf die Bedeutung von Auschwitz für das deutsch-polnische Verhältnis. Sie verwies u. a. auf einen im „Tygodnik Powszechny" erschienenen Artikel von Müller-Gangolf, einem Mitbegründer der „Aktion Sühnezeichen", in dem „Auschwitz ein Nullpunkt in der Suche nach Versöhnung mit dem polnischen Volk genannt" wird. Und unter Hinweis auf eine von der Zeitschrift „Znak" und dem Krakauer Klub Katholischer Intelligenz (KIK) organisierte Veranstaltung heißt es bei ihr: „Auschwitz wurde immer deutlicher zu einem Katalysator in den Bestrebungen nach Lösung des polnisch-deutschen Problems."[221] Auch in meinen Gesprächen mit Mietek war weder vom Holocaust, noch vom polnisch-jüdischen Verhältnis, geschweige denn von seiner persönlichen Einstellung zu den Juden jemals die Rede. Erst seine Erinnerungen geben über diesen Fragenkomplex Auskunft. Auf sie werde ich mich im Folgenden berufen.

Doch zuvor der Hinweis auf eine aufschlussreiche Begebenheit, die ich Pszons jüngerem Redaktionskollegen Wojciech Pięciak verdanke: Ein Flugblatt der Nationalen Partei mit der Aufschrift „Es lebe ein Starkes Polen" informiert im Krakau der 1930er Jahre, „dass am Sonntag, dem 26. März, 11 Uhr, im Pfarrsaal der Pasterskastraße eine öffentliche Versammlung zum Thema 'Kampf

---

221 Deutsches Pax-Christi-Sekretariat (Hg.), Auf dem Weg zur Versöhnung. Deutsche und polnische Katholiken im Gespräch, Frankfurt/Main, Nr. 16, 2/1979, S. 6.

um ein Nationales Krakau' stattfindet. (Im Kleindruck: 'Freier Eintritt für alle Polen!') Es spricht u. a. Mieczysław Pszon, Propagandareferent im Ortsvorstand der Nationalen Partei."[222] Bereits das Kleingedruckte verrät eine minderheitenfeindliche und damit auch antisemitische Tendenz dieser Veranstaltung. Auch wenn der Redetext nicht erhalten ist, so braucht es doch keiner besonderen Phantasie, um sich vorzustellen, in welche Richtung Pszons Argumentation zielte. Entsprechend der nationalistischen Ideologie der politischen Rechten bedeutete der „Kampf um ein Nationales Krakau", sich dem angeblich übergroßen Einfluss der Juden in der Stadt zu widersetzen. Dass diese Veranstaltung in einem Pfarrsaal stattfand, erklärt sich daraus, dass auch Kreise des Klerus der Endecja nahe standen und die Aufrufe der Nationaldemokraten zum Boykott jüdischer Geschäfte unterstützten. So heißt es etwa in einem anderen Flugblatt besagter Partei, dass nicht bei einem Juden, sondern nur bei einem Polen einkauft, „wer sich bewusst ist, dass Ostern bevorsteht, die heiligen Tage des Leidens, der Kreuzigung und der Auferstehung Christi, heilige Tage, die uns unablässig an die Kreuzigung des Gott-Menschen durch das jüdische Volk erinnern, deren Nachkommen unter uns leben."[223]

Zu dem hohen Anteil von Juden an der Gesamtbevölkerung im Polen der Zwischenkriegszeit äußert sich Czesław Miłosz (1911-2004) wie folgt:„Über 3 Millionen polnischer Juden kann man als eine eigene Nation ansehen, unterschieden vom Rest der Mitbürger aufgrund der Religion, der Sitten und Gebräuche sowie der Betätigungen. [...] Die große Mehrheit sprach Jiddisch."[224]

Die Endecja reagierte auf diese gesellschaftspolitische Lage, wie Miłosz weiter ausführt, mit „einem judenfeindlichen Programm, das jedoch nur einen Teil einer besonderen Interpretation der polnischen Geschichte bildete, wonach Polen seit Jahrhunderten durch eine internationale Verschwörung bedroht war."[225]

Pszon geht in seinen Anfang der 1990er Jahre verfassten Erinnerungen ausführlich auf sein Verhältnis zu den Juden ein.[226] Er unterstreicht seine persönlich

---

222 W. Pięciak, Mieczysława Pszona realizm romantyczny (Mieczysław Pszons romantischer Realismus), Tygodnik Powszechny 41/2005, S. 8.
223 C. Miłosz, Wyprawa w dwudziestolecie (Reise in die Zwischenkriegszeit), Krakau 1999, S. 490f.
224 Ebd., S. 268
225 Ebd., S. 274f.
226 W. Pięciak (Hg.), Polacy i Niemcy pół wieku później. Księga pamiątkowa dla Mieczysława Pszona (Polen und Deutsche ein halbes Jahrhundert später. Festschrift für Miecysław Pszon), Krakau 1996, S. 488-502. Unter dem Titel „Jasne wybory i ciemne racje" (Klare Entscheidungen und dunkle Beweggründe) erschien dieser Teil von Pszons Erinnerungen im Monat seines Todes im „Tygodnik Powszechny" (43/1995).

guten Beziehungen zu einzelnen Juden. So habe er zu einer jüdischen Familie, die während des Krieges der nazistischen Judenvernichtung zum Opfer fiel, äußerst enge und sehr freundschaftliche Beziehungen unterhalten. 1941 sei es ihm gelungen, zwei Jüdinnen, Mutter und Tochter, auf illegale Weise mit arischen Kennkarten zu versorgen und ihnen damit das Leben zu retten. Und es sei ein Jude gewesen, ein ehemaliger Schüler seines Vaters, dem er sein Leben verdanke. Als im August 1944 der Warschauer Aufstand ausbrach, hätten die deutschen Besatzer befürchtet, der Funke könne auf Krakau überspringen. Also hätten sie versucht, durch Razzien der potenziellen Kämpfer habhaft zu werden. Auch ihn habe man aus der Wohnung geholt und mit 12 000 anderen polnischen Männern in einen abgetrennten Teil des durch Transporte in die Gaskammern von Auschwitz-Birkenau schon fast leeren jüdischen Lagers in Płaszów eingeliefert. Am dritten Tag seien sie verifiziert worden, und man habe alle entlassen, die gültige Papiere besaßen. Die habe er leider nicht besessen. In dieser schier hoffnungslosen Situation sei er an einen als Schreiber eingesetzten jüdischen Häftling geraten, und eben der habe ihn als Sohn seines Gymnasiallehrers erkannt und ihm unter den Augen der Gestapo der kurzerhand und unerlaubt den Entlassungsschein ausgestellt.

Pszon räumt allerdings ein, dass seine guten Beziehungen zu einzelnen Juden bei ihm – wie er wörtlich schreibt – zu keiner „Entschärfung der Judenfrage" beigetragen habe. Über viele Seiten seiner Erinnerungen ist er bemüht, antisemitische Einstellungen als politisch motiviert zu erklären. So habe in der Zwischenkriegszeit ein politischer „Kampf zwischen zwei Konzeptionen getobt – der eines National- und der eines Nationalitätenstaates." Gesiegt habe die nationalstaatliche Konzeption. Pszon schreibt: „Wahrscheinlich musste dies so sein, wäre doch in der Konsequenz ein föderaler Nationalitätenstaat unter anderem deswegen auseinander gefallen, weil eines ihrer destruktivsten Elemente – neben den territorialen Minderheiten – Juden waren." Lässt sich allen Ernstes behaupten, die Juden hätten als ein „destruktives Element" einen eventuellen Nationalitätenstaat unmöglich gemacht? Pszon versucht, die Position der Endecja durch einen Hinweis auf den Versailler Vertrag zu rechtfertigen, indem er behauptet, „eine Polen missgünstige jüdische Lobby" habe Polen den Minderheitenschutzvertrag aufgezwungen, „der unsere Souveränität antastete." Zu diesen Ausführungen nahm der Schriftsteller und Publizist Henryk Grynberg Stellung: „Die Juden waren gar nicht in der Lage, irgend etwas in Versailles 'aufzuzwingen', doch selbst wenn dies der Fall gewesen wäre, dann sollte doch wohl der Schutz

---

Pszons Darstellung widersprach Henryk Grynberg mit seinem im „Tygodnik" (51/1995) erschienenen Beitrag „O destrukcyjnych elementach w Polsce" (Über destruktive Elemente in Polen).

fundamentaler Menschenrechte einen rechtschaffenden Bürger erfreuen und nicht bekümmern."[227]

Pszon führt zur Begründung seiner Auffassung die bekannten antisemitischen Argumente der Vorkriegszeit an, ohne sich indes mit ihnen kritisch auseinanderzusetzen: Ein grundsätzliches Desinteresse der Juden an einem polnischen Staatswesen, ihre wirtschaftliche Dominanz, die dazu geführt habe, dass „die Konflikte vor allem einen wirtschaftlichen Hintergrund besaßen." Zudem hätten „die Versuche einer Assimilierung der polnischen Juden mit einem Fiasko geendet." Immerhin vermerkt er, es sei „nicht verwunderlich gewesen, dass für viele Politiker die Judenfrage ein propagandistisch vorzügliches Thema war und sich mit ihr besonders leicht punkten ließ."

Worauf zielte letztlich der von Pszon auf politische und ökonomische Ursachen zurückgeführte Antisemitismus? Pszons Antwort lautet: „Einen polnischen Staat zu schaffen und alle Juden, die sich nicht zu Polen bekennen, zur Emigration zu nötigen." Pszon weiß sehr wohl, dass diese Lösung der „Judenfrage" im höchsten Maße „undemokratisch" war und „die Juden ihrer politischen Rechte beraubt und zu Bürgern zweiter Klasse" gemacht hätte. Er selbst sagt von sich: „Heute kann ich nicht sagen, ob ich damals so gedacht habe. Ich glaube, für mich war das jüdische Problem tatsächlich lediglich ein politisches. Niemals habe ich zu einem Juden ein beleidigendes Wort gesagt." Der Satz verrät eine Abspaltung des Persönlichen vom Politischen, wo doch die Konsequenzen der von der nationalen Rechten angestrebten „Lösung der Judenfrage" für die Betroffenen katastrophale Folgen nach sich gezogen hätte, für die man schließlich persönlich mit verantwortlich war.

In seinem Vorwort zu der Mieczysław Pszon zu seinem 80. Geburtstag gewidmeten Festschrift äußert sich Chefredakteur Jerzy Turowicz (1912-1999) auch zu Pszons Ausführungen über sein Verhältnis zu den Juden. Er sieht in ihnen den Versuch, „die Ursachen des damaligen Antisemitismus" zu erklären, „doch könne man sagen, dass seine Erklärung in einem gewissen Grad diesen Antisemitismus rechtfertige. [...] Faktisch wurde er von der Krankheit des Antisemitismus völlig geheilt, als er in der Zeit des Holocaust Zeuge des schrecklichen Schicksals der Juden wurde" und eingesehen habe, „dass die Quelle dieses Verbrechens der Antisemitismus ist." Pszon betont selbst, in der Auffassung, dass jener Vorkriegsantisemitismus zum Holocaust geführt habe, stecke „ein rationaler Kern, der sich nicht leugnen lässt." Wörtlich schreibt er: „Wenngleich ich tief überzeugt bin, dass sich in Polen vor dem Krieg nur ein gewisser Prozentsatz degenerierter Gestalten vorstellen konnte, dass man die Juden ermorden kann, so sind doch all die

---

227 H. Grynberg, Monolog polsko-żydowski (Polnisch-jüdischer Monolog), http://www.ksiazka.net/pasaz/fragment.php?id_ks=14913.

Durchschnittsmenschen, auch wenn sie eine solche Haltung ablehnten, verantwortlich; denn aufgrund der Tatsache, dass sie Antisemiten waren, haben sie im gewissen Sinn eine derartige verbrecherische Denkweise begünstigt." Mit diesen Worten hat sich Pszon seiner persönlichen Verantwortung gestellt.

Als Jan Błoński (1931-2009) 1986 im „Tygodnik" mit seinem Beitrag „Arme Polen blicken auf das Getto" die Frage nach einer *moralischen* Mitschuld von Polen am Holocaust aufwarf und damit eine sehr kontrovers geführte Debatte um den „polnischen Antisemitismus" in Gang setzte, bezog Pszon Position. In einer internen Diskussion entgegnete er einem gegenüber Błoński kritisch eingestellten Kollegen, er selbst habe zwar vor dem Krieg der antisemitischen Argumentation Gehör geschenkt, doch während der Kriegszeit begriffen, zu welchen Konsequenzen das führen kann. Und er äußerte sich auch öffentlich, indem er mit Blick auf die Gegenwart schrieb, dass trotz der „Furchtbarkeit der Judenvernichtung" der Antisemitismus „auch heute noch gänzlich frisch funktioniert, 50 Jahre nach dem Krieg, nach dem Holocaust, nach diesem Schrecken und all dem, was im Lande geschehen ist, in dem es praktisch keine Juden mehr gibt."[228]

Bittere Hafterfahrung

In meinen zahlreichen Gesprächen mit Mietek war, soweit ich mich erinnere, kaum einmal von seinen Kriegs- und unmittelbaren Nachkriegserlebnissen die Rede. Immerhin erfuhr ich von ihm, dass er als Offizier der Heimatarmee im Untergrund gegen die Deutschen gekämpft hatte. So erzählte er, wie er einmal einen Deutschen gefangen genommen hatte; eine Geschichte voller Komik. An ihr wurde mir deutlich, dass es Mietek fern lag, sich zu einem Helden zu stilisieren. Er gab in der Regel von seiner Vergangenheit nur das preis, was sich mit ironischer Distanz erzählen ließ. Dennoch umgab ihn eine geheimnisvolle Aura, hörte ich doch aus Pszons persönlichem Umfeld, er sei zweimal dem Tode nahe gewesen, einmal während des Krieges aufgrund seiner Verhaftung bei einer Razzia, das andere Mal nach dem Krieg durch die stalinistische Justiz. Erst die von Pszon selbst verfassten Erinnerungen geben genauere Auskunft über sein Kriegs- und Nachkriegsschicksal. Ihnen entnehme ich, dass er während des Krieges unter mehreren Pseudonymen dafür verantwortlich war, die südlich von Krakau kämpfenden Partisaneneinheiten mit Informationen zu versorgen. Als dann 1944 die Druckerei aufflog, musste er aus Krakau fliehen und bei den Partisanen für eine Zeit untertauchen.

---

228 R. Graczyk, Pszon, Mieczysław, http: miasta.gazeta.pl/kraków/1,35802,122129.html.

Wer als führendes Mitglied der Heimatarmee das Kriegsende überlebt hatte, sah sich nun der Gefahr ausgesetzt, vom sowjetischen NKWD oder dem bald gebildeten polnischen Sicherheitsdienst verhaftet und verurteilt zu werden. Das Schicksal der polnischen Führungskräfte des Widerstandes unter General Leopold Okulicki (1898-1946), die im März 1945 unter der Zusage freien Geleits der sowjetischen Einladung zu „Konsultationen" gefolgt waren und die man an Ort und Stelle verhaftet und nach Moskau ausgeflogen hatte, wo ihnen drei Monate später der Prozess gemacht wurde, ließ erahnen, was jene zu erwarten hatten, die als Angehörige der Heimatarmee in verantwortlicher Position den Sowjets oder ihren polnischen Handlangern in die Hände fielen. Zu den an Leib und Leben Bedrohten gehörte als letzter Delegat der Londoner Exilregierung für den Krakauer Distrikt auch Mieczysław Pszon. In dieser Eigenschaft hatte er durch Kuriere und den Aufbau eines Verbindungsnetzes den Kontakt mit der Londoner Exilregierung aufrecht erhalten. Aus gutem Grund gab er sich daher in den beiden ersten Nachkriegsjahren den Behörden gegenüber nicht zu erkennen. Als dann aber die aus den „freien" Wahlen vom Januar 1947 hervorgegangene, von den Kommunisten maßgeblich bestimmte Regierung im März eine Amnestie verkündete, machte Pszon von dieser Möglichkeit Gebrauch und stellte sich. Als Delegat der Londoner Regierung hielt er es für angebracht, sich bei einer höheren Instanz zu melden. Also begab er sich zu seiner Enttarnung zu General Roman Romkowski (1907-1965), dem zweiten Mann des Sicherheitsapparats. Zunächst amnestierte man ihn, doch zwei Monate später wurde dann in seiner Abwesenheit seine Wohnung umstellt und durchsucht. In dieser Situation telefonierte Pszons Frau mit Bolesław Piasecki (1915-1976), mit dem Pszon seit der Vorkriegszeit aufgrund damaliger gemeinsamer Zugehörigkeit zum rechten Lager befreundet war. Ihn hatten die Sowjets zunächst verhaftet, dann aber dazu ausersehen, mit Gründung der PAX-Bewegung die „fortschrittlichen" Katholiken an das kommunistische System zu binden. Offenbar versprach sich Pszons Frau von ihm aufgrund seiner herausgehobenen politischen Stellung eine Intervention zu Gunsten ihres Mannes. Piasecki riet dazu, Pszon solle sich, da bereits amnestiert, stellen, um den offenbaren Irrtum seiner geplanten Verhaftung aufzuklären. Pszon folgte diesem Rat, begab sich zum Krakauer Sitz des Sicherheitsdienstes, wurde dort höflich empfangen und befand sich wenig später auf dem Flug nach Warschau. Nach der Landung wartete dort bereits ein Wagen, der ihn in die Zentrale des Sicherheitsdienstes brachte. Dort wurde er als prominentes Mitglied des unter Führung der Londoner Exilregierung stehenden Untergrundes zwei Monate lang verhört.

Da „Spionage" von der im März 1947 erlassenen Amnestie ausgenommen war, bot sich eben dieser Punkt als Anklage geradezu an; dies zumal, weil es sich bei den die „Spionage" betreffenden Strafartikeln um sehr dehnbare Gummiparagraphen handelte. So konnte das bloße Sammeln von Zeitungsausschnitten der legalen Presse als „Spionage" ausgelegt werden, und dies besonders auf dem Hintergrund der von Pszon bekleideten speziellen Untergrundfunktion. Entsprechendes Material war durch die Hausdurchsuchung leicht zu beschaffen gewesen. So lautete denn auch die gegen Pszon erhobene konstruierte Anklage auf „Spionage" für den britischen Geheimdienst.

Mieczysław Pszon bekannte sich zu keiner Schuld, weder während der Verhöre, noch im Laufe des Prozesses, auf den er übrigens zwei lange Jahre warten musste. Während dieser Zeit wurde er Zeuge stalinistischer Verhörmethoden. So wurden Häftlinge zur Erpressung von Geständnissen eine ganze Nacht lang nackt in eine Zelle gesperrt, in der sie, ohne sich rühren zu können, stehen mussten. Verschaffte sich jemand Bewegung, wurde er mit kaltem Wasser überschüttet. Am Morgen danach wurde dann das Verhör des durch diese Foltermethode völlig erschöpften Häftlings fortgesetzt. Diese Zermürbungstaktik konnte beliebig wiederholt werden.

Pszon machte nur ein einziges Mal Bekanntschaft mit der Stehzelle, und dies im kalten November. Doch aus ihr half ihm ein guter Engel in Gestalt eines Inspektors im Offiziersrang wenig später wieder heraus, gab ihm die Kleidung zurück, führte ihn über leere Korridore in seine Zelle und ließ ihn bis zum Morgen schlafen, ehe er ihn noch vor dem Appell wieder in die Stehzelle zurück brachte.

Am 28. Oktober 1949 wurde Mieczysław Pszon vor dem Warschauer Militärgericht in einem Geheimverfahren zum Tode verurteilt. Acht Monate verbrachte er in der Todeszelle, Tag für Tag gewärtig, dass das Urteil vollstreckt werden würde. Einmal erlebte er eine Scheinexekution, eine Erfahrung, die ihm die Relativität vieler Dinge des Lebens vor Augen führte und die sein Leben verwandelte. Dann wurde sein Urteil in „lebenslänglich" umgewandelt. Als sich 1955 die politische Lage in Polen zu ändern begann und die harte Phase des Stalinismus ihr Ende fand, kam Pszon frei. Insgesamt hatte er acht Jahre in Haft verbracht – acht bittere Jahre der Einsamkeit und Trennung von der Familie, dazu lungenkrank.

Besonders litt er unter der Befürchtung, durch die jahrelange Trennung von seinen beiden kleinen Söhnen könne sich eine unüberwindbare Distanz zu ihnen ergeben. So schrieb er in einem Brief vom 1. November 1954 an seine Eltern: „Vielleicht kehre ich irgendwann zu ihnen zurück, und dann stellt sich mit ganzer Schärfe das Problem, Distanz und Fremdheit zwischen ihnen und mir zu überwinden. Je mehr ich von ihnen weiß und je mehr meine Vorstellungen von ihnen mit der Wirklichkeit übereinstimmen, umso geringer ist die Gefahr des Misstrauens zwischen uns."

Innere Wandlung in den Jahren der Haft

In seinen Erinnerungen vermerkt Mieczysław Pszon, dass er sich manchmal über sich selbst wundere, wie er – vor dem Krieg ein aktives Mitglied der Endecja – „zu einem großen Freund Deutschlands und zu einem Botschafter deutsch-polnischer Freundschaft werden konnte." Diesen Gesinnungswandel vollzog er in den acht Jahren, die er zusammen mit deutschen Leidensgenossen in Untersuchungshaft und in zwei stalinistischen Gefängnissen verbrachte. Nicht alle diese Deutschen waren Kriegsverbrecher. Es gab unter ihnen ganz normale, liebenswerte Menschen. Mancher von ihnen war zu Unrecht zum Tode oder zu langjährigen Haftstrafen verurteilt worden. Da sie des Polnischen nicht mächtig waren, konnten sie von den ihnen zustehenden Rechtsmitteln keinen Gebrauch machen. In dieser misslichen Lage half ihnen Pszon, die Eingaben zu formulieren, um mit ihren Familien in Kontakt treten und, wenn möglich, ein Berufungsverfahren anstreben zu können. In einem Fall trug er dazu bei, einen Justizirrtum aufzuklären: Ein deutscher Mithäftling, im Krieg ein einfacher Wehrmachtsangehöriger, von Beruf Winzer, stand unter der Anklage, einen bei ihm beschäftigten polnischen Zwangsarbeiter getötet zu haben, was er indes vehement bestritt. Als er dann mit Hilfe von Pszon nach langen Bemühungen mit seiner Familie in brieflichen Kontakt treten konnte, erwies sich nicht nur seine Unschuld – der angeblich von ihm ermordete Zwangsarbeiter hatte inzwischen seine Tochter geheiratet und war zu seinem Schwiegersohn geworden.

Doch es waren nicht allein diese im Gefängnis geknüpften Beziehungen und die in stalinistischer Haft gemeinsam durchlittene Zeit, die Pszons Weltverständnis veränderten. Als politisch denkender Mensch analysierte er die durch den Krieg und seine Folgen geschaffene, gegenüber der Zwischenkriegszeit radikal veränderte Weltlage: Das Ende nationalsozialistischer Zwangsherrschaft hatte seinem Land nicht die erhoffte Freiheit gebracht. Es war vielmehr unter den Einfluss der sowjetischen Hegemoniealmacht geraten, die alles daran setzte, Polen ein die nationale Tradition negierendes kommunistisches System aufzuzwingen. Die in der Endejca vorherrschende Überzeugung, nach der die größte Bedrohung Polens von Deutschland ausgehe, war nach Lage der Dinge durch die totale Niederlage und den Zusammenbruch des „Dritten Reiches" hinfällig geworden. Nun kam es darauf an, sich von der eigenen Ideologie zu verabschieden und für ein neues Verhältnis zu Deutschland und den Deutschen offen zu sein. Zudem wurde ihm klar, dass die einstige deutschfeindliche Doktrin der Endejca, für die es in der Vergangenheit durchaus gute Gründe gegeben hatte, nun dazu diente, Polen dauerhaft an die Sowjetunion zu binden und die kommunistische Unfreiheit aufrecht zu erhalten. Auch wenn das Ergebnis des Zweiten Weltkriegs für Polen einen sowjetischen Vasallenstatus bedeutete, so musste doch im polnischen Interesse eine sinnvolle Politik auf eine Veränderung dieses Zustandes abzielen. Und dies würde, so Pszons bereits in den 1950er Jahren gewonnene Einsicht, nur durch einen deutsch-polnischen Ausgleich möglich sein. Er wusste zwar, dass man auf eine Zusammenarbeit mit Deutschland lange würde warten müssen, doch bedeutete dies nicht, die Zeit untätig verstreichen zu lassen. Vielmehr würde es darauf ankommen, durch Anknüpfung von Kontakten auf eine Zukunft hin zu arbeiten, die mit einem deutsch-polnischen Ausgleich zugleich die Chance bot, sich aus sowjetischer Abhängigkeit zu befreien.

Die Möglichkeit, seine Gedanken in die Tat umzusetzen, bot sich ihm indes nicht unmittelbar nach seiner im Jahr 1955 erfolgten Haftentlassung. Mieczysław Pszon fand nicht gleich ins zivile Leben zurück. Er durchlebte, lungenkrank und arbeitslos, sechs schwere Jahre, ehe er im Januar 1961 zum „Tygodnik Powszechny" stieß und für seine Tätigkeit die entsprechende Plattform fand. Sein Interesse galt fortan Deutschland und den deutsch-polnischen Problemen. Auf der Suche nach einem anderen Deutschland befasste er sich mit dem deutschen Widerstand gegen Hitler und veröffentlichte dazu einige Aufsätze. Vor allem aber lag ihm an persönlichen Kontakten. Und die ergaben sich, als Anfang der 1960er Jahre Günter Särchen in der Redaktion erschien und um Unterstützung für die von der „Aktion Sühnezeichen" (Ost) geplanten Arbeitseinsätze in ehemaligen Nazi-Konzentrationslagern bat. Sein Gesprächspartner war Mieczysław Pszon, und er blieb es für alle weiteren Kontakte mit Besuchern aus der DDR und wenig später auch mit solchen aus der Bundesrepublik, zumal mit Vertretern von „Pax Christi", dem „Bensberger Kreis" und dem „Zentralkomitee der deutschen Katholiken", das erstmals 1970 mit einer Delegation zu Gesprächen nach Warschau und Krakau reiste.

Die ersten Kontakte fielen in eine Zeit, als mit dem am 13. August 1961 errichteten Bau der offiziell als „antifaschistischen Schutzwall" ausgegebenen Berliner Mauer die Spaltung Deutschlands zementiert worden war und ein Ausgleich mit einem vereinten, westlich orientierten Deutschland bis auf Weiteres unmöglich schien. Damals herrschten, auch innerhalb der Redaktion des „Tygodnik", noch manche Vorbehalte gegenüber der Aufnahme deutsch-polnischer Kontakte. Auch der denkwürdige Briefwechsel zwischen den polnischen und deutschen Bischöfen vom Herbst 1965 irritierte zunächst auch die polnischen Katholiken. Diese Irritation war zum einen dadurch bedingt, dass es die polnischen Bischöfe versäumt hatten, sich mit der Laienelite abzustimmen, zum anderen durch die zurückhaltende, für die polnische Seite enttäuschende Antwort der deutschen Bischöfe. Doch im Kern wurde der Briefwechsel als Bestätigung der von Mieczysław Pszon wesentlich begründeten deutschlandpolitischen Linie des „Tygodnik" verstanden. Dazu erklärte Chefredakteur Jerzy Turowicz 1995 rückblickend: „Für unsere Bemühungen um Versöhnung gab es zwei Motive:

Erstens ließen wir uns von unserem christlichen Glauben, von der Treue gegenüber dem im Evangelium verankerten Gebot der Vergebung und der Nächstenliebe leiten. Zweitens vom politischen Realismus und dem Bewusstsein, dass man unter den gegebenen Bedingungen bei der Basis ansetzen muss, bei den zwischenmenschlichen Kontakten, ehe es zu einer Annäherung zwischen den Regierungen beider Staaten kommt."

Mieczysław Pszon und der „Tygodnik Powszechny"

35 Jahre, bis zu seinem Tod am 5. Oktober 1995, stand Mieczysław Pszon im Dienst des „Tygodnik". Jerzy Turowicz bezeichnete ihn als einen seiner treuesten Mitarbeiter. Meine letzte Begegnung mit Mietek fiel in den Herbst seines Todesjahres. Von Krankheit schwer gezeichnet, war er vom Chauffeur der Redaktion von seiner Wohnung abgeholt, in die Wiślna 12 gefahren und zu seinem Arbeitsplatz begleitet worden. Ohne nützlich sein zu können, war er einfach anwesend, und ich erlebte, mit welcher Wertschätzung sämtliche Mitarbeiter und Mitarbeiterinnen ihrem sterbenskranken Kollegen begegneten. Sie trugen ihren Teil dazu bei, dass Mieczysław Pszon seine Krankheit würdevoll ertragen und in Würde sterben konnte.

Die Bedeutung des „Tygodnik" in den Jahrzehnten der kommunistischen Volksrepublik ist kaum zu überschätzen. Er war eine Wochenzeitung, bei der die Redaktion die durch die Zensur gesetzten Grenzen geschickt zu umgehen wusste, um nicht nur zu religiösen, sondern auch zu kulturellen und gesellschaftspolitischen Fragen meinungsbildend zu wirken. Und der „Tygodnik" war zugleich mehr als eine Zeitung: „Er war eine Art 'Ersatzinstitution', indem er das ersetzte, was in einer freien, demokratischen Gesellschaft die Parteien und Vereinigungen sind, welche die menschliche Aktivität organisieren, und zwar nicht nur die gesellschaftliche und religiöse, sondern auch die politische."[229] Gerade unter diesem Aspekt muss Pszons Position innerhalb der Redaktion gewertet werden. Zwar finden sich im „Tygodnik" über all die Jahre nur wenige Artikel aus seiner Feder, doch stand Pszon deswegen keineswegs im Schatten seiner Redaktionskollegen, die sein Urteil, zumal in politischen Fragen, zu schätzen wussten. Er wirkte mehr im Hintergrund, was ihm bei einigen den Titel einer „Grauen Eminenz" eintrug. So äußerte sich denn auch Józefa Hennelowa, Pszons Weggefährtin in der Redaktion von Beginn an, in einem Interview zu seiner Bedeutung für die intern geführten, besonders die Beziehung zu Deutschland betreffenden politischen Debatten: „In unserem Umfeld genoss Mieczysław

---

229 W. Pięciak, Mieczysława Pszona realizm romantyczny, a. a. O., S. 8.

Pszon das größte Ansehen, und er war die Person, die grundsätzlich für diese Angelegenheiten verantwortlich war und die wichtigsten Entscheidungen traf.[230]

Innerhalb der Redaktion hatte Mieczysław Pszon zudem die wohl unangenehmste Aufgabe zu bewältigen – die Verhandlung mit den Zensoren. Aufgrund der geltenden Vorzensur mussten jeweils Anfang der Woche zwei Exemplare der Wochenzeitung zur Genehmigung eingereicht werden. Gab es, was eher die Regel war, Beanstandungen, dann hatte sich Pszon mit der Zensurbehörde telefonisch auseinanderzusetzen. Er musste deren Fragen und Rückfragen beantworten, zu den Einwänden Stellung nehmen, einzelne Textstellen erklären, Beiträge, die gestrichen werden sollten, verteidigen. Bestand die Zensur darauf, dass der eine oder andere Text nicht veröffentlicht werden durfte, dann musste Pszon schnell auf einen Ersatzartikel zurückgreifen, der nach Inhalt und Länge in die Ausgabe passte, damit die Auflage jeweils pünktlich Mittwochnacht in Druck gehen konnte.

Treffend charakterisiert Jerzy Turowicz Pszons redaktionelle Tätigkeit: „Unter den schwierigen Arbeitsbedingungen eines unabhängigen Journalisten im realen Sozialismus, verschiedenen Repressionen und aufgenötigten Kompromissen, tat oder schrieb er niemals etwas, dessen er sich hätte schämen müssen. Er war ein äußerst bescheidener Mensch, der niemals etwas für sich verlangte, der immer zurück stand, sich nicht nach vorne drängte – als würde er um seinen eigenen Wert nicht wissen. [...] Er brauchte den 'Tygodnik', konnte ohne ihn nicht leben."[231]

Referent in der DDR und Mitinitiator der Gemeinsamen Erklärung polnischer und deutscher Katholiken vom 1. September 1989

Aus den ersten von Magdeburg ausgegangenen Kontakten zu Mieczysław Pszon hatte sich, trotz mancher Behinderungen und Widerstände, im Laufe der Jahre ein tragfähiges Netz wechselseitiger Beziehungen herausgebildet. Ende der 1960er Jahre kam es auf Initiative von Günter Särchen zur Gründung der jährlich zweimal veranstalteten Polenseminare, die von Referenten aus dem Umfeld des „Tygodnik" sowie der Zeitschriften „Znak" und „Więź" weitgehend mitgestaltet wurden. Im März 1981, also nach Verhängung des Kriegsrechts, war es Mieczysław Pszon, der seinen Zuhörern „Die Wahrheit über die Ereignisse in

---

230 B. Kerski, T. Kycia, R. Żurek, „Wir vergeben und bitten um Vergebung". Der Briefwechsel der polnischen und deutschen Bischöfe von 1965 und seine Wirkung, Osnabrück 2006, S. 20.
231 W. Pięciak, Polacy i Niemcy pół wieku później, a. a. O., S. 13.

Polen", so sein Thema, eindrucksvoll vor Augen führte – ein angesichts der in der DDR gegen „Solidarność" gerichteten Kampagne propagandistischer Irreführung und verschiedener Stasimaßnahmen durchaus riskantes Unternehmen. So wundert es denn auch nicht, dass Pszon nicht nur unter der Beobachtung des polnischen Sicherheitsdienstes stand, sondern auch der Staatssicherheitsdienst der DDR über ihn eine Akte anlegte.

Nicht zuletzt dank der Bemühungen von Mieczysław Pszon hatten gleichfalls die Beziehungen zu westdeutschen Katholiken feste Formen angenommen und in den 1970er Jahren in den im Wechsel in Polen und in der Bundesrepublik organisierten „Auschwitz-Seminaren" ihren Ausdruck gefunden.

Ende der 1980er Jahre waren diese Beziehungen so weit gediehen, dass zum 50. Jahrestag des Überfalls auf Polen in der Bundesrepublik mit dem „Zentralkomitee der deutschen Katholiken" eine hochrangig besetzte deutsch-polnische Veranstaltung geplant wurde. Auf ihr sollte der unheilvollen Geschichte des Zweiten Weltkriegs und der aus ihm resultierenden Spaltung Deutschlands und Europas gedacht sowie Perspektiven einer gemeinsamen Zukunft Europas in Freiheit, Gerechtigkeit und Frieden entworfen werden. Doch durch die sich überstürzenden, das Ende kommunistischer Herrschaft in Europa einleitenden polnischen Ereignisse kam es dazu nicht. Stattdessen wurde zum 1. September 1989 unter wesentlicher Mitwirkung von Mieczysław Pszon die Gemeinsame Erklärung polnischer und deutscher Katholiken „Für Freiheit, Gerechtigkeit und Frieden in Europa" verabschiedet. Sie erinnert einleitend an den Tag des deutschen Überfalls auf Polen, mit dem der von Hitler bewusst herbeigeführte Zweite Weltkrieg ausgelöst wurde, der „den Höhepunkt und zugleich das katastrophale Ende eines Weges in Menschenverachtung, Gewaltherrschaft und Terror (markiert), den Deutschland unter Führung des Nationalsozialismus eingeschlagen hatte." Sie betont sodann die in den zurückliegenden Jahren gewonnene Gemeinsamkeit in den deutsch-polnischen Beziehungen, verweist auf Lösungsmöglichkeiten der zu jener Zeit noch offenen bilateralen Fragen und ruft dazu auf, miteinander den Weg „in eine Zukunft der Gerechtigkeit, des Friedens und der Freiheit in Europa" zu gehen.

Wenig später folgte im Januar 1990 auf Initiative des Warschauer Klubs Katholischer Intelligenz sowie des Berliner Kreises innerhalb des Anna-Morawska-Seminars die Gemeinsame Erklärung von Polen und Deutschen aus der Noch-DDR „Für Selbstbestimmung und Demokratie". Auch sie muss als eine Frucht der langjährigen Beziehungen von Mieczysław Pszon zu ihren Initiatoren betrachtet werden.

Deutschlandbeauftragter von Tadeusz Mazowiecki

Eines Abends klingelte bei Mieczysław Pszon das Telefon. Sein Enkel hob den Hörer ab und sagte: „Opa, irgend so ein Premier ruft an." Der Anrufer war Tadeusz Mazowiecki, der vom polnischen Parlament am 24. August 1989 zum ersten nichtkommunistischen Ministerpräsidenten seit Ende des Zweiten Weltkrieges gewählt worden war und nun die Regierungsgeschäfte übernommen hatte. Er bestellte Pszon nach Warschau, verlieh ihm den Status eines Diplomaten und ernannte ihn zu seinem persönlichen Deutschlandbeauftragten.

Mit dieser Berufung fanden Pszons Engagement für eine deutsch-polnische Versöhnung und Verständigung sowie seine seit den 1950er Jahren angedachte, zur kommunistischen Doktrin im Widerspruch stehende deutschlandpolitische Option ihre Krönung. Er selbst vermutete, dass für seine Ernennung vor allem seine Mitwirkung beim Zustandekommen der besagten Erklärung katholischer Persönlichkeiten aus Polen und der Bundesrepublik den Ausschlag gegeben habe.

Die Berufung von Mieczysław Pszon bedeutete zugleich die Ablösung von Ernest Kucza, der im ZK der PVAP für die Außenpolitik zuständig gewesen war und über viele Jahre die Gespräche mit der bundesdeutschen Seite geführt hatte. Da die Kommunisten noch in der Regierung Mazowiecki vertreten waren, übernahm Pszon eine durchaus schwierige Mission. Er musste mit Störfeuer des noch kommunistisch durchsetzten Apparats rechnen. So fehlte es nicht an Versuchen, Pszon ein Bein zu stellen, und ihm, wie in der „Trybuna Ludu" seinerzeit geschehen, den Verrat polnischer Interessen zu unterstellen. In der Tat unterschied sich Pszons Verhandlungsstrategie von der seines Vorgängers. In seinen insgesamt vier offiziellen Treffen mit Horst Teltschik, dem Polenbeauftragten der Bundesregierung, ging es ihm nicht um eine verbissene Auseinandersetzung bei jedem kleinsten Detail. In Erkenntnis der sich im damaligen Zeitfenster auftuenden geschichtlichen Chance lag es ihm vielmehr daran, in den wichtigsten Fragen möglichst schnell zu einer Einigung zu kommen. Das Ergebnis konnte sich sehen lassen: In wenigen Wochen legten Teltschik und Pszon insgesamt 17 Dokumente vor, darunter als das wichtigste die mit neun Kapiteln und 78 Artikeln recht umfangreiche „Gemeinsame Erklärung" der beiden Regierungschefs, Helmut Kohl und Tadeusz Mazowiecki, vom 14. November 1989.

Zu den besonderen Verdiensten von Mieczysław Pszon zählt das Zustandekommen der Begegnung zwischen Helmut Kohl und Tadeusz Mazowiecki vom 12. November 1989 auf dem ehemaligen Moltke-Gut in Kreisau, dem heutigen Krzyżowa. Sie sollte ursprünglich auf dem Annaberg stattfinden. Dies jedenfalls war der ausdrückliche Wunsch des deutschen Bundeskanzlers, der unbedingt bei dieser Gelegenheit mit der deutschen Minderheit des Oppelner Raums zusammentreffen wollte. Und Außenminister Krzysztof Skubiszewski (1926-2010) hatte dieser Planung bereits zugestimmt. Dabei war offenbar nicht genügend bedacht worden, dass der für eine Versöhnungsgeste ausersehene Annaberg ein geschichtlich belasteter Ort ist. Er ist eben nicht nur eine durch das Sanktuarium der Anna Selbsttritt geheiligte Stätte, zu der Jahrhunderte lang die Schlesier, gleich unter welcher Herrschaft, gepilgert sind und weiterhin pilgern. Der Annaberg ist auch blutgetränkt, war er doch während der Schlesischen Aufstände zwischen Deutschen und Polen hart umkämpft. Wer gehofft hatte, er könne nunmehr zu einem Ort der Versöhnung werden, sah sich in seiner Erwartung getäuscht. Der Annaberg wurde vielmehr eingedenk seiner historischen Belastung zu einem Gegenstand öffentlichen Streits. Die aufgebrochene Polemik drohte, das Treffen der beiden Regierungschefs um seinen eigentlichen Sinn zu bringen. In dieser kritischen Situation fand Mieczysław Pszon den rettenden Ausweg. Als Alternative brachte er gegenüber Mazowiecki Kreisau ins Gespräch und fand dessen Zustimmung. Aber würde Bonn diesen Ortswechsel akzeptieren? Eben dies war auszuloten. Also telefonierte Pszon mit Teltschik und machte ihm deutlich, dass ihr gemeinsames Bemühen, durch das geplante Gipfeltreffen das beiderseitige Verhältnis auf eine neue Grundlage zu stellen, einen herben Rückschlag erleiden könnte, würde man am Annaberg festhalten. Man müsse sich nach Lage der Dinge auf einen Ort in Polen einigen, der für die Deutschen einen hohen Symbolwert besitze und für die Polen annehmbar sei. Ein solcher Ort sei das mit dem Kreisauer Kreis eng verbundene Gut des als Widerstandskämpfer hingerichteten Helmuth James von Moltke (1907-1945). Teltschik, dem offenbar die Bedeutung von Kreisau unbekannt war, leitete diesen Vorschlag dennoch unverzüglich an Kohl weiter, und der rief Tags darauf Mazowiecki an und schlug seinerseits Kreisau für das Zusammentreffen vor. Da Pszon ohne Rücksprache mit seinem Regierungschef diese Lösung des Problems eingefädelt hatte, zeigte sich Mazowiecki über Kohls Meinungswechsel höchst erstaunt und äußerte seinem Deutschlandbeauftragten gegenüber: „Hör dir das an: Kohl suggeriert mir, unsere Begegnung solle in Kreisau stattfinden, und er schlägt vor, dass Bischof Nossol das in die Hand nimmt."

So kam es denn am 12. November 1989 zu der denkwürdigen Versöhnungsmesse in Kreisau, bei der die beiden Regierungschefs den Friedensgruß tauschten, ein Bild, das – ähnlich wie einst Willy Brandts (1913-1992) Kniefall vor dem Warschauer Gettodenkmal – um die Welt ging. Zu diesem Zeitpunkt war bereits die Berliner Mauer gefallen. Kohl hatte seinen Polenbesuch unterbrechen müssen. Besorgte polnische Stimmen befürchteten, die auf eine Wiedervereinigung Deutschlands zielende, die deutsche Politik voll beanspruchende Entwicklung würde die deutsch-polnischen Beziehungen in den Hintergrund treten lassen. Das Gegenteil war der Fall, und dies aus dem einfachen Grund, weil die erstrebte Einheit Deutschlands mit der endgültig zu lösenden Grenzfrage in einem engen Zusammenhang stand. Diese war in den Gesprächen zwischen Pszon und Teltschik ausgespart worden. Man gab sich mit ihrer im Warschauer Vertrag von 1970 vorerst getroffenen Regelung zufrieden und wollte die Grenzfrage nicht neu aufwerfen, was mit Sicherheit eine die Gespräche belastende Diskussion ausgelöst hätte. Aufbauend auf der „Gemeinsamen Erklärung" vom 12. November 1989 konnte bald darauf auch dieses letzte Hindernis beseitigt und der Weg für den Grenzvertrag vom 14. November 1990 sowie für den deutsch-polnischen „Vertrag über gute Nachbarschaft und freundschaftliche Zusammenarbeit" vom 17. Juni 1991 beschritten werden. Am Zustandekommen dieser Verträge war Mieczyław Pszon nicht mehr beteiligt. Mit der „Gemeinsamen Erklärung" und der gelungenen Kreisauer Begegnung der Regierungschefs hatte sich Pszons Aufgabe als Deutschlandbeauftragter erledigt. Nun galt es, die Verträge im einzelnen auszuhandeln, und dafür waren die Beamten beider Außenministerien besser geeignet. Pszon kehrte zu seinem geliebten „Tygodnik" zurück.

Rückschauend sah Pszon sein Verdienst vor allem darin, zu einem veränderten Deutschlandbild beigetragen zu haben, so dass sich, wie er schrieb, die realitätsferne Politik, die über viele Jahre Deutschland gegenüber verfolgt worden war, nicht mehr fortsetzen ließ. Und was seine Gespräche mit Teltschik betrifft, so sah er deren Ertrag vornehmlich darin, den deutschen Bundeskanzler als westlichen Verbündeten polnischer Interessen gewonnen zu haben. Der habe sich bei den westlichen Gläubigern erfolgreich für einen Teilerlass polnischer Schulden eingesetzt, günstige Voraussetzungen für deutsche Investitionen in Polen geschaffen und Polen den Weg in die Europäische Union geebnet; dies alles sicher auch aus einem wohl überlegten Eigeninteresse, musste doch der Bundesrepublik daran gelegen sein, als unmittelbaren östlichen Nachbarn ein wirtschaftlich und politisch stabiles Polen zu haben. Mit der Verleihung des Großen Bundesverdienstkreuzes durch Bundespräsident Richard von Weizsäcker wurde Pszons verdienstvolles Leben auch deutscherseits gewürdigt.

In Pszons letzten, von schwerer Krankheit gezeichneten Tagen kehrte zwischen Bewusstlosigkeit und Tagträumen die Erinnerung an die von ihm durchlittene Zeit der ersten Nachkriegsjahre wieder zurück; diesmal ohne die im Leben geübte ironische Distanz. Davon erlöste ihn, fast 80jährig, am 5. Oktober 1995 der Tod. Seine letzte Ruhe fand Mieczysław Pszon auf dem Friedhof der Benediktinerabtei Tyniec, wo Jahre später auch Jerzy Turowicz, der ihm die Grabrede gehalten hatte, beigesetzt wurde. Die ihm zu seinem 80. Geburtstag von seinen deutschen und polnischen Freunden zugedachte Festschrift bekam er leider nicht mehr zu Gesicht.

Józef Tischner – keine Furcht vor der Freiheit

Das Jahr 1980 markiert für den Priester und Philosophen Józef Tischner (1931-2000) einen deutlichen Einschnitt. Der Anlass ist eher zufälliger Natur. Eine Delegation der zu diesem Zeitpunkt noch nicht legalisierten Gewerkschaft „Solidarność" reiste unter Führung von Lech Wałęsa im Herbst durch Südpolen. Am 18. Oktober fand in einem Krakauer Stadion eine Massenveranstaltung statt. Entsprechend der national-religiösen Tradition, die „Solidarność" bekannterweise für sich in Anspruch nahm, war Tags darauf ein Gottesdienst in der Kathedrale auf dem Wawel mit den Gräbern der Nationalheiligen und Königen vorgesehen. Um die Predigt hatte man Józef Tischner gebeten, und er hatte sich nach einigem Zögern dazu bereit erklärt. So kam es, dass er am 19. Oktober seine berühmt gewordene Predigt „Solidarität der Gewissen" hielt, die den Auftakt zu seiner „Ethik der Solidarität"[232] bildet. Von dieser Stunde an war Józef Tischner eng mit der „Solidarność" verbunden und noch deutlicher als in den Jahrzehnten zuvor als Mahner, Kritiker und Ermutiger in die gesellschaftlichen Entwicklungen involviert.

Tischners Auseinandersetzung mit dem Marxismus

Dass sich die Führung von „Solidarność" Józef Tischner als Prediger wünschte, hat seinen Grund darin, dass er als der wohl profilierteste Vertreter einer geistig-moralischen Auseinandersetzung mit dem kommunistischen System galt. Fast zeitgleich mit der Gründung der „Solidarność" war in einem Pariser Exilverlag seine fundierte Analyse des „polnischen" Marxismus erschienen. In „Polski kształt dialogu" – auf Deutsch der „Der unmögliche Dialog" – lesen wir: „Der Prozeß des 'sozialistischen Aufbaus' war von einem Prozeß der 'Sozialisierung' der Gesellschaft begleitet. Der Marxismus war in den Schulbüchern, in Presse, Funk und Fernsehen, in den Oberschulen und auf den Universitäten, in Hunderten und Tausenden von Konferenzen präsent, welche die Partei der Nation von früh bis spät bescherte. Kann man durch einen Nebel tappen, ohne naß zu werden? Alle wurden wir ein wenig feucht, die einen mehr, die andern weniger, die einen mit, die anderen ohne Vergnügen. So gingen verschiedene 'Dogmen' des Sozialismus in Fleisch und Blut über: daß die Welt in zwei sich bekämpfende Lager gespalten ist, daß in jeder Gesellschaft zwei soziale Klassen einen Kampf auf Leben und Tod führen, daß die 'Basis' den 'Überbau' bestimmt, daß es einen proletarischen Internationalismus gibt und ähnliches mehr."[233]

---

232 J. Tischner, Ethik der Solidarität. Prinzipien einer neuen Hoffnung, Graz 1982.
233 Drs., Der unmögliche Dialog. Christentum und Marxismus in Polen, Graz 1982, S. 13f.

Seiner dialogischen, auf Verständnis zielenden Art der Auseinandersetzung entsprechend billigt Tischner dem Sozialismus bei aller Kritk mein ursprüngliches Ethos zu, das dieser allerdings dort, wo er zur Macht kam, zutiefst entweihte und unter dem Primat der von ihm verfolgten ökonomischen und politischen Zielsetzungen zum Verschwinden brachte. Dieses verlorene Ethos zurückzugewinnen, war eine der Absichten, die Tischner mit seinem Buch „Der unmögliche Dialog" verfolgte.

In seiner Kritik setzt Tischner bei dem für Marx grundlegenden Begriff der Arbeit an. Zur Erinnerung: Marx entwickelt sein System aus dem Gegenüber von Mensch und Natur. Aus diesem, den Begriff der „Arbeit" konstituierenden Gegenüber resultiert der spiralförmige historische Prozess, wodurch die Natur auf einer jeweils höheren Stufe „hominisiert" und der Mensch in Rückwirkung der „hominisierten" Natur „naturalisiert" wird. Mit der Entwicklung der Produktionsmittel und Produktionsverhältnisse gewinnt dieser Prozess zunehmend an Komplexität. Bereits in der Sklavenhaltergesellschaft kommt es zu einer Enteignung der menschlichen Arbeitskraft und zu der dadurch bedingten Aufspaltung zwischen den Klassen der Unterdrücker und Unterdrückten, die fortan den Lauf der Geschichte bestimmt. Auf der Entwicklungsstufe des Kapitalismus analysiert Marx dann in „Grundrisse der Kritik der politischen Ökonomie" die Ausbeutung der Arbeiter durch Gewinnmaximierung sowie in den „Ökonomisch-philosophischen Manuskripten" das Phänomen der Entfremdung, das er darin begründet sieht, dass dem Arbeiter die Arbeit äußerlich ist, d.h. dass er sich in der Arbeit außer sich und erst außer der Arbeit bei sich fühlt, die Arbeit also nicht der Befriedigung eines Bedürfnisses dient, sondern lediglich ein Mittel ist, um Bedürfnisse außer ihr zu befriedigen. Auf dem Hintergrund dieser Geschichtskonstruktion wird die Sozialisierung der Produktionsmittel unter der Führung der Partei der Arbeiterklasse gleichsam zum Stein der Weisen, um Ausbeutung und Entfremdung aus der Welt zu schaffen.

In der innerpolnischen Diskussion war es der Ingardenschüler und Marxist Jan Szewczyk (1930-1975), der den Marxismus primär als eine Philosophie der Arbeit verstand. Tischner und Szewczyk verband im Übrigen eine enge Freundschaft. Sicher auch unter dem Einfluss seines marxistischen Freundes sieht Tischner in der von Karl Marx (1818-1883) entworfenen und hier in äußerster Verkürzung skizzierten Philosophie der Arbeit die anfängliche Faszination des Marxismus, aber auch seine spätere Krise begründet, da der Sozialismus seinem Anspruch nicht gerecht wurde. Er vermochte es nicht, Ausbeutung und Entfremdung zu beseitigen, sondern verlieh ihnen lediglich eine andere Form. Für viele Marxisten wurde diese Erfahrung zum Anlass, sich vom Marxismus zu lösen. „War einst – so schreibt Tischner – der Grund für ihren Übertritt ins Lager der Marxisten das ethische Motiv der Ausbeutung der Arbeit, so erweist sich dasselbe Motiv nun als Grund für ihren Bruch."[234] Gleiches gilt für die Entfremdung. Tischner zitiert den von den Parteidogmatikern zum Revisionisten abgestempelten Adam Schaff (1913-2006), der in seiner 1965 erschienenen Schrift „Marxismus und das menschliche Individuum" feststellt: „Die Entfremdung existiert also auch in der sozialistischen Gesellschaft. Sowohl jene, die ein gewöhnliches, noch nicht überwundenes Überbleibsel der Vergangenheit ist, wie auch jene, die sich organischer, bleibender mit den Verhältnissen der neuen Gesellschaftsordnung verbindet. "[235]

Tischner kommt nach gründlicher Analyse zu einem für den Marxismus vernichtenden Urteil: „In Polen hat der Marxismus aufgehört, eine Idee zu sein, die die Ausbeutung der Arbeit entlarvt und einen gesellschaftlichen Wandel inspiriert, der die Aufhebung der Ausbeutung anstrebt. Stattdessen wurde er zu einer Idee, die nur ein einziges Ziel kennt – die Rechtfertigung des bestehenden Systems und seiner Fehler als objektive Notwendigkeiten. [...] Wozu noch Marxismus? Für wen? [...] Wozu braucht es den Marxismus? Und wem ist er nütze?"[236] Dennoch hält Tischner am ursprünglichen Ethos des Marxismus aus der Erkenntnis fest, dass das einmal geweckte Bedürfnis nach Überwindung von Ausbeutung und Entfremdung bleibt und damit auch „das Verlangen nach einer neuen Hoffnung". Er fragt: „Wer übernimmt für diese die Verantwortung? Wer nimmt das Werk einer *ethischen* Kritik der bestehenden Welt auf sich? "[237]

Tischners „Ethik der Solidarität" – eine Antwort auf das Versagen des Marxismus

Tischners „Ethik der Solidarität" ist in gewisser Weise die Antwort auf diese Frage. Dabei haben die in dieser Schrift zusammen gefassten philosophischen Reflexionen „Polski kształt dialogu" zur Voraussetzung. Und dies in mehrfacher Hinsicht. So ist die für „Polski kształt dialogu" zentrale Frage nach dem, was Arbeit bedeutet und nicht bedeutet, auch für seine „Ethik der Solidarität" der bestimmende Leitfaden. Tischner sieht in ihr die „Achse der Solidarität", das „Schlüsselproblem" einer solidarischen Ethik. Die scheinbar in einer losen Folge stehenden Betrachtungen bauen auf der „grundlegenden Idee der Arbeit" auf, die Tischner als „Gespräch im Dienst des Lebens" definiert. Er entfaltet in Analogie zum Dialog die vielfältige kommunikative Struktur der Arbeit in Form einer Solidargemeinschaft arbeitender Menschen, in der sämtliche Mit-Arbeitenden mitein-

---

234   Ebd., S. 62.
235   Ebd., S. 74f.
236   Ebd., S. 272.
237   Ebd., S. 140.

ander verbunden sind und sich gleichsam durch ihre Arbeit verständigen. Und so wie die mitmenschliche Verständigung durch die Lüge gefährdet ist, so auch die Arbeit. „Eine Arbeit, die lügt", nennt Tischner „Ausbeutung".[238]

Diese hier kurz zusammen gefassten Gedanken zur Arbeit entwickelt Tischner im 3. Kapitel. Voraus gehen die Betrachtungen zur „Gemeinschaft" und zum „Dialog". Beide bilden das Fundament für Tischners Arbeitsverständnis – die Gemeinschaft als eine Solidarität der Pro-Existenz, in der das „Für ihn" Vorrang hat vor dem „Wir", der Dialog als „Dialog der Solidarität" und der „wachen Gewissen", dem „es vor allem um die Wahrheit über das unnötige Leid der arbeitenden Menschen" geht, ein Leid, das seinen Grund in einer Misswirtschaft hat, durch die die Arbeit um ihren Sinn gebracht wird. Tischner sieht in solcher „moralischen Ausbeutung eine „Form des Verrats am Menschen"[239] und zugleich den legitimen Grund für Streiks.

Mit logischer Stringenz greift Tischner in der Abfolge seiner philosophischen Reflexionen immer wieder auf die „Arbeit" zurück, ob er nun die „Illusion" entlarvt, sämtliche Formen der Ausbeutung könnten durch die „'Aufhebung' des Privateigentums an Produktionsmitteln" beseitigt werden oder ob er die Knechtung der „Wissenschaft" durch den „Organisator" kritisiert, der sich zum 'Eigentümer' wissenschaftlicher Arbeit" macht und dadurch den Wissenschaftler moralisch ausbeutet.

Die „Ethik der Solidarität" lässt sich zudem als Reinigung grundlegender, vom Sozialismus ideologisch okkupierter und verfälschter Grundbegriffe lesen. Dabei bedient sich Tischner der phänomenologischen Methode, indem er von der Wahrnehmung der unmittelbaren Wirklichkeit ausgeht, sich in Auseinandersetzung mit ihrer ideologischen Vereinnahmung zu ihrem Sinngehalt vortastet und ihren jeweiligen moralischen Anspruch offenlegt. Damit hat Tischner für seine Zeit den Weg gewiesen, anstelle der Lüge in der Wahrheit zu leben. Mit seiner „Ethik der Solidarität" hat er das mit „Solidarność" verbundene Ethos als ein auf der Würde des Menschen basierendes Ethos verdeutlicht und so im Gewissen verankert.

Tischner – ein Mann des Dialogs

In „Polski kształt dialogu" suchte Tischner mit einigen marxistischen Dissidenten den Dialog: An erster Stelle mit dem einstigen Stalinisten und Kirchenkritiker Leszek Kołakowski (1927-2009), der eine radikale Abkehr vom Marxismus vollzog, nachdem ihm die Verkehrung des ursprünglichen Ethos des Marxismus in

---
238 J. Tischner, Ethik der Solidarität, a. a. O., S. 31.
239 Ebd., S. 41.

eine brutal menschenfeindliche Ideologie klar wurde. Dann mit Jan Strzelecki, im Ausland weniger bekannt, in Polen aber hoch geschätzt, ein vom Ethos durchdrungener und zugleich um sein Ethos betrogener Zeuge. Schließlich mit Adam Michnik, dem späteren Freund, dessen 1977 zum Dialog auffordernde Buch „Die Kirche und die polnische Linke" Tischner zwar positiv würdigt, allerdings zugleich mit einer gehörigen Portion Skepsis betrachtet, weil er den Verdacht hegt, die Kirche solle für ein neuerliches politisches Spiel instrumentalisiert werden. Diese Skepsis führt Tischner im Übrigen zu einer Fehleinschätzung späterer Entwicklung. Er hält die Linke, in welchem Gewand auch immer, nach den Erfahrungen, die die polnische Nation mit dem Sozialismus gemacht hat, ein für alle Male für kompromittiert. „Ich kann mir nicht vorstellen," schreibt er „daß einer, der irgendwann einmal als Kandidat in freien Wahlen unter der Losung einer 'laikalen Linken' auftritt, nach alledem, was dieses Land erfahren mußte, ein Abgeordnetenmandat erringt."[240] Doch mit diesem Irrtum steht Tischner nicht allein. Kaum einer hat sich vorstellen können, Postkommunisten würden nach dem Zusammenbruch ihres Systems bald wieder politische Führungspositionen bekleiden; und dazu noch in Polen.

Tischner – ein „Staatsfeind"

Nach der 1981 in Paris erschienenen und illegal in Polen verbreiteten Schrift „Polski kształt dialogu" sowie aufgrund seiner „Ethik der Solidarität" sah das System in Tischner einen der gefährlichsten Staatsfeinde. In der 1985 immerhin von Kirchenamtsminister Kazimierz Kąkol herausgegebenen Propagandabroschüre über über den relativ positiv eingeschätzten Kardinalprimas Stefan Wyszyński (1901-1981) erscheint Tischner als dessen angeblich schärfster Widersacher, als ein „Politiker in Soutane", als Ideologe einer politischen Aktivierung der Kirche, verantwortlich für eine „Politik nationaler Selbstvernichtung durch eine endlose Welle destruktiver Streiks". Zwei Jahre später fühlte sich ein weniger prominenter Autor bemüßigt, Tischner dem radikalen Flügel der katholischen Kirche zuzuordnen. „Es handelte sich um ein sehr leninistisches Buch" – äußerte sich Tischner später – „gleich nach Erscheinen hätte man mich erschießen sollen. Es fand sich darin kein Vorwurf, für den einem in der Zeit des Stalinismus nicht die Todesstrafe gedroht hätte."[241]

Tischner hat mit dieser Kommentierung nicht übertrieben; er musste sich in jenen Jahren an Leib und Leben bedroht fühlen. Mehrfach war er von Oberst Adam Pietruszka, verhört worden, der später maßgeblich an der Entführung und

---

240 Ebd., S. 261.
241 W. Bonowicz, Tischner, Krakau 2001, S. 3.

Ermordung von Kaplan Jerzy Popiełuszko (1947-1984) beteiligt war. Und Popiełuszko war nicht der einzige Priester, der in den 1980er Jahren Opfer der Sicherheitskräfte wurde.

Reaktion auf die Verhängung des Kriegsrechts

Die Einführung, die Józef Tischner unter dem Eindruck von „Solidarność" seinem Buch über die polnische Gestalt des Dialogs voranstellt, steht zum Inhalt in einer spürbaren Spannung. Offenbar glaubte er zu dieser Zeit noch an die Entwicklung zu einem „ethischen Sozialismus" und damit auch an die Versöhnung beider Denkströmungen, einer christlichen und einer vom Ethos geprägten sozialistischen, die sich in der Vergangenheit feindlich gegenüber standen. Tischner hält es für ein „tragisches Paradox, daß die Begegnung dieser beiden Richtungen das menschliche Unglück vergrößerte, statt es zu verringern. Vielleicht ist die Zeit gekommen, dieses tragische Paradox umzukehren? Und vielleicht sind gerade wir das Land, in dem die Praxis solcher Umkehrung tragischer Paradoxe der Theorie vorausgeht."[242]

Diese Hoffnung war mit dem 13. Dezember 1981 zunichte. Die Verhängung des Kriegsrechts über Polen lieferte den letzten Beweis für die Unmöglichkeit des von Tischner herbei gewünschten Dialogs zwischen Marxismus und Christentum. Als Frühaufsteher erfuhr er bereits morgens um 5.00 über Radio von General Wojciech Jaruzelskis Selbstintervention. Um 6.00 stand ein Milizoffizier in Zivil auf der Matte, doch nicht um ihn zu verhaften, sondern mit der Bitte, ihn zu verstecken. Der Mann hatte sich abgesetzt, weil er bei dieser gegen das eigene Volk gerichteten Aktion nicht mitmachen wollte. Trotz dieses Ausnahmezustandes war mancherlei möglich. So trafen 1983 am Karfreitag 36 Waggons mit über 600 Landmaschinen aus Österreich in Nowy Targ ein, die für die in der „Land-Solidarność" vereinigten Bauern bestimmt waren – eine Aktion, die von Tischner während eines Aufenthaltes in Österreich eingefädelt worden war. Es gelang ihm, die Entladung und Verteilung der Maschinen binnen weniger Stunden zu organisieren, ohne dass die Aktion von polnischen Sicherheitskräften behindert worden wäre; diese begnügten sich mit ein paar Fotoaufnahmen. Aufgrund dieser und ähnlicher Erfahrungen eines Katze-und-Maus-Spiels erlebte Tischner die Verhängung des Kriegsrechts bei allem Ernst der Lage zuweilen auch als ein groteskes Theater. Sein Kommentar: „Man konnte vor Lachen umkommen."[243]

---

242 Ebd., S. 19.
243 A. Michnik, J. Tischner, J. Żakowski, Między Panem a Plebanem (Zwischen Herr und Pfarrer), Krakau 1995, S. 388.

Einige Wochen nach Jaruzelskis Selbstintervention wurde Tischner erstmals vorgeladen. Das Gespräch führte ein Funktionär niederen Ranges, der sich für Tischners Schrifttum nicht interessierte, ihn aber wohl ermahnte, keine Fahnen zu weihen. Natürlich wurde Tischner auch aufgefordert, die übliche Loyalitätserklärung abzugeben, was er ablehnte. Stattdessen bestätigte er schriftlich, sich auf seine pastorale Tätigkeit zu beschränken, eine Erklärung, die er von der Sache her guten Gewissens abgeben konnte.

Der geheime Verrat

Dennoch blieb diese Unterschrift für ihn nicht folgenlos. Sie verschaffte ihm zwar nach außen hin Ruhe, ermöglichte ihm eine breite seelsorgliche Wirksamkeit, einschließlich der Besuche in zwei Internierungslagern, und dies ohne behördliche Genehmigung. Das Vorzeigen eines Briefes von Kardinal Franciszek Macharski reichte aus, um sämtliche Kontrollstellen zu passieren, an den Tankstellen ohne Bezugscheine Benzin zu erhalten und am Ende die Gefängnistore zu öffnen. Dennoch saß der Schock der von ihm geleisteten Unterschrift tief. Ihm wurde klar, dass er damit dem System in die Falle gegangen war. Ihm ging auf, dass er sich – unabhängig vom vertretbaren Inhalt des Textes – dem System mit seiner Unterschrift gefügt, ihm Legitimität verliehen hatte. Und das empfand Tischner als inneren Verrat, als eine Handlung, die ihm nach eigener Aussage wie die Verleugnung des Petrus erschien. Um sich von dem Gewissensdruck zu befreien, offenbarte er seinen Freunden diesen Vorgang.

Doch Tischner wäre nicht Philosoph, wenn ihn diese Erfahrung nicht dazu verholfen hätte, tiefer über den Totalitarismus nachzudenken. Er erkannte nun mit größerer Klarheit, dass es dem System nicht allein darum ging, im März 1968 die streikenden und demonstrierenden Studenten zu verprügeln, im Dezember 1970 den Aufstand der Arbeiter an der Küste blutig niederzuschlagen oder jetzt die „Solidarność"-Aktivisten einzusperren; es ging den Machthabern zugleich darum, die unbeteiligten Massen auf die eine oder andere Weise in diese Aktionen einzubeziehen, und sei es nur durch die Leistung einer Unterschrift. „Die gesamte Volksrepublik Polen basierte auf einer Politik der Mitschuld" – äußert sich Tischner im Gespräch mit Adam Michnik. Als Beispiel verweist er auf die Wahlen: „Man wusste, dass die Regierung nicht aus Wahlen hervorging, da die Liste der Abgeordneten in Moskau oder im ZK bestätigt wurde. Doch die Menschen wurden gezwungen, sich an der Verlogenheit einer scheinbaren Wahl zu beteiligen, damit jeder an diesem Betrug teilhatte, damit alle mitschuldig wurden."[244]

---

244 Ebd., S. 637.

Diese Politik der Mitschuld korrespondierte seitens der Gläubigen mit einer Abspaltung des religiösen vom öffentlichen Leben. In seinen Gesprächen mit Adam Michnik charakterisiert Tischner diesen Sachverhalt wie folgt: „Ich denke, dass sich in der Volksrepublik Polen eine bestimmte Konzeption von Religion herauskristallisierte, die darauf beruhte, das Privatleben Gott und das öffentliche Leben der Partei zu offerieren. Das war bequem. Die Religion konzentrierte sich hauptsächlich auf die Erziehung der Kinder, auf das Familienleben, auf die religiösen Praktiken, dagegen erteilte man sich im gesellschaftlichen Leben bei vielen Dingen die Absolution. Man konnte sich zur Arbeit verspäten, konnte stehlen; niemand fragte, wen man gewählt oder ob man überhaupt gewählt hatte. Der Lehrer konnte die Woche über den Kindern Lügen beibringen und am Sonntag im Kirchenchor singen."[245]

Die besondere Heimtücke des Systems sah Tischner darin, dass diese Mechanismen nicht leicht durchschaubar waren. Selbst Gegner des Systems konnten ihr erliegen, wenn sie sich seinem Totalitarismus gegenüber tarnten, sich zwar innerlich verweigerten, doch nach außen hin mitmachten und auf die Stunde warteten, in der das Signal zur allgemeinen Abrechnung ertönen würde. An dieser Haltung, die Tischner später unter dem Begriff des „homo sovieticus" näher analysierte, kann eine ganze Nation erkranken. Und dagegen setzte sich Tischner zur Wehr. Als nach halbjähriger Unterbrechung der „Tygodnik" wieder erschien, fand sich in der ersten Nummer Tischners Text „Polska jest ojczyzną" (Polen ist Heimatland). Darin warnte er nicht nur vor dem Ungeist von Vergeltung und Rache, er rief vor allem dazu auf, dass sich jeder einzelne seiner Verantwortung für Polen bewusst werde, wobei sich Tischner auf den von ihm oft zitierten Cyprian Norwid (1821-1883) berief: „Niemand kann eine Nation ohne Mitwirkung ihrer Bürger vernichten." Und in seinen Predigten und Vorträgen der 1980er Jahre war er stets bemüht, die allgemeine Ablehnung des Systems in eine positive Richtung zu lenken, die Menschen aus Verbitterung und Verzweiflung herauszuführen und ihnen klarzumachen, dass das, was sie auch immer in der gegebenen Situation unternehmen, im Namen der Hoffnung auf ein Polen von morgen getan werden muss.

Warner in der Stunde des Triumphes

Wer als westlicher Beobachter während der 1980er Jahre Gelegenheit hatte, Polen zu bereisen, dem dürften sich bestimmte Bilder tief eingeprägt haben: die Messen für das Vaterland mit Tausenden von Menschen, die mit nationalen Wunschzetteln gespickten Blumenkreuze, die in der Tradition des polnischen

---

245 Ebd., S. 286.

Messianismus stehenden „Solidarność"-Gräber in einzelnen Gotteshäusern – alles in allem Zeichen für die tiefe Verbundenheit von Kirche und Nation. Man gewann den Eindruck, dass Polens Kirche – ganz so wie in der Zeit der Teilungen – wiederum in die Rolle des Anwalts der bedrohten Nation geschlüpft war und erneut die ihr durch die geschichtliche Stunde übertragene Stellvertreterfunktion übernommen hatte.

Doch auch in dieser Situation eines allgemeinen kirchlichen Enthusiasmus bewahrt sich Tischner einen klaren Kopf. Er fürchtet, die Kirche könne in Wahrung ihrer nationalen Stellvertreterrolle falsche Hoffnungen wecken, als wäre sie in der Lage, die weltlichen Probleme zu lösen, zu deren Lösung sich die Partei als unfähig erwiesen hatte. Angesichts der durchs Land gehenden Bekehrungswelle und voller Kirchen fragt er sich, ob hier nicht der Glaube an die Kirche gegenüber dem Glauben an Gott die Oberhand gewinne. Und wo andere ein stärkeres politisches Engagement der Kirche forderten, mahnte er zur Zurückhaltung, wohl wissend, dass jede Vermischung der politischen mit der religiösen Ordnung auf Kosten der letzteren geht. Wie Recht Tischner mit dieser Analyse hatte, sollte sich bald nach der politischen Wende des Jahres 1989 zeigen.

Das Jahr eines neuen Völkerfrühlings markiert auch im Denken von Józef Tischner eine neue Etappe. Im Januar, also Monate vor den Juniwahlen, hält Tischner auf der Sitzung der Pastoralkommission des polnischen Episkopats ein Referat, das manche seiner Hörer schockiert haben dürfte. Seine These: Während die Kirche gegen den Totalitarismus um ihre Freiheit, um Menschenrechte und die nationale Souveränität kämpfte, ist unmerklich der Bazillus des Totalitarismus in sie selbst eingedrungen. Hier zeigt sich ein Phänomen, das sich auch in anderen Kirchen des kommunistischen Machtbereichs beobachten ließ und in einer gewissen Angleichung der Systeme zum Ausdruck kam, in innerkirchlichen Praktiken, die denen des Systems nicht unähnlich waren: „Misstrauen, Verdächtigungen und Verachtung", heißt es in einem von Jarosław Gowin angeführten Tischner-Zitat „stellen die Gläubigen auf eine harte Geduldsprobe. Die kirchliche Bürokratie ist dabei, mit der staatlichen zu konkurrieren. Ich traf in meinem Leben wahrlich auf keinen Menschen, der nach der Lektüre von Feuerbach Atheist geworden wäre, wohl aber komme ich immer häufiger mit Menschen zusammen, die nach einer Begegnung mit ihrem Pfarrer die Kirche verlassen haben."[246]

Nach Tischner hat der Kommunismus den „äußeren Menschen" hervorgebracht, geistig leer, bereit, leichthin auf seine Freiheit und Selbständigkeit zu verzichten und seine Verantwortung an die Institution abzutreten. Zur Kenn-

---

246 J. Gowin, Zmącona pieśń Pana. Ks. Tischner jako krytyk Kościoła. (Unruhestifter. Tischner als Kritiker der Kirche), Znak 3/2001, S. 99.

zeichnung solcher Fehlhaltung verwendet Tischner den vielleicht missverständlichen Begriff des „homo sovieticus". Und dies erstmals in einem Fernsehkommentar nach den Präsidentschaftswahlen vom Herbst 1990. Anlass war der Schock, dass Tadeusz Mazowiecki nicht nur Lech Wałęsa, sondern auch dem politischen Scharlatan und Populisten Stanisław Tymiński nach der Zahl abgegebener Stimmen unterlegen war. Tischner sprach somit vom „homo sovieticus" lange bevor die Postkommunisten wieder an die Macht gelangten. Zu seiner Charakterisierung griff Tischner damals auf das im Sozialismus verbreitete Schlangestehen zurück. Der „homo sovieticus" ist nicht unbedingt ein Kommunist; er ist der Mensch in der Schlange, der geduldig wartet, bis er an die Reihe kommt, oder auch ungeduldig nach vorne drängt. Solange die Ware reicht, bleibt er ruhig; reicht sie nicht, kommt es zum Aufruhr. Damals wie heute. Der „homo sovieticus" ist ein im Grunde passiver Mensch, der die Erfüllung seiner Wünsche allein von den Herrschenden erwartet, egal ob es sich um Kommunisten oder Demokraten handelt. In späteren Überlegungen erweitert Tischner den Sinngehalt und definiert den „homo sovieticus" als einen politisch unmündigen Menschen, dem es an Mut zu eigener Urteilsbildung mangelt. Die von ihm geäußerte Ansicht ist nicht seine persönliche Auffassung, sondern in gewisser Weise ein Glaubensakt, und das in Bereichen, in denen Einsicht und Vernunft herrschen sollten. Der „homo sovieticus" ist manipulierbar und servil. Er lebt im Grunde in der Angst vor der Freiheit. Und wer ihm in Freiheit begegnet, gegen den wehrt er sich. Der „homo sovieticus" trägt das Gift des Totalitarismus in sich. Und weil Tischner diese Vergiftung als ein verbreitetes Phänomen im Inneren der Kirche ausmachte, stieß er in den 1990er Jahren auf vehementen Widerspruch und erfuhr manche persönliche Anfeindung.

Polens Kirche vor neuen Herausforderungen

Um die innerkirchliche Polarisierung der 1990er Jahre zu verstehen, muss man sich die grundsätzlich neue Situation vor Augen halten, der sich Polens Kirche durch den politischen Umschwung des Jahres 1989 konfrontiert sah. Eine „sanfte Revolution" hatte das kommunistische System beseitigt. Die Unfähigkeit, die politischen, ökonomischen und sozialen Probleme des Landes zu lösen, sowie der totale ideologische Glaubwürdigkeitsverlust, der so weit ging, dass sich die kommunistische Partei von ihren eigenen Prinzipien zu verabschieden begann, ließ ihr kaum eine andere Möglichkeit, als sich mit der Opposition zu verständigen und am runden Tisch einen Ausweg aus der Krise zu suchen. Der Anteil der Kirche an dieser Entwicklung ist enorm, so dass sie sich durchaus als Sieger der Geschichte fühlen konnte, damit aber auch in die Versuchung zum Triumphalismus geriet. Sie hatte ihr Ziel erreicht, für das sie sich über Jahrzehnte eingesetzt hatte. Aus dem Kampf um den Erhalt der nationalen Identität, um die Beachtung der Menschenrechte sowie um ihre eigenen Rechte war sie gestärkt hervorgegangen und hatte in ihrer Funktion als Anwalt der Nation ein Höchstmaß an moralischer Autorität gewonnen. Und während die kommunistische Partei von der politischen Bühne abtrat, die Hauptakteure allerdings in anderer Kostümierung weiter politisch mitmischten und „Solidarność" in verschiedene politische Gruppierungen zerfiel, hatte sie ihre Einheit und Geschlossenheit über den politischen Umbruch hinaus retten können.

Doch gerade ihre dadurch verbürgte Stärke war in der neuen demokratischen Ordnung ihre Achillesferse. Die Versuchung war groß, nach so viel Mühen, im Gefühl des Triumphes, die Ernte einzufahren und eigene Forderungen mit Nachdruck durchzusetzen. So erreichte die Polnische Bischofskonferenz am Parlament vorbei und ohne gesetzliche Grundlage mit Beginn des neuen Schuljahrs im Herbst 1990 die Einführung des Religionsunterrichts; 1991 und selbst noch 1995 nahm sie auf die Parlaments- bzw. Präsidentschaftswahlen massiven Einfluss, sie erhob die Forderung nach gesetzlicher Fixierung christlicher Werte, vor allem im Schulwesen und in den Medien; sie intervenierte bei Besetzung staatlicher Ämter und ließ sich auf Parteiveranstaltungen von sich christlich-national gebender Parteien instrumentalisieren.

Polens Kirche und die Demokratie

Die Folge war, dass sich bald Stimmen zu Wort meldeten, die besorgt fragten, ob sich Polen auf dem Weg zu einem Glaubensstaat befinde. Auch Józef Tischner beteiligte sich an dieser Auseinandersetzung. Am 10. Januar 1993 veröffentlichte er unter der provokanten Frage „Hat die Kirche uns belogen?" im „Tygodnik Powszechny" einen Beitrag, in dem er eine Klärung des Verhältnisses von Kirche und Demokratie einforderte. Zwar habe sich die Kirche ausdrücklich zur Demokratie bekannt, doch sei sie in den Verdacht geraten, die demokratische Ordnung nicht respektieren zu wollen. Wörtlich fragt Tischner: „Will die Kirche Macht oder will sie diese nicht? Will sie einen klerikalen Staat, einen Bekenntnisstaat?" Eine Antwort gibt er nicht. Ihm geht es um die Berechtigung der Fragestellung, die nicht durch aggressive Reaktionen abgewehrt werden sollte, sondern Anlass zu selbstkritischer Besinnung biete.

Aus den ersten Jahren nach dem politischen Umbruch lassen sich manche Zitate anführen, die ein von der Kirche favorisiertes Modell von Demokratie belegen, das auf der Grundlage einer traditionellen Einheit von Kirche und Nation basiert. So äußerte sich beispielsweise Primas Józef Glemp mit den Worten:

„Die Nation hat als getaufte das Recht, solche Strukturen des Staates zu fordern, die ihrem Charakter entsprechen." Hinter dieser Äußerung verbirgt sich eine Gleichsetzung von katholischer Nation und katholischer Gesellschaft, welche die besorgte Frage verständlich macht, ob die Kirche die Etablierung eines katholischen Bekenntnisstaates betreibe. Eine derartige Konzeption steht indes in einem deutlichen Widerspruch zu einem Demokratieverständnis auf der Grundlage der Rechtsgleichheit aller Bürger einer pluralistischen Gesellschaft, das eine direkte politische Einflussnahme der Kirche ausschließt, ihr aber auf einer metapolitischen Ebene die für die Demokratie so wichtige Funktion einer moralischen Autorität keineswegs abspricht.

Die Entwicklung der 1990er Jahre hat dann durch das Wahlverhalten der Bürger vor aller Welt deutlich gezeigt, dass die Hierarchie mit ihrer Annahme einer katholischen Gesellschaft einer Illusion erlag. Doch der Weg zu dieser für weite Teile der polnischen Kirche schmerzlichen Einsicht war dornenvoll. Er war durch eine innerkirchliche Polarisierung gekennzeichnet, bei der Józef Tischner mit seinen Beiträgen eine wichtige Rolle spielte.

Warnung vor der Gefahr einer „politischen Religion"

Im „Tygodnik Powszechny" erschien am 28. März 1993 unter der Überschrift „Windstöße einer politischen Religion" ein Beitrag, dem für die damalige Diskussion eine fundamentale Bedeutung zukommt. Tischner analysiert darin den Zusammenhang zwischen „politischer Religion" und Totalitarismus. Die Versuchung, in welche die Kirche nach dem politischen Umschwung geraten war, charakterisiert er wie folgt: „Wenn früher die Götzen die Stelle Gottes einnahmen, dann lasst uns doch heute versuchen, umzuwandeln, was umgewandelt wurde. Schmeißen wir die Götzen hinaus, um Platz für Gott zu schaffen. Nach einem solchen Wechsel wird alles anders werden. Die heidnische Politik wird zu einer christlichen, und auf den Trümmern des heidnischen Staates entsteht ein christlicher. Gebietet nicht die heutige Pflicht den Gläubigen, einen solchen Wandel herbeizuführen?" Zugegeben, eine solche Denkweise ist auf dem Hintergrund der spezifisch polnischen Entwicklung nicht leicht durchschaubar. Nicht jedem dürfte auf Anhieb klar sein, dass eine derartige Politisierung des Christentums auf einen neuen Totalitarismus hinausläuft, nachdem man sich gerade von seiner kommunistischen Ausprägung befreit hat. „Ich gebe offen zu", schreibt Tischner weiter, „dass mich heute nichts so sehr schockiert wie das Beharrungsvermögen, mit dem die Splitter der gestrigen 'politischen Religion' tief in unseren Glauben eindringen und ihn von der ihm eigenen Richtung abbringen. Wie ist das möglich? Dafür gibt es mindestens zwei Gründe: Entweder werden jene Splitter nicht scharf genug wahrgenommen oder es wird die quasireligiöse Dimension der totalitären Ideologie nicht genügend tief verstanden."

Doch was versteht Tischner unter „politischer Religion"? Ihr Wesen liege in einer Vermischung der Ebenen von Religion und Politik, wodurch es zu einer Politisierung der Religion komme. Dies sei dort der Fall, wo der politische Gegner mit Hilfe religiöser Inhalte definiert wird, wo man unter Berufung. auf Gott glaubt, im Besitz der absoluten Wahrheit zu sein, wo man den politischen Gegner in ihrem Namen diskriminiert, und wo das Evangelium als Quelle eines politischen Kampfes benutzt wird. Wo solches Denken Fuß fasse, sei im politischen Raum kein Dialog, keine Kooperation und kein für den gesellschaftlichen Frieden so notwendiger Kompromiss mehr möglich. Damit aber würden die Fundamente der Demokratie unterminiert und es komme zu einem religiös verbrämten Totalitarismus. Und durch ihre Politisierung verkomme die Religion zur Ideologie. Zudem werde der politische Kampf im Namen der absoluten Wahrheit nicht allein vor den Toren der Kirche ausgetragen. Er finde auch in ihrem Inneren statt, verfeinde Christen mit Christen. Wer nicht der eigenen Partei angehöre oder sich der Politisierung des Christentums widersetze, werde behandelt, als wäre er ein Feind des „wahren Glaubens".

Überprüfung des eigenen Polenbildes

Die Erfahrungen, die Tischner in den 1990er Jahren machte, waren so gravierend und so anders als in den 1970er und 1980er Jahren, dass er sich veranlasst sah, sein bisheriges Polenbild zu überprüfen. Eine dieser Erfahrungen war der Ausbruch eines antisemitischen Ressentiments.

Dazu finden sich in den Gesprächen mit Adam Michnik bezeichnende Aussagen. Als dieser ihn fragt, wann er den Antisemitismus persönlich wahrgenommen habe, antwortet Tischner: „Als ich mich mit dir zusammen im Fernsehen zeigte und daraufhin Briefe erhielt." In ihnen wurde Tischner das gemeinsame Auftreten mit einem „unwürdigen Menschen", einem „Juden", zum Vorwurf gemacht. Und Tischner ergänzt diese Erfahrung mit dem Hinweis auf die Wahlniederlage von Mazowiecki in seiner Heimatstadt, die darauf zurückzuführen sei, dass die Pfarrei das Gerücht ausgestreut habe, er sei Jude. „Da verstand ich" – erklärt Tischner – „dass durch das, was in meinem Hause geschieht, Polen zugrunde geht. Das Erscheinungsbild dieses Polens war so anders als das in 'Polski ksztalt dialogu'", dass ich die gesamte Konstruktion von Grund auf neu machen musste. [...] Dies zeigte mir ein weiteres Mal, dass der polnische Katholizismus im Grunde über kein theoretisches Rüstzeug verfügte, um sich über den

Ort der Kirche im demokratischen Staat klar zu werden."[247] Um zu diesem Klärungsprozess beizutragen, schrieb Tischner seine in „Die unglückliche Gabe der Freiheit" zusammengefassten Essays.

Die Angst vor der Freiheit

Tischner stellt einen geradezu paradoxen Stimmungsumschwung nach dem politischen Umbruch fest. Nachdem die Kirche in den Jahrzehnten der Unterdrückung für die Freiheit des einzelnen und der Nation gekämpft hatte, nehme in ihr nunmehr die Angst vor der Freiheit Überhand. Er zitiert Erich Fromm (1900-1980) mit der Aussage, dass die Menschen im Deutschland der 1930er Jahre vor der Freiheit geflohen seien und ohne Zwang Hitler gewählt hätten, etwas, von dem – wie Tischner schreibt – die Polen in den Jahren der Unterdrückung überzeugt gewesen wären, dass ihnen solches nicht passieren würde, da sie ja doch bereit seien, für die Freiheit zu sterben. Und er fragt: „Wußten wir damals, was Freiheit ist?"

In seiner Analyse kommt Tischner zu dem Schluss, dass die Krise der polnischen Kirche ihre Wurzel in der Angst vor der Freiheit hat. Mit dieser These löste Tischner eine der wichtigsten Debatten der 1990er Jahre aus – eine gründliche Auseinandersetzung mit dem Liberalismus. Tischner wehrt sich vehement dagegen, für alle im Gefolge der politischen Wende auftretenden Negativerscheinungen die Freiheit verantwortlich zu machen: für das materialistische Konsumdenken, für den Wertrelativismus, für eine fortschreitende Säkularisierung der Lebensvollzüge, für Pornographie und sexuelle Freizügigkeit. Gegen diese um sich greifende Liberalität starteten katholische Kirchenzeitungen eine aggressiv-plakative Großoffensive, ohne sich die Mühe einer Differenzierung zu machen, den Liberalismus zu definieren und das christliche Freiheitsverständnis davon abzuheben. So war beispielsweise 1992 in „Niedziela" zu lesen: „Der Liberalismus ist absolute Freiheit, ethischer 'Laisserfairismus', marktschreierisches Geschnatter Kranker am Geiste, Zynismus, Nihilismus und eine rücksichtslos geführte Schlammschlacht gegen alle, die es wagten, sich der totalitären Macht zu widersetzen, das Böse beim Namen zu nennen und sich für die Integrität der Nation zu engagieren."[248] Tischner ist überzeugt, dass hinter solchen Äußerungen eine abgründige Angst vor der Freiheit steckt und dass diese Angst die geistige Substanz der polnischen Kirche zu zerstören vermag. Als besonders tragisch empfindet er es, dass ausgerechnet die Seelsorger von dieser Angst infi-

---

247 A. Michnik, J. Tischner, J. Żakowski, a. a. O., S. 672.
248 Zitiert nach J. Tischner, Der dornenvolle Weg zur Demokratie. Eichholz Brief 33, 2/1996, S. 105.

ziert sind, und er fragt, ob sie, da innerlich unfrei, überhaupt in der Lage seien, freien Menschen das Evangelium der Freiheit zu verkünden.

Mit dieser Angst vor der Freiheit verbindet sich für Tischner ein „Neomanichäismus", der Misstrauen sät, die Kirche ständig in Gefahr sieht und überall Feinde wittert. Denn der kommunistische Kampf gegen das Christentum sei keineswegs beendet, sondern gehe in anderer Form weiter. Wer die Kirche, aus welchen Gründen auch immer, kritisiert, wird als Feind des Kreuzes abgestempelt. Man bringt ihn mit irgendwelchen internationalen Verbindungen in Zusammenhang und suggeriert dadurch, dass er kein „wahrer" Pole ist. Man verteufelt ihn, indem man seinem Handeln die Dimension eines ewigen Kampf zwischen Satan und Gott verleiht. Nicht nur über Radio „Maryja" wird ein solcher Manichäismus verbreitet, selbst Bischöfe waren und sind vor einer solchen Denkweise nicht gefeit. Im Grunde wirkt hier das aus der Zeit des Totalitarismus überkommene duale Denken nach, durch das die Welt in „my" und „oni", in „wir" und „sie", in Gut und Böse geteilt wird. „Der Gott der Manichäer" – schreibt Tischner – „ist der Richter und Rächer, und nicht der Gott des guten Samariters, nicht der Gekreuzigte."[249]

Der Streit um die Freiheit wurde in jenen Jahren innerkirchlich mit harten Bandagen ausgetragen. Hier wirkte die Last der Vergangenheit nach, reicht doch die Auseinandersetzung der Kirche mit Liberalismus und Modernismus bis in das 19. Jahrhundert zurück. Daher kann einer leicht in Verdacht geraten, wenn er – wie Tischner – um eine Aufarbeitung dieser Vergangenheit bemüht ist, dabei zu einer differenzierten Wertung des Liberalismus gelangt und in modernen geistigen Strömungen Ansätze zu einem christlichen Freiheitsverständnis entdeckt. Wohl auf dem Hintergrund persönlicher Erfahrungen schreibt Tischner: „Man richtet schlimme Beschuldigungen an die Adresse des zeitgenössischen Denkens. Doch woher nimmt man sie? Nicht aus dem Glauben! Bei näherem Hinsehen zeigt sich, dass ihre Quelle in einem besonderen Denkstil liegt. Mitunter gibt er vor, thomistisch zu sein, und seine Leitidee besteht darin [...], vor die Tür zu setzen. Als erstes die Frage, dann den Fragenden, am Ende die gesamte Moderne mit ihrer verfluchten Freiheit."[250]

Doch Józef Tischner stand in dieser Auseinandersetzung nicht allein. Er fand reichlich Mitstreiter in der Gruppe um die Publikationsorgane „Tygodnik Powszechny", „Więź" und „Znak" mit ihrem Eintreten für einen offenen Katholizismus. Und er fand einen Rückhalt in Johannes Paul II. Leitthema seiner 1997

---

249 J. Gowin, Kościół po komunizmie (Kirche nach dem Kommunismus), Krakau 1995, S. 244.
250 J. Tokarska-Bakir, Strażacy i podpalacze (Feuerwehrmänner und Brandstifter), Tygodnik Powszechny, Kontrapunkt 3-4/2001.

unternommenen fünften Pilgerreise in seine polnische Heimat war das Wort aus dem Galaterbrief „Zur Freiheit hat uns Christus befreit" (Gal 5,1). Józef Tischner wertete sie als Wendepunkt in der Geschichte der polnischen Kirche und des polnischen Katholizismus.

Mit dem Jahr 1997 verstummt Tischners Stimme nach und nach. Eine schwere Krebserkrankung führt ihn auf die letzte Wegstrecke seiner irdischen Pilgerschaft. Angesichts des nahenden Todes verlieren seine Auseinandersetzungen mit den kirchlichen Manichäern und Integralisten an Bedeutung. Er befasst sich mit dem Tagebuch der heiligen Faustina (1905-1938) und lässt sich von ihr in die Mystik einführen. Seine Gedanken und Texte kreisen um Leiden und Liebe, um die in Christus offenbar gewordene Barmherzigkeit. Dabei bleibt das Leiden für ihn eine negative Erfahrung. „Nicht das Leiden als solches ist wichtig", schreibt er. „Nicht das Leiden erhebt. Ganz im Gegenteil: Leiden vernichtet immer. Was erhebt, ist die Liebe."[251]

Viele seiner Freunde haben ihn am Krankenbett besucht. Sie geben von seinem Sterben Zeugnis. Unter ihnen auch Adam Michnik, der Freund. Er war bei ihm, als der Sterbenskranke schon nicht mehr reden konnte. Auf die Frage, wie er sich fühle, streckte Tischner beide Daumen nach oben. Für Michnik war dies eine unerhörte Geste. „Ich möchte sein Gesicht vor Augen haben", sagt er im Gespräch mit Wojciech Bonowicz und Janusz Poniewierski, „wenn ich einmal von dieser Welt scheiden sollte. Ich wusste wohl, dass man würdig leben kann, doch zum ersten Mal erlebte ich die Möglichkeit eines würdigen Sterbens."[252]

Marek Edelman (1922 – 2009)

Am 2. Oktober 2009 verstarb mit Marek Edelman, dem letzten der wenigen überlebenden Kämpfer des Warschauer Gettoaufstands, ein weiterer Zeitzeuge der Judenvernichtung. Seine Familie stammt aus der Nähe von Minsk, wo seine Mutter mit ansehen musste, wie ihre zwölf sozialrevolutionären Brüder in den Wirren der Oktoberrevolution von den Bolschewisten erschossen wurden. Dies dürfte die Eltern bewogen haben, in das nach dem Ersten Weltkrieg neu erstandene Polen überzusiedeln und sich in Warschau niederzulassen. Kurz darauf starb sein Vater, von dem ihm als einzige Erinnerung geblieben ist, einmal auf seinen Knien gesessen zu haben.

Edelmans Mutter war als Mitglied des 1897 im zaristischen Russland gegründeten jüdischen Bundes politisch aktiv. Doch auch sie verstarb früh. Mit

---
251 A. Boniecki, Bóg Tischnera (Tischners Gott), Tygodnik Powszechny, Kontrapunkt 3-4/2001.
252 Znak 3/2001, S. 113.

ihrem Tod fand ihr Sohn im Bund eine Ersatzfamilie. Marek Edelman charakterisiert ihn wie folgt: „Die Bundisten warteten weder auf den Messias, noch hatten sie die Absicht, nach Palästina auszureisen. Sie sahen in Polen ihr Land und kämpften um ein sozialistisches, gerechtes Polen, in dem jede Nationalität – Polen, Juden, Ukrainer, Deutsche – kulturelle Autonomie haben sollten und die Rechte der Minderheit garantiert werden."[253] Mit diesen Worten umriss Edelman zugleich seine Lebensmaxime.

In den 1930er Jahren war Marek Edelman als Schüler seiner Gesinnung wegen mehrfach Schikanen ausgesetzt und machte unliebsame Bekanntschaft mit nationalistischen und antisemitischen Schlägertrupps. Bei Kriegsausbruch zählte er 17 Jahre und erlebte im besetzten Warschau die Anfänge der Judenverfolgung. Dabei wurde ihm die öffentliche Erniedrigung eines Juden zum Schlüsselerlebnis: Diesem wurde unter Verhöhnung von zwei Soldaten der Bart abgeschnitten. Und die Umstehenden, zumeist selbst Juden, belustigten sich noch an diesem Schauspiel. Doch der junge Edelman empfand diese Demütigung schlimmer als eine Züchtigung. „Bei diesem Anblick beschloss ich, nie und nimmer zuzulassen, dem Spott preisgegeben zu werden." (16)

Mit Beginn der systematischen Judenverfolgung wurde Edelman Mitarbeiter der vom Bund herausgegebenen Untergrundzeitschrift „Für eure und unsere Freiheit". Im 1940 errichteten Getto setzte er seine illegale Tätigkeit fort. Mit „Getto walczy" (Das Getto kämpft)[254] hat er nach dem Krieg seine, den Widerstand des Bundes betonende Sicht dokumentiert. Er selbst, einer der Anführer des Aufstands, stilisiert sich indes nicht zum Helden, wie ihm überhaupt der bewaffnete Kampf lediglich die letzte Konsequenz eines zivilen, auf die Wahrung menschlicher Würde zielenden Widerstands war. Und der erwies sich im Gettoalltag – in der schon übermenschlichen Mühe hungerschwacher Ärzte, im Schatten des Umschlagplatzes Leben zu retten; in der Anstrengung der täglich vom Tod bedrohten Gettobewohner, ein halbwegs normales Leben zu führen; in der Beschaffung von Informationen über die ab 1941 nach Treblinka abgehenden Transporte, wo die Insassen nicht das propagierte Arbeitslager, sondern die Vergasung erwartete. Edelman vermerkt, dass diese über die Untergrundzeitschrift verbreiteten Informationen im Getto lange Zeit keinen Glauben fanden.

Richtschnur seines Handelns war nicht der Hass auf die Feinde, sondern die Solidarität mit den Schwachen und Bedrohten. So habe er einmal ein Mädchen aus den Fängen der jüdischen Polizei befreit, die gehalten gewesen sei, täglich

---

253 R. Assuntino/W. Goldkorn, Strażnik Marek Edelman opowiada (Der Wächter Marek Edelman erzählt), Krakau 1999, S. 17. Die Seitenangabe weiterer Zitate findet sich im Text.
254 Ebd., S. 175-238.

eine bestimmte Anzahl von Juden beim Umschlagplatz abzuliefern, ansonsten seien sie selbst nach Treblinka verfrachtet worden.

Es sind diese Grenzsituationen, an die Marek Edelman erinnert und die er reflektiert. Die jüdische Polizei sei anfangs im Getto ein Ordnungsfaktor gewesen, wäre dann aber selbst Teil der Vernichtungsmaschinerie geworden, hätte sich an den Razzien beteiligt und ihr tägliches Soll an Männern, Frauen und Kindern beim Umschlagplatz abgeliefert. Ohne selbst am Ende der Vergasung zu entgehen, seien manche zu Tätern geworden, nur um ihre ärmlichen Privilegien nicht zu verlieren und ihr Leben um eine kurze Zeitspanne zu verlängern. „Drei zusätzliche Monate, um noch die Sonne zu sehen, um die Hoffnung zu haben, sein Kind zu retten. [...] Für dieses nackte Leben ist der Mensch bereit, alles zu opfern, den anderen zu töten." (72)

Grenzsituationen zeigen aber auch, wozu der Mensch im Guten fähig ist. So berichtet Edelman, wie jemand, der drei Tage nichts zu essen bekommen hatte, unverhofft in den Besitz von 20 Kilo Brot gelangte. Er habe von seiner Beute nicht eine Krume für sich genommen, sondern sie mit einer Gruppe von 16 Widerstandskämpfern geteilt. Es sei, wie Edelman kommentiert, die im Bund eingeübte Solidarität, die solches Verhalten ermöglichte.

Dem Getto entkommen, doch neuen Gefahren ausgesetzt

Edelman gelang es, sich mit dem Rest seiner Leute nach dreiwöchigen Kämpfen gegen die deutsche militärische Übermacht durch die Kanalisation auf die arische Seite zu retten. In Sicherheit war er damit noch nicht. Gefahr drohte von Schmarotzern, die Juden an die Gestapo verrieten. Gefahr drohte aber auch von rechtsextremistischen Gruppen der Heimatarmee (AK), denen so mancher Überlebende des Gettos zum Opfer fiel. Als sich Edelmann ein Jahr später dem Warschauer Aufstand anschließen wollte, geriet auch er in diese Gefahr. Bewaffnet, doch ohne Dokumente, wurde er von einem AK-Posten gestellt und absurderweise verdächtigt, als Jude für die Deutschen zu spionieren. Schon wollte man ihn an die Wand stellen, als er in letzter Minute auf Veranlassung des Kommandeurs der Erschießung entging. Durch diese Erfahrung belehrt, schloss er sich nicht der AK, sondern der kommunistischen Volksarmee (AL) an. Als einziger seiner Gruppe überlebte er auch diesen Aufstand. Dem deutschen Befehl, sich nach der Kapitulation Warschaus in Gefangenschaft zu begeben, kam er aus guten Gründen nicht nach. Er versteckte sich in den Ruinen der Stadt bis ihn seine künftige Frau, als Rote-Kreuz-Schwester getarnt, außerhalb von Warschau in Sicherheit brachte.

Gegen den Zionismus

Marek Edelman blieb auch nach dem Krieg als Bundist ein entschiedener Gegner des Zionismus. Rückblickend beschuldigt er die zionistische Führung sogar, sich um die im Getto der Vernichtung preisgegebenen Juden nicht gekümmert zu haben. „Damals ist es keinem in den Sinn gekommen, die zionistische Führung könne sich zur physischen Vernichtung von sechs Millionen Juden bewusst passiv verhalten. Niemand konnte damals an eine solche Ungeheuerlichkeit glauben, auch ich nicht. Wir dachten, sie sind einfach unfähig, einen Hilfskanal herzustellen. Doch dass sie, einfach so, die Juden in Stich ließen, weil ihnen an ihrem Schicksal nichts lag..." (98)

Kaum war der Krieg vorbei, da tauchten bereits die ersten zionistischen Emissäre auf, um die Überlebenden des Holocaust zur Auswanderung nach Palästina zu bewegen. Der erste Exodus polnischer Juden nahm seinen Anfang. Auch Edelmans Kampfgefährten und Freunde, Bundisten wie er, verließen das Land. Nicht aber er. „Einer muss schließlich bei all jenen bleiben, die hier zugrunde gingen." (115) Trotz aller Erfahrung blieb für ihn weiterhin die Diaspora der Lebensraum der Juden. Äußerst kritisch beurteilt er daher die 1948 erfolgte Staatsgründung Israels. Ihr Gründungsmythos sei nicht der Holocaust gewesen, sondern der Pioniergeist der frühen zionistischen Einwanderer. Erst der Eichmannprozess im Jahr 1961 habe hier eine Wende in der israelischen Erinnerungskultur bewirkt. Durch sie sei ein neuer Mythos entstanden, der die Schande auslöschen sollte, dass sich die Juden wie Lämmer zur Schlachtbank haben führen lassen. Nun waren die Helden des Warschauer Gettoaufstands gefragt, vor allem die aus den Reihen der Zionisten, nicht aber die Kämpfer des Bundes. Diese würden in der Rangliste der Helden den letzten Platz einnehmen, obwohl der Bund die führende Kraft des Widerstands gewesen sei. „Sie waren überflüssig – verloren hatte ihre antizionistische Idee, verloren hatten sie selbst. Weil sie umgekommen waren, weil es sie im Staat nicht gab, weil der einzige überlebende Anführer dieses allerwichtigsten Aufstands, der Bundist Marek Edelman, in der Verbannung geblieben war, im antisemitischen Polen."[255]

Bleiben unter Schwierigkeiten

Nach dem Krieg studierte Edelman Medizin und ließ sich bis zu seinem Tod in Łódź nieder. Er wurde ein international anerkannter Herzspezialist, der vielen das Leben gerettet hat, die von anderen Ärzten bereits aufgegeben

---

255 A. Grupińska, Bohater wybrany (Auserwählter Held), Tygodnik Powszechny v. 19. März 2006.

worden waren. Sein ärztliches Ethos war von seiner Lebensmaxime bestimmt, sich immer und überall für die schwachen Glieder der Gesellschaft, und dazu zählen auch die Kranken, einzusetzen. Als 1999 in Polen die Ärzte streikten, reagierte er darauf mit äußerst scharfer Kritik: „Es gibt keine Situation und keinen Grund, der einen Arzt berechtigen würde, einem Kranken die Hilfe zu verweigern. [...] In Sachen der Gesundheit und des menschlichen Lebens darf man sich nicht auf die Regeln des Marktes berufen. [...] Der Arzt hat kein Recht, seine Lebensverhältnisse auf Kosten fremder Gesundheit und fremden Lebens zu verbessern. [...] Wer das nicht akzeptiert – der möge mit Petersilie handeln." (274)

Im März 1968 protestierten die Studenten gegen die geistige Unfreiheit. Ihre Wortführer waren z. T. jüdischer Herkunft. Partei- und Staatsführung reagierten mit einer „antizionistischen", in Wahrheit antisemitischen, Kampagne. Juden wurden aus ihren Stellungen und Funktionen gedrängt. Auch der Antizionist Edelman erhielt Berufsverbot. Ihm wurde vom Pförtner der Zutritt zum Krankenhaus verwehrt. Die Unterdrückungsmaßnahmen hatten einen weiteren Exodus von Juden zur Folge. 13000 verließen Polen, unter ihnen auch Edelmans Frau mit Sohn und Tochter. Er aber blieb.

Als sich Mitte der 1970er Jahre die Opposition formierte, sah Edelman in ihr eine innere Verwandtschaft mit den Idealen des Bundes und trat ihr bei. Im Dezember 1981 wurde auch er nach Verhängung des Kriegsrechts verhaftet, doch nicht in eines der für Prominente eingerichteten Lager, sondern in ein gewöhnliches Gefängnis eingewiesen. Dort teilte er mit zwölf Häftlingen die Zelle. Die von ihm geforderte Erklärung, sich künftig jeder politischen Tätigkeit zu enthalten, unterschrieb er nicht. Doch nach wenigen Tagen kam er wieder frei, vermutlich auf Intervention von Willy Brandt (1913-1992). 1983, in der Zeit des Kriegsrechts, erhielt er von Präsident Wojciech Jaruzelski höchstpersönlich eine Einladung zur Staatsfeier des 40. Jahrestages des Gettoaufstands. Edelman lehnte ab und begründete dies in einem in der Untergrundpresse veröffentlichten Brief mit den Worten: „Die Feier unseres Jahrestages hier, wo heute über dem gesamten gesellschaftlichen Leben Entwürdigung und Unfreiheit lasten, wo man Worte und Gesten völlig verfälscht, ist Verrat an unserem Kampf [...]." (258) Daraufhin stellte man ihn unter Polizeiaufsicht, um seine Teilnahme an einer von der Opposition organisierten Gedenkfeier zu verhindern. Fünf Jahre später, schon in der Agonie des Systems, sprach er dann auf der unabhängigen Gedenkveranstaltung der „Solidarność" vor 10 000 Teilnehmern.

Mahner in einer bedrohten Welt

Entgegen dem damals verbreiteten Enthusiasmus nach der europäischen Wende der Jahre 1989/90 betrachtete Edelman die weitere Entwicklung mit nüchterner Skepsis. So scheute er sich nicht, die Abschottung des reichen Westens vor dem Ansturm der Armen zu verurteilen: „Das Verlangen nach einem besseren Leben erschüttert die Mauern des Gettos der Reichen, und sie werden fallen." (247) Die westlichen Industriestaaten seien selbst von einer inneren Krise bedroht, „da niemand heute wisse, wie sich das Leben in der Ära des Internet gestalten wird und wie man sich zu der Tatsache verhalten soll, dass immer weniger Menschen zur Arbeit gebraucht werden." (137f.)

Aus eigener, schmerzlicher Lebenserfahrung wusste Edelman nur zu gut, dass es darauf ankommt, den Anfängen zu wehren. Zum Holocaust kam es schließlich nicht gleich zu Beginn nationalsozialistischer Herrschaft, sondern am Ende einer ganzen Kette sich von Fall zu Fall steigernder antisemitischer Maßnahmen. So forderte er im Frühjahr 2006 nach judenfeindlichen Attacken des für seinen Antisemitismus bekannten Senders Radio „Maryja" Regierungschef Kazimierz Marcinkiewicz und Parlamentspräsident Marek Jurek auf, in dem von ihrer Partei „Recht und Gerechtigkeit" mit Vorliebe genutzten Sender nicht weiter aufzutreten. Der Weg von den Worten des Hasses zu verbrecherischen Taten sei kurz. Er selbst blieb von antisemitischen Attacken nicht verschont und sein Haus wurde mit antisemitischen Losungen beschmiert. Damals wandte sich Jan Karski (1914-2000) in einem Brief an ihn entschieden gegen die offiziell herrschende Verharmlosung des Antisemirtismus: „Wer in Polen regiert und sagt, dass Schriften auf Mauern wie 'Juden ins Gas', 'Juden raus','Polen den Polen' nichts weiter seien als unschuldige Jugendstreiche, der gehört nicht zur Machtelite der westlichen Welt. Wer solches toleriert, begünstigt es und wird mitverantwortlich."[256]

Als moralische Autorität wurde Marek Edelman auch international wahrgenommen. So hielt er auf der vom Europaparlament einberufenen Konferenz „!000 Tage Belagerung von Sarajewo" eine viel beachtete Rede, in der er die demokratische Welt zur Intervention aufforderte: „Wenn man im 20. Jahrhundert, an der Schwelle zum dritten Jahrtausend, dem Völkermord nicht Einhalt gebietet, dann wird sich die Politik des Völkermordens weiter ausbreiten." (249)

---

[256] B. Białek, Zlecenie od Pana Boga (Auftrag vom Herrgott), Tygodnik Powszechny v. 10. Juni 2012, S. 4.

„Und es gab Liebe im Getto"

Ein Jahr vor seinem Tod erschien sein Buch „Und es gab Liebe im Getto"[257], in dem Marek Edelman ein weiteres Mal sein Leben reflektiert und über das Warschauer Getto Auskunft gibt. Er wiederholt manches, was er bereits an anderer Stelle gesagt hat. Doch seine Aussagen haben einen neuen Akzent, der im Titel zum Ausdruck kommt: Bei all dem Grauen gab es im Getto auch Liebe. So berichtet er von einer Mutter, die von den Transporten freigestellt war und die Selbstmord beging, um ihrer Tochter ihre rettende „Nummer des Lebens" zu hinterlassen. An anderer Stelle ist von einem Mädchen die Rede, das verzweifelt die zum Umschlagplatz getriebene Menge nach seiner Mutter absucht, sie schließlich findet und sich ihr anschließt, um sie nicht allein in den Tod gehen zu lassen. Es ist eine Liebe, die mehr ist als erotische Leidenschaft, wenngleich Edelman auch diese als Protest gegen den Tod keineswegs gering schätzt; es ist eine Liebe rückhaltloser Hingabe um des anderen willen. Dass es so etwas im Getto gab, ist der Beweis eines Sieges über den dort herrschenden vernichtenden Hass.

„Und es gab Liebe im Getto" ist Edelmans letzte, aus seiner Lebenserfahrung gewonnene Botschaft. So fordert er, gleichsam als sein Testament, vom Kindergarten bis zur Universität eine Erziehung zu einer Humanität, die dem Hass abschwört und zur Liebe verpflichtet.

---

257 M. Edelman, I była miłość w getcie. Marek Edelman im Gespräch mit Paula Sawiecka, Vorwort von J. Bocheński, Warschau 2008.

VI. Literarische Betrachtungen

Gekreuzigt hätten sie nicht ...

Gekreuzigt hätten sie nicht
sie hätten mit Knüppeln erschlagen
ins Wasser geworfen wie einen Stein
und keiner hätte gewußt ob er auferstand
wäre er geboren in Polen

Henryk Grynberg

Das Gedicht wurde in seiner polnischen Fassung 1994 in der Märznummer von „Nowe Książki" von einem polnischen Interviewer zitiert, der – unter Hinweis auf die dritte Zeile – den Bezug zu dem von polnischen Sicherheitsoffizieren ermordeten Priester Jerzy Popiełuszko (1947-1984) betonte. Es sei – so sein Kommentar – „eines der grausamsten Gedichte über Polen [...], ein Text, dem gegenüber man nicht gleichgültig sein könne."

In seiner Erwiderung bestreitet Grynberg, dass man sein Gedicht „grausam" nennen könne: „Vielleicht ist die Wahrheit grausam, doch sie ist eine objektive Botschaft, wie sie aus dem Mord an Popiełuszko folgert. Was ich geschrieben habe, in diesem Gedicht und all die Jahre hindurch, ist mein Zeugnis."

Der Text verlangt ein sehr behutsames Abwägen der Worte und erscheint dann als ein Angebot zu einem jüdisch-polnischen und jüdisch-christlichen Dialog.

Henryk Grynberg ist polnischer Jude. Er wurde 1936 in Warschau geboren. 1942 konnte sich die Familie mit falschen Papieren vor der Deportation nach Treblinka retten. Doch außer ihm überlebte nur seine Mutter. Sein Bruder kam durch eine Denunziation ums Leben, der Vater wurde 1944 das Opfer eines Raubüberfalls. Grynberg wuchs in Polen auf, studierte in den fünfziger Jahren Journalistik und war Schauspieler am jüdischen Theater. Als Autor debütierte er 1963 mit einem Erzählband, in dem er u. a. eines seiner zentralen Themen, die Suche nach dem Grab des Vaters, literarisch gestaltete.

Die 1967/68 einsetzende antisemitische Kampagne bewog Grynberg, während einer mehrwöchigen Tournee in den Vereinigten Staaten um Asyl zu bitten. In der Londoner Exilzeitschrift „Wiadomości" begründete er seine Entscheidung wie folgt: „Das für mich allerbeste Leben bedeutete: in Polen zu sein, polnisch zu reden, polnisch zu schreiben, auf Polnisch gelesen zu werden – ein polnischer Schriftsteller zu sein." Er bittet um Verständnis, dass es ihm Stolz und Würde unmöglich machten, länger in Polen zu bleiben; doch er versichert: „Ich bleibe ein polnischer Schriftsteller, und ich bleibe Pole, und das mit meinem seltsamen Namen, den ich um nichts in der Welt ändern werde." Unmittelbar nach seiner Emigration entfesselte die kommunistische Partei gegen ihn eine Kampagne und schwieg ihn dann in seiner Heimat zwei Jahrzehnte lang tot.

Henryk Grynberg hat sein Versprechen gehalten. Er hat weiter geschrieben und in Exilverlagen und -zeitschriften publiziert. 1987 machte die Krakauer Zeitschrift „Znak" den in Polen fast vergessenen Autor neu bekannt. Seitdem finden seine Lyrik und Prosa auf dem polnischen Buchmarkt ein wachsendes Interesse. Grynberg ist jenen polnischen Autoren jüdischer Herkunft zuzurechnen, die ihr Denken und Fühlen in die polnische Sprache übersetzen und damit die polnische Literatur auf eigene Weise bereichern. Der Hintergrund der konfliktreichen polnisch-jüdischen Symbiose macht dies zu einer schwierigen Mission. „Gekreuzigt hätten sie nicht" ist dafür ein Beleg.

Die drei ersten Verse dieses Fünfzeilers bilden einen Spannungsbogen. Er ist, wie das Gedicht insgesamt, von der konjunktivischen Form bestimmt. Doch die einleitende Zeile hebt sich in ihrer Verneinung deutlich gegenüber den beiden folgenden ab. Die Täter bleiben durchgehend unbestimmt: Sie hätten zwar nicht gekreuzigt, wohl aber erschlagen und ertränkt. Von grausamen Todesarten ist die Rede, wobei die Kreuzigung den christlichen Bezug verrät. Bei Grynberg steht im Hintergrund der Tod seines erschlagenen Vaters, eine Tat, die, anders als die Kreuzigung, die Öffentlichkeit flieht. Der Kreuzigung ging ein Prozess voraus, und das Kreuz wurde vor aller Welt sichtbar errichtet, während das Erschlagen eine heimtückische Tat darstellt, ohne Zeugen. Sie erfährt mit der dritten Zeile noch eine Steigerung – die Beseitigung des Opfers. Wie ein Stein im Wasser versenkt zu werden, bedeutet im Unterschied zur Kreuzigung, die Tat aus der Welt zu schaffen, sie mit ewigem Schweigen zuzudecken, dem Opfer das Grab zu verweigern. Die Assoziation an den von Sicherheitsoffizieren ermordeten und anschließend versenkten Priester Popiełuszko führt – isoliert betrachtet – in die Irre. Die beiden Zeilen gleichen einer Falle, in die ein in seinem polnischen Denken befangener Leser leicht hinein tappen könnte, indem er übersieht, dass dieser Märtyrer der „Solidarność" mit seinem Tod auf das Schicksal von Grynbergs Vater verweist. Statt einseitig zum polnischen Nationalheiligen stilisiert zu werden, könnte Popiełuszko ein Zeichen für die Solidarität mit dem Schicksal der ermordeten Juden sein. Doch Popiełuszko hat schließlich sein Grab gefunden – Millionen ermordeter Juden nicht. Sie wurden in den Krematorien von Auschwitz-Birkenau verbrannt, ihre Asche auf Felder verstreut und in Teiche versenkt und Grynbergs Vater von seinen Mördern verscharrt. Jahrzehnte später brach der Sohn, von einem Filmteam begleitet, nach Polen auf, um die

Stelle zu suchen, an der sein Vater ermordet wurde. Es entstand ein Dokumentarfilm über die Gespräche mit den Bauern vor Ort und deren Erinnerungen an Krieg und Okkupation. Dem Film folgte ein Buch, „Dziedzictwo" (Vermächtnis), 1993 im Londoner Anneks-Verlag erschienen. Darin dokumentiert Grynberg seine Reise in die Vergangenheit auf der Suche nach dem Grab des Vaters.

Grynbergs Fünfzeiler erschließt sich, wenn man ihn im Wissen um die Bedeutung des Grabes liest. Zwar ist in den Versen nicht direkt vom Grab die Rede, doch wer den Text nach seinem Sinn befragt, wird kaum den Stellenwert des Grabes im jüdischen wie christlichen Denken außer Acht lassen können: Denn die Kreuzigung fand nicht nur in aller Öffentlichkeit statt. Der Gekreuzigte erhielt auch sein Grab. Und dies in Voraussetzung seiner Auferstehung, auf welche die vierte Zeile anspielt. Nicht von ungefähr betont das christliche Glaubensbekenntnis die Trias von Kreuzestod, Grablegung und Auferstehung. Damit hat das Bekenntnis in der jüdischen Tradition seine Wurzel, in der es des Grabes um der Auferstehung willen bedarf.

Damit ist die Pointe dieses Kurzgedichtes erreicht: Die heimlichen Täter, die ihre Opfer dem Vergessen anheimgeben und ohne Grab lassen, möchten damit die Auferstehung fraglich machen. Dies ist die Schlussfolgerung der zwei Schlusszeilen aus dem Spannungsfeld des ersten Gedichtteils. Doch an wen richtet sich diese Botschaft? Die Adressaten bleiben unbestimmt, der Ort des Geschehens ist genannt – Polen. Mit der Nennung des für Christen und Juden gemeinsamen Geburtsortes schließt der Text. Die konjunktivische Form gibt den Aussagen etwas Schwebendes, als würde ein – durchaus ernsthafter – Gedanke durchgespielt; ein Nachdenken ganz im Sinne eines Angebots zu einem jüdisch-christlichen Gespräch. Es geht um ein Aufbrechen falscher Rechtfertigungen und Schuldzuweisungen, um die Berührungspunkte jüdischer und christlicher Tradition, um den Heilszusammenhang von Tod und Auferstehung, um ein kritisches Bedenken einer in Polen verbreiteten nationalen Theologie, um ein Ernstnehmen der Shoa im Glauben der Christen. Henryk Grynberg wählte für diesen Text die Verbform des Imperfekts. Er ist gegenwartsnah und zukunftsträchtig durch Erinnern. Es hat Jahrzehnte gedauert, ehe in Polen die Zeit für eine 'erinnerte Vergangenheit' im jüdisch-christlichen Dialog reif war. Und die Erinnerungen waren schmerzlich genug. Doch um der Wahrheit willen bedarf es zuweilen auch des Schmerzes.

Das innere, geisterfüllte Wort – zum dramatischen Werk von Karol Wojtyła

Die polnische Schauspielerin Danuta Michałowska, Mitbegründerin des Rhapsodischen Theaters und dem engeren persönlichen Kreis um Karol Wojtyła (1920-2005) zugehörig, berichtet von einem Gespräch, das sie vor Jahren in der Residenz des Krakauer Kardinals und späteren Papstes mit ihrem einstigen Berufskollegen geführt hatte: „Was du nunmehr tust, hat ja doch auch mit unserem Theater zu tun. – In welchem Sinn? – Ich denke nicht an den Dienst am Altar, sondern an den Dienst des Wortes."

So ungewöhnlich es auch scheinen mag, dass der Aufstieg Wojtyłas zum höchsten Amt in der Kirche in einer Gruppe von Schauspielern begann – jedenfalls lässt sich die Linie seiner Wortbegabung bis in das Kriegsjahr 1941 zurückverfolgen, als er zusammen mit seinem Wadowicer Lehrer, Professor Mieczysław Kotlarczyk (1908-1978), und drei weiteren Freunden im Krakauer Untergrund das „Rhapsodische Theater" gründete. Sie taten es nicht aus einer Lust am Spiel, sondern aus dem Bewusstsein einer Sendung. Diener des Wortes wollten sie sein, und das durchaus in einem dem Evangelium verwandten Sinn. Der Rhapsode ist ja kein bloßer Schauspieler, sondern Vermittler des durch die Tradition geheiligten Wortes. Entsprechend wählte die Gruppe ihre Theaterstücke aus: die großen Dichtungen der polnischen Romantik, die aus der Bibel, der christlichen Mystik sowie aus der Geschichte und den Mythen der Nation gespeist sind. Im Mittelpunkt dieser Dichtung steht – mehr als die Handlung – die geisterfüllte Botschaft. Das Ensemble des „Rhapsodischen Theaters" wollte in der finsteren Nacht der Besetzung ihres Landes den Geist der Nation, wie er in der Dichtung eines Adam Mickiewicz (1798-1855) und Juliusz Słowacki (1809-1849) lebt, beschwören, ihn als Hoffnung und Kraft vermitteln. Daher die Konzentration ganz auf das Wort, unter weitgehendem Verzicht auf Bühnenbild und szenische Handlung.

Schauspieler und Dichter

Karol Wojtyła war im Urteil seines Lehrers wie seiner Kollegen ein großes schauspielerisches Talent und zugleich mehr als das: Er war ein reflektierender Schauspieler. Danuta Michałowska berichtet eine interessante Einzelheit: Bei der Premiere von „König-Geist" von Słowacki im Herbst 1941 hatte Wojtyła die fünfte Rhapsodie zu sprechen – Worte des Königs Bolesław Śmiały (1040-1081), durch dessen Hand im 11. Jahrhundert der Krakauer Erzbischof Stanislaus (um 1030-1079) am Altar den Tod fand. Er sprach den Text wortgewaltig und in der einem

König angemessenen Pose. Bei einer späteren Aufführung sprach er – zur Verwunderung seiner Kollegen – denselben Text mit gedämpfter, nachdenklicher Stimme. Nach dem Grund befragt, antwortete er: „Ich habe mir das wohl überlegt. Hier geht es um die Beichte des Geistes der Vergangenheit."

Ein bezeichnender Vorgang: Durch den Filter eigener Reflexion gewinnt der dichterische Text eine neue, ins Innere des Menschen verlagerte Bedeutung. Hier zeigt sich eine Tendenz, die für Wojtyłas eigenes dichterisches Schaffen charakteristisch ist: der hohe Grad an Reflexion und eine Schwerpunktverlagerung von der äußeren Wirkung auf die innere Dramatik.

Karol Wojtyła begnügte sich nicht mit der Rolle des Schauspielers. Er schrieb selbst: Lyrik und Dramen. Er schrieb auch noch, als er längst aus dem Kreis des „Rhapsodischen Theaters" ausgeschieden und Priester geworden war. Er schrieb auch noch als Bischof, selbst noch als Papst. Er schrieb unter einem Pseudonym; am häufigsten signierte er seine Texte mit Andrzej Jawień, seltener mit Stanisław Andrzej Gruda. Nur Eingeweihte wussten, dass sich dahinter der Krakauer Bischof verbarg. Gelüftet wurde das Pseudonym erst nach seiner Papstwahl. Und mit Irritation und Skepsis registrierte eine breite Öffentlichkeit das eigentümliche Phänomen eines polnischen Dichter-Papstes.

Fünf Dramen hat Wojtyła in der Zeitspanne eines Vierteljahrhunderts geschrieben, und alle stehen in der Tradition des Rhapsodischen Theaters: Die Dramatik ist von der äußeren Handlung nach innen, in die Tiefe verlagert; der szenische Dialog wird oft durch den Monolog gesprengt; Schicksals- und Wesensfragen der Nation und des Menschen stehen im Mittelpunkt der Betrachtung. Modisch ist diese Tradition nicht, und ihre Unkenntnis erschwert den Regisseuren und dem Publikum den Zugang.

Das Schicksal der Nation

Die ersten Dramen – „Hiob"[258] und „Jeremia" – datieren aus dem Jahre 1940. Es ist Krieg, Polen ist besetzt, die Universitäten sind geschlossen. Auf dem polnischen Volk lastet das Kreuz der Unterdrückung. Karol Wojtyła, zwanzigjährig, arbeitsloser Student der polnischen Sprache und Literatur, deutet das Schicksal seines Volkes im Rückgriff auf die Heilsgeschichte. Seinem auf Deutsch bislang nicht erschienenen Drama „Hiob" stellt der Autor den Satz voran: „Die Handlung spielt in unseren Tagen, der Zeit Hiobs – Polens und der Welt." Und ehe der Vorhang fällt, schaut Hiob im Morgenrot des aufgehenden Tages das Kreuz. Vor dem Vorhang spricht der Epilogos das Schlusswort:

---

258 Im Deutschen bislang unveröffentlichtes Manuskript in eigener Übersetzung.

„Achtet wohl der Zeit der Prüfung,
achtet wohl der Hiobs Zeit -
ihr, mit Füßen getreten,
in die Verbannung geführt – wir
Hiob gleich – Hiob gleich."

Noch dichter ist das zweite Werk: „Jeremia. Nationales Drama in drei Teilen".[259] Voran gestellt ist ein Spruch, der Polens geschichtliche Bestimmung, Vormauer des christlichen Abendlandes zu sein, thematisiert:

„Siehe, hier ist die Vormauer – unser Ruhm. Als eine heilige Vormauer hast du uns aufgerichtet, o Herr – und wir widersetzen uns nicht deinen Befehlen – unsere Rüstung schmücken wir mit deinen Rosen, die Grenzsteine bewachen wir auf das Schwert gestützt."[260]

Kunstvoll wird die Zeit des Propheten Jeremia mit der des polnischen Sejmpredigers Piotr Skarga (1536-1612) verwoben – als Deutungshorizont der leidvollen Gegenwart. Im Zentrum steht die quälende Frage nach den Gründen nationalen Unheils, das nicht allein aus der äußeren Schwäche, sondern auch aus dem inneren Verfall erwächst.

Das Schicksal des Volkes steht unter dem Gericht und der Verheißung. Wie einst Jeremia, so findet auch Skarga mit seiner Ankündigung des nahenden Unheils kein Gehör. Es dennoch abzuwenden, ist die Aufgabe des Hetmanen Stanisław Żółkiewski. (1547-1620). Beide Männer schließen einen Bund, der aber im Volk keinen Rückhalt findet, so dass die Katastrophe nicht aufzuhalten ist. Doch es bleibt, ganz in der Tradition des polnischen Messianismus, Hoffnung für die Zukunft:

„Also werdet ihr niedergestreckt,
doch auferweckt am dritten Tag,
also ist Knechtschaft euer Geschick
bis der Tage Zahl sich erfüllt.
Also werdet ihr niedergestreckt
bis ER dem Engel sagt: Weck' auf!"[261]

---

259 K. Wojtyła, Jeremia. Ein nationales Drama in drei Teilen, Paderborn 1996, S. 70. (Eigene Übersetzung)
260 Ebd., S. 10.
261 Ebd., S. 47.

Innere Wandlung und Weltverbesserung

Erst fünf Jahre später nimmt Karol Wojtyła die Arbeit an seinem dritten Drama „Der Bruder unseres Gottes" auf, und weitere fünf Jahre braucht er bis zum Abschluss des Werkes. Vorausgegangen ist eine Zeit tief greifender innerer Wandlung und äußerer Veränderungen. Karol Wojtyła, das schauspielerische und literarische Talent, ist Priester geworden. Der Krieg ist zu Ende. Polen wird kommunisstisch, ein Land importierter Revolution. Entsprechend wählt Wojtyła seinen Stoff: Adam Chmielowski (1848-1916), eine Gestalt in der Wende des 19. zum 20. Jahrhundert, Freiheitskämpfer, Maler; ein Mann, der eine zweite Bekehrung erfährt, der zum Bruder der Bettler und Asylanten wird und der mit den Albertinern eine Brüder- und Schwesterngemeinschaft gründet, die bis in unsere Tage sein Werk fortführt. Nicht mehr die Nation, sondern der Mensch steht fortan im Zentrum der Dichtung Wojtyłas. Der Mensch und seine innere Wandlung, die dramatische Spannung zwischen dem alten und dem neuen „Adam". Und nicht zufällig ist „Adam" die zentrale und zugleich verbindende Figur seiner drei Dramen, die er als Priester und Bischof verfasste. Doch „Der Bruder unseres Gottes" ist keine dramatisierte Biographie jenes Adam Chmielowski. Dem Autor geht es – wie er in der Einleitung zu diesem Stück schreibt – um das „transhistorische Element" dieser historischen Gestalt – und um die Teilhabe an eben dieser Wirklichkeit, um seine, des Autors Teilhabe zuerst. „Der Bruder unseres Gottes" ist also kein biographisches, wohl aber ein autobiographisches Drama: eine Spiegelung des eigenen Lebensschicksals, das ja eine auffällige Parallelität zur Gestalt Chmielowskis aufweist. Beide fanden über die Kunst zur religiösen Berufung. So bildet denn auch das bis zum äußersten gespannte Verhältnis zwischen ästhetischer und religiöser Berufung die dramatische Mitte dieses Dreiakters. Auch formal wird dies deutlich. Während der erste und dritte Akt an der klassischen Einheit von Handlung, Ort und Zeit festhält, ist diese im mittleren Akt aufgehoben. Was bleibt, ist ein „psychologischer Ort", an dem Erinnerung und Vorstellung, Vernunft und Liebe spielen – ein „Raum" personaler Innerlichkeit, in dem der durch das „Atelier der Schicksale" vorbereitete Durchbruch zur religiösen Berufung geschieht. Eine Wandlung, die durch eine tiefe Lebenskrise führt, voller Zweifel. Das Kollegengespräch über Wirkung und Wirkungslosigkeit der Kunst, über ihre Verantwortung und soziale Mission erhöht Stück für Stück Adams innere Distanz zur reinen Kunst. Eine eher zufällige Begegnung mit den Asylanten der Stadt wird dann dem Maler zum erschütternden Erlebnis. In dem Versuch einer ästhetischen Verarbeitung bringt er die „Vision der Verlassenen" im Bilde des „Ecce Homo" zu einem künstlerischen Ausdruck, um vor eben diesem Bild der „Schönheit voller Mühsal" den Durchbruch zur religiösen Berufung zu erfahren: nicht mehr die Leinwand, sondern der erniedrigte Mensch selbst dient ihm fortan dazu, das Bild des „Ecce Homo" zu gestalten. Aus dem Maler Adam Chmielowski wird Bruder Albert – ein Bruder der Armen, ein „Bruder unseres Gottes".

Das Drama besitzt noch ein weiteres Spannungsmoment: das Verhältnis von Revolution und Barmherzigkeit. Auch hier lässt sich der „Sitz im Leben" unschwer ermitteln; er liegt in der Auseinandersetzung des jungen Priesters Karol Wojtyła mit dem Marxismus-Leninismus, der nach dem Zweiten Weltkrieg zum ideologischen und gesellschaftlichen Gestaltungsprinzip Volkspolens wurde – und damit zu einer wachsenden Herausforderung für den christlichen Glauben. Diese Auseinandersetzung findet vor allem in den Dialogen zwischen Adam und dem Unbekannten ihren Ausdruck, für die es in der – historisch nicht belegbaren – Legende einer Zakopaner Begegnung zwischen Bruder Albert und Lenin (1870-1924) einen biographischen Anhaltspunkt gibt. Diese Dialoge haben gleichfalls ihre Mitte, ihren transzendenten Raum, und zwar in dem Gespräch zwischen Adam und seinem Schatten, seinem „alter ego", in dem es um die Dialektik von Vernunft und Liebe geht, ein Konflikt, den Adam im Sinne von Liebe und Barmherzigkeit für sich entscheidet.

Auch hier zeigt das Drama ein spannungsvolles Verhältnis, und zwar in der Beziehung zwischen Revolution und Barmherzigkeit, die keine simple Lösung findet, sondern bis in die Schlusssätze durchgehalten wird. Die Revolution hat ihre Ratio, ihre unbestreitbare Logik. Sie besitzt im „großen Zorn", der sich an den Ungerechtigkeiten der Welt entzündet, ihren objektiven Grund. „Der Bruder unseres Gottes" enthält Aussagen schärfster Sozialkritik, und dies nicht nur aus dem Munde des Unbekannten. Vieles, was hier gesagt wird, verdient auch heute Gehör. Keines der revolutionären Argumente wird polemisch bestritten, auch nicht der religionskritische Einwand, die Mildtätigkeit stabilisiere nur ein ungerechtes System und verhindere den notwendigen – dialektischen – Umschlag der Geschichte. Erst mit dem Gewicht ihrer Argumente wird die Revolution zu einer Herausforderung der Barmherzigkeit Diese bleibt nicht hinter den revolutionären Forderungen zurück, sie geht vielmehr über jene weit hinaus; und dies aus der Einsicht, dass „das Elend des Menschen größer ist als alle Güter zusammen", so dass die Revolution an ihrem Anspruch scheitern muss, den Menschen zu allen Gütern zu erheben.

„Adam: Nein, zu allen – ausgeschlossen. Das Elend des Menschen ist größer als alle Güter zusammen. [...] Hier trügt der Zorn, hier ist BARMHERZIGKEIT nötig".[262] Das Drama endet mit dem unaufhaltsamen Ausbruch der Revolution. Doch das letzte Wort hat Bruder Albert: „Ich wählte die größere Freiheit"[263]

---

262 K. Wojtyła, Der Bruder unseres Gottes. (polnisches Original: Brat naszego Boga). Strahlung des Vaters. (polnisches Original: Promieniowanie ojcowstwa). Zwei Dramen, Freiburg 1981, S. 100f. (Eigene Übersetzung)
263 Ebd., S. 127.

Transparenz und Dramatik der Liebe

Das als erstes ins Deutsche übersetzte, doch wenig überzeugend inszenierte Werk „Der Laden des Goldschmieds" handelt von der Liebe, von der Sakramentalität der Ehe. Karol Wojtyła veröffentlichte es 1960 als Krakauer Weihbischof unter dem Pseudonym Andrzej Jawień, im gleichen Jahre übrigens, in dem sein Werk „Liebe und Verantwortung" erschien. Der tiefe Gehalt der Dichtung lebt von der intensiven Beschäftigung mit der menschlichen Person und dem Wesen personaler Liebe. Zur besonderen Kennzeichnung versieht der spätere Papst seine Dichtung mit einem Untertitel: „Meditationen über das Sakrament der Ehe, die sich vorübergehend zum Drama wandeln:" Es ist ein Hinweis darauf, dass der Text aus „Meditationen" besteht und nur durch Meditation erfasst werden kann. Verlangt ist ein auf die Mitte und in die Tiefe zielendes Denken. Die Handlung der drei miteinander verwobenen Paare spielt jeweils vor dem Laden des Goldschmieds, der die Funktion einer Transparenz ehelicher Liebe erfüllt. Sie bildet gleichsam eine dünne Realitätshaut, die das Geheimnis menschlicher Liebe umspannt, die es birgt und zugleich durchsichtig macht. Das dichterische, stark poetische Wort, ist mystagogisch geprägt: es will in das Geheimnis der Liebe einführen. Und auf diesem Wege verwandelt sich die Meditation überall dort zum Drama, wo der „Zwiespalt zwischen dem, was von der Liebe greifbar, und dem, was ihr Geheimnis ist", deutlich wird. Dieses Drama ist „eines der schmerzlichsten menschlicher Existenz."[264]

Die drei Teile dieser dramatischen Dichtung sind formal wie inhaltlich miteinander verknüpft. Der erste, „Signale" betitelte Teil beschreibt den inneren Weg einer Liebe zweier Menschen, Andrzej und Teresa. Er wird in der Rückerinnerung bis zu dem Punkt deutlich, an dem er sich zur gemeinsamen, ungewissen, doch im Vertrauen angenommenen Zukunft eröffnet, wobei der Laden des Goldschmieds die psychologisch wie ethisch tief angelegte Liebe transparent macht. Gestalt und Handwerk des Goldschmieds gewinnen hier wie in diesem Drama insgesamt eine Symbolik, die den sakramentalen Urgrund von Liebe und Ehe durch die Bildkraft der Sprache zum Ausdruck bringt.

Im zweiten Teil, „Der Bräutigam", wechseln die Personen. Anna, mit Stefan in einer Ehe verbunden, in der die Liebe erkaltet ist, begegnet in dieser Lebenskrise einem „zufälligen Gesprächspartner", der sich im weiteren Verlauf als „Adam" vorstellt. Er erscheint in diesem Mittelstück, wie auch im letzten Teil dieses Triptychons, als Typos, als der Mensch, „dazu ausersehen, anstelle eines jeden Men-

---

264 K. Wojtyła, Der Laden des Goldschmieds. Szenische Meditationen über Liebe und Ehe. (polnisches Original: Przed sklepem jubilera), Freiburg 1979, S. 57. (Eigene Übersetzung)

schen dessen weiteres Schicksal auf mich zu nehmen", wobei Adam zur Begründung sagt: „denn auch sein früheres Los hat in mir seinen Ursprung."[265]

Für Anna bedeutet dies, dass Adam sich das Schicksal ihrer unerfüllten Liebe auflädt und bemüht ist, diese vom Ursprung her zu heilen. Dieser Ursprung ist das sakramentale Verständnis, das Anna und Stefan mit dem Erkalten ihrer Liebe verloren ging. Die Möglichkeit seiner Rückgewinnung ist durch den „Bräutigam" im Gleichnis von den törichten und klugen Jungfrauen symbolisiert, der am Ende Stefans Züge trägt. Das Gleichnis selbst verdeutlicht die Entscheidungssituation, in der sich Anna – und der in einer vergleichbaren Krise stehende Mensch – gestellt sieht.

Wie eng „Signale" und „Der Bräutigam" aneinander schließen, das wird im dritten Teil voll erkennbar. „Die Kinder", um deren Liebesbeziehung es nun geht, entstammen beiden Ehen: Monika der gestörten Ehe zwischen Anna und Stefan, Krzysztof der geglückten, doch durch Andrzejs Soldatentod äußerlich zerrissenen Ehe mit Teresa. Diese unterschiedliche Störung elterlicher Liebe – eine für die nachfolgende Generation weithin typische Situation – wirkt sich als Belastung ihrer Liebesbeziehung aus. Sichtbar wird dies sowohl durch den Dialog zwischen Monika und Krzysztof als auch durch die meditierenden Betrachtungen von Teresa und Anna. Dabei liegt der Akzent nicht auf dem Gestörtsein als solchem, sondern auf seine Heilung. Diese ereignet sich nicht nur in der Reifung der Liebe des jungen Paares, sie greift auch auf das Verhältnis von Anna und Stefan über, das in den Schlusszeilen des Dramas eine Wendung zu einem neuen Anfang erwarten lässt.

Die „Dramatik" dieses Werkes liegt somit nicht in der Verstrickung äußerer Beziehungen, die manchem Ehedrama seine prickelnde Spannung verleiht, auch nur bedingt in einer gestörten Partnerbeziehung, sondern letztlich in einem Versagen des Menschen vor dem Anruf der Liebe. Die eigentliche Spannung des Textes ist die zwischen dem Wesen der Liebe und ihrer Verletztlichkeit, ihrer nur ungenügenden Verwirklichung. Und das Erlebnis eben dieser Spannung hängt wesentlich davon ab, ob und inwieweit das Geheimnis der Liebe erfasst wird. Um dieses Geheimnis – und damit das Sakrament der Ehe – transparent zu machen, dienen die Dialoge, vor allem die Gestalt des Adam, der Chor und nicht zuletzt der Laden des Goldschmieds, vor dem die Handlung jeweils spielt und der diese Transparenz noch einmal verdichtet.

Transparenz und eine – im Sinne des Autors verstandene – Dramatik der Liebe sind das vielfältig abgewandelte Thema dieser Dichtung. Dem Autor gelingt es, das Thema und seine Variationen am Ende auf eine Formel zu bringen, die den Menschen unter den Anspruch stellt, dass er das „absolute Sein und die

---

265 Ebd., S. 98.

Liebe widerspiegelt, sie immer auf *irgendeine* Art widerspiegelt. [...] Auf welche Art? Das ist eine Frage, die ohne Antwort bleiben muß. [...] Doch man lebt, ohne davon zu wissen. "[266]

An der Scheide von Einsamkeit und Vaterschaft

Mit „Strahlung des Vaters" (1964) endet die Reihe der dramatischen Werke Karol Wojtyłas. Nicht nur zeitlich, auch formal und thematisch folgt der Text dem „Laden des Goldschmieds", doch sind Transparenz und innere Spannung, Verinnerlichung und Entgrenzung, so weit vorangetrieben, dass eine über diesen Punkt hinausgehende dramaturgische Entwicklung kaum mehr als möglich erscheint.

Auch „Strahlung des Vaters" erschließt sich nur meditativ. Den Text durchweht ein johanneischer Geist. Der Autor kennzeichnet diese Dichtung im Untertitel als „Mysterium". Dabei ist sie keineswegs mit ästhetischen Mitteln künstlich verschlossen. Vielmehr ist der Mysteriencharakter dieses Dramas mit dem Wesensgrund des Menschen als solchem gegeben, was bedeutet, dass nur der den Text versteht, wer zum Wesen des Menschen Zugang hat.

Doch wer hat Zugang? – Der Vorspruch aus 1 Joh. 5,7f.[267] gibt Antwort. Dieser Prolog verweist darauf, dass alles, wovon im Folgenden die Rede ist, im Geheimnis des dreifaltigen Gottes seinen Grund hat, ein deutlicher Verweis auf die theologische Schicht, die dem Text insgesamt zugrunde liegt. Zugleich klingt mit diesem Zitat das trinitarische Thema der Einheit in der Dreiheit an, dessen anthropologische Bedeutsamkeit das dreiteilige Werk durchzieht.

Das Drama entspricht einer Ellipse, deren dynamisches Spannungsfeld durch die beiden Pole „Adam" (Teil I) und „Mutter" (Teil II) bestimmt ist. Beide Pole sind in einer meditativ-reflektierenden Prosa abgefasst und gegen das verbindende poetische Mittelstück „Erfahrung des Kindes" formal stark abgehoben.

Adam, der Vater wird, die Mutter und das Kind Monika sind nicht als Gestalten, sondern als Archetypen des Menschseins zu verstehen. Doch gewinnen Adam und Monika in dem Mittelstück, das dem Bereich der Erfahrung vorbehalten ist, persönliche, ja autobiographische Züge. So verbinden sich in dieser

---

266 Ebd., S. 104ff.
267 „Drei sind es, die Zeugnis ablegen im Himmel:
der Vater, das Wort und der Heilige Geist,
und diese drei sind eins.
Und drei sind es, die Zeugnis ablegen auf Erden:
der Geist, das Wasser und das Blut;
und diese drei sind eins."

Dichtung Analyse und Selbsterfahrung, wobei auch ein für den Priester-Dichter zentrales Existenzproblem eine Rolle spielt: die Bewältigung des Zölibats – nicht durch Verdrängung des Eros, sondern durch seine Integration in die Agape einer Vaterschaft aus Wahl.

Allerdings darf diese Interpretation nicht isoliert gesehen werden; sie steht in einem umfassenden Zusammenhang mit der Frage nach dem Wesen des Menschseins überhaupt, das ein jeder unbewusst in sich trägt und das durch den mühevollen Weg reflektierender Erinnerung als kostbarer Schatz gehoben werden muss. Den Ausgangspunkt für diese geistige Expedition bildet Adam als der ausgeklammerte, „gemeinsame Nenner aller Menschen", zugleich zum „Prisma" göttlicher Vaterschaft berufen, deren Strahlung in sich durchzulassen und in sich zu brechen.

Der Antipode zur Strahlung der Vaterschaft ist des Menschen Einsamkeit. In welchen Denksystemen auch immer der Mensch als Individuum begriffen wird – er ist einsam. So steht der Mensch an der Scheide von Einsamkeit und Vaterschaft – vor dem Problem der Verbindung von Personalität und Sozietät. Wie kann sie gelingen? Aus welcher Kraft wird der Mensch fähig, seine Einsamkeit zu überwinden?

Hier bedarf es des Gegenpols – der Frau, Braut und Mutter in einem, des weiblichen Archetypus mit den Zügen Marias und der Kirche, der Ekklesia. Die Mutter hat das neue Leben in Liebe empfangen und schenkt es in Liebe. Nur wo der Mensch sich der Liebe öffnet, erfährt er jene innere Wandlung, die ihn der Einsamkeit entreißt. und in ihrer Liebe ist sie das der Einsamkeit widerstreitende Prinzip. Nur durch sie findet Adam zu seiner Vaterschaft – über die Erfahrung des Kindes.

Diese Mitte der „Erfahrung des Kindes" ist von einer seltenen Dichte der Sprache, voller Schönheit und Tiefe. Im Dialog zwischen Adam und Monika nehmen wir teil an den Wehen und Freuden einer Geburt der Vaterschaft und des Kindes aus Wahl. Die erste Stunde ist die der Furcht um den anderen:

„Eine S c h l a n g e,
deutlich gereizt.
Ich bin einsam. Ich zittere."
Das ganze Bewußtsein erbebt in dem einen Inhalt:
'Schlange' – und der kommt von außen.
Doch dazu zeigt sich ein zweiter Gehalt – von innen her.
'KIND'.
Man muß das Kind schützen!
Ich bin tief bewegt. Ich weiß, etwas geschah.
Nur weiß ich noch nicht – was."[268]
Doch die letzte Stunde ist frei von Furcht; sie ist gleichsam die Verwirklichung des johanneischen 'Du in mir und ich in dir' (Joh. 17, 21):

---

268 Ebd., S. 153.

„Liebt man, dann geht durch dein und mein Wollen ein Strom,
ein gemeinsamer Strom. Das bringt die Gewissheit hervor,
und aus ihr beginnt aufs neue die Freiheit. Das ist Liebe.
Dann denke ich furchtlos
'mein' ..."[269]
Dann wird die Vaterschaft zu einem inneren Band: „In mir selbst bin ich gebunden."[270]

Tadeusz Różewicz – ein Lyriker in der Krisenzeit

Wenn wir den wachsenden Nihilismus nicht bewältigen, „dann bereiten wir uns eine solche Hölle, auf Erden, dass uns Luzifer als Engel erscheint, zwar als ein gefallener, doch nicht der Seele beraubter Engel, fähig zum Stolz, doch voller Sehnsucht nach dem verlorenen Himmel, voller Melancholie und Traurigkeit. [...] Politik wandelt sich in Kitsch, Liebe in Pornographie, Musik in Lärm, Sport in Prostitution, Religion in Wissenschaft, Wissenschaft in Glaube."[271]

Meine erste Begegnung mit dem Werk des polnischen Lyrikers, Dramatikers und Prosaisten Tadeusz Różewicz reicht vierzig Jahre zurück. Zu der Zeit gab es in Leipzig eine Gruppe polnischer Germanistikstudenten, die sich – um ihrer Isolierung zu entgehen – der katholischen Studentengemeinde (KSG) angeschlossen hatte und sie in eigenen Übersetzungen mit der Gegenwartsliteratur ihrer Heimat vertraut machte. Aus einem Wochenendseminar, das diese Gruppe damals in der Magdeburger KSG gestaltete, ist mir vor allem ein Gedicht des zu jener Zeit in der DDR völlig unbekannten Autors in Erinnerung geblieben – die „Erzählung von alten Frauen", die tagtäglich ihren häuslichen Pflichten nachgehen, ob nun ein Mensch, die Zivilisation oder gar Gott stirbt:

Ich liebe die alten Frauen,
die häßlichen Frauen,
die bösen Frauen.

Sie sind das Salz der Erde
sie verabscheuen den menschlichen Abfall nicht.

Sie kennen die Kehrseite
der Medaille
der Liebe
des Glaubens
[...]

---

269 Ebd., S. 167.
270 Ebd., S. 171.
271 T. Różewicz, Matka odchodzi (Mutter geht), Wrocław 1999, S. 12.

Heute findet man dieses Gedicht, strophenförmig in Blöcke unterteilt und in Granit gemeißelt, in einem Park der finnischen Hauptstadt.

Różewicz wurde mehrfach national und international mit Preisen ausgezeichnet und mit Ehrendoktorwürden bedacht. Sein Werk umfasst über vierzig Gedichtbände, dazu eine Reihe von Dramen, die auch auf westlichen Bühnen gespielt werden, sowie Erzählungen und Essays. Seine Bücher werden weit über den Bereich der Weltsprachen hinaus übersetzt; so gibt es beispielsweise Ausgaben seiner Lyrik auf Chinesisch, Arabisch und Keltisch. In Deutschland gilt Różewicz als der meist rezipierte polnische Nachkriegsautor. Seine Werke, zumal seine Lyrik, sind längst Gegenstand literaturwissenschaftlicher Forschung. Dennoch, der Nobelpreis blieb ihm versagt. Es sei, so sagt man, sein Pech, ein Zeitgenosse von Czesław Miłosz (1911-2004) und Wisława Szymborska (1923-2012) zu sein, mit denen offenbar das für polnische Schriftsteller vorgesehene Limit an Nobelpreisen vorerst ausgeschöpft sei.

Geboren wurde der heute in Breslau lebende Dichter am 9. Oktober 1921 in der unweit von Tschenstochau gelegenen Kleinstadt Radomsko, was er einmal mit dem ironischen Hinweis kommentierte, nicht jeder könne in Wilna oder Lemberg, den beiden literarischen Zentren im Vorkriegspolen, zur Welt kommen. Seinen Taufnamen verdankt er weniger dem Apostel Judas Thaddäus als vielmehr dem Nationalhelden Tadeusz Kościuszko (1746-1817), dessen Bild in der elterlichen Wohnung einen Ehrenplatz einnahm. Seine frühe Prägung erhielt er durch eine für die 1920er Jahre in Polens Dörfern und Kleinstädten typische Symbiose traditionell religiöser und patriotischer Erziehung.

Diese behütete, von Frömmigkeit und Patriotismus geprägte Welt findet mit dem 1. September 1939 ihr jähes Ende. Bereits am ersten Tag des Überfalls auf Polen legt ein deutsches Bombergeschwader den Stadtkern von Radomsko in Schutt und Asche. Es folgen die Jahre der Okkupation. Achtzehnjährig erlebt Różewicz, wie seine jüdischen Mitbürger ins Getto gesperrt und bald darauf in die Vernichtungslager transportiert werden. Ihnen gelten die Verse aus seinem Gedicht „Die Lebenden starben"[272]

> Die eingemauerten Lebenden starben
> schwarze Fliegen legten ihre Eier
> aufs Menschenfleisch.
> Von heute auf morgen
> pflasterte man Straßen
> mit aufgedunsenen Köpfen.

---

[272] H. Bereska / H. Olschowsky (Hg.), Polnische Lyrik aus fünf Jahrzehnten, Berlin (Ost) 1975, S. 277f.

VI. Literarische Betrachtungen 275

Sein älterer, gleichfalls literarisch begabter Bruder Janusz schließt sich der im Untergrund operierenden Heimatarmee an. Wenig später geht auch Tadeusz in den Widerstand. Die Familie gerät ins Visier der Gestapo. Doch als die Häscher im Herbst 1942 vor der Wohnung der Eltern erscheinen, ist diese leer. Der Umzug nach Tschenstochau hat sie vor der Verhaftung bewahrt.

Im Sommer 1944 wird Janusz gefasst und nach monatelangen Verhören am 7. November erschossen. Wenig später entgehen Tadeusz und seine ebenfalls dem Untergrund angehörende Verlobte nur durch einen Zufall dem gleichen Schicksal.

> Gerettet[273]
> Vierundzwanzig bin ich
> gerettet
> auf dem weg zum schlachten.
> [...]
> Ich sah:
> menschen wie tiere getötet
> fuhren zerhackter menschen
> ohne erlösung.
> [...]
> Verbrechen und tugend sind gleich
> ich sah:
> einen der schuldig
> und schuldlos zugleich war.
>
> Ich suche den lehrer und meister
> der mir den blick das gehör die sprache wiedergibt
> der mir noch einmal die dinge und die begriffe nennt
> das licht von der dunkelheit scheidet.

Różewicz bringt mit diesen Versen das Lebensgefühl seiner Generation, soweit sie den Krieg überlebt hat, zum Ausdruck. Sie war zur Schlachtbank bestimmt. Doch warum kamen die einen ums Leben und andere wurden gerettet? Die Frage bleibt ohne Antwort. Und wie kann man nach dem Grauen des Krieges weiterleben? Schwer wiegen die Schatten der Vergangenheit: Tugend und Verbrechen scheinen austauschbar geworden, die Sprache muss neu gefunden, Begriffe und Dinge müssen neu bestimmt werden. Und wie ist das eigene Entrinnen angesichts der Unzahl an Opfern zu rechtfertigen? Różewicz beantwortet diese quälende Frage mit seiner Berufung zum Dichter. Sie schließt die Verpflichtung ein, von dem, was seine Generation erlebt hat, Zeugnis zu geben. „Wir entdeckten" – äußert sich Różewicz in einem Interview – „dass der *Homo sapiens* ein unberechenbares Monster, ein Ungeheuer ist! Doch leider ist das noch nicht al-

---
273 K. Dedecius (Hg.), Różewicz Gedichte Stücke, Frankfurt/M. 1983, S. 19f.

les." Das eigentlich Erschütternde sei die Entdeckung, dass Auschwitz-Kommandant Höß bei all seiner Grausamkeit ein „Bewunderer klassischer Musik war, der seine Kinder, seine Hunde und den kleinen Garten rund um seinem Haus in Auschwitz liebte." In dieser Vereinbarkeit des Unvereinbaren zeige sich die „Agonie der Zivilisation."[274]

Angesichts solcher Einsicht wundert es nicht, dass Różewicz' Denken immer wieder um Auschwitz kreist. Bis in sein Alterswerk hinein bleibt Auschwitz die bestimmende Konstante seiner Dichtung. So nimmt Różewicz in dem 1999 veröffentlichten dreiteiligen Poem „recycling"[275] wiederholt auf Auschwitz Bezug. In „Gold", dem Mittelstück dieses literarischen Triptychons, thematisiert er die Bereicherung westlicher Banken am Judenmord, die verbreitete Holocaustleugnung sowie den fortwirkenden Antisemitismus in seiner Heimat:

> immer öfter liest man an den mauern
> unserer städte inschriften in polnisch
> „Juden ins Gas" und auf Deutsch „*Juden raus*"
> leichtfertige junge Leute
> schlechterzogene jungs kinder
> zeichnen den Davidstern
> hängend am galgen

Das in seiner Endfassung 2001 erschienene Gedicht „Nożyk profesora" (Das Messer des Professors) verweist im Titel auf den realen Sachverhalt des im KZ angefertigten Messers seines Freundes Mieczysław Porębski, ein „messer aus dem eisernen jahrhundert". Der Hauptakzent des Textes liegt indes auf dem fiktiven, im Viehwaggon geführten Gespräch zwischen dem Autor und Roza, einer Jüdin auf dem Weg in die Gaskammer:

> Schon... fragte das mädchen
> nein mein fräulein das ist erst
> Sobibór Majdanek...
> danach kommt Jedwabne
> Jedwabne? welch ein schöner
> name[276]

---

274 S. Bereś, historia literatury polskiej w rozmowach. XX-XXI wiek (Geschichte der polnischen Literatur in Gesprächen. 20.-21. Jahrhundert), Warschau 2002. S. 78f.

275 T. Różewicz, zawsze fragment. recycling, Wrocław 1999, S. 93-118. Das Zitat entnehme ich der Übersetzung von „recycling" von Henryk Bereska, Berlin 2000.

276 Mit der Nennung der ostpolnischen Kleinstadt Jedwabne verweist Różewicz auf die durch das Buch von Tomasz Gross um das von Polen am 10. Juli 1941 an ihren jüdischen Mitbewohnern verübten Morde. Die Auseinandersetzung um sein Buch hat 2000/20001 die polnische Gesellschaft tief gespalten. Während auf hohem intellektuellem und moralischem Niveau eine beachtenswerte Aufarbeitung des in Teilen der Ge-

Debüt als literarischer Durchbruch

Bald nach Kriegsende sammelte sich Polens kulturelle Elite im von Kriegsverwüstungen verschonten Krakau. Bereits im August 1945 erschien dort unter der Redaktion des Lyrikers Julian Przyboś (1901-1970) die Wochenzeitung „Odrodzenie" (Wiedergeburt). Ihr sandte Różewicz einige Gedichte zu, u. a. folgende Verse:

> Meine einsamkeit ist
> wie ein schwarzes blatt
> ungewendet im wind.
> Ich gehe nach nirgendwo
> habe kein heim
> [...]
> der wind trägt eine handvoll asche
> die gestalt
> eines toten menschen[277]

Przyboś erkannte das Talent dieses jungen Poeten, veröffentlichte etliche seiner Gedichte und bewog ihn, von Tschenstochau nach Krakau umzuziehen. Różewicz folgte der Einladung und begann, an der Universität Kunstgeschichte zu studieren. Damit legte der den Grund für die zahlreichen Bezüge zu den Meistern abendländischer Malerei in seiner späteren Dichtung.

1947 erschien sein Gedichtband „Niepokój". Die gängige Übersetzung mit „Unruhe" vermag die Bedeutung dieses Titels nicht voll auszuschöpfen. „Niepokój" beinhaltet die Negation von „Frieden" und „Zimmer". Unter „Unruhe" ist somit der beklemmende Zustand eines Verlustes an Sicherheit, Harmonie und Geborgenheit zu verstehen, und mit eben diesem Zustand wird der Leser dieses Gedichtbandes konfrontiert. Die Texte, zu denen auch das bereits zitierte Gedicht „Gerettet" zählt, sprechen von der Zerstörung überlieferter Werte. Nichts wird mehr sein wie es einmal war. Różewicz zieht die Zäsur des Krieges in aller Schärfe. Zu der Zeit davor gibt es kein einfaches Zurück. Jede Restauration verbietet sich. Was einmal galt, bietet keinen Halt mehr, keine Orientierung, taugt nicht für einen Neubeginn. Hoffnung keimt allein, wie in „Gotik und Frühling"[278], aus dem Grund der Zerstörung. Różewicz entwirft in diesem Gedicht das Bild einer von Moos überzogenen Domruine mit wucherndem Kreuzkraut. Wäre da nicht die Erfahrung der Kriegsverwüstung, könnte man an verwandte Motive romantischer Malerei denken. Der Text endet mit den Zeilen:

---

    sellschaft verwurzelten Antisemitismus stattfand, verweigerten sich ihr breite Teile der Bevölkerung.
277 Z. Majchrowski, Różewicz, Wrocław 2002, S. 87.
278 K. Dedecius, Różewicz Gedichte Stücke, a. a. O., S. 23f.

> Tiefer ganz tief
> am boden
> knien kinder.
> Rings. Der frühling der junge frühling
> besprengt mit grünem laub
> das gemäuer.
>
> Die formen gären.

Mit dem Titel „Unruhe" hat Różewicz seinem gesamten Schaffen das Leitwort gegeben und mit diesem Leitwort zugleich einen Schlüssel zum Verständnis des an Schrecken überreichen 20. Jahrhunderts. In seinem späteren Gedicht „Zwiastowanie" (Verkündigung) bringt er dies auf die Formel: „verkündigung der poesie / weckt im menschen / voller leben / schrecken."[279]

Różewicz' Poesieverständnis

Als Tadeusz Różewicz mit „Unruhe" debütierte, kommentierte sein Förderer Julian Przyboś dies auf überschwängliche Weise: „Es gibt Poeten, die lange brauchen, ehe sie bis zur Pforte der Poesie ihrer Muse gelangen, die an ihrer Wahrheit herumstottern, für die ihnen die Sprache fehlt; und es gibt Poeten, die wie Minerva voll gerüstet dem Haupt des Zeus entspringen. Von den Nachkriegsdebütanten trat ein einziger in voller Rüstung seiner Vorstellungskraft auf. Das war Różewicz."[280]

Das Zitat ist in zweifacher Hinsicht interessant: Zum einen betont es die außergewöhnliche Tatsache, dass sich der gerade einmal 26 Jahre zählende Debütant als ein ausgereifter Dichter präsentierte, zum anderen bringt es dieses Ereignis in einer von der Tradition vorgegeben Metapher zum Ausdruck und steht damit zu Różewicz' lapidaren, schmuck- und metapherlosen Versen in einem krassen Widerspruch. Diese Diskrepanz führte denn auch später zwischen beiden Lyrikern zur Entfremdung.

Es sind nicht nur formale Gründe, die Różewicz veranlassten, sich von einer Tradition zu lösen, der gegenüber er geradezu Hass empfand: „Grund und Antrieb für meine Dichtung ist auch der Haß gegen die Poesie. Ich rebellierte dagegen, daß sie das 'Ende der Welt' überlebt hat, als wäre nichts geschehen. Unerschütterlich in ihren Gesetzen, Gebrauchsanweisungen und Praktiken."[281] In die-

---

279 T. Różewicz, zawsze fragment, recycling (Immer Fragment, Recycling), a. a. O., S. 39f.
280 Z. Majchrowski, a. a. O., S. 5.
281 Vgl. W. Höllerer, Theorie der modernen Lyrik. Dokumente zur Poetik I, Reinbeck 1965, S. 417. Hier zitiert nach H. Olschowsky, Lyrik in Polen. Strukturen und Traditionen im 20. Jahrhundert, Berlin (Ost) 1979, S. 126.

ser Äußerung zeigt sich die poetologische Konsequenz, die Różewicz aus der Schärfe der Zäsur des Krieges zieht und die es ihm nicht erlaubt, neuen Wein in alte Schläuche zu gießen. Er wendet sich damit gegen eine Ästhetisierung, die selbst die schrecklichsten Inhalte durch die Form zu beschönigen weiß und die Lektüre eines Gedichts zu einem Kunstgenuss werden lässt. Różewicz trifft sich hier mit Adornos viel zitiertem Satz, „nach Auschwitz noch Lyrik zu schreiben, sei barbarisch." Theodor W. Adorno (1903-1969) knüpft daran die Warnung vor Texten, die es an der nötigen Scham vor den Opfern fehlen lassen, durch eine „trübe Metaphysik" dem sinnlosen Morden Sinn verleihen und die sich im Rückgriff auf die Opfer als „Kunstwerke" präsentieren, „der Welt zum Fraß vorgeworfen, die sie umbrachte. [...] Indem noch der Völkermord in engagierter Literatur zum Kulturbesitz wird, fällt es leichter, weiter mitzuspielen in der Kultur, die den Mord gebar."[282]

Andererseits teilt Różewicz mit Adorno Enzensbergers Einwand, die Dichtung müsse der Versuchung zu solcher Ästhetisierung widerstehen, müsse also so sein, „daß sie nicht durch ihre bloße Existenz nach Auschwitz dem Zynismus sich überantwortete."[283] Die letztlich durch Auschwitz motivierte Absage an das Schöne bildet denn auch den Verständnishorizont für Różewicz' Gedichte. In „Poetik"[284], 1951 entstanden, verlangt Różewicz von einem Dichter:

> Er meidet die friedhöfe toter
> wörter und bilder
> läßt schulen und requisiten beiseite
> berührt die herzen und dinge
> schreibt einfache verse

Man hat Różewicz verschiedentlich vorgeworfen, seine Lyrik sei eine in Versform gesetzte Prosa. Wer so urteilt, verkennt, dass sich bei ihm der Verzicht auf die durch die Tradition vorgegebenen Sprachmuster mit einem hohen Maß an Sprachsensibilität verbindet, durch die seine Texte als Gedichte Bestand haben. Różewicz „schreibt, obwohl er nurmehr über abgenutzte und verbrauchte Worte verfügt, in sich zerfallene, zerschellte Worte. [...] Der Dichter geht aus vom Wort, aus dem Wort und zum Wort hin, geht in das Wort ein. [...] Er sagt Worte und gelangt zu einer Poesie zwischen den Worten, im Schweigen, im Weiß."[285] Eben dies verleiht seinen Versen Authentizität. Różewicz' Sprachaskese verhindert, dass ein Mangel an durchlebter

---

282　T. W. Adorno, Engagement, in: Noten zur Literatur III, Frankfurt/M. 1965, S. 125-127.
283　Ebd.
284　K. Dedecius (Hg.), Różewicz Gedichte Stücke, a. a. O., S. 44f.
285　J. Drzewucki, Pomiędzy słowami, w milczeniu, w bieli (Zwischen den Worten, im Schweigen, im Weiß), Twórczość 9/2005, S. 114.

Wirklichkeit kaschiert wird, wie dies in der Lyrik zuweilen der Fall ist. Seine einfachen Verse bezeugen eigene Erfahrungen. Was sie auszeichnet, ist – wie es in den Schlusszeilen von „Poetik" heißt – „die kraft des urteils / die kraft des wachstums / die kraft der zeugung."

Abseits des Literaturbetriebs

Von der schleichenden kommunistischen Machtübernahme kaum berührt, waren die ersten Nachkriegsjahre in Polen eine Zeit geistiger Freiheit und kultureller Blüte. Doch damit war es 1949 mit dem Stettiner Schriftstellerkongress vorbei. Fortan standen die Schriftsteller unter kulturpolitischen Zwängen. Man verlangte von ihnen, ihr literarisches Schaffen entsprechend den Regeln des „sozialistischen Realismus" in den Dienst des Systems zu stellen. Dem verweigerte sich Różewicz. Er zog sich vom Literaturbetrieb zurück, verließ Krakau mit seinen vielfältigen Möglichkeiten eines geistigen Austausches, wechselte nach Gleiwitz in die Provinz, ehe er 1968 nach Breslau umzog. In der Zeit des Stalinismus verdiente er seinen Lebensunterhalt als Reporter, schrieb weiter Gedichte und konnte sogar den einen oder anderen Band veröffentlichen. Durch seine Distanz zum Literaturbetrieb wahrte Różewicz eine weit möglichste Unabhängigkeit vom kommunistischen System. Aber diese Unabhängigkeit hatte ihren Preis: Ein Leben fernab von den literarischen Zentren, schwindende Publikationsmöglichkeiten, finanzielle Nachteile. Immer wieder erhielt er eingesandte Gedichte zurück. 1954 traf ihn dann der Bannstrahl öffentlicher Verurteilung. Sein literarisches Schaffen wurde mit den Schlagworten „barbarisch" und „bürgerlich" belegt und galt damit als „antisozialistisch". Welche Spuren diese Zeit bei Różewicz hinterlassen hat, zeigt eine Notiz vom 30. Juni 1957. Darin beklagt er, dass man ihn in den Jahren des Stalinismus wie „Dreck" behandelt habe, und das gezielt von seinen „Altersgenossen". Jeder „Stümper" habe sich gemüßigt gefühlt, ihn zu „belehren" und ihm „die Ohren lang zu ziehen". Und er habe „nicht einmal die Möglichkeit" gehabt, dass seine „Richtigstellungen gedruckt wurden." Er fühlte sich „ausgegrenzt".[286]

Auch als 1956 mit dem „Polnischen Oktober" und der Machtübernahme durch den Nationalkommunisten Władysław Gomułka (1905-1982) der harte kulturpolitische Kurs ein Ende fand und eine Zeit kleiner Freiheiten anbrach, hielt Różewicz zum Kulturbetrieb weiterhin Distanz, eine Haltung, die er zeitlebens beibehielt. Ab Mitte der 1970er Jahre geriet er dadurch erneut in Schwierigkeiten. Nun erfuhr er Ablehnung von einer Seite, von der er es nicht erwartet hatte, von der erstarkenden Oppositionsbewegung. Er trat ihr nicht

---

286 T. Różewicz, Matka odchodzi, a. a. O., S. 97.

bei, unterzeichnete keine Proteste und Deklarationen, publizierte nicht in Untergrundzeitschriften. Das verübelte man ihm. In Kreisen seiner oppositionellen Schriftstellerkollegen missverstand man diese Haltung als „Opportunismus" und „Kollaboration". Różewicz reagierte auf diese und andere Verleumdungen mit Schweigen. Er bedurfte keiner Selbstrechtfertigung. Was er zu verkünden hatte, sagte er mit seinen Texten. Und die gehen – systemimmanent wie systemübergreifend – mit ihrer kritischen Substanz an die zivilisatorischen und kulturellen Wurzeln moderner Gesellschaft. Dies soll im Folgenden verdeutlicht werden.

„Müll" als Schlüsselwort der Zivilisations- und Kulturkritik

Zu den Auffälligkeiten im Werk von Różewicz zählt die häufige Verwendung des Wortes „Müll", das man für gewöhnlich in Gedichten nicht vermutet. In Erinnerung an seinen Parisaufenthalt während der Studentenunruhen im Mai 1968 schreibt Różewicz: „[...] in den Straßen wuchsen die Müllberge bis hoch zum ersten Stock."[287] Seinen ersten Eindruck von Neapel fasst er in die Verse zusammen: „in der ausgestorbenen straße / tobte ein wind / trieb müll vor sich her."[288] Und zur Verdeutlichung seines Poesieverständnisses formuliert er 1983: „Ein Dichter der Müllhaufen ist / der Wahrheit näher / als ein Wolkenpoet."[289]

Mit Einführung des „Mülls" in seine Dichtung wendet sich Różewicz gegen eine Ästhetisierung der Wirklichkeit. So gesehen erscheint „Müll" als Gegenbegriff zum „Schönen". Doch damit erschöpft sich das Wortverständnis nicht. „Müll" fungiert zugleich als Schlüsselwort der Zivilisationskritik. Abfallberge sind ein Produkt des technischen Fortschritts, einschließlich ihrer Wiederverwertung, die – wie beispielsweise der Ausbruch des Rinderwahns gezeigt hat – keineswegs risikofrei ist. Różewicz hat dies in dem mit „Fleisch" betitelten dritten Teil von „recycling" eindrucksvoll thematisiert. Der Text schließt mit einem Kommentar, in dem es heißt: „Der III. Teil Fleisch hat die Form eines Mülleimers (eines informellen Mülleimers), in dem es kein Zentrum und keine Mitte gibt. Beabsichtigte Schalheit und Auswegslosigkeit sind die Hauptbestandteile des Textes. [...] Der Wahn des Menschen CJS kommt aus dem wahnsinnigen Hirn des Tieres. Das CJS kehrt sich gegen den Menschen. Die verbrecherische Amoral der Wissenschaft mischt sich mit Politik, Ökonomie und Börse. Der Kreis schließt sich."

---

287 Z. Majchrowski, Różewicz, a. a. O., S. 153f.
288 T. Różewicz, Et in Arcadia ego, in: Poezje zebrane (Ausgewählte Gedichte), Wrocław 1971, S. 535.
289 Z. Majchrowski, a. a. O., S. 154; 180.

Der Passus endet mit der Frage „Unde malum?" Różewicz' Antwort lautet: „vom menschen / immer vom menschen / und nur vom menschen".[290]

„Müll" ist nicht nur ein Schlüsselwort der Zivilisations-, sondern auch der Kulturkritik. So notiert Różewicz als Erfahrung seiner in den 1960er Jahren unternommenen Italienreisen: „In Florenz, Rom, Neapel suchte ich Eingebungen und fand dort Symptome eines Müllhaufens, eine Verflechtung von Kultur und Touristik in ihrer wildesten Form."[291] Im Einzelnen ausgeführt hat er dies in seiner 1971 veröffentlichten, sich über 20 Seiten erstreckenden Dichtung „Et in Arcadia ego". Darin bezieht sich Różewicz auf Goethes – mit dem Leitspruch „Auch ich in Arkadien" eingeleitete – „Italienische Reise". Seinem an kontextuellen Bezügen reichen Text stellt er als Zitat Goethes Notiz vom Februar 1787 voran: „Und wie man sagt, daß einer, dem ein Gespenst erschienen, nicht wieder froh wird, so konnte man umgekehrt von ihm sagen, daß er nie ganz unglücklich werden konnte, weil er sich immer wieder nach Neapel dachte."[292] Immer wieder stößt man im Text auf Erinnerungen des Dichters an das Grauen der Kriegsjahre: „Funde in meinem land haben kleine schwarze / köpfe gipsverschmiertes grausames lächeln".[293] Eine Militärparade kommentiert er mit dem Vers: „es freuen sich kinder und backfische / und sogar ernsthafte menschen / die in der hölle waren."[294] Różewicz war in der Hölle, und er begegnet ihren Erscheinungsformen auf seiner Italienreise auf Schritt und Tritt. In verführerischen „spielautomaten" und „stars / auf großen reklamewänden", welche die Erfüllung sehnsüchtiger Wünsche verheißen, erkennt er „dekorationen des paradieses / dekorationen der hölle"[295]. Derlei offene oder versteckte Hinweise dienen Różewicz als Mittel einer Dekonstruktion des arkadischen Mythos und sind damit Ausdruck seiner Kulturkritik.

Auch hierin stimmt Różewicz mit Adorno überein, von dem der Satz stammt: „Alle Kultur nach Auschwitz, samt der dringlichen Kritik daran, ist Müll." Auschwitz hat, so heißt es im unmittelbaren Kontext, „das Mißlingen der Kultur unwiederbringlich bewiesen. Daß es geschehen konnte inmitten aller Tradition der Philosophie, der Kunst und der aufklärenden Wissenschaften, sagt mehr als nur, daß diese, der Geist, es nicht vermochte, die Menschen zu ergreifen und zu verändern." Der Grund liegt tiefer, ist doch die Barbarei nicht einfach das Gegenstück zur Kultur, sondern ihr eigenster Teil, wenngleich ihr verdrängter. Die Verdrängung der Barbarei ist in einem „Triumph der Kultur und deren Mißlingen. Sie kann das Ge-

---

290 Vgl. Anm. 5. (Die Ausgabe mit der Übersetzung von Henryk Bereska ist ohne Seitenangabe.)
291 Z. Majchrowski, a. a. O., S. 232.
292 W. von Goethe, Italienische Reise, München 1925, S. 202.; Et in.., a. a. O., S. 535.
293 T. Różewicz., Et in..., a. a. O., S. 554.
294 Ebd., S. 555.
295 Ebd., 543.

dächtnis jener Zone nicht dulden, weil sie immer wieder dem alten Adam es gleich tut, und das eben ist unvereinbar mit ihrem Begriff von sich selbst." In dieser Widersprüchlichkeit stellt die Kultur den Menschen vor eine Aporie: „Wer für die Erhaltung der radikal schuldigen und schäbigen Kultur plädiert, macht sich zum Helfershelfer, während, wer der Kultur sich verweigert, unmittelbar die Barbarei befördert, als welche die Kultur sich enthüllte." Daher gilt: „Kein vom Hohen getöntes Wort, auch kein theologisches, hat unverwandelt nach Auschwitz ein Recht."[296] Unter dem Aspekt der Kulturkritik ist kaum eine treffendere Analyse der Lyrik von Różewicz denkbar als diese Adorno-Zitate.

Różewicz und die Gottesfrage

In dem bereits zitierten Interview aus dem Jahr 1999 erinnert sich Różewicz, wie ihm kurz nach dem Krieg in Krakau die Idee kam, „ein Poem über die zerstörte Marienkirche zu schreiben, die – wie wir wissen – gar nicht zerstört war, doch in meiner Vorstellung erschien sie als Ruine. [...] Natürlich sollte die Marienkirche in meinem Gedicht als Allegorie der gesamten europäischen Kultur und Zivilisation dienen."[297]

Różewicz hat dieses Gedicht nicht geschrieben, doch die Idee dazu hat sein literarisches Schaffen bestimmt. Im Bild des zerstörten gotischen Gotteshauses bezieht er Christentum und Kirche in seine Fundamentalkritik an der europäischen Kultur mit ein. Auch für sie gilt die durch Auschwitz markierte Zäsur. Sie haben den Judenmord nicht zu verhindern vermocht. Sie können sich nicht aus der Unheilsgeschichte des 20. Jahrhunderts wegstehlen, stehen vor der Geschichte nicht mit reinen Händen da. Im Übrigen wird niemand leugnen wollen, dass sie als Teil der Kultur auch an der ihr eigenen Barbarei Anteil haben. Die Blutspur ist lang, die Christentum und Kirche in der Geschichte hinterlassen haben. Zu viele ungesühnte Opfer, Heiden, Juden und Ketzer, säumen ihren Weg. Dessen eingedenk, sollte Kritik an der Kirche, ob sie von innen oder von außen kommt, nicht auf taube Ohren stoßen und unbedacht als Ausdruck des Unglaubens und feindseliger Gesinnung zurückgewiesen werden.

Kritik an der Kirche findet sich denn auch bei Różewicz. Die Beschreibung der Altäre mit den „in liturgische Gewänder gekleideten" Skeletten der Seligen in einer Kirche in Neapel verknüpft er mit der Unmenge an Opferstöcken, um dann fortzufahren: „die leiber sind unschuldig / der geist fand zuflucht in Banco di Santo Spirito."[298] Und wie andere westliche Banken, so sieht er auch den Vatikan in

---

296 T. W. Adorno, Negative Dialektik, Frankfurt/M. 1966, S. 357f.
297 S. Bereś, historia ..., a. a. O., S. 71.
298 T. Różewicz, Et in ..., a. a. O., S. 543.

die dunklen Geschäfte mit dem zu Unrecht erworbenem Gold aus den Massenmorden des Krieges verstrickt. Unter Berufung auf amerikanische Fernsehsender verweist er auf die vom „Pressesprecher / des Apostolischen Stuhls" unbestätigte Information, „der Vatikan halte verborgen / 200 Millionen schweizer franken / hauptsächlich in goldmünzen / von kroatischen faschisten geraubt / kroatische faschisten / die massenhaft mordeten / Serben Zigeuner und Juden."[299]

Doch derlei Kirchenkritik ist bei Różewicz eher ein Randproblem. Seine Kritik ist radikaler. Różewicz fragt nach der Möglichkeit oder Unmöglichkeit des Gottesglaubens nach Auschwitz. Auf diese Frage zielt letztlich auch die Idee der zerstörten Marienkirche. Unter Hinweis auf ihre gotische Architektur betont Różewicz, dass sich die Allegorie auch auf das „vertikale Verlangen nach dem Himmel, nach dem Absoluten und nach Gott" bezieht.[300]

Różewicz bringt diese Problematik in mehreren seiner Texte zur Sprache. Oft handelt es sich dabei um ein Zwiegespräch mit anderen, mit „toten Dichtern", mit Philosophen und auch mit Malern. So mit dem englischen Maler Francis Bacon (1561-1626). In seinen Bildern sieht Różewicz eine Parallele zu seiner Lyrik. Sie konfrontieren den Betrachter mit dem Horror des Zweiten Weltkriegs, zeigen die Zerstörung bislang gültiger Werte und als unverrückbar gedachter Ideale. Wie Różewicz, so macht auch Bacon dem „kultivierten" Menschen seine verdrängte Barbarei bewusst. Ihm widmet Różewicz ein in den Jahren 1994/95 entstandenes Gedicht.[301] Darin erwähnt er Bacons Bilder der in Gitterkäfigen schreienden Päpste und nimmt die als besonders skandalös und blasphemisch empfundene Darstellung der Transformation eines Gekreuzigten in eine Masse leblosen Fleisches zum Ausgangspunkt folgender Betrachtung:

> wenn ich in einen fleischladen gehe
> denke ich immer wie seltsam
> daß nicht ich an dem haken hänge
> das ist wohl der reinste zufall
> Rembrandt Velázques
> nun gar sie glaubten an die auferstehung
> des fleisches sie beteten vor dem malen
> wir aber spielen
> die moderne kunst wurde zum spiel
> seit Picasso spielen alle
> besser schlechter
> sahst du Dürers zeichnung
> zum gebet gefaltete hände

---

299 Recycling, Teil II „Gold", a. a. O.
300 S. Bereś, historia..., a. a. O., S. 71.
301 Francis Bacon czyli Diego Velázquez na fotelu dentystycznym (Francis Bacon oder Diego Velázquez auf dem Zahnarztstuhl), T. Różewicz, zawsze fragment, a. a. O., S. 5-15.

natürlich tranken aßen mordeten sie
vergewaltigten und folterten
doch sie glaubten an des fleisches auferstehung
an ewiges leben

schade daß ... wir ...

Die Verse zeigen, dass es sich Różewicz mit der Glaubensfrage nicht leicht macht. Im letzten, abgesetzten Vers deutet er ein Bedauern über den Glaubensverlust an. Dennoch, an der heutigen Unmöglichkeit des Glaubens hält er fest. Zu groß ist die Distanz zu jener Zeit, als dem Malen noch ein Gebet voran ging, als sich die Barbarei, das zweite Gesicht des *homo sapiens*, noch mit dem Glauben vereinbaren ließ. An seine Stelle ist nun das Spiel getreten, das Durchspielen von Möglichkeiten, das Experiment mit ungewissem Ausgang. Es fehlt die Orientierung auf das umfassende Ganze. Alles wird zum Fragment. Zeitverständnis und Lebensgefühl haben sich gegenüber früheren Zeiten tief greifend verändert. 1971 notiert Różewicz: „Ich spürte, dass etwas für mich und die Menschheit zu Ende war. Etwas, das weder die Religion, noch die Wissenschaft, noch die Kunst zu schützen vermochte. [...] Die metaphysischen Quellen, welche die Poesie von ihren Ursprüngen an genährt hatten, waren für mich versiegt. Und die ästhetischen Quellen ebenfalls."[302]

Gottesfrage und Poesie

Was bedeutet dieses Versiegen der metaphysischen und ästhetischen Quellen für Różewicz und sein Poesieverständnis? In welchem Zusammenhang steht das von ihm erspürte Ende des durch nichts mehr zu schützenden „Etwas" mit der Gottesfrage? Dazu eine Äußerung der Literaturwissenschaftlerin Maria Janion: „Różewicz schreibt pausenlos vom Tod der Poesie, was dafür spricht, dass er pausenlos über den Tod Gottes schreibt; für ihn besteht zwischen Poesie und Gott eine gewisse Entsprechung."[303]

Zu den Texten, in denen Różewicz den Zusammenhang von Gottesfrage und Poesie thematisiert, zählt auch ein Gedicht mit dem aus Celans „Todesfuge" entnommenen und unübersetzt belassenen Titel. „Der Tod ist ein Meister aus Deutschland".[304] Durch zweimalige Wiederholung des Titels im Text wird die

---

302 Das Zitat entstammt dem Prosatext „Przygotowanie do wierczoru autorskiego (Vorbereitung auf einen Autorenabend) und wird hier zitiert nach A. Kula, Dlaczego Hölderlin (Warum Hölderlin), Twórczość 10/2003, S. 80.

303 M. Janion, To co trwa (Was bleibt), Twórczość 5/2000; hier zitiert nach Zbigniew Majchrowski, a. a. O., S. 253.

304 T. Różewicz, Płaskorzeźba (Flachrelief), Wrocław 1991, S. 37-41.

Bedeutung dieses Kernverses der „Todesfuge" für die Interpretation des Gedichts unterstrichen. Er bildet den Verständnisrahmen des Textes. Gewidmet ist das Gedicht Paul Celan (1920-1970). Zur Sprache kommen Celans Begegnung mit Martin Heidegger (1889-1976) sowie Celans Freitod in der Seine. Im Zentrum aber steht Różewicz' Auseinandersetzung mit Friedrich Hölderlin (1770-1843) und Martin Heidegger um die Rolle des Dichters und der Poesie überhaupt nach Auschwitz. Dem Text leitwortartig vorangestellt ist der Vers *„Und wozu dichter in dürftiger zeit?"* Er steht in einem doppelten Bezug – zur Fundstelle in Hölderlins Elegie „Brot und Wein"[305] sowie zu Heideggers Hölderlininterpretation.

In „Brot und Wein" bestimmt Hölderlin die Rolle des Dichters „in dürftiger Zeit" der Gottesferne. Er spricht ihm eine gleichsam priesterliche Funktion zu, sei er doch berufen, die hinterlassenen mythologischen wie christlichen Gottesspuren den Menschen ihrer Zeit zu deuten.

Heidegger sieht bei Hölderlin[306] die dichterische Bestimmung verwirklicht, das, „was die Götter selbst uns zur Sprache bringen", „in dürftiger Zeit" dichtend weiter zu sagen. Damit stifte er „das Wesen der Dichtung" für „die Zeit der entflohenen Götter u n d des kommenden Gottes" neu. „Dürftig" sei die Zeit in einem doppelten Sinn: sie ermangele der Götter und bedürfe zugleich des kommenden Gottes. So stehe der Dichter zwischen dem Nicht-mehr und dem Noch-nicht in einer Zeit der Gottferne, stets versucht, „im Erharren des Kommenden" zu erlahmen. „Aber er hält stand im Nichts dieser Nacht" und bleibt so seiner Bestimmung treu, Wahrer und Deuter der göttlichen Spuren sowie Mittler zwischen dem abwesenden Gott und der Welt der Sterblichen zu sein.

Różewicz negiert dies. Nach Auschwitz bleibe den Dichtern keine Quelle mehr, aus der sie im hölderlinschen und heideggerschen Sinn schöpfen könnten:

> die götter verließen die welt
> es blieben in ihr die dichter
> doch die quelle
> trank den mund leer
> nahm uns die sprache

Auch das Gespräch zwischen Celan und Heidegger „in der Hütte"[307] vermag diese metaphysische Sprachlosigkeit nicht zu beheben. Różewicz sieht in diesem Zusammentreffen des Dichters mit dem Philosophen die das Schicksal Celans entscheidende Szene. Durch zweimalige Wiederholung des Titels erscheint Auschwitz als der Bezugspunkt der Gesprächssituation. Der nationalsozialistisch

---

305 J. Schmidt (Hg.), Hölderlin Gedichte, Frankfurt/M. 1969, S. 114-119.
306 Vgl. M. Heidegger, Hölderlin und das Wesen der Dichtung, München 1937, S. 14; 16.
307 Vgl. Celans Gedicht „Todtnauberg", in P. Celan, Gesammelte Werke, Bd. 2, Frankfurt/M., S. 255.

belastete Heidegger wird durch Celan mit dem Holocaust konfrontiert. Der Text lässt offen, „welche frage / stellte der dichter dem philosophen." Doch der Kontext legt nahe, dass sie die Rolle des Dichters nach dem „Tode Gottes", nach Auschwitz, betraf. Sie bleibt ohne Antwort. Die „dürftige zeit" erfährt eine weitere Verstärkung, leben wir doch „In der zeit / nach der dürftigen zeit." Für sie gilt gegen Hölderlin und Heidegger:

> nach dem fortgang der götter
> gehen die dichter

Und Celan ging in den Tod.

Aneta Kula kommt in ihrer Analyse dieses Celan gewidmeten Gedichts zu dem Schluss: „Es geht darum, aus dem endgültigen Fortgang der Götter, aus dem Verfall der moralischen Ordnung, aus dem Verlust der Transzendenz die Konsequenz zu ziehen. Ein Dichter, der den Glauben an die Macht der Kunst verloren hat, wird nicht mehr schreiben. Die Poesie muss aus andern als den bisherigen Quellen sprudeln. Solange der Dichter diese nicht findet, muss oder soll er zumindest schweigen."[308]

Neue Gotteserfahrung

Auch Różewicz hat in den 1980ere Jahren zeitweilig geschwiegen. Doch die Gottesfrage und ihr enger Bezug zur Poesie hat ihn nicht losgelassen. In „ohne"[309], einem vom Autor mit „März 1988 – März 1989" datierten Gedicht, lautet die Eingangsstrophe:

> das größte ereignis
> im menschenleben
> sind die geburt und der tod
> gottes

Das lyrische Ich beklagt eine doppelte Gottverlassenheit: „warum hast du.../ mich verlassen.../ spurlos und ohne zeichen / ohne ein wort". Und: „warum habe ich / Dich / verlassen". Die Antworten auf diese quälenden Fragen bleiben Vermutungen, stehen unter einem jeweiligen „vielleicht". Die Gottverlassenheit bedingt die Aporie eines möglich-unmöglichen Lebens: Den Text unterbrechend und ihn beschließend heißt es: „ein leben ohne gott ist möglich / das leben ohne gott ist unmöglich".[310]

---

308 A. Kula, Dlaczego Hölderlin (Warum Hölderlin), a. a. O., S. 84.
309 K. Dedecius, Lyrisches Quintett, Frankfurt/M. 1992, S. 135f.
310 Die Übersetzung von K. Dedecius ist nicht zwingend: Die zweite Zeile sollte ebenso wie die erste mit „ein" eingeleitet werden.

Das gleichfalls aus der Spätphase stammende Gedicht „Dorn"[311] liest sich zunächst wie ein das Leben „von ufer zu ufer" umfassendes und sich über fünf Strophen erstreckendes Bekenntnis zum Unglauben. Doch nach der fünften Strophe, die als letzten Grund des Nichtglaubens das „gold der verkündigung" nennt, bricht der Text um: „ich lese seine gleichnisse / einfach wie weizenähre". Eine neue, biblische Gotteserfahrung kündigt sich im Kontrast zum „gold der verkündigung" an. Das lyrische Ich glaubt zwar nicht, aber es denkt „an den kleinen / blutenden gott / in weißen tüchern der kindheit

> an den dorn der sticht
> unsere augen lippen
> jetzt
> und in der stunde des todes

Różewicz entdeckt im Alter Gott neu – nicht den Erhabenen, der fern vom Menschen über der Welt thront, sondern den, der sich im Menschen zu erkennen gibt, erniedrigt, leidend, den Opfern nahe. In „Ich sah IHN"[312] „fühlte" das lyrische Ich beim Anblick eines auf einer Bank schlafenden Penners „das ist der Statthalter / Jesus auf erden / und vielleicht der Menschensohn selbst".

Tadeusz Różewicz – im Gedenken an Dietrich Bonhoeffer

Gehschule[313]

> *„langestreckt auf meiner Pritsche*
> *starre ich auf die graue Wand"*

> in den letzten zwei jahren lerne ich
> bei pastor Dietrich Bonhoeffer
> gehenkt
> am 9. April 1945

> auf befehl des Führers
> Hitler Hiedler Hüttler
> Hitler Schickelgruber
> wie er wohl hieß?

---

311 T. Różewicz, Cierń, Matka odchodzi, a. a. O., S. 62f.
312 T. Różewicz, Widziałem Go, zawsze fragment, a. a. O., S. 84-86.
313 T. Różewicz, nauka chodzenia, Tygodnik Powszechny 22/2004. Das Gedicht fand Aufnahme in dem 2004 in Wrocław erschienenen Gedichtband *Wyjście* (Ausgang). Die kursiv markierten Zeilen sind im Original auf Deutsch. (Eigene Übersetzung)

der Führer verendete am 30. april
zusammen mit dem treuen hund
(armer hund)

in meinem langen leben
lernte ich nicht nur bei dichtern

bei Goethe Hölderlin Heine
Rilke
„*Denn das Schöne ist nichts*
als des Schrecklichen Anfang (...)"

bis zum ende des lebens
hielt Rilke sich fest
an Rockzipfeln
verbarg sich in den falten
von frauenkleidern
blieb bis zum tod
in mädchensachen
in die ihn
mama kleidete

„sie war wie ein kleid
gespenstig und schrecklich"

wäre er doch nur für einen augenblick
mit Heinrich Zillich stehen geblieben
am Pferdefleischwagen!
doch Rilke wählte
den engelsturm
die fürstin Thurn und Taxis
also verließ ich ihn und ging
bei Brecht in die lehre
unterwegs traf ich Grabbe
(ein ungewöhnlicher kerl!) und Benn
Bonhoeffer traf ich in Breslau

beginne von vorn
beginne noch einmal sprach er zu mir
lerne gehen
lerne schreiben lesen
denken

man muß akzeptieren
daß Gott diese welt verließ
nicht starb!
man muß akzeptieren
daß man erwachsen ist
daß man leben muß
ohne Vater

und er sprach weiter
man solle würdig leben
in der gottlosen welt
nicht rechnen mit strafe und lohn

sündigte ich nicht
den Führer vergleichend
mit dem hund? er war doch mensch
hatte mutter und vater
schwester und bruder
war künstler hinterließ
aquarelle und zeichnungen
war schriftsteller liebte Wagner
hinterließ *„Mein Kampf"*
in meinem land kursieren gerüchte
daß *„Mein Kampf"* in polnischer
sprache erschien doch keiner
sah und hörte...
leider verendete der Führer
aber das jüdische problem wartet weiter
auf eine letzte lösung
„Endlösung der Judenfrage"

Juden Araber Polen Deutsche
sind etwas zu sensibel
überall riechen sie antisemitismus
doch ein wald gepflanzt
von der hand der Gerechten
wächst wird dichter grünt
reicht bis an die fenster unserer
häuser
produziert treffliche komödien
über Auschwitz Majdanek Sobibór
passion und holocaust
bringen profit über profit
vierhundert millionen dollar welche kasse
nicht irgendwelche dreißig silberlinge

wir saßen im schatten der bäume
in einer kleinen bar nahe der kirche
zur heiligen Elisabeth

Bonhoeffer las mir
seine Gedichte aus Tegel

*„langgestreckt auf einer Pritsche
starre ich auf die graue Wand"*

ich blickte in das Licht seines denkmals
ohne kopf ohne arme

ob Gott wohl erschrak
und die Erde verließ?

statt zu antworten
auf meine frage
legte er den finger an die lippen

ist das ein zeichen
daß du weder willst noch kannst
antworten auf meine frage

gehüllt in eine dreckige stinkende decke
mit geschlossenen augen
horchte er in die graue zellenwand
mit geistigem auge
malte er feldsträuße
kornblumen disteln kamille
mohn und wiederum kornblumen
augen und lippen der verlobten

sind das ihre verhallenden schritte
oder die des zum tode verurteilten
Bruders

zugeschlagene tür

*„Ich gehe mit dir Bruder
an jenen Ort
und höre dein letztes Wort"*
willst du nicht antworten
auf meine frage
fragte ich ihn ein zweites und drittes mal

darauf hob er den blick
und wieder legte er den finger
an die lippen

er stand auf und ging

er folgte Christus
folgte Christus nach

er ging den feldweg mit den anderen
jüngern hungrig rissen sie
reife ähren
schälten das korn aßen
aus der hand
schälten mit den fingern das korn
ich eilte ihnen nach
und fand mich plötzlich im licht
im land der jugend
im irdischen paradies fand ich erneut
augen und lippen
meines mädchens kornblumen
und wolken

dann blieb Er stehen
und sagte
freund
tilge ein „großes wort"
in deinem gedicht
tilge das „Schöne"

Interpretation

Achtzigjährig hält Różewicz Zwiesprache mit Dietrich Bonhoeffer (1906-1945). Das 2004 erschienene Langgedicht markiert einen unter seinem Einfluss vollzogenen Neubeginn. Das mit dem Dichter identische lyrische Ich vermerkt einleitend, sich in den „letzten zwei jahren" intensiv mit dem evangelischen Theologen und Widerstandskämpfer befasst zu haben. Es war somit keine flüchtige, sondern eine Leben und Werk des Dichters bestimmende Begegnung mit dem 1906 in Breslau geborenen Bonhoeffer. Ihm haben die heutigen polnischen Bewohner der Stadt ein Denkmal errichtet „ohne kopf ohne arme". Dort liest ihm der am 9. April 1945 Gehenkte seine in der Haftzelle verfassten Gedichte vor, dort versetzt sich Różewicz in dessen Situation, „gehüllt in eine dreckige stinkende decke", die „graue wand" vor Augen, und dort überdenkt er sein bisheriges Schaffen:

> in meinem langen leben
> lernte ich nicht nur bei dichtern

Różewicz zählt sie auf, „Goethe Hölderlin Heine", verweilt über 20 Zeilen bei Rilke, zitiert aus den Duineser Elegien „Denn das Schöne ist nichts / als des Schrecklichen Anfang", erinnert Rilkes gestörte Beziehung zu seiner Mutter, die ihn in Mädchenkleider gesteckt und ihn damit lebenslang geschädigt hatte: „sie war wie ein kleid / gespenstig und schrecklich" urteilt er mit den Worten des 29jährigen Rilke.

Dann gelangt das lyrische Ich über Brecht, Grabbe und Benn schließlich zu Bonhoeffer:

> beginne von vorn
> beginne noch einmal sprach er zu mir
> lerne gehen
> lerne schreiben lesen
> denken

Die folgenden Verse enthalten Gedanken aus „Widerstand und Ergebung": dass wir in der heutigen Welt leben müssen als wenn es Gott nicht gäbe. Doch das *etsi Deus non daretur* bedeutet nicht den Tod Gottes, sondern ein Leben in Gottverlassenheit, „würdig" und ohne mit „strafe" oder „lohn" zu rechnen.

Doch was rechtfertigt diese Weltsicht der Gottverlassenheit, die zu Różewicz' Grunderfahrungen zählt und seine Lyrik insgesamt bestimmt? Es sind die Schrecken des Krieges, die über sein Ende hinaus weiter wirken, es ist Hitlers Hinterlassenschaft, es ist der verbreitete „antisemitismus", es ist der kommerzielle Umgang mit der Shoa, es sind die noch heute auf europäischen Banken liegenden Millionenbeträge aus dem Judenmord:

> passion und holocaust
> bringen profit über profit
> vielhundert millionen dollar welche kasse
> nicht irgendwelche dreißig silberlinge

Das ist es, was die Frage verständlich macht, die das lyrische Ich an Bonhoeffer richtet:

> ob Gott wohl erschrak
> und die Erde verließ?

Doch der Gefragte antwortet mit Schweigen, legt „den finger an die lippen". Dreimal wiederholt sich dieser Vorgang, was seine Wichtigkeit unterstreicht. Es geht um die Grenze des Sagbaren, ganz im Sinne von Wittgenstein, der seinen *Tractatus logico-philosophicus* mit dem Satz beschließt: „Wovon man nicht sprechen kann, darüber muß man schweigen." Das Schweigen verweist auf das Unsagbare und ist vom Verstummen zu unterscheiden. Seit jeher ist es das Bemühen bedeutender Dichter, die Grenze zwischen dem Sagbaren und dem Unsagbaren zu verdeutlichen, das Unsagbare mit den ihnen eigenen Sprachformen zum Ausdruck zu bringen

In dem Gedicht „tempus fugit", das ebenso wie „nauka chodzenia" in dem 2004 erschienenen Band „Wyjście" Aufnahme gefunden hat, führt Różewicz mit zwei Freunden ein Gespräch über Philosophie und Literatur, über Krankheit, Alter und Tod. Am Ende kommt die Gottesfrage zur Sprache. Doch „über Gott spricht man nicht beim Tee". Stattdessen schlägt die „Stunde" der „Stille". Sie bewahrt, wie die folgenden Verse zeigen, Gott vor dem Gerede.

Mit dem Verweis auf das Schweigen ist die Zwiesprache zwischen Bonhoeffer und Różewicz noch nicht an ihr Ende gekommen. Schweigen ist nicht die letzte Antwort auf die dreimalige Frage, denn es gibt noch die Antwort durch die Tat:

> er stand auf und ging
>
> er folgte Christus
> folgte Christus nach

Was besagen diese Verse? In ihnen geht es nicht um das Abstraktum einer „Nachfolge Christi", sondern – durch die Häufung der Verben betont – um das konkrete Handeln einer konkreten Person. Diese drei Zeilen können als Kurzformel der Existenz Bonhoeffers verstanden werden, der in seiner 1937 erschienenen Schrift „Nachfolge" den mit ihr verbundenen ethischen Anspruch in der Zeit des Nationalsozialismus erhoben und zugleich radikal gelebt hat. In diesem Kontext findet auch der die Nachfolge assoziierende Titel „Gehschule" seine Entschlüsselung.

Die folgende Strophe steht indes zu den drei vorausgehenden, als Kurzformel der Existenz Bonhoeffers interpretierten Zeilen, in einem auffälligen Kontrast. Sie zeichnet das Bild einer idyllischen Nachfolge: das wogende Kornfeld, durch das Jesus mit seinen ährenrupfenden Jüngern zieht. Doch ohne Bezug zum biblischen Kontext, ohne Jesu Auseinandersetzung mit den Pharisäern um das Sabbatgebot, die Pointe dieser Geschichte. Als beliebtes Motiv einer höchst fragwürdigen religiösen Kunst fand dieses Bild in so mancher Wohnung seinen Platz und dürfte auch Różewicz aus seiner Kindheit bekannt gewesen sein. Es versetzt ihn nicht von Ungefähr in das „land der jugend", lässt ihn an sein Mädchen denken, an „kornblumen und wolken".

Doch diese Idylle wird beschworen, um zerstört zu werden. Dass das Bild der ährenrupfenden Jünger die Vorstellung von einer Nachfolge verharmlost und fehl leitet, wird bei aufmerksamer Lektüre am Text selbst deutlich. In diesen dreizehn Zeilen ist lediglich von den Jüngern, nicht aber von Jesus die Rede. Sie beschreiben somit eine ins Leere laufende „Nachfolge" ohne ihn. Nicht in der

Idylle, wohl aber in der Schlussstrophe ist Jesus präsent, und zwar mit der Aufforderung an den Dichter, in seiner Dichtung das „Schöne" zu tilgen.

Aber bedarf es dieser Aufforderung überhaupt? Schließlich bildet die Tilgung des „Schönen", bedingt durch die Erfahrung von Krieg und Holocaust, eine Grundkonstante von Różewicz' Poesieverständnis. Sind daher die letzten Zeilen des Gedichts mehr als Bestätigung, denn als Aufforderung zu lesen? Sicher nicht. Aber worin liegt dann das über Różewicz' bisheriges Poesieverständnis hinausgehende und in der Begegnung mit Bonhoeffer begründete Neue? Es liegt darin, dass die Aufforderung zur Tilgung des „Schönen" aus einer Wirklichkeit erfolgt, die Różewicz bislang mit dem „Schönen" identifiziert und daher abgelehnt hatte. Die religionskritische Komponente seiner Dichtung basierte darauf, dass er das Christentum als Teil europäischer Kultur für den Holocaust mit verantwortlich gemacht hatte und daher eine ungebrochene Weiterführung religiöser Traditionen ebenso für inakzeptabel hält wie eine christliche Theodizee, die letztlich auf eine Relativierung und Beschönigung von Auschwitz hinausläuft. Durch die Begegnung mit Bonhoeffer korrigiert Różewicz seine poetologische Position, indem er ihre Vereinbarkeit mit der „Nachfolge" erkennt, die gleichfalls die Negation des „Schönen" und damit eine religionskritische Komponente beinhaltet. Damit ergibt sich für Różewicz eine Affinität zwischen „Nachfolge" und seinem Poesieverständnis, die denn auch in seinen späten Gedichten ihren Niederschlag findet.

VII. Quellennachweis

Reformation, Reform und Toleranz in Polen, in: Orientierung Nr. 8 v. 31. April 1977 (unter dem Titel „Toleranz – ein Erbe der Reformation).

20 Jahre deutsch-polnischer Nachbarschaftsvertrag – Ein Rückblick auf zwei Jahrzehnte deutsch-polnischer Beziehungen, in: Stimmen der Zeit, Heft 8 v. August 2011.

Wie europäisch ist Polen? (unveröffentlicht).

Der EU-Beitritt der mitteleuropäischen Länder als Konflikt zwischen Modernisierung und Identität, in: aktuelle ostinformationen 34-1997.

Die Ikone der Schwarzen Madonna. Kulturelle Verwurzelung und nationale Bedeutung, in: J. Bruhin, K. Füssel, P Petzel, H. R. Schlette (Hg.), Misere und Rettung. Beiträge zu Theologie, Politik und Kultur, Luzern 2007, S. 229-239.

Polens katholische Kirche und die Demokratie (unveröffentlicht).

Zur Lage der katholischen Kirche in Polen nach den Parlamentswahlen 2011 (unveröffentlicht).

Die Bedeutung des Briefwechsels polnischer und deutscher Bischöfe von 1965, in: Orientierung (unter dem Titel „...strecken wir unsere Hände zu Ihnen hin...") v. 31. Oktober 2005 (Teil I) sowie v. 15. November 2005 (Teil II).

Polenkontakte der katholischen Kirche in der DDR, in: J. Hoffmann, H. Skowronek (Hg.), Polen, der nahe – ferne Nachbar. Festschrift zum 50-jährigen Jubiläum des Gesamteuropäischen Studienwerks e. V. Vlotho, Dortmund 2002, S. 221-245.

Zum Stand der deutsch-polnischen Beziehungen im Rahmen der katholischen Kirche, in: M. Tomala (Hg.), Polen Deutschland heute und morgen, Warschau 2003, S. 169-212.

Deutsche, Polen, Antisemitismus,in: Orientierung, Das jüdisch-polnische Verhältnis, Nr. 10 v. 31. Mai 1988 (Teil I unter dem Titel „Zur Frage des Antisemitismus"). Nr. 11 v. 15. Juni 1988 (Teil II unter dem Titel „'Endlösung' und unmittelbare Nachkriegsperiode"), Nr. 12 v. 30. Juni 1988 (Teil III unter dem Titel „Nach Lanzmanns Film 'Shoa'")

Die polnisch-jüdischen Beziehungen – Reinigung des Gedächtnisses, in: Orientierung, Rückgewinnung und Reinigung des Gedächtnisses, Nr. 1 v. 16. Januar 2003 (Teil I) sowie Nr. 2 v. 31. Januar 2003 (Teil II).

Anna Morawska – Ein verpflichtendes Lebensbild deutsch-polnischer Verständigung, in: Zbliżenia Interkulturowe. Interkulturelle Annäherungen, Nr. 11/2012, S. 112-123.

Mieczysław Pszon – vom Nationaldemokraten zum Freund der Deutschen (unveröffentlicht).

Józef Tischner – Keine Furcht vor der Freiheit, in: J. Hoffmann, H. Skowronek (Hg.), Polen, der nahe – ferne Nachbar. Festschrift zum 50-jährigen Jubiläum des Gesamteuropäischen Studienwerks e. V., Dortmund 2002, S. 73-89.

Marek Edelman (1922 – 2009), in: Orientierung Nr. 20 v. 31. Oktober 2009.

Gekreuzigt hätten sie nicht ..., in: Freiburger Rundbrief 4/1998.

Das innere, geisterfüllte Wort – zum dramatischen Werk von Karol Wojtyła, in: J. Hoffmann, H. Skowronek (Hg.), Polen, der nahe – ferne Nachbar. Festschrift zum 50-jährigen Jubiläum des Gesamteuropäischen Studienwerks e. V., Dortmund 2002, S. 31-38.

Tadeusz Różewicz – ein Lyriker in der Krisenzeit, in: Orientierung Nr. 18 v. 30. September 2006.

Tadeusz Różewicz – im Gedenken an Dietrich Bonhoeffer (unveröffentlicht).

Polnische Studien zur Germanistik, Kulturwissenschaft und Linguistik

Herausgegeben von Norbert Honsza

Band 1   Therese Chromik: Theorie und Praxis des Kreativen Schreibens. 2012.

Band 2   Aleksandra E. Rduch: Max Dauthendey. Gaugin der Literatur und Vagabund der Bohème. Mit unveröffentlichten Texten aus dem Nachlass. 2013.

Band 3   Michael Segner: Der traurige Clown. Kurt Tucholskys Weg in das Schweigen. 2013.

Band 4   Theo Mechtenberg: Interkulturelle Empathie. Beiträge zur deutsch-polnischen Verständigung. 2013.

Band 5   Norbert Honsza / Przemysław Sznurkowski (Hrsg.): Deutsch-jüdische Identität. Mythos und Wirklichkeit. Ein neuer Diskurs? 2013.

www.peterlang.com